TEMAS DE
DIREITO PROCESSUAL
(Sexta Série)

Autor

JOSÉ CARLOS BARBOSA MOREIRA

Professor na Faculdade de Direito da Universidade do Estado do Rio de Janeiro

Desembargador (aposentado) do Tribunal de Justiça do Estado do Rio de Janeiro

Coordenadores

ALUISIO GONÇALVES DE CASTRO MENDES

CARLOS ROBERTO BARBOSA MOREIRA

LUIZ PAULO DA SILVA ARAÚJO FILHO

TEMAS DE DIREITO PROCESSUAL

(Sexta Série)

3ª Edição

Atualizadores

ANA CRISTINA BACOS FERNANDES

MARCO ANTONIO RODRIGUES

GZ EDITORA

Rio de Janeiro

2024

1ª edição – 1997 - Saraiva
2ª edição – 2023 - Editora GZ
3ª edição – 2024 - Editora GZ

Coordenadores: *Aluisio Gonçalves de Castro Mendes / Carlos Roberto Barbosa Moreira / Luiz Paulo da Silva Araújo Filho*

Atualização: *Ana Cristina Bacos Fernandes / Marco Antonio Rodrigues*

Diagramação: *Olga Martins*

CIP-BRASIL. CATALOGAÇÃO NA PUBLICAÇÃO
SINDICATO NACIONAL DOS EDITORES DE LIVROS, RJ

M837t
3. ed.

Moreira, José Carlos Barbosa, 1931-2017
Temas de direito processual : sexta série / José Carlos Barbosa Moreira ; coordenação Aluisio Gonçalves de Castro Mendes, Carlos Roberto Barbosa Moreira, Luiz Paulo da Silva Araújo Filho ; atualizadores Ana Cristina Bacos Fernandes, Marco Antonio Rodrigues. - 3. ed. - Rio de Janeiro : GZ, 2024.
384 p. ; 24 cm. (Temas de direito processual ; 6)

Inclui bibliografia e índice
ISBN 978-65-5813-086-4

1. Direito processual civil - Brasil. I. Mendes, Aluisio Gonçalves de Castro. II. Moreira, Carlos Roberto Barbosa. III. Araújo Filho, Luiz Paulo da Silva. IV. Fernandes, Ana Cristina Bacos. V. Rodrigues, Marco Antonio. VI. Título. VII. Série.

23-86154 CDU: 347.91/.95(81)

Meri Gleice Rodrigues de Souza - Bibliotecária - CRB-7/6439

16/09/2023 20/09/2023

GZ EDITORA

e-mail: contato@editoragz.com.br
www.editoragz.com.br
Estrada do Capuava, nº 1325 - Box Q - CEP 06715-410
Bairro Barro Branco - Município de Cotia - SP
Tel.: (0XX21) 99585-0737 / 99755-0737

Impresso no Brasil
Printed in Brazil

Aos bacharéis da turma de 1989 da Faculdade de Direito da Universidade do Estado do Rio de Janeiro, que me deram a honra de adotar o meu nome, com perene gratidão.

APRESENTAÇÃO

Por iniciativa do Instituto Brasileiro de Direito Processual- IBDP, muito bem acolhida pela família do autor e pela Editora GZ, as nove "séries" dos *Temas de Direito Processual*, que José Carlos Barbosa Moreira escreveu ao longo de três décadas, são agora reeditadas, em versão atualizada por estudiosos do direito processual - em sua maioria, ex-alunos e amigos do saudoso mestre. A atualização manteve intacto o texto original do ciclo: ao final de cada estudo, encontram-se as observações dos atualizadores, que fornecem ao leitor dados sobre a evolução do direito brasileiro, na matéria ali versada, até os dias atuais.

Qual a utilidade que o leitor de hoje pode extrair da obra, escrita na vigência do Código de Processo Civil de 1973 e dedicada, em muitos pontos, ao exame de normas e institutos que não foram reproduzidos no diploma que o substituiu?

Em primeiro lugar, vários dos trabalhos de Barbosa Moreira abordaram temas até então *inéditos* (ou, ao menos, pouco explorados) na doutrina brasileira. Para nos limitarmos, aqui e agora, à indicação de um único, mas significativo exemplo, permitimo-nos chamar a atenção do leitor para os estudos sobre *interesses difusos*, um dos quais publicado já no volume inaugural da coleção ("A ação popular do direito brasileiro como instrumento de tutela jurisdicional dos chamados 'interesses difusos'"). A reedição desses e de outros textos, igualmente marcados pelo ineditismo das questões de que o autor se ocupou, permitirá ao processualista da terceira década do século XXI o contato direto com a fonte inspiradora de extensa e fecunda elaboração doutrinária que se seguiu, desenvolvida igualmente por outros autores, e de relevantes inovações na legislação do país.

Em segundo lugar, como bem observou um dos mais destacados processualistas de atual geração, a obra de Barbosa Moreira "versa sobre praticamente todos os grandes temas de Direito Processual".[1] Isso é certo em relação ao conjunto de seus escritos (que inclui, entre outros, suas teses para concursos e seus substanciosos *Comentários* ao Código de 1973, além de seu maior êxito comercial, *O Novo Processo Civil Brasileiro*, o qual teve nada menos de vinte e nove edições, *todas* cuidadosa e verdadeiramente "revistas e atualizadas"), mas também o é no tocante à coleção que ora se reedita, em cujos nove volumes o autor não se furtou a examinar e reexaminar temas "clássicos": coisa julgada, prova, competência, poderes do juiz, pressupostos processuais, causa de pedir, contraditório, classificação das sentenças ... Em qualquer campo da ciência ju-

1 DIDIER JUNIOR, Fredie Souza. *Sobre Academia, Memória e Imaginação*. uma vida em processo. Universidade Federal da Bahia, 2021, p. 84. No juízo desse autor, a coleção de *Temas* "está para o Direito Processual Civil brasileiro como o *Tratado de Direito Privado* [de Pontes de Miranda] está para o Direito Privado" (ob. cit., loc. cit.).

rídica, sempre há espaço para um retorno ao que já foi amplamente estudado; e o estudioso de agora e do futuro poderá enxergar mais longe se se dispuser (a imagem pode soar batida, mas é expressiva) a subir nas costas de gigantes do passado.

Em terceiro lugar, o jurista de hoje poderá apreciar as qualidades *didáticas* de Barbosa Moreira. No concurso, realizado em 1979, com o qual o autor conquistou a titularidade na UERJ, um de seus eminentes examinadores reprovou-lhe o emprego, na tese submetida à banca, do adjetivo "didático", por lhe parecer depreciativo do livro (de outro insigne processualista) a que Barbosa Moreira supostamente se referira. Em verdade, o adjetivo, no excerto criticado, qualificava apenas um *exemplo* extraído do livro que Barbosa Moreira citara; porém, como bem observou, em sua resposta, o então candidato, ainda que se tratasse de qualificativo atribuído à obra, que maior elogio se lhe poderia fazer, senão chamá-la didática? Afinal, "didático" qualifica o que é "destinado a instruir", "que facilita a aprendizagem", "que proporciona instrução e informação, assim como prazer e divertimento" (Houaiss). Em qualquer desses sentidos, é possível afirmar que os *Temas* constituem um conjunto extremamente didático – e o processualista da terceira década do século XXI, ao ler qualquer de seus diferentes textos, certamente poderá se beneficiar da clareza expositiva de Barbosa Moreira e, por óbvio, do fato de ter sido ele "senhor absoluto dos meandros e mistérios da nossa tão maltratada última flor do Lácio".[2]

São razões mais que suficientes para justificar a reedição dos *Temas de Direito Processual* – sem prejuízo de muitas outras, que o leitor atento provavelmente encontrará.

Aluisio Gonçalves de Castro Mendes
Carlos Roberto Barbosa Moreira
Luiz Paulo da Silva Araújo Filho

2 FABRICIO, Adroaldo Furtado. Apresentação. *In* FABRICIO, Adroaldo Furtado (coord.) *Meio de Impugnação ao Julgado Civil:* estudos em homenagem a José Carlos Barbosa Moreira.1ª ed. Rio de Janeiro: Forense, 2007, p. VIII (destacado no original).

NOTA DOS ATUALIZADORES

Filhos espirituais. Assim o Professor José Carlos Barbosa Moreira chamava seus alunos e assim nos identificávamos, a partir das lições de processo e de vida transmitidas em sala de aula, nos corredores, na Escola de Copacabana e nas conversas, inesquecíveis, com o mestre e amigo.

O dom de fazer parecer simples as questões mais complexas é para poucos; só mesmo para pais de muitos filhos espirituais.

O relançamento das séries dos "Temas de Direito Processual" veio, em boa hora, para trazer a lume as edições esgotadas de livros que contêm importantes textos que até hoje influenciam o pensamento da doutrina e dos tribunais brasileiros. Trata-se de um presente às novas gerações, bem como vem para deleite daqueles que não deixam de aprender a cada releitura de seus textos. O absoluto domínio de conceitos jurídicos e manejo irretocável da língua portuguesa, e de tantas outras, garantem ao privilegiado leitor uma leitura profunda, ao mesmo tempo que didática e prazerosa.

O Código de Processo Civil é outro, leis foram revogadas e outras novas foram editadas. Diante disso, foram atualizados os livros das séries, trazendo os leitores a contextualização dos escritos do professor José Carlos Barbosa Moreira diante dos novos diplomas legislativos. Nesse aspecto, podemos afirmar que as ideias e reflexões do autor revelam-se mais atuais do que nunca e auxiliam a entender muitas das mudanças ocorridas nas últimas reformas processuais.

O projeto de atualização legislativa das Séries, em especial desta Sexta, foi um privilégio e um prazer, pela releitura da obra, pelo trabalho em si, pela primorosa e especializadíssima parceria e, acima de tudo, pela convicção de que novos filhos espirituais nascerão. Boa leitura a todos!

Ana Cristina Bacos Fernandes e Marco Antonio Rodrigues

SOBRE OS ATUALIZADORES

MARCO ANTONIO RODRIGUES

Procurador do Estado do Rio de Janeiro. Professor Associado de Direito Processual Civil da UERJ. Professor do PPGD da UNESA. Advogado. Pós-Doutor pela Universidade de Coimbra/Portugal. Doutor em Direito Processual e Mestre em Direito Público pela Universidade do Estado do Rio de Janeiro (UERJ). Master of Laws pela King's College London. Capacitado em Negociação e Liderança pela Harvard Kennedy School. Professor de cursos de pós-graduação pelo Brasil. Membro do Comitê Nacional da Conciliação, instituído pelo Conselho Nacional de Justiça. Membro da International Association of Procedural Law, do Instituto Ibero-Americano de Direito Processual e do Instituto Brasileiro de Direito Processual.

ANA CRISTINA BACOS FERNANDES

Procuradora do Estado do Rio de Janeiro. Advogada. Mestre em Direito pela Universidade do Estado do Rio de Janeiro. Ex-Professora da Universidade Federal Fluminense. Ex-Professora da Universidade Cândido Mendes. Ex-Professora do Programa de Pós Graduação da Fundação Getúlio Vargas.

ÍNDICE GERAL

A JUSTIÇA E NÓS[1]

1. Nesta época da História, a que NORBERTO BOBBIO julgou poder chamar *"l'età dei diritti"*[2], não surpreende que assuma prioridade ostensiva, nas preocupações do mundo jurídico, a problemática atinente ao efetivo exercício das franquias previstas no ordenamento. Muito justamente insatisfeita com meras enunciações de princípios, procura a sensibilidade contemporânea meios e modos de converter em realidades palpáveis as promessas contidas em textos constitucionais e legais. Não se reduz o fenômeno, assim, aos aspectos da multiplicação (ou proliferação) e da progressiva especificação das pretensões juridicamente tuteladas, que o pensador italiano, com o brilho habitual, põe em relevo. Na "era dos direitos", quer-se mais que vê-los consagrados em solenes declarações: o que se quer, acima de tudo, é superar os obstáculos de toda sorte que se opõem à respectiva realização[3].

No terreno processual, tais ideias inspiraram o grande movimento de promoção daquilo a que uma terminologia hoje universalmente difundida vem aludindo sob a denominação "acesso à Justiça". Proclama-se que, à semelhança de outros mecanismos jurídicos, deve passar o processo a ser focalizado menos pelo ângulo dos órgãos produtores do que pelo dos consumidores[4]. Como agir para satisfazer as expectativas

---

1 Texto de conferência pronunciada em Foz do Iguaçu, em 28-9-1996, no Congresso Genesis de Direito Processual Civil. Publicada em Genesis – Revista de Direito Processual Civil, nº 3.

2 Assim se denominam, no original, a coletânea de ensaios publicada, em tradução para o português, sob o título A era dos direitos, Rio de Janeiro, 1992, e um dos escritos nela incluídos (p. 49 e s.).

3 É ainda BOBBIO quem adverte: "[...] uma coisa é falar dos direitos do homem, direitos sempre novos e cada vez mais extensos, e justificá-los com argumentos convincentes; outra coisa é garantir-lhes uma proteção efetiva", acrescentando: "à medida que as pretensões aumentam, a satisfação delas toma-se cada vez mais difícil" (ob. cit., p. 63).

4 Vide, por exemplo, CAPPELLETTI, Accesso alla giusticia come programma di riforma e come metodo di pensiero, in Riv. di dir. proc., v. XXXVII (1982), p. 244/5. É justo ressaltar aqui, ainda uma vez, a singular importância da obra desse autor em toda a área coberta pela temática referida no texto: vide, sobretudo, os seis belos volumes, que coordenou, nascidos do "projeto florentino" de pesquisa: Access to Justice, Milão-Alphen aan den Rijn, 1978, aos quais cabe ajuntar Access to Justice and the Welfare State, Alphen aan den Rijn-Stuttgart-Bruxelas-Florença, 1981, além de inúmeros artigos, conferências, relatórios, publicados em revistas, memórias de congressos jurídicos e outras obras coletivas.

dos jurisdicionados? Que medidas tomar para suprir ou compensar as carências financeiras, sociais, culturais, psicológicas, daqueles muitos que, necessitando da prestação jurisdicional, só conseguem divisá-la de longe, qual miragem pronta a dissipar-se no ar, à primeira tentativa de aproximação?

2. Essas e outras indagações do gênero fervilham no espírito do nosso tempo e desafiam a imaginação de legisladores e de aplicadores de normas. Mentes criativas acenam com um rol de soluções cujas virtudes se apregoam em prosa e verso, num alvoroço – diga-se de passagem – às vezes algo ingênuo, como se estivéssemos, agora, a inventar a pólvora ou a descobrir, enfim, a pedra filosofal ou a fonte da eterna juventude. De qualquer modo, reconheça-se de bom grado que a lemas como eliminação ou redução da distância entre Justiça e povo, desformalização dos pleitos, antecipação da tutela, métodos alternativos de solução de litígios, não pode ficar insensível o processualista empenhado em compreender a realidade de hoje e contribuir, na medida de suas forças, para melhorá-la.

Semelhante mudança de enfoque – nunca é demais sublinhar – refletiu evolução não só justificável, mas necessária, do pensamento processual. Descontado este ou aquele exagero, difícil de evitar em movimentos renovadores, nela não há descobrir gesto radical de ruptura com uma tradição científica credora de absoluto respeito. A elaboração dogmática terá sempre lugar cativo na agenda dos estudiosos, e a depreciação da técnica jamais merecerá ser tomada por sinal de progresso[5]. Nem por isso foi menos útil que se abrissem janelas capazes de proporcionar aos círculos científicos uma visão mais nítida do que se passa lá fora e aumentar-lhes a receptividade para com as sugestões (ou imposições) do quotidiano concreto. Vale sempre a pena variar de perspectiva de vez em quando: a verdade, lembrava CALAMANDREI com formosas palavras, só se deixa captar em toda a sua riqueza por quem se disponha a girar em torno dela e contemplar-lhe as três dimensões[6].

3. Atrevo-me a crer que é permanente a utilidade dessa variação, e que mal andaríamos se nos déssemos por satisfeitos com os volteios já executados, Na vida da ciência – da ciência jurídica ou de qualquer outra

5 Ao propósito, BARBOSA MOREIRA, Efetividade do processo e técnica processual, in Rev. For., v. 329, p. 97 e s.

6 Processo e democrazia, in Opere giuridiche, v. I, Nápoles, s/d, p. 682.

– não há, nem pode haver, ponto de repouso definitivo. O que antes se tiver virado do avesso pode sempre, a todo tempo, ser revirado: não no sentido de dar marcha à ré, de abrir mão do avanço consumado, de desprezar as recentes conquistas; mas no de averiguar se, com a ajuda das novas lentes, porventura não se obtêm, olhando noutra direção, quiçá no sentido contrário, imagens também novas e igualmente enriquecedoras.

Um personagem de CHESTERTON costumava pôr-se de cabeça para baixo e pernas para o alto, convencido de que assim conseguia enxergar no mundo coisas imperceptíveis para quem se limite a contemplá-lo na posição habitual. Não precisa a assistência recear que o orador, levando a sugestão ao pé da letra, se anime aqui a plantar bananeiras enquanto fala: esse gênero de exercícios decididamente não se compadece nem com as exigências do decoro, nem – principalmente! – com a aptidão física da terceira idade... A proposta que agora faço é menos extravagante e não custará outro esforço senão o de pensar.

4. A ênfase hoje em dia posta nos direitos – e explicável por tão boas razões – faz prevalecer, na consideração de muitos fenômenos, uma óptica fundada exclusivamente, ou quase, no lado *ativo* das relações jurídicas. As vantagens que nos confere o ordenamento parecem-nos incomparavelmente mais dignas de atenção que os sacrifícios por ele acaso impostos. Noutras palavras: em nossas cogitações, e no comportamento a que elas nos induzem, toma relevo bem maior aquilo que podemos exigir dos outros do que aquilo que os outros podem exigir de nós. Trata-se, aliás, de autêntico truísmo: não fosse a condição humana o que é...

Permito-me ilustrar o asserto com o caso da saúde. Reza o art. 196 da vigente Constituição da República: "A saúde é direito de todos e dever do Estado, garantido mediante políticas sociais e econômicas que visem à redução do risco de doença e de outros agravos e ao acesso universal e igualitário às ações e serviços para sua promoção, proteção e recuperação". Por mais temerário que se afigure extrair dela conclusões apressadas, a dicção não deixa de ser sintomática: para os particulares – isto é, para nós –, só se fala em *direito* e em *garantias:* quanto a deveres, a única menção expressa visa o Estado... Tem-se de baixar ao nível da legislação ordinária para encontrar disposições que em termos também expressos atribuam aos particulares – isto é, a nós – alguma parcela de responsabilidade na preservação da higidez, inclusive, em certas circunstâncias, sob cominação de pena[7]. O legislador constituinte, ao redigir a norma, deixou na sombra esse aspecto do problema, e decerto não o fez por acaso.

Nem se objete que tratamento diverso excederia os lindes próprios de uma Carta Política; tudo se pode dizer da atual Constituição, menos que ela hesite em regular matérias tradicionalmente havidas como pertinentes ao universo privado. Vejam-se, dentre tantos outros, os textos que cuidam do direito à imagem (art. 5º, *nº V, fine)*, do direito à intimidade (art. 5º, nº X), da propriedade (art. 5º, nº XXII), dos direitos autorais (art. 5º, nº XXVIII), da herança (art. 5º, nº XXX), e até do exercício dos direitos e deveres referentes à sociedade conjugal (art. 226, § 5º), para edificação de quem não supusesse apropriado submeter a disciplina constitucional, em termos tão amplos, assunto como, digamos, o das relações íntimas entre marido e mulher – com a possível consequência de caracterizar violação da Lei Maior a ocasional recusa de qualquer dos dois a satisfazer o apetite do cônjuge...

5. Outro exemplo, que nos oferece o processo penal, é a perspectiva hoje preferida, em setores de grande e merecido prestígio e autoridade, para o tratamento a ser dispensado ao réu. A esse personagem do drama judiciário de maneira alguma se poderia, é claro, deixar de conferir uma série de garantias, sob pena de tomar-se o exercício da justiça criminal incompatível com princípios caros à consciência jurídica de nossos dias. Ninguém concebe um regresso ao tempo em que se enxergava no réu, despojado da dignidade inerente à pessoa humana, mero *objeto* do processo.

O que, por outro lado, não se afigura necessário, nem conveniente, é esquecer que a moeda tem duas faces. O postulado da efetividade, aqui, se não reclama que de fato se levem à barra dos tribunais todos os eventuais infratores, sem dúvida exige, enquanto não se renegue o caráter instrumental do processo, que, sendo alguém submetido a julgamento, o teor deste corresponda, com a maior exatidão possível, à situação de direito material. Caso se descubra iniquidade na própria lei penal, então é *no seu plano* que se deve proceder à correção, sem prejuízo dos temperamentos que o órgão aplicador, nos limites admitidos pelo ordena-

7 V.g.: Código Penal, arts. 130, 131, 132, 267 e s.; Lei das Contravenções Penais, arts. 37, 38; Lei nº 6.453, de 17-10-1977, art. 26; Lei nº 6.938, de 31-8-1981, art. 15: Lei nº 7.802, de 11-7-1989, art. 15.

mento, possa adotar. De qualquer sorte, com alguma simplificação, direi que em linha de princípio, para que seja efetivo o processo penal, não importa menos fazer condenar o culpado que fazer absolver o inocente[8]. Não fora assim, teríamos logicamente de admitir que o fim essencial desse processo consiste unicamente em declarar a inocência do réu, e portanto ele se deve reputar malogrado todas as vezes que desemboca em condenação!

Esse aspecto do problema, todavia, costuma ver-se obscurecido por certa tendência à unilateralidade na maneira de encarar a condição do acusado. Tem-se às vezes a impressão de que, no entender de alguns, o réu é sempre, por definição, não apenas e simplesmente alguém insuscetível de consideração como culpado antes de sentença condenatória trânsita em julgado (Constituição da República, art. 5º, nº LVII), mas qualquer coisa de particularmente enternecedor: um pobre coitado tão inofensivo quanto o mais tenro bebê cor-de-rosa, em relação a quem, sejam quais forem as circunstâncias, tudo que a Justiça tem a fazer, vexada com a antipática e constrangedora incumbência de julgá-lo, é varrer depressa para debaixo do tapete os aborrecidos elementos incriminadores que ousem insinuar-se nos autos e rogar humildes desculpas pelo transtorno que o processo seja capaz de causar.

Semelhante gênero de romantismo, que se julga progressista, arrisca-se, na prática, a favorecer menos o pequeno transgressor, aquele cujo desvio de conduta se pode explicar, em boa medida, pela carência de recursos, pelo baixo nível de educação, pela marginalização social – o batedor de carteiras, o "puxador" de automóveis, o Mike Tyson frustrado que, numa discussão, tenta suprir a falta de argumentos esmurrando o nariz do interlocutor –, do que delinquentes de muito mais alto voo, bem nutridos de pecúnia, quando não confortavelmente instalados na rede da finança internacional. São esses, os peritos em atividades sofisticadamente antissociais, lesivas não apenas do patrimônio privado, ou de qualquer outro direito individual, mas de relevantes interesses da co-

8 Muito oportuna a advertência do uruguaio TEITELBAUM, em escrito recente: "El proceso penal tiene una doble función: la de condenar al culpable por un lado y la de dar garantías al imputado, sea éste culpable o inocente. Se trata de evitar la condena de un inocente así como la absolvición de un culpable; tarea nada sencilla" (Garantías y eficacia en el proceso penal, in Rev. Uruguaya de Der. Proc., nº 1/95, p. 31; destaques do original). Querem alguns "simplificar" a tarefa desprezando uma das componentes da questão; mas uma coisa é simplificação, outra – bem diferente – simplismo.

letividade; são esses – os grandes sonegadores de impostos, os sequestradores profissionais, os artífices de audaciosas fraudes financeiras, os aventureiros bafejados pela proteção ou pela conivência de administradores corruptos – que com maior probabilidade se beneficiarão (e, em certos casos, já se terão beneficiado), por exemplo, da aplicação mecânica e indiscriminada, quando não ostensivamente contrária à respectiva *ratio,* das regras sobre provas obtidas por meios ilícitos. A exacerbação do "garantismo" conduz aí a resultados incompatíveis com uma política criminal que leve em conta as necessidades mais prementes da atual conjuntura. Haja vista, observe-se com a devida vênia, jurisprudência egrégia, cujo principal empenho, à luz de tal ou qual decisão[9], se diria consistir, antes de mais nada, em assegurar, sem nenhuma ponderação dos outros interesses em jogo, a intimidade de traficantes de drogas, que assim se arvora, com invocação de doutrinas estrangeiras nem sempre bem compreendidas, em valor constitucional supremo...

6. Encerremos, porém, estas considerações introdutórias, e passemos sem mais demora ao nosso tema central. Receando embora que a alguns isto vá parecer sinal de excentricidade (quando não de senilidade...), ouso propor que invertamos por um momento os termos em que de hábito se formulam determinadas interrogações. Costumamos perguntar, em tom de cobrança: Não é certo que cumpre assegurar a todos os jurisdicionados livre acesso à Justiça? Que ela há de estar sempre à disposição de quem quer que necessite de seus serviços? Que seus mecanismos devem atuar com a rapidez e a eficiência indispensáveis para o cabal cumprimento das funções que lhe competem na economia do convívio social?

Pois bem: sem renunciar à mais ínfima parcela de tais exigências, cuja legitimidade não sofre dúvida, experimentemos agora olhar para o problema do ponto de vista oposto. Não será igualmente certo que a Justiça deve ter livre acesso aos jurisdicionados? Que estes hão de estar sempre à disposição daquela quando lhe sejam necessários seus serviços? Que também deles é lícito querer igual rapidez e eficiência na respectiva prestação? Em resumo, experimentemos conjugar no espírito estas suas ideias, que jamais deveriam separar-se: de um lado, a de que

9 Paradigmático o acórdão do Supremo Tribunal Federal, de 16-12-1993, no Habeas Corpus nº 69.912, in Rev. For., v. 332, p. 381.

é preciso que possamos contar com a Justiça; de outro, a de que não é menos preciso que a Justiça possa contar conosco.

Antes de sorrir e abanar a cabeça, pensem os ouvintes nos pretextos sob os quais nos teremos – tantos de nós, neste recinto e fora dele – furtado, ou tentado furtar, por exemplo, à convocação para colaborar com a Justiça Eleitoral, ou para integrar o tribunal do júri. Pensem nos muitos episódios em que, presentes no local de um acidente de trânsito, nos aglomeramos ao redor das pessoas e coisas envolvidas, atrapalhando a ação dos agentes da autoridade, ou diminuímos a velocidade de nossos veículos, com o fito de satisfazer uma curiosidade às vezes mórbida, contribuindo para perturbar ainda mais o fluxo do tráfego – mas tratamos de afastar-nos bem depressa, logo que percebemos algum risco de ser chamados a depor como testemunhas...

São coisas triviais, que acontecem a cada instante, e que geralmente nem ficam gravadas por muito tempo em nossos registros conscientes. Não parecem merecer que delas se extraia matéria para reflexão em pauta jurídica. Tudo muda de figura, naturalmente, quando nos irrita a demora na proclamação dos resultados de um pleito, ou quando enfrentamos dificuldade em conseguir o depoimento de alguém para provar que não foi nossa, e sim do outro motorista, a culpa da colisão. O panorama contemplado pelo prisma dos nossos direitos – reais ou supostos – é totalmente diferente daquele que enxergamos do ângulo dos nossos deveres.

7. Já prevejo as críticas a que me exponho por ocupar o tempo de tão qualificado auditório com obviedades dignas do Senhor de Lapalisse – ou melhor, do acervo que uma tradição injustificada maldosamente liga a esse bravo militar francês[10]. Prometo que doravante procurarei adensar estas reflexões, conformá-las à seriedade que se espera de juristas. Vejamos pois, sem pretensão de esgotar o assunto, que vulto atinge a nossa responsabilidade perante a Justiça, e em que extensão se acha ela autorizada a reclamar a nossa cooperação.

Desejoso de evitar novos motivos de censura, abstenho-me de repetir coisas por demais evidentes para todos. Ninguém ignora a existência de pessoas, além dos juízes, em cuja atividade o mecanismo processual busca suporte insubstituível. Não me refiro só aos clássicos auxiliares da

10 Recomenda-se, ao propósito, a leitura do interessante livrinho de DANTE ZANETTI, Vita, morte e trasfigurazione del Signore di Lapalisse, Bolonha, 1992, espec. p. 93 e s.

Justiça – funcionários e serventuários, peritos, intérpretes... – nem aos órgãos e instituições, como a imprensa e os correios, tão frequentemente chamados a coadjuvar aquele mecanismo. Tampouco me preocupam, agora, os advogados, de presença em regra necessária e de tão importante atuação como representantes das partes. No momento, penso sobretudo no cidadão comum, no homem da rua, considerado como atual ou potencial consumidor de Justiça, independentemente de posição específica que ocupe na sociedade: nesse em cujo favor se postula, com carradas de razões, maior efetividade na prestação jurisdicional. Só que minha intenção não é mirá-lo, neste instante, como credor dela, senão como devedor de alguma contraprestação.

Conforme intuitivamente se compreende, aqui se faz mister uma distinção fundamental. O cidadão comum, o homem da rua, pode ver-se envolvido num processo, antes de mais nada, na condição de parte; mas também é possível que, mesmo sem assumi-la, venha a participar de algum modo, voluntariamente ou não, da atividade processual. Consideremos em separado essas duas eventualidades.

8. Parece desnecessário ressaltar, hoje, a existência de deveres que nascem para as partes do fato de o serem. A noção está longe de ser nova, e até cabe registrar que séculos pretéritos a tinham extremamente viva: basta lembrar a concepção, outrora tão prestigiosa, de acordo com a qual o réu estava juridicamente obrigado a acudir ao chamamento a juízo, e incorria em sanções severas na hipótese de não comparecimento. Bem se conhece o rigor com que leis antigas tratavam o revel[11], e não é despropositado assinalar quão nitidamente ecoa ainda hoje, na denominação castelhana de *rebeldia,* a ideia de uma desobediência condenável.

Em todo caso, vale a pena rememorar também que, em dias não muito distantes, esteve em franco desfavor, aos olhos de autorizadíssima doutrina, o reconhecimento de deveres impostos aos litigantes em função de tal qualidade, com base na chamada relação jurídica processual. Para nos limitarmos à ciência alemã, vale a pena reavivar a lembrança da resistência oposta a esse reconhecimento, sobretudo por BÜLOW, na centúria passada, e por GOLDSCHMIDT na primeira metade da presen-

11 Boa informação, na literatura nacional, em CALMON DE PASSOS, Da revelia do demandado, Salvador, 1960, p. 21 e s.

te[12]. Às partes somente ônus seria razoável atribuir – isto é, somente necessidades ordenadas à satisfação de seus próprios interesses... Quanto a deveres, se tanto, apenas negativos: algo talvez pudessem os litigantes ser constrangidos *a não fazer*, nada porém *a fazer*. Não foi sem razão que se enxergou na colossal obra goldschmidtiana uma apoteose do liberalismo processual[13], expressão aqui impregnada da conotação fortemente individualística predominante tempos atrás e reproposta em nossa época por expressiva corrente de pensamento.

Difícil como era para muitos acolher, em termos genéricos, a ideia de que as partes tivessem deveres de natureza processual, subia de ponto a relutância quando se cogitava especificamente de um dever *de veracidade*. Ora essa! Porventura não era um combate que se tinha de travar? Haveria absurdo maior que pretender do combatente atitude capaz de colocar o adversário em situação de superioridade? Que cada qual, no afã de vencer, apresentasse dos fatos versão acintosamente "retocada", dando relevo artificial aos pontos favoráveis com arrojados efeitos de iluminação e mergulhando em sombra densa, ou até apagando da paisagem, o que não interessasse – era simples questão de tática, a ser encarada com abstração de inoportunas considerações de ordem ética. *A la guerre comme à la guerre!* podia ser a divisa dessa filosofia belicista. Já era suficiente, para não dizer excessiva, a presença de um juiz, mesmo tolhido pela imposição de estrita "neutralidade", a fiscalizar a observância de enfadonhas "regras do jogo"!

---

12 No que tange a BÜLOW, vide STÜRNER, Die Aufklärungspflicht der Parteien im Zivilprozess, Tübingen, 1976, p. 71. O pensamento de GOLDSCHMIDT está cumpridamente exposto em Der Prozess als Rechtslage, Aalen, 1962 (reimpressão da edição de 1925), p. 81 e s. Ainda vários anos depois, escreveria o autor, na Teoría general del proceso, Barcelona, 1936, p. 83, que "a los litigantes como tales no les incurre en el proceso ningún deber; ninguna obligación".

13 Vide o título do ensaio que CALAMANDREI dedicou a essa obra: Un maestro di liberalismo processuale, in Riv. di dir. proc., v. VI (1951), p. 1 e s. Em tentativa final de sintetizar a substância da doutrina comentada, admitia o comentador (p. 8) que ela poderia ser vista como "una specie di machiavellismo processuale", na medida em que demonstrava "che nel processo a tipo dispositivo non tanto conta aver ragione, quanto conta saper manovrare in modo da farsela dare anche se non si ha" (!). Não deixa de impressionar o tom apologético de CALAMANDREI – coerente, por sinal, com a declarada relutância em aceitar o dever de veracidade, que se filiaria a uma "concezione paternalistica ed autoritaria dello Stato" (p. 2; cf., infra, nosso texto e nota 13). Na extensa produção científica do mestre florentino não faltam (louvado seja Deus!) passagens de muito melhor inspiração...

Demorou-se a aceitar que as partes ficassem obrigadas a "expor os fatos em juízo conforme a verdade", segundo reza hoje, entre nós, o art. 14, inciso I, do Código de Processo Civil – ainda por cima, com a possibilidade de se verem condenadas, agora sem dúvida até de ofício, como litigantes de má-fé, caso desobedeçam a semelhante preceito (art. 18, combinado com o art. 17, nº II). O dever de veracidade só a custo lograra consagração na Alemanha, em 1933 – dado que talvez levantasse em algum espírito a suspeita de autoritarismo nessa reforma da *ZPO,* ante a coincidência temporal com a ascensão do partido nazista ao poder, não fora a circunstância de que a inovação já vinha proposta em projeto anterior[14] e se inspirava em disposição semelhante do código austríaco de 1895, a cujo genial autor, FRANZ KLEIN, seria com certeza arbitrário atribuir o papel histórico de precursor de Adolf Hitler no campo do processo civil...

9. Nosso estatuto processual não deixa dúvida quanto à orientação abraçada na matéria. E a área dos deveres está longe de restringir-se, para as partes, à demarcada no art. 14. Basta lançar os olhos ao art. 340, que acrescenta àquele rol: "comparecer em juízo, respondendo ao que lhe for interrogado" (nº I); "submeter-se à inspeção pessoal, que for julgada necessária" (nº II); "praticar o ato que lhe for determinado" (nº III). É manifesto que a semelhantes textos não seria próprio dar alcance ilimitado: todos eles pedem interpretação que evite excessos. Aliás, o dever de responder às perguntas formuladas acha notório limite na disposição do art. 347 (com a ressalva do parágrafo único), nos termos da qual "a parte não é obrigada a depor de fatos criminosos ou torpes" a ela imputados (inciso I), nem de fatos "a cujo respeito, por estado ou profissão, deva guardar sigilo" (inciso II). Por outro lado, ninguém vai supor que ela fique adstrita a praticar *qualquer* ato arbitrariamente ordenado

---

14 Sobre o projeto de 1931, no que interessa aqui, informação copiosa em ELICIO DE CRESCI SOBRINHO, Dever de veracidade das partes no processo civil, Porto Alegre, 1988, p. 57/8. Com razão adverte POPP. Die nationalsozialistische Sicht einiger Institute des Zivilprozess – und Gerichtsvelfassungsrechts, Frankfurt-Berna-Nova Iorque, 1986, p. 7, contra o erro simplista de considerar como "tipicamente nacional-socialista" toda e qualquer lei editada entre 1933 e 1945. De resto, é significativo que subsista, no ordenamento processual de uma Alemanha há muito tempo plenamente democratizada, a norma do § 138, nº 1, da ZPO, verbis "Die Parteien haben ihre Erklärungen über tatsächliche Umstände vollständing und der Wahrheit gemäss abzugeben" (As partes devem emitir de modo completo e conforme à verdade suas declarações sobre circunstâncias de fato).

pelo juiz, fora dos lindes fixados na lei - o que contraviria abertamente *à* prescrição constitucional do art. 5º, nº II. Mas tampouco se há de estreitar demais o âmbito de atuação da norma, para entender que a determinação judicial precise sempre apoiar-se em dispositivo expresso[15], desde que compatível com o ordenamento e instrumentalmente necessária à consecução dos fins do processo, a ordem será legítima, e a recusa em cumpri-la poderá acarretar até a imposição de pena por crime de desobediência (Código Penal, art. 330).

Outros deveres se enunciam, expressamente, no Livro II - estes, específicos para o devedor: não fraudar a execução; não se opor maliciosamente a ela, "empregando ardis e meios artificiosos"; não resistir injustificadamente às ordens judiciais; indicar ao juiz onde se encontram os bens sujeitos à execução (art. 600, ns. I a IV). Quem os infrinja comete "ato atentatório à dignidade da justiça" e incorre na multa cominada no art. 601, cujo produto - note-se *a latere* - não deveria, *de lege ferenda,* reverter em proveito do credor: se o bem jurídico lesado é aí, em primeiro plano, a "dignidade da justiça", consoante ressalta da própria dicção legal, a destinação lógica da importância cobrada seria o recolhimento aos cofres públicos.

Longe de mim a intenção de inventariar exaustivamente os deveres impostos às partes, em termos expressos, pelo estatuto processual. Acrescentarei apenas que não é abundante a casuística disponível nos repertórios de jurisprudência, o que aponta no sentido da escassez de recursos contra decisões de primeiro grau. Uma de duas, por conseguinte: ou as partes vêm cumprindo rigorosamente, em geral, os deveres que lhes correm, ou se tem feito vista grossa para muitos casos de descumprimento. Esperemos que a primeira hipótese seja a verdadeira...

10. A lei, todavia, não atribui exclusivamente aos litigantes deveres relacionados com o processo. Pessoas estranhas ao feito podem igualmente ver-se obrigadas a determinados comportamentos em razão e em benefício dele.

O caso mais óbvio é o de quem tenha ciência de fatos relevantes para o julgamento. As mais das vezes, esses terceiros são chamados a depor na condição de testemunhas e, intimados como tais, assumem

---

15 Impressão que se colhe, v.g., da leitura de AMARAL S ANTOS, Comentários ao Código de Processo Civil, v, IV, 7ª ed., Rio de Janeiro, 1994, p. 63.

deveres bem conhecidos, quais o de comparecer a juízo, sob pena de condução (art. 412, *caput)*, e o de "dizer a verdade do que souber e lhe for perguntado" (art. 415, *caput)* – dever cuja violação constitui crime (Código Penal, art. 342). Mas nosso ordenamento vai mais longe: ordena que o terceiro, "em relação a qualquer pleito", informe "ao juiz os fatos e as circunstâncias, de que tenha conhecimento" (art. 341, nº I). Tal dispositivo seria redundante e ocioso se unicamente se referisse às pessoas convocadas como testemunhas. Aliás, a cláusula "em relação a qualquer pleito" é bem sugestiva: cada um de nós deve comunicar o que sabe ao órgão judicial a respeito de todo processo em que sejam relevantes fatos e circunstâncias de nosso conhecimento, independentemente de convocação oficial. Bastam para a configuração do dever a ciência de fato ou circunstância relevante e a pendência do feito.

Aqui se põe questão interessante, embora de ocorrência provavelmente rara na prática. Suponhamos que o terceiro, desejoso de cumprir o dever de informar, se dirija pessoalmente ao magistrado, para fazer-lhe a comunicação. É evidente que não procederia de forma correta o juiz que, procurado, ouvisse o terceiro *tête-à-tête,* reservadamente, sem avisar as partes, nem portanto dar-lhes ensejo de participar do ato. Estaria infringido o art. 336, consoante o qual, "salvo disposição especial em contrário, as provas devem ser produzidas em audiência"; e, acima dele, o princípio constitucional do contraditório. Em hipótese assim, o que incumbe ao juiz é marcar audiência para ouvir o terceiro, com ciência regular dos litigantes.

Quid iuris se alguém, identificando-se, endereça ao órgão judicial, por escrito, informação sobre fato ou circunstância relevante para o julgamento da causa? Entre nós, a declaração escrita de terceiro é vista com desconfiança por muitos, que recalcitram em reconhecer-lhe valor probatório[16]. Não se dá o mesmo noutros sistemas jurídicos: na França, por exemplo, a *"preuve par attestation"*, regulada *expressis verbis* no *Code de procédure civile* de 1975 (arts. 200 a 203), vem ganhando a preferência do foro sobre a prova testemunhal, cuja produção implicaria maiores custos e delongas[17]. Esse aspecto a meu ver merece consideração menos

16 Assim, entre outros, ADROALDO FURTADO FABRÍCIO, Comentários ao Código de Processo Civil, v. VIII, t. III, 7ª ed., Rio de Janeiro, 1995, p. 409.

17 Vide a informação de NORMAND, I poteri del giudice e delle parti quanto al fondamento delle pretese controverse (trad. Maria Francesca Ghirga), in Riv. di dir. proc., v. XLIII (1988), p. 672: "Si fa sempre meno ricorso alia prova testimoniale. A questa

hostil, por parte dos estudiosos, em país com as características do Brasil, onde não raro esbarram em dificuldades de toda espécie os deslocamentos a que tem de sujeitar-se quem vai prestar depoimento na sede do juízo. De resto, o direito pátrio não se mostra infenso, em linha de princípio, à possibilidade da transmissão por escrito de conhecimentos de terceiros ao órgão judicial: é suficiente lembrar as informações prestadas, no processo da ação de alimentos, pelo empregador do réu ou pela repartição pública em que trabalha, sobre o salário ou os vencimentos que lhe são pagos (Lei nº 5.478, de 25-7-1968, art. 5º, § 7º). Nem é incomum, na rotina forense, que se apresentem como provas declarações fornecidas por hospitais, a respeito da internação de enfermos, ou por estabelecimentos de ensino, acerca da situação de alunos – e assim por diante.

Recorde-se, além do mais, que o Código de Processo Civil acolheu em termos inequívocos o princípio da não taxatividade das provas especificamente disciplinadas (art. 332). Para assegurar a observância do contraditório, bastará submeter a ambas as partes os escritos apresentados e abrir-lhes a oportunidade de discuti-los e contraditá-los. O que a meu ver parece difícil de justificar é o repúdio puro e simples à contribuição de alguém que, em última análise, está procurando cumprir, a seu jeito, o dever estatuído no art. 341, nº I.

11. É sem dúvida em matéria de instrução probatória que o diploma processual aposta mais na colaboração de terceiros. Mas também lhes convoca o auxílio a propósito de assuntos diferentes. Ao longo do Código, deparamos com uma série de dispositivos que, para serem aplicados, ou para o serem com resultados bons, dependem essencialmente daquela colaboração.

São de sobejo conhecidos os exemplos. A citação com hora certa pressupõe, na "pessoa da família", ou em sua falta no "vizinho", a disposição de comunicar ao citando não localizado e suspeito de ocultação a hora designada pelo oficial de justiça para voltar a procurá-lo no outro dia (art. 227). Na execução fundada em obrigação de fazer, o terceiro contratado para realizar a obra ou serviço em substituição ao devedor assume a obrigação de prestar o fato, de maneira satisfatória, no prazo fixado, sob pena de perder as importâncias caucionadas (art. 634, § 6º).

---

misura costosa e che rallenta inevitabilmente il cammino del processo la pratica giudiziaria preferisce un ricorso intenso alle attestazioni".

A execução por quantia certa pode exigir a cooperação de várias pessoas: o depositário particular (art. 666, nº III), o credor do executado (arts. 671, nº I, 672, §§ 1º a 4º), o administrador que se nomeie para gerir a empresa penhorada ou sujeita a usufruto judicial (arts. 677 e 678, 719, 727 e s.), o corretor de imóveis que se encarregue da intermediação na alienação do imóvel apreendido (art. 700) etc. Na ação de nunciação de obra nova, deferido o embargo, o construtor e os operários, que obviamente não são partes no feito, ficam contudo obrigados a paralisar incontinenti a obra, uma vez intimados pelo oficial de justiça, sob pena de desobediência (art. 938). E nem é preciso mencionar o caso, certamente especialíssimo, do juízo arbitral, em que particulares se veem investidos da própria função de julgar.

12. A esta altura, é natural que nos perguntemos: Não será oportuno projetar em plano mais alto as várias figuras específicas desenhadas pela lei e, a partir do conjunto dessas peças, como quem une os fragmentos de quebra-cabeça, concluir pela afirmação de um dever genérico, atribuído a todos nós, de colaborar com a Justiça? O grau máximo de generalidade que se costuma descobrir nos textos é o de enunciados como o do nosso art. 339: "Ninguém se exime do dever de colaborar com o Poder Judiciário para o descobrimento da verdade". Ele encontra mais de um paralelo no direito comparado: recordem-se aqui o art. 10, 1ª alínea, do Código Civil francês, na redação da Lei nº 626, de 1972: *"Chacun est tenu d'apporter son concours à la justice en vue de la manifestation de la vérité"*; e o art. 519, 1ª alínea, do estatuto processual civil português: "Todas as pessoas, sejam ou não partes na causa, têm o dever de prestar a sua colaboração para a descoberta da verdade, respondendo ao que lhes for perguntado, submetendo-se às inspeções necessárias, facultando o que for requisitado e praticando os atos que forem determinados".

Conforme se vê, domina sobranceiro o empenho de assegurar a mais completa reconstrução dos fatos relevantes para o julgamento. Trata-se de questão sem sombra de dúvida importante, mas que está longe de exaurir a nossa problemática: não é só na instrução probatória que o processo necessita e deve contar com a nossa ajuda. Muito mais interessante, por isso mesmo, é a norma ampla insculpida no art. 95, nº 7, da Constituição da Colômbia, de 1991, que inclui entre os *"deberes de la persona y dei ciudadano"* o de *"colaborar para el buen funcionamiento de la administración de la justicia"*.

A que conclusão se pode chegar, na ausência de disposição análoga? Relativamente às partes, não se afigura despropositado raciocínio semelhante àquele que permitiu aos civilistas identificar um dever geral de colaboração em matéria de contrato[18]: dos contratantes, com efeito, reclama-se que, além de cumprir as obrigações expressamente pactuadas, cooperem tanto quanto possível para que o negócio atinja seus fins. Para seguir rota análoga, não precisamos em absoluto ressuscitar velhas concepções contratuais do processo: basta considerar que nenhuma instituição jurídica, seja de que natureza for, para projetar na realidade concreta a força integral de suas potencialidades, dispensa a boa vontade e o esforço sincero dos seres de carne e osso que a movimentam.

No tocante aos outros, àqueles a quem se poderia supor indiferente o que acontece no recesso misterioso de um pleito judicial sobre direitos alheios, é o caso de insistir em que qualquer litígio, pelo simples fato de ser levado a juízo, já não afeta só os litigantes, senão que passa a interessar, de modo eminente, a toda a comunidade, sobre a qual, direta ou indiretamente, se refletirão os resultados do processo[19]. De resto, ninguém está imune à contingência de ver-se um dia metido nos trajes de parte, ou de ter sua sorte condicionada, por qualquer outra razão, ao correto e eficiente funcionamento da máquina judiciária. Lembremo-nos disso nos momentos em que a Justiça precisar de nós: afinal de contas, o cinismo deturpador com que a invocam certos personagens da vida política não nos fará corar de repetir, em sentido menos indigno do original, a palavra de S. Francisco de Assis: "É dando que se recebe".

Setembro de 1996.

---

18 Mitwirkungspflicht, na terminologia alemã: para não multiplicar desnecessariamente as citações, vide JAUERNIG-SCHLECHTRIEM-STÜRNER-TEICHMANN-VOLLKOMMER, Bürgerliches Gesetzbuch mit Erläuterungen, Munique, 1979, p. 164.

19 Acentuava BERNHARDT, Die Aufklärung des Sachverhalts im Zivilprozess, in Beiträge Zum Zivilprozessrecht (Festgabe zum siebzigsten Geburtstag von Leo Rosenberg), Munique-Berlim, 1949, p. 30, que uma lide submetida à Justiça estatal deixa de ser matéria puramente privada ("... das eine Streitsache, die der staatlichen Gerichtsbarkeit unterbreitet ist, keine reine Privatsache mehr ist"): por força do recurso ao juiz, a lide afastou-se do terreno privado e converteu-se em assunto público ("Durch die Anrufung des Gerichts ist die Streitsache aus dem privaten Bereich gezogen und zu einer öffentlichen Angelegenheit geworden").

COMENTÁRIOS DOS ATUALIZADORES

A JUSTIÇA E NÓS

Ana Cristina Bacos Fernandes / Marco Antonio Rodrigues

O texto "A Justiça e nós", datado de setembro de 1996, procura abordar a relevância de propiciar ao jurisdicionado meios de acesso à justiça sem prejuízo de suas celeridade e eficácia. Veja-se que a atualidade dos temas tratados permanece ainda hoje, como podemos destacar a seguir.

Métodos consensuais de solução de conflitos. Em primeiro lugar, vale notar que o autor defende certos temas como forma de aproximação entre a Justiça e o povo, dentre eles os métodos consensuais de solução de controvérsias. Tais métodos tiveram sensível crescimento com a Resolução nº 125/2010, do Conselho Nacional de Justiça, que instituiu a Política Pública Nacional de Tratamento Adequado dos Conflitos de Interesses, assim como com o Código de Processo Civil de 2015 e com a Lei nº 13.140/15 – a Lei da Mediação. Tais marcos normativos promovem uma verdadeira alteração no sentido de acesso à justiça, que deve ser interpretado como um direito de acesso à solução justa para o conflito de interesses, o que não necessariamente ocorrerá pelo Poder Judiciário (analisando criticamente a utilização do Poder Judiciário enquanto meio principal para a solução dos conflitos: RODRIGUES, 2017. MANCUSO, 2020).

Concessão judicial de prestações de saúde. Nos Tribunais, os limites à concessão de prestações de saúde são objeto de forte discussão, em especial, à luz dos princípios da separação dos poderes e da reserva do possível, bem como relativamente aos limites da proteção constitucional ao direito à saúde. De um lado, o artigo 196 da Constituição da República consagra o direito fundamental à saúde, porém sem instituir quais são os limites da sindicabilidade judicial desse direito. De outro lado, é princípio constitucional a separação dos Poderes, que impõe uma deferência às escolhas legitimamente efetuadas pelos Poderes Executivo e Legislativo, sendo que o Poder Público lida com um ambiente de recursos limitados, em que é necessário realizar escolhas de quais políticas públicas e prestações de direitos atender.

O Supremo Tribunal Federal, nas últimas décadas, foi chamado a se manifestar diversas vezes a respeito do alcance deste direito social. Nesse sentido, a título de exemplo, em 2015, a Corte decidiu que o dever de fornecimento de tratamento médico pode ser exigido de quaisquer dos entes federativos, isolada ou conjuntamente, na medida em que se trata de responsabilidade solidária (RECURSO EXTRAORDINÁRIO. CONSTITUCIONAL E ADMINISTRATIVO. DIREITO À SAÚDE. TRATAMENTO MÉDICO. RESPONSABILIDADE SOLIDÁRIA DOS ENTES FEDERADOS. REPERCUSSÃO GERAL RECONHECIDA. REAFIRMAÇÃO DE JURISPRUDÊNCIA. O tratamento médico adequado aos necessitados se insere no rol dos deveres do Estado, porquanto responsabilidade solidária dos entes federados. O polo passivo pode ser composto por qualquer um deles, isoladamente, ou conjuntamente. RE 855178 RG, Relator(a): LUIZ FUX, Tribunal Pleno, julgado em 05/03/2015, PROCESSO ELETRÔNICO REPERCUSSÃO GERAL – MÉRITO DJe-050 DIVULG 13-03-2015 PUBLIC 16-03-2015).

Cumprimento provisório de pena. Outro importante assunto abordado pelo autor é o do cumprimento provisório da pena criminal. Após longa controvérsia jurisprudencial, em 2019, em sede de julgamento de três ações declaratórias de constitucionalidade (ADCs 43, 44 e 54) e superando o entendimento que havia firmado em sede de repercussão geral cerca de um ano antes (HC 152752, Relator(a): EDSON FACHIN, Tribunal Pleno, julgado em 04/04/2018, PROCESSO ELETRÔNICO DJe-127 DIVULG 26-06-2018 PUBLIC 27-06-2018), o Supremo Tribunal Federal definiu que a execução de pena privativa de liberdade fica sujeita ao trânsito em julgado da decisão condenatória, declarando a constitucionalidade do artigo 283 do Código de Processo Penal. Confira-se a ementa do acórdão: PENA – EXECUÇÃO PROVISÓRIA – IMPOSSIBILIDADE – PRINCÍPIO DA NÃO CULPABILIDADE. Surge constitucional o artigo 283 do Código de Processo Penal, a condicionar o início do cumprimento da pena ao trânsito em julgado da sentença penal condenatória, considerado o alcance da garantia versada no artigo 5º, inciso LVII, da Constituição Federal, no que direciona a apurar para, selada a culpa em virtude de título precluso na via da recorribilidade, prender, em execução da sanção, a qual não admite forma provisória. (ADC 54, Relator(a): MARCO AURÉLIO, Tribunal Pleno, julgado em 07/11/2019, PROCESSO ELETRÔNICO DJe-270 DIVULG 11-11-2020 PUBLIC 12-11-2020).

Deveres do executado. O texto também trata dos deveres do executado, sendo importante salientar que, na busca de maior efetividade para a execução, o Código de Processo Civil de 2015 trouxe uma ampliação dos deveres do executado, reproduzidos no seu artigo 774. Vale notar que o descumprimento de tais deveres é considerado ato atentatório à dignidade da justiça, e será apenado com multa em favor do exequente:

> "Art. 774. Considera-se atentatória à dignidade da justiça a conduta comissiva ou omissiva do executado que: I – frauda a execução;
>
> II – se opõe maliciosamente à execução, empregando ardis e meios artificiosos;
>
> III – dificulta ou embaraça a realização da penhora;
>
> IV – resiste injustificadamente às ordens judiciais;
>
> V – intimado, não indica ao juiz quais são e onde estão os bens sujeitos à penhora e os respectivos valores, nem exibe prova de sua propriedade e, se for o caso, certidão negativa de ônus.
>
> Parágrafo único. Nos casos previstos neste artigo, o juiz fixará multa em montante não superior a vinte por cento do valor atualizado do débito em execução, a qual será revertida em proveito do exequente, exigível nos próprios autos do processo, sem prejuízo de outras sanções de natureza processual ou material.

Ausência de previsão do procedimento especial de nunciação de obra nova: Importante registrar que Código de Processo Civil de 2015 não previu o mencionado procedimento especial de nunciação de obra nova. Isso, contudo, não impede que seja proposta ação de procedimento comum (artigo 318 do CPC), visando uma tutela em face de obra nova.

Dever de cooperação. José Carlos Barbosa Moreira também tratou de maneira vanguardista do dever de cooperação entre os sujeitos do processo. Tal dever foi acolhido pelo Código de Processo Civil de 2015 dentre suas normas fundamentais, ao prever, em seu artigo 6º, o dever de cooperação de todos os sujeitos do processo entre si para que se obtenha, em tempo razoável, decisão de mérito justa e efetiva. O dever de cooperação faz com que os sujeitos do processo, não obstante possam adotar estratégias processuais – como se passa com os sujeitos parciais

– tenham de, efetivamente, atuar em conjunto para que a decisão de mérito seja proferida em tempo razoável, em contraditório e conforme o direito aplicável à espécie (GREGER, 2012; MITIDIERO, 2019).

Referências da nota

GREGER, Reinhard. *"Cooperação como princípio processual"*. Ronaldo Kochen (trad.). Revista de Processo. São Paulo: RT, 2012, nº 206, p. 125.

MANCUSO, Rodolfo de Camargo. *A resolução de conflitos e a função judicial no contemporâneo Estado de Direito*. Salvador: Juspodivm, 3ª ed., 2020.

MITIDIERO, Daniel. *"A colaboração no processo civil"*. 4ª ed. São Paulo: Revista dos Tribunais, 2019.

RODRIGUES, Marco Antonio dos Santos. *A Fazenda Pública no Processo Civil*. Rio de Janeiro: GEN, 2017.

EFETIVIDADE DO PROCESSO E TÉCNICA PROCESSUAL [1]

1. A preocupação de tomar mais efetivo o processo vem sendo ultimamente, em nosso país e no estrangeiro, nota constante na produção doutrinária e no pensamento de quantos participam da atividade forense. Congressos nacionais e internacionais têm feito dela tópico de seus temários. Não faltam referências ao problema no quotidiano dos meios de comunicação social; e, se tais referências tantas vezes aparecem distorcidas pelo preconceito e por certa desenvoltura vizinha da leviandade, nem por isso perde o fenômeno todo o relevo. Há uma consciência difusa, embora nem sempre objetivamente fundamentada, de que ao notável progresso da ciência, e ao próprio grau de aprimoramento já atingido, no Brasil e alhures, pela legislação processual, está longe de corresponder, na proporção desejável, a evolução do nível qualitativo do serviço da Justiça.

Efetividade, noção abrangente, comporta dose inevitável de fluidez. Em trabalho que já conta mais de dez anos[2], mas em cuja substância, no particular, não nos pareceria necessário introduzir hoje alterações de monta, procuramos sintetizar em cinco itens algo que, sem excessiva pretensão de rigor, se poderia considerar como uma espécie de "programa básico" da campanha em prol da efetividade. Escrevíamos então:

a) o processo deve dispor de instrumentos de tutela adequados, na medida do possível, a todos os direitos (e outras posições jurídicas de vantagem) contemplados no ordenamento, quer resultem de expressa previsão normativa, quer se possam inferir do sistema;

b) esses instrumentos devem ser praticamente utilizáveis, ao menos em princípio, sejam quais forem os supostos titulares dos direitos (e

---

1 Texto de conferência pronunciada em 12-12-1994, na sessão inaugural do Congresso Nacional de Direito Processual e Reforma Constitucional (Rio de Janeiro). Publicado na *Ajuris,* nº 64, no *Livro de Estudos Jurídicos,* nº 10, na *Revista da Academia Brasileira de Letras Jurídicas,* nº 7, na *Revista de Direito Renovar,* nº I, na *Revista de Processo,* nº 77, na *Revista Forense,* nº 329, e na *Revista Uruguaya de Derecho Procesal,* nº 4/94.

2 *Notas sobre o problema da "efetividade" do processo, in Estudos de Direito Processual em homenagem a José Frederico Marques,* S. Paulo, 1982, p. 203 e s., ou *in Temas de Direito Processual (Terceira Série),* S. Paulo, 1984, p. 27 e s.

das outras posições jurídicas de vantagem) de cuja preservação ou reintegração se cogita, inclusive quando indeterminado ou indeterminável o círculo dos eventuais sujeitos;

c) impende assegurar condições propícias à exata e completa reconstituição dos fatos relevantes, a fim de que o convencimento do julgador corresponda, tanto quanto puder, à realidade;

d) em toda a extensão da possibilidade prática, o resultado do processo há de ser tal que assegure à parte vitoriosa o gozo pleno da específica utilidade a que faz jus segundo o ordenamento;

e) cumpre que se possa atingir semelhante resultado com o mínimo dispêndio de tempo e energias.

2. Esse ideário, que aliás nada tinha de original, encontrou consenso na doutrina posterior, seja por adesão explícita[3], seja pelo empenho com que obras mais recentes se dispuseram a aprofundar o exame de um ou de outro dentre os assuntos que apontáramos à atenção dos estudiosos[4]. Deve-se reconhecer, porém, que há quem duvide da eficácia prática de quaisquer esforços para modificar o panorama real com base em elaborações doutrinárias, as quais constituiriam, na melhor hipótese, manifestação de ingenuidade e, na pior, tentativa de mistificação.

---

3 V.g., ADA PELLEGRINI GRINOVER, Modernità del diritto processuale brasiliano, in Scritti in onore di Elio Fazzalari, Milão, 1993, v. II, p. 504; SÁLVIO DE FIGUEIREDO TEIXEIRA, A efetividade do processo e a reforma processual, in Rev. For., v. 325, p. 110.

4 Para nos limitarmos a alguns exemplos, em sede monográfica: CÂNDIDO DINAMARCO, *A instrumentalidade do processo,* S. Paulo, 1987, p. 385 e *s.,* enfrenta vasta problemática ligada à efetividade, com tentativa de sistematização que, confessadamente, segue "em parte" a nossa proposta (v. p. 389, nota 7); JOSÉ ROBERTO DOS SANTOS BEDAQUE analisa o papel do órgão judicial na apuração da verdade *(Poderes instrutórios do juiz,* S. Paulo, 1ª ed., 1991; 2ª ed., 1994); LUIZ GUILHERME MARINONI dedica-se ao estudo de várias modalidades da tutela jurisdicional de urgência *(Tutela cautelar e tutela antecipatória.* S. Paulo, 1992; *Efetividade do processo e tutela de urgência,* Porto Alegre, 1994); FLÁVIO LUIZ YARSHELL explora um dos pontos sensíveis da temática atinente à especificidade da tutela *(Tutela jurisdicional específica nas obrigações de declaração de vontade,* S. Paulo, 1993). Ao rol seria oportuno acrescentar a bibliografia, de certo vulto, que floresceu nos últimos anos em matérias como a tutela de interesses difusos e coletivos, a criação e o funcionamento de órgãos destinados a prestar jurisdição segundo procedimentos mais singelos e informais (v.g., Juizados Especiais de Pequenas Causas), a assistência judiciária aos necessitados.

Para sustentar essa tese, costuma-se partir da premissa de que o fenômeno jurídico depende necessariamente do político; por conseguinte, no fundo, útil seria apenas lutar no *plano político* pelas reformas havidas como necessárias. Contém a primeira afirmação, naturalmente, boa dose de verdade, sem que, aliás, contenha dose equivalente de novidade. Ninguém ignora, com efeito, que o ordenamento jurídico se deixa e sempre se deixou modelar, em todos os tempos e em todos os lugares, pela vontade dos detentores do poder e pelos interesses que ela visa a resguardar. A relação entre as duas instâncias, vale observar de passagem, não é em todo caso tão linear quanto dão a impressão de supor determinadas interpretações simplificadoras da história do direito – e da história *tout court*. Para cingir-nos a exemplos que nos são familiares, parece oportuno e instrutivo recordar que, no Brasil moderno, várias das leis processuais de mais nítido caráter *progressista*, como a da ação popular, a dos Juizados Especiais de Pequenas Causas e a da ação civil pública, remontam – na edição ou, ao menos, na preparação – à época de governos militares generalizadamente vistos como de direita[5]). Aceita que seja, no entanto, com as ressalvas indispensáveis, a premissa da dependência, nem por isso se afigura obrigatória a conclusão que dela se quer extrair.

Os fatos mesmos, convém registrar, desmentem o diagnóstico radicalmente pessimista. É notório o papel que a ciência processual brasileira desempenhou na gestação de reformas normativas recentes, sem exclusão daquela que, em 1988, viria a dotar o País de nova Constituição. O texto dessa Carta e o de mais de uma lei importante – e às citadas há pouco é imperioso acrescentar o Código de Defesa do Consumidor – guardam as impressões digitais de processualistas que os conceberam ou contribuíram de maneira decisiva para o respectivo aperfeiçoamento.

E não se diga que a significação do trabalho ficou restrita a folhas impressas. Sem dúvida, as carências de nossa sociedade excedem ainda de muito o alcance prático dos remédios aviados. Não seria justo, entretanto, negar ou subestimar os bons serviços que eles vêm prestando na prática judiciária, sobretudo em matérias como a proteção do ambiente e as relações de consumo. É certo que a utilização da técnica do processo coletivo tem sofrido, até agora, a distorção provocada pela inércia

---

5 A observação já figurava em escrito nosso de 1987: *Sobre a multiplicidade de perspectivas no estudo do processo, in Temas de Direito Processual (Quarta Série)*, S. Paulo, 1989, p. 19; e bem assim em CÂNDIDO DINAMARCO, ob. cit. na nota 3, p. 45, nota 22.

da maioria das associações civis, que deixam entregue o manejo do instrumento, quase com exclusividade, a órgãos públicos, com superlativo realce para o Ministério Público[6]. Isso não desmerece o acervo, já ponderável, dos resultados obtidos graças ao emprego de ações coletivas. Existe até quem denuncie abusos nesse emprego – o que, sem nos aventurarmos aqui ao exame da procedência ou improcedência da denúncia, dá sinal eloquente de que o instrumento não veio ao mundo com o destino de simples peça de museu. Bastaria um único exemplo, o episódio do navio *Mineral Star*, cuja carga de toneladas e toneladas de combustível ameaçava derramar-se no litoral deste Estado, para justificar de modo cabal a criação da ação civil pública, mediante cuja utilização se logrou evitar o iminente e incalculável dano ecológico.

Cumpre ter presente que, em regra, para atuar sobre a realidade, as decisões políticas precisam da mediação de normas jurídicas. E dela precisam em dois momentos sucessivos: naquele em que tomam a forma preceptiva, sem a qual não chegam a exteriorizar-se, e naquele outro em que descem ao nível do concreto para capturar a singularidade de tal ou qual acontecimento da vida humana. É mister que se formule a norma e, depois, que se aplique. Ora, assim na formulação como na aplicação mostra-se imprescindível e insubstituível a função dos operadores do Direito. Temos tido mais de uma ocasião de ver a que desastres conduz a temeridade de relegar essa função a plano secundário...

Não colhe, pois, invocar a primazia da vontade política para recusar valor à atuação dos juristas, como tais, nos programas de reforma. Os dois elementos são igualmente necessários, e devem conjugar-se. Aquele pode, aliás, ser suscitado, em certa medida, por esta: não foi uma, nem duas vezes que, na história do direito em geral, e do processo em particular, o clamor partido da doutrina conseguiu fazer-se ouvir nas instâncias políticas e incitá-las à ação. É quanto basta dizer para evidenciar a utilidade da reflexão jurídica centrada sobre a ideia de efetividade. Felizmente, ousamos ajuntar: se assim não fosse, ao processualista desprovido de apetite para a militância política em sentido estrito, sem disposição para candidatar-se a deputado ou senador, não restaria outra saída senão recolher-se à celebérrima torre de marfim e ali matar o tempo com charadas exegéticas sem repercussão alguma no mundo exterior.

6 *Vide*, ao propósito, BARBOSA MOREIRA, *La iniciativa en la defensa judicial de los intereses difusos y colectivos (Un aspecto de la experiencia brasileña)*, *in Temas de Direito Processual (Quinta Série)*, S. Paulo, 1994, p. 163 e s.

O que não podemos é ser desmedidamente ambiciosos. Acalentar expectativas altas demais expõe-nos ao perigo de cair com facilidade em negativismo extremado. Nutre-se o pessimismo, com frequência, da amargura causada pela decepção: convencidos de ser inatingível o ideal, que ingenuamente supuséramos ao alcance da nossa mão, passamos a descrer da possibilidade de dar quaisquer passos, pequenos que sejam, na direção daquele. A ilusão de onipotência torna-se a véspera do ceticismo integral. Destarte, não poucas vezes, o talento do progressista desencantado acaba paradoxalmente posto a serviço do mais empedernido conservadorismo. Aqui também os extremos se tocam.

3. Cabe agora uma palavra de advertência para alguns riscos a que está sujeito o pensamento ordenado à efetividade do processo.

Consiste o primeiro na tentação de arvorar a efetividade em valor absoluto: nada importaria senão tornar mais efetivo o processo, e nenhum preço seria excessivo para garantir o acesso a tal meta. É esquecer que no direito, como na vida, a suma sabedoria reside em conciliar, tanto quanto possível, solicitações contraditórias, inspiradas em interesses opostos e igualmente valiosos, de forma que a satisfação de um deles não implique o sacrifício total de outro. Assim é que a conveniência de preservar a intimidade de terceiros – e, em certa medida, das próprias partes – sugere que se admitam barreiras à averiguação dos fatos relevantes para a solução do litígio; se a lei, por vezes, ultrapassa no particular os lindes do plausível constitui outra questão, que terá de ser analisada caso a caso e, seja como for, não invalida o princípio. Diga-se o mesmo do delicado problema das provas adquiridas por meios ilícitos: pode-se considerar que haveria sido preferível menor dose de rigidez no respectivo tratamento do que a evidenciada pelo teor do art. 52, nº LVI, da Carta de 1988, mas todos, ou quase todos, convirão na necessidade de fixar algum limite à sem-cerimônia dos menos escrupulosos na busca insofrida de elementos que lhes corroborem as alegações.

O segundo grande risco tem certa analogia com o primeiro, do qual se diferencia, no entanto, por manifestar-se no interior da problemática mesma da efetividade. Desdobra-se esta, como assinalado, em diversos tópicos; e aqui também se corre o perigo de romper o equilíbrio do sistema, hipertrofiando uma peça em detrimento das restantes. É o que acontece, por exemplo, quando se estende além da medida razoável a duração do feito, pelo afã obsessivo de esgotar todas as possibilidades, mínimas que sejam, de apuração dos fatos. Nem o valor *celeridade* deve primar, pura e simplesmente, sobre o valor *verdade*, nem este sobrepor-se, em quaisquer circunstâncias, àquele.

4. O terceiro risco é talvez o mais insidioso; e, para bem compreendê-lo, há que ter em mente a tendência, tão comum, a desvalorizar o passado, em especial o passado próximo: ela afeta a literatura, as artes e também, ainda que em menor proporção, a ciência, inclusive a ciência jurídica. Na evolução histórica do direito processual brasileiro, as gerações que imediatamente nos antecederam distinguiram-se pelo empenho na construção de uma dogmática sólida; em sua reflexão prevaleceram as especulações técnicas, que deixaram pouco espaço para preocupações de outra ordem, relacionadas com as dimensões políticas e sociais do fenômeno processual. Nada há nisso, a rigor, que surpreenda. Era preciso, e foi útil, que se superassem as fronteiras do procedimentalismo antes dominante, em cujo quadro se refletia uma visão do processo restrita à contemplação superficial de ritos e formalidades. As aspirações de progresso exigiam que se absorvessem os resultados de investigações feitas em países mais adiantados, que se trabalhasse o material assim adquirido para ajustá-lo ao perfil do ordenamento pátrio, que se armasse um sistema coerente de princípios e conceitos, capaz de elevar o direito processual ao plano de dignidade científica já então atingido, entre nós, noutros ramos do conhecimento jurídico.

Dessa tarefa, os nossos predecessores desincumbiram-se com exação. Não foi pequeno o proveito que pudemos tirar dos frutos de seu labor: muita razão tinha CHESTERTON quando advertia que o homem pode enxergar mais longe se subir aos ombros dos que vieram antes. A abertura de novos horizontes e a penetração de outras luzes, de que hoje nos beneficiamos, não nos hão de tornar menos sensíveis à permanente importância do trabalho que já encontramos realizado, ou iniciado. Uma coisa é a retificação de rumos; outra, o desprezo ou o esquecimento das descobertas com que nos enriqueceu o percurso vencido. Aquela constitui necessidade imperiosa de tempos em tempos; esta se resolve em exercício infantil de rebeldia e dissipação. Renegar a técnica decididamente não é o melhor caminho para fazer avançar a nossa ciência, nem para converter o avanço científico em fermento da Justiça.

Se é verdade, segundo ficou dito, que as tentativas de reforma não prescindem da mediação normativa, intuitivamente se percebe a extensão da medida em que podem prejudicá-las as deficiências técnicas na formulação e na aplicação da norma. Deficiências técnicas na formulação da norma acarretam dúvidas e controvérsias hermenêuticas de que costumam alimentar-se incidentes processuais, como o da uniformização de jurisprudência e o da declaração de inconstitucionalidade, e concorrem para multiplicar os recursos destinados à revisão *in iure*, como o especial e o extraordinário. Não é preciso sublinhar a gravidade dos prejuízos que daí decorrem para a causa da efetividade. Não se trata apenas do prolongamento excessivo deste ou daquele pleito: a sobrecarga de trabalho que tudo isso atira sobre os órgãos judiciais, designadamente sobre os tribunais superiores, afeta por força a qualidade do produto, sacrificando a curiosidade intelectual e a reflexão madura à pressão das pautas intermináveis, e afogando no pantanal da rotina quaisquer esperanças de desenvolvimento jurisprudencial.

Deficiências técnicas na aplicação da norma são fontes de numerosas desgraças. Para começar, dão ensejo à inútil sobrevivência de boa quantidade de processos que decerto não contribuiriam como contribuem para obstruir os canais judiciais se os juízes deles incumbidos manejassem com maior destreza os instrumentos que lhes oferecem os dispositivos do Código de Processo Civil concernentes ao indeferimento da petição inicial e à extinção do feito qual modalidade do julgamento conforme o estado do processo (arts. 295 e 329, respectivamente). Isso pressuporia entre outras coisas, é óbvio, a posse de noções claras e seguras acerca de temas como a legitimidade para a causa, a impossibilidade jurídica do pedido, a litispendência e a coisa julgada, em que a dimensão técnica indiscutivelmente avulta. O emprego de melhor técnica reteria muitas iniciais no filtro do despacho liminar, e poria termo à marcha de muitos pleitos sem necessidade de audiência de instrução e julgamento – num e noutro caso, com cristalino lucro do ponto de vista da efetividade. Esta, vale insistir, sofre danos múltiplos, toda vez que a vida de um processo se estende mais que o necessário: a lamentar não há só o gasto supérfluo de tempo e energias que a procrastinação do desfecho, já por si, representa, mas igualmente as repercussões desfavoráveis sobre a restante atividade do órgão judicial: onerado com essa carga podre, quiçá não tenha o juiz condições de dirigir com mão mais firme e operosa algum outro feito em que, por exemplo, seria oportuna a iniciativa probatória oficial, para melhor esclarecimento dos fatos relevantes. Dir-se-á que tampouco a ânsia de extinguir quanto antes o processo é atitude que se harmonize, sempre e necessariamente, com o propósito de efetividade. Nada mais certo: bem se concebe que a precipitação cerceie de modo intolerável o exercício do direito de ação ou de defesa. Também no particular, contudo, o uso inteligente da técnica pode prestar serviços de grande valia. No despacho da inicial, *v.g.*, o juiz consciencioso e criativo encontrará ajuda inestimável na disposição do art. 284, *caput,* que lhe ordena abrir ao autor a oportunidade de emendar ou completar a petição, sempre que ela apresente "defeitos e irregularidades capazes de dificultar o julgamento do mérito". Inteligentemente explorada, permite a norma salvar do naufrágio imediato postulações mal formuladas mas suscetíveis de correção. Presume-se, é claro, que o advogado do autor saiba tirar proveito da "boia" que se lhe atira, em vez de perseverar no desígnio suicida, a exemplo daquele que, instado a precisar o fundamento, obscuro na inicial, do pedido de rescisão de determinado acórdão, se cingiu, em resposta, a reproduzir todo o elenco de possíveis fundamentos da ação rescisória, contido nos incisos do art. 485, como se dissesse ao relator: "Faça Vossa Excelência o favor de escolher..."

A competência é outra matéria em que falhas de ordem técnica soem toldar as perspectivas de condução efetiva do processo. Incertezas sobre competência traduzem-se quase sempre em perturbações indesejáveis ao curso do pleito, com funesto cortejo de exceções, conflitos positivos e negativos, reclamações e outras vicissitudes do gênero. Tem-se notícia de processos que chegaram, em razão de questões de competência, ao vértice da pirâmide judiciária, e demoraram vários anos para tornar a descer ao órgão de origem. Falar de efetividade, enquanto ocorrem episódios semelhantes, soa como derrisão. Ora, não há meio de preveni-los, se por exemplo o juiz, inseguro no distinguir entre as hipóteses de incompetência relativa e as de incompetência absoluta, se atrapalha ao escolher a disciplina aplicável ao caso sob exame. Técnica mais apurada certamente lhe pouparia, a ele, o vexame, e a interessados diretos e indiretos os inconvenientes da confusão que se terá instalado no feito. Detenhamo-nos agora, por alguns momentos, no tema do ônus da prova. Ocioso frisar a importância do assunto pelo ângulo da efetividade. Basta lembrar que se trata de problema cuja solução influi decisivamente no resultado do processo. Às vezes, note-se, de maneira inusitada e surpreendente: em causa que, por força de apelação, se submeteu à Câmara, onde tive assento, para honra minha, no Tribunal de Justiça deste Estado. O juiz, desesperançado de encontrar nos autos prova cabal de fato importante para a formação de seu convencimento, pura e simplesmente extinguiu o feito sem julgamento de mérito, qualificando a hipótese como de impossibilidade jurídica do pedido... O erro de técnica – por sinal, grosseiro – subtraiu ao processo, pela raiz, a expectativa mínima de efetividade, na medida em que lhe pôs fora do alcance o objetivo normal de compor o litígio. Por incrível que pareça, ignorava o juiz ser função precípua das regras de distribuição do *onus probandi*, exatamente, rasgar uma saída para situações de carência probatória, que de outra sorte esbarrariam no muro opaco do *non liquet*.

Mesmo, porém, fora do campo da teratologia forense – onde sem dúvida se inscreve a referida espécie –, podem ser nefastas, inclusive e sobretudo pelo prisma da efetividade, as consequências do despreparo técnico do julgador em matéria de ônus da prova. A solução das questões a este relativas, com efeito, embora nisso não se esgote necessariamente, envolve o trato de conceitos como os de fato constitutivo, fato impeditivo, fato modificativo e fato extintivo, de cuja caracterização é insuprimível a componente técnica. Equívocos do órgão judicial, no particular, chegarão talvez a impelir o feito, à guisa de vento ensandecido, para o antípoda do ponto a que, em condições normais, ele deveria aportar.

Questão de índole substancialmente técnica é a da distinção entre preliminar e mérito, seja no julgamento da causa, seja no de recurso. Pois bem: não são poucos, nem de pequeno vulto, e menos ainda irrelevantes para a efetividade, os estragos que a inaptidão para captar a diferença com nitidez pode provocar, antes de mais nada no próprio processo em que se comete o erro, e ademais, eventualmente, noutro. Vejamos um exemplo, que está longe de ser acadêmico. Julga-se uma apelação, e no acórdão, ao lado do pronunciamento majoritário que, por hipótese, não conheceu do recurso, aparece um voto vencido concernente ao respectivo mérito, ou vice-versa. *Quid iuris* no tocante aos embargos infringentes? Como há de comportar-se o colegiado a que caiba apreciá-los? A solução correta consistirá em anular o acórdão embargado, para que o órgão *a quo* rejulgue a apelação, com observância das normas pertinentes: é manifesto que o primeiro julgamento nem sequer se completou regularmente, pois não se colheram três votos nem sobre a preliminar, nem sobre o mérito. Tanto pior para a duração do feito, que não poderá deixar de sofrer aumento porventura considerável – e, sublinhe-se, perfeitamente evitável caso se respeitassem os ditames da técnica.

Outro exemplo: ao julgar recurso especial, interposto com fundamento no inciso III, letra *a*, do art. *105* da Constituição da República, e verificando que falta razão ao recorrente em dizer violada a lei federal, conclui o Superior Tribunal de Justiça por negar conhecimento ao recurso. Com a devida vênia, o engano, de todos os dias, é mais que evidente - e, de resto, herdado em má hora de inveterada prática do Supremo Tribunal Federal, com relação ao recurso extraordinário do regime constitucional anterior. Examinado que fora o mérito, impunha-se, em semelhante hipótese, desprover o recurso[7]. O enunciado errôneo da decisão será fonte de perplexidades - e, fácil prevê-lo, de incidentes danosos para a efetividade da tutela jurisdicional - no momento em que algum legitimado quiser propor ação rescisória. Ao que se deverá visar no pedido de rescisão: ao acórdão do Superior Tribunal de Justiça, que disse não conhecer do recurso, ou ao do tribunal *a quo,* que, a ser exata essa afirmação, não teria sido substituído pelo outro, mas, ao contrário, haveria ele próprio transitado em julgado? Indagação, acrescente-se, de que defluem duas outras, da maior importância prática: quando se terá iniciado o prazo de decadência? Qual o órgão competente para a rescisória?

Registre-se de passagem que a Corte Suprema, com certeza sob a pressão da realidade forense, que há de tê-la inundado com uma catadupa de problemas concretos, tomou a iniciativa de incluir na *Súmula da Jurisprudência Predominante,* sob o nº 249, proposição atinente à questão da competência, assim redigida: "É competente o Supremo Tribunal Federal para a ação rescisória quando, embora não tendo conhecido do recurso extraordinário, ou havendo negado provimento a agravo, tiver apreciado a questão federal controvertida". Para impedir os motoristas de perder-se nalgum desvio, induzidos pela placa despistadora, pôs-se, na curva seguinte, uma seta a indicar-lhes a verdadeira rota - à custa, permita-se observar, da coerência da sinalização, e ainda uma vez com ofensa à técnica. Não se concebe, na verdade, que, sem incorrer em contradição, o tribunal deixe de conhecer de um recurso a despeito de apreciar a questão central que nele se controverte: por definição, conhecer do recurso é, nada mais, nada menos, que apreciar tal questão! O exercício de contorcionismo não seria necessário se de início se adotasse a posição correta.

---

7 Sobre a questão, extensamente, BARBOSA MOREIRA, *Juízo de admissibilidade e juízo de Mérito no julgamento do recurso especial,* no volume coletivo *Recursos no Superior Tribunal de Justiça* (org. por SALVIO DE FIGUEIREDO TEIXEIRA), S. Paulo, 1991, p. 163 e *s.,* ou na ob. cit. na nota 5, p. 131 e s.

5. Quem quer que haja tido alguma experiência do foro sabe que problemas de ordem essencialmente técnica sempre estarão presentes no trabalho quotidiano do juiz. Desmerecer-lhes a importância é equívoco tão grave quanto o de deixar-se absorver por completo pela respectiva análise, ou sobrepô-la a tudo mais. Nenhum processualista que preze a sua ciência tem o direito de desinteressar-se pura e simplesmente das questões técnicas. Ótimo seria que os operadores do direito soubessem dar-lhes, ao menos no comum dos casos, solução adequada. Percebe-se a todo instante quão longe ainda estamos de ver realizada semelhante aspiração. Incumbe precisamente aos processualistas uma missão esclarecedora, quase diria uma função didática, a que não nos podemos furtar. Se nos omitirmos, não é crível – nem, aliás, desejável... – que se possa contar, para suprir a nossa omissão, com a ajuda de economistas, sociólogos ou cientistas políticos. Como tampouco seria desejável, adite-se, que os processualistas, enquanto tais, desatentos às armadilhas do amadorismo, nos atrevêssemos sem a indispensável preparação a discorrer sobre assuntos específicos de economia, de sociologia ou de ciência política[8], em vez de simplesmente nos valermos, com maior prudência e decerto com maior proveito, dos subsídios que oferecem à nossa meditação os frutos do labor científico levado a cabo nesses setores do conhecimento humano, o que se recomenda é a *colaboração,* jamais a *confusão* entre as ciências. Um lema adequado ao nosso programa seria o expresso no título alternativo da obra *Les degrés du savoir,* do grande filósofo JACQUES MARITAIN: *Distinguer pour unir.* O compromisso primeiro de todo processualista é com o direito processual; e, por maior atenção que dediquemos, como nos cumpre fazer, à problemática social e política do processo e da Justiça, nas atuais circunstâncias temos de reservar algumas energias para repetir, de vez em quando – e não apenas aos alunos do curso de bacharelado –, que nenhum feito se pode extinguir, simultaneamente, com julgamento de mérito e sem ele, e que preliminares se destinam a ser apreciadas... preliminarmente!

Neste ensejo, todavia, o que acima de tudo importa é denunciar a falsa ideia da oposição entre o empenho de efetividade e a convivência com a boa técnica. Os exemplos figurados, que se poderiam multipli-

8 Recorde-se a sempre atual advertência de ROTH, em relatório para o Congresso Internacional de Direito Processual de Würzburg (1983), sobre os perigos do *sozialwissenschaftlicher Dilettantismus (vide* o volume *Effektiver Rechtsschutz und verfassungsmässige Ordnung,* ed. por Habscheid, Würzburg, 1983, p. 237).

car *ad infinitum,* demonstram que efetividade e técnica não são valores contrastantes ou incompatíveis, que deem origem a preocupações reciprocamente excludentes, senão, ao contrário, valores complementares, ambos os quais reclamam a nossa mais cuidadosa atenção. Demonstram também que a técnica bem aplicada pode constituir instrumento precioso a serviço da própria efetividade. Tais os termos em que se deve formular a equação. Ponhamos em relevo o papel instrumental da técnica; evitemos escrupulosamente quanto possa fazer suspeitar de que, no invocá-la, se esteja dissimulando mero pretexto para a reentronização do velho e desacreditado formalismo; demos a cada peça do sistema o lugar devido, na tranquila convicção de que, no mundo do processo, há pouco espaço para absolutos, e muito para o equilíbrio recíproco de valores que não deixam de o ser apenas porque relativos.

E mais: quando porventura nos pareça que a solução técnica de um problema elimina ou reduz a efetividade do processo, desconfiemos, primeiramente, de nós mesmos. É bem possível que estejamos confundindo com os limites da técnica os da nossa própria capacidade de dominá-la e de explorar-lhe a fundo as virtualidades. A preocupação com a efetividade deveria levar-nos amiúde a lamentar menos as exigências, reais ou supostas, imputadas à técnica do que a escassa habilidade com que nos servimos dos recursos por ela mesma colocados à nossa disposição.

Estamos convencidos de que vários, senão muitos, dos problemas "clássicos" do direito processual demandam reexame em perspectiva ampliada que tome na devida consideração o contexto global em que eles se inserem. Apontamos, noutra ocasião[9], um exemplo: o dos limites subjetivos da coisa julgada, em torno do qual fervem solicitações ao menos aparentemente conflitantes, inspiradas de um lado em necessidades práticas da tutela coletiva, de outro no respeito, que nos impõem até

9 A saber, na oração de encerramento do IX Congresso Internacional de Direito Processual, proferida em Lisboa, em 31-8-1991, e publicada no volume *Reflexões sobre direito e sobre processo,* Rio de Janeiro, 1992, p. 11 e s., e bem assim na ob. cit. na nota 5, p. 233 e s. Nossa sugestão, aliás formulada em termos genéricos, recebeu como tal o apoio expresso de CÂNDIDO DINAMARCO, prefácio à obra de FLÁVIO LUIZ YARSHELL cit. na nota 3, p. 5. Na mesma ordem de ideias, escreve ADA PELLEGRINI GRINOVER, art. cit. na nota 2, p. 517, que o processualista brasileiro de hoje *"torna a dirigere le sue preoccupazioni alla tecnica processuale, utilizzandola per rivisitare gli istituti processuali allo scopo di adattarli alla nuova realtà nello sforzo di costruire* un *sistema idoneo a raggiungere gli obiettivi, non solo giuridici, ma anche sociali e politici della giurisdizione".*

mandamentos constitucionais, pela garantia do contraditório. Igual sugestão parece-nos oportuna acerca de temas como o da intervenção de terceiros, o da execução provisória, o dos meios de coerção do devedor notadamente a multa cominatória dos arts. 644 e 645 do estatuto processual e bem assim de tantas questões, ainda não pacificadas, do processo cautelar, para não falarmos de institutos que se projeta introduzir no ordenamento brasileiro - caso da ação monitória. Ora, semelhante reexame, ao nosso ver, abrirá excelente oportunidade para o encontro e a conjugação das duas ordens de cogitações: é tarefa que não se poderá levar a bom termo sem a atenta ponderação dos valores sociais, políticos, econômicos em jogo, mas tampouco sem o manejo inteligente de instrumentos técnicos.

Um dos mais primorosos escritores dos nossos dias, o espanhol CAMILO JOSÉ CELA, afirmou que a técnica é o melhor sucedâneo para o talento. Não creio que a frase pretenda estigmatizar a técnica como algo a que só os pouco talentosos precisassem recorrer. Dou-lhe outro sentido: ainda quem não possua grande talento pode exercitar de maneira satisfatória o seu ofício, desde que se disponha a uma preparação técnica séria. Não basta força de vontade para adquirir talento; mas pode bastar para adquirir o "melhor sucedâneo" - e, quem sabe, para aprender a usá-lo de forma tal que venha a concorrer para tornar, como urge, mais efetivo o processo.

Dezembro de 1994.

COMENTÁRIOS DOS ATUALIZADORES

EFETIVIDADE DO PROCESSO E TÉCNICA PROCESSUAL

Ana Cristina Bacos Fernandes / Marco Antonio Rodrigues

O texto "Efetividade do processo e técnica processual" possui importantes lições para a compreensão do direito à efetividade processual e suas ligações com a exigência de adoção da técnica processual adequada.

Duração razoável do processo. Embora escrito em dezembro de 1994, o texto já defende a necessidade de duração razoável do processo. Daí porque importante destacar o artigo 5º, inciso LXXVIII, da Constituição da República, introduzido pela Emenda Constitutcional nº 45/2004, prevê que "*a todos, no âmbito judicial e administrativo, são assegurados a razoável duração do processo e os meios que garantam a celeridade de sua tramitação*".

Veja-se que o processo pode demandar maior ou menor tempo, conforme seu grau de complexidade, a carga de trabalho do órgão jurisdicional, dentre outros fatores. O que não se tolera, com efeito, é a demora irrazoável. Assim, o entendimento sobre tal garantia constitucional do processo vai na linha da menção pelo autor de que a celeridade não deve primar, pura e simplesmente sobre a verdade, nem que esta se sobrepujará de qualquer forma àquela.

Direito à correção de vícios da petição inicial. Outro ponto abordado diretamente ligado à efetividade do processo já iniciado é o do direito à correção de vícios na petição inicial, já defendido por Barbosa Moreira sob a vigência do Código de 1973. Quanto ao tema, o artigo 321 do Código de Processo Civil confere ao autor o direito de emendar ou completar a petição inicial, conforme se pode extrair do verbo utilizado pelo legislador – "*determinará*". Ademais, o mesmo dispositivo prevê que o juiz deve indicar com precisão o que deve ser corrigido ou emendado. Trata-se de medida de cooperação e boa-fé processual, ambas normas fundamentais do Código de Processo Civil, viabilizando que o autor exerça adequadamente seu direito à emenda.

Reconhecimento de incompetência. O autor trata de problemas de efetividade em virtude da necessidade de retorno à origem. O Código de Processo Civil de 2015 também trouxe importante medida em prol da efetividade em matéria de incompetência. O Código de Processo Civil de 1973 previa que os atos decisórios praticados perante juízo incompetente eram, *a priori*, eivados de nulidade e, portanto, impassíveis de aproveitamento. O artigo 64, § 4º, do Código vigente, em busca de maior efetividade e promovendo a duração razoável do processo, estabeleceu a regra de conservação dos atos do juízo incompetente, seja tal incompetência relativa ou absoluta, uma vez que, salvo decisão judicial em sentido contrário, os efeitos de decisão proferida pelo juízo incompetente serão conservados até que outra seja proferida, se for o caso, pelo juízo competente.

Isso possui relevância especialmente para os casos de tutelas de urgência deferidas por juízo incompetente. Caso a medida se tornasse necessariamente nula ou ineficaz em virtude da incompetência do juízo, o réu poderia, no ínterim entre o reconhecimento da incompetência e a prolação de nova decisão pelo juízo competente, tomar providências que inviabilizassem a efetivação de uma nova medida de urgência a ser concedida. Por exemplo, imagine-se um arresto que poderia vir a ser tornado nulo, o que levaria o réu a imediatamente sacar todos os valores de suas aplicações financeiras, antes de novo pronunciamento por outro juízo.

Limitações probatórias: O Código de Processo Civil de 2015 previu diversas limitações probatórias, como forma de proteção à intimidade das partes ou de terceiros. É o caso, por exemplo, da possibilidade de terceiro ou de a parte se escusarem de exibir, em juízo, o documento ou a coisa que, a despeito do fato de que detenha potencial para contribuir para a solução da lide, seja concernente a negócios da própria vida da família; sua apresentação puder violar dever de honra; sua publicidade redundar em desonra à parte ou ao terceiro, bem como a seus parentes consanguíneos ou afins até o terceiro grau, ou lhes representar perigo de ação penal; sua exibição acarretar a divulgação de fatos a cujo respeito, por estado ou profissão, devam guardar segredo; subsistirem outros motivos graves que, segundo o prudente arbítrio do juiz, justifiquem a recusa da exibição; houver disposição legal que justifique a recusa da exibição, conforme art. 404, I ao V, do CPC. Busca-se, por meio da aludida norma, obstar que a produção de prova no âmbito do processo civil viole o direito à intimidade, consagrado no art. 5, inciso X, da Constituição Federal.

Extinção dos embargos infringentes: O autor discorre acerca do recurso de embargos infringentes. Salienta-se, porém, que os embargos infringentes constituíam espécie recursal prevista no art. 530 do CPC-73, e eram cabíveis contra acórdão não unânime proferido em sede de apelação ou de ação rescisória, dirigido ao próprio tribunal que pronunciou a decisão impugnada. Tal espécie recursal deixou de estar prevista no rol do art. 994 do Código de Processo Civil, restando extinta.

Note-se, porém, que o artigo 34 da Lei nº 6.830/80 – a Lei de Execução Fiscal – continua prevendo os chamados embargos infringentes de alçada, que são recurso diferente dos embargos previstos no CPC-73, pois cumprem o papel típico de apelação em face de sentenças em execuções fiscais de menor valor.

Prova obtida por meios ilícitos. José Carlos Barbosa Moreira aborda o tema da prova obtida por meios ilícitos em seu texto, adotando o entendimento de que deve haver a ponderação dos interesses em jogo, para fins de admissibilidade de tal prova. No Supremo Tribunal Federal trata-se de questão polêmica, mas a Corte Suprema vem conferindo interpretação ao disposto no artigo 5º, inciso LVI, da Constituição Federal, no sentido de que o meio ilícito de produção da prova, com vistas a fazer incidir a vedação prevista no dispositivo constitucional, não se restringe apenas à instrução probatória que viole regras de índole processual, como, também, que esteja em confronto com disposições de direito material, não admitindo a ponderação de tal garantia constitucional. Neste sentido: "FISCALIZAÇÃO TRIBUTÁRIA – APREENSÃO DE LIVROS CONTÁBEIS E DOCUMENTOS FISCAIS REALIZADA, EM ESCRITÓRIO DE CONTABILIDADE, POR AGENTES FAZENDÁRIOS E POLICIAIS FEDERAIS, SEM MANDADO JUDICIAL – INADMISSIBILIDADE – ESPAÇO PRIVADO, NÃO ABERTO AO PÚBLICO, SUJEITO À PROTEÇÃO CONSTITUCIONAL DA INVIOLABILIDADE DOMICILIAR (CF, ART. 5º, XI) – SUBSUNÇÃO AO CONCEITO NORMATIVO DE "CASA" – NECESSIDADE DE ORDEM JUDICIAL – ADMINISTRAÇÃO PÚBLICA E FISCALIZAÇÃO TRIBUTÁRIA – DEVER DE OBSERVÂNCIA, POR PARTE DE SEUS ÓRGÃOS E AGENTES, DOS LIMITES JURÍDICOS IMPOSTOS PELA CONSTITUIÇÃO E PELAS LEIS DA REPÚBLICA – IMPOSSIBILIDADE DE UTILIZAÇÃO, PELO MINISTÉRIO PÚBLICO, DE PROVA OBTIDA EM TRANSGRESSÃO À GARANTIA DA INVIOLABILIDADE DOMICILIAR – PROVA ILÍCITA – INIDONEIDADE JURÍDICA – "HABEAS CORPUS" DEFERIDO. ADMINISTRAÇÃO TRIBUTÁRIA – FISCALIZAÇÃO – PODERES – NECESSÁRIO RESPEITO AOS DIREITOS E GARANTIAS INDIVIDUAIS DOS CONTRIBUINTES E DE TERCEIROS. (...)" (HC 82788, Relator(a): CELSO DE MELLO, Segunda Turma, julgado em 12/04/2005, DJ 02-06-2006 PP-00043 EMENT VOL-02235-01 PP-00179 RTJ VOL-00201-01 PP-00170)

Primazia da resolução do mérito: O autor trata da importante distinção entre questão preliminar e mérito. O artigo 488 do Código de Processo Civil, prestigiando o princípio da primazia da resolução do mérito, que vem consagrado entre as normas fundamentais do processo brasileiro no artigo 4º do mesmo diploma, prevê que "desde que possível, o juiz resolverá o mérito sempre que a decisão for favorável à parte a quem aproveitaria eventual pronunciamento nos termos do art. 485".

Veja-se que tal regra rompe, de certa forma, com uma necessária antecedência do conhecimento da preliminar para a análise do mérito, já que será possível superar a preliminar, apreciando-se o mérito em favor de quem aproveitaria uma extinção do processo sem análise de mérito.

Impossibilidade jurídica do pedido: O autor menciona a impossibilidade jurídica do pedido como causa de extinção do processo. O Código de Processo Civil de 2015, contudo, não reproduziu a impossibilidade jurídica do pedido como espécie de condição da ação, prevendo, tão somente, a legitimidade e o interesse processual (artigo 485, inciso VI). Diante dessa previsão, há manifestações doutrinárias no sentido de que a impossibilidade jurídica, em verdade, se encontra inserida no interesse processual, na medida em que a pretensão vedada pelo ordenamento jurídico seria hipótese em que esta restaria desprovida de necessidade e adequação, o que inclusive já era defendido por Enrico Liebman após ter sustentado a impossibilidade jurídica como condição da ação (LIEBMAN, 1984). De outro lado, parcela da doutrina vem defendendo que a impossibilidade jurídica passa a ser avaliada no mérito do processo (DIDIER JR., 2019).

Juízo de admissibilidade e juízo de mérito dos recursos: O autor possui a preocupação de longa data com a distinção entre admissibilidade e mérito dos recursos, cuidando do juízo de mérito recursal, uma vez admitido o recurso. O artigo 932 do atual Código de Processo Civil, de certa forma, delimitou melhor o juízo de admissibilidade (caso em que se conhece ou não conhece o recurso) e o juízo de mérito dos recursos (hipótese em que se nega – desprovimento do recurso – ou se dá provimento ou recurso). Em seu inciso II, o artigo 932 confere poderes ao relator para, em decisão monocrática, não conhecer do recurso inadmissível, prejudicado ou que não tenha impugnado especificamente os fundamentos da decisão recorrida; ou seja, casos em que o juízo de admissibilidade restou negativo e o recurso não será conhecido.

A seu turno, em seus incisos IV e V, o Código confere poderes ao relator para, em sede de juízo de mérito, negar ou dar provimento ao recurso que veicule matéria prevista nestes dispositivos.

Referências da nota

DIDIER JR., Fredie. *Curso de direito processual civil.* Vol. I. 21ª ed. Salvador: JusPodivm, 2019.

LIEBMAN, Enrico Tullio. *Manual de Direito Processual Civil.* Tradução da 4ª ed. italiana por DINAMARCO, Cândido Rangel. Rio de Janeiro: Forense, 1984, v. I, nº 74, pp. 153-154.

TENDENZE EVOLUTIVE DEL PROCESSO CIVILE[1]

1. Non appena enunciato, il titolo della conferenza richiede qualche precisazione. In più d'una prospettiva sarebbe infatti possibile affrontare il tema. Ci si potrebbe riferire per esempio alla dottrina processualcivilistica per cercare di individuare e porre in evidenza gli indirizzi in essa prevalenti nell'epoca attuale. Tutti questi indirizzi sono pera egregiamente rappresentati in Italia, o addirittura italiani di nascita, e non sarebbe il caso di invitare un giurista sudamericano a prendere la parola per farne l'esposizione in questa sede.

Una seconda possibilità consiste nel passare in rivista un certo numero di legislazioni processuali per tentare di discemere le note che le accomunano oppure, al contrario, le contrappongono, e poi metterne in risalto le più importanti. Qui ci si imbatte nondimeno in un problema preliminare. Come noto, ogni ordinamento processuale offre delle immagini almeno parzialmente discordanti a seconda dei punto di vista in cui si pone l'osservatore. In verità, altro e l'insieme delle norme che regolano sulla carta lo svolgimento dei processi, altro il modo, a volte assai dissimile, in cui le vicende giudiziali si concretano nella pratica del foro. Le locuzioni inglesi *law in the books* e *law in action* indicano in modo espressivo tale fenomeno, che del resto non si limita affatto al campo processuale, ma pervade l'intero universo del diritto. Va subito aggiunto che, se non sempre è facile apprendere le caratteristiche dei sistemi processuali così come le presentano i testi, ancora molto più difficile è farsi un'idea non del tutto inesatta della realtà dei giudizi in un ambiente diverso da quello che ci è familiare. E pochi, in fin dei conti, sono in grado di vantare la conoscenza diretta e profonda dei funzionamento di una molteplicità di apparati giudiziari.

Conviene rilevare che oggigiorno si riesce in qualche misura a supplire a questa carenza. Difatti negli ultimi tempi, grazie principalmente al costante sviluppo degli studi di diritto comparato, si rendono sempre più accessibili a chi vi abbia interesse dati affidabili sulla vita giuridica di altri paesi. A ciò concorrono tra l'altro i contatti frequenti – oc-

---

1 Texto de conferência pronunciada em 21-4-1993, na *Libera Università Internazionale degli Studi Sociali* (Roma). Publicado na *Revista de Processo*, nº 72.

casionati da congressi internazionali, dalla realizzazione di ricerche su argomenti particolari e così via – tra studiosi di svariata origine e tradizione. Questo prezioso scambio di informazioni non sostituisce peraltro l'esperienza personale.

Il puro e semplice esame delle norme ci tende una serie di tranelli temibili. A badare esclusivamente al testi, si sarebbe ad esempio propensi a supporre che la Germania Federale e l'antica Repubblica Democratica Tedesca abbiano avuto per molti anni lo stesso processo civile, giacchè in entrambe è stata in vigore fino al 1975 la medesima *Zivilprozessordnung;* sappiamo però che da disposizioni letteralmente uguali gli interpreti e gli applicatori della legge, in un paese e nell'altro, hanno potuto trarre conclusioni spesso divergenti.

Pericolosa o meno che sia la lettura, quando non combinata con altri elementi, fatto sta che non possiamo prescindere dalle norme per accedere alla contemplazione del paesaggio. Si potrebbe finanche soggiungere che in certi casi questa è proprio l'unica via praticabile: basti pensare a leggi vigenti da tempo troppo breve per rendere possibile una valutazione ben fondata della loro applicazione, o addirittura a leggi non ancora entrate in vigore. La consapevolezza delle deficienze inerenti al metodo ci vieta di sopravvalutarne i risultati; con questa riserva, tuttavia, non sembra inutile guardare i testi, anche perchè, tutto sommato, essi rivelano almeno le opzioni fondamentali da cui si sono prese le mosse nel costruire il sistema – qualunque sia poi il grado di fedeltà mantenuto in pratica a tali opzioni – e quindi ci insegnano qualcosa, magari parecchio, delle *tendenze* a cui si conforma ciascun ordinamento.

A questo punto s'impone comungue un'altra osservazione. Anche per chi vuole attenersi alle norme (o, per meglio dire, vi si rassegna) saranno di sicuro numerose e gravi le difficoltà. Conoscere tutte le leggi processuali del mondo e naturalmente per chiunque un'ipotesi inconcepibile: bisogna limitare la ricerca ad un gruppo di ordinamenti – il che non costituisce di per se un male intollerabile qualora i testi presi in considerazione siano dei campioni veramente rappresentativi. Ma, quand'anche demarcato il terreno dell'indagine, altri problemi ingombrano la via allo studioso. Degli avvenimenti imprevisti – almeno in qualche misura, imprevedibili – possono rovesciare in un batter d'occhio tale o tale altra sistematizzazione in apparenza davvero ineccepibile. Si credeva, e per buone ragioni, che le cose si stessero muovendo in una certa direzione, ed ecco che i viaval della storia ci sorprendono con una improvvisa marcia indietro.

È il caso, ad esempio, di tanti paesi dell'Europa orientale, che si erano ispirati a principi dottrinali particolari nell'elaborazione, tra l'altro, delle leggi concernenti il processo. Il crollo delle antiche strutture politiche non può non ripercuotersi sull'organizzazione giudiziaria e sulla normativa processuale. Certe *tendenze* inevitabilmente si invertono o quanto meno si attenuano. Molte diagnosi, e soprattutto molte prognosi, subiscono una recisa (e talvolta ironica) smentita. Sarebbe certo azzardato, in questo momento, qualsiasi giudizio sul senso e la portata di questo e di altri cambiamenti tuttora in corso. Le norme giuridiche possono sopravvivere e non di rado sopravvivono infatti alla loro ragion d'essere; inoltre il rapporto tra política e diritto (processuale o meno), benchè innegabile, raramente è tanto lineare quanto sembra che alcuni credano. Occorre aspettare l'opera dei tempo e rinunziare alla tentazione delle profezie ambiziose. I fatti ci consigliano una buona dose d'umiltà.

2. Atteniamoci dunque al dati meno incerti che ricaviamo dall'analisi delle più recenti riforme processuali, nella misura in cui riusciamo a coglierne un'immagine non troppo deformata. Proprio adesso è posta in Italia sul banco di prova un'ampia riforma dei codice di procedura civile; è ovvio, però, che su questo argomento posso qui aspirare unicamente ad apprendere, mal ad insegnare. Le informazioni che sono in grado di fornirvi riguardano altri ordinamenti, anche se nelle vicende proprie di essi è possibile ravvisare senza grande fatica l'impronta di esperienze non del tutto estranee all'ambiente italiano. Non avrà certamente per voi il sapore della novità la proclamazione della forte influenza che il diritto processuale civile latino-americano, specie quello brasiliano, ha da molto subito e continua a subire dalla civiltà giuridica italiana, non soltanto a livello scientifico ma perfino sul piano legislativo: in un numero considerevole di disposizioni, il vigente codice del mio paese ha preso per modello la legislazione italiana, nonchè altri testi peninsulari quali il famoso progetto redatto da CARNELUTTI e il codice di procedura civile dello Stato della Città del Vaticano.

Anche a fare astrazione da circostanze particolari, sta di fatto che il panorama legislativo degli ultimi anni rispecchia sotto numerosi aspetti una notevole convergenza di preoccupazioni, la quale denota una comunanza di carenze e bisogni. E scontato per esempio, in questo ordine di idee, il riferimento al tema della lentezza dei processi, che si manifesta un po'dappertutto, seppure con variabile intensità. I paesi latino-americani hanno sentito in modo cronico, durante tantissimi anni, il peso di questo problema. I nostri antichi sistemi processuali, ancorati alle tradizioni del predominio incontrastato della scrittura, della padronanza delle parti sullo iter della procedura, della rigidità delle forme, non favorivano certo la speditezza. A dire il vero, le cause dell'eccessiva durata dei processi oltrepassano di gran lunga i confini delle imperfezioni legislative e si estendono per terreni abbastanza diversi, quali per esempio quello dell'abituale insufficienza dei mezzi; ciò non toglie importanza al tentativi fatti dal legislatore per portare rimedio al male, dall'abolizione di formalità superflue alla creazione di un procedimento speciale per le cosiddette "piccole cause" affidate ad organi ugualmente speciali, come ha disposto in Brasile una legge del 1984. Sulle orme del codice-tipo di procedura civile elaborato dall'Istituto Ibero-amelicano di Diritto Processuale – tema di un convegno tenuto proprio in questa città – l'Uruguay, a sua volta, ha coraggiosamente adottato nel 1988 un modello procedural e orientato verso una spiccata oralità, in cui l'istruzione probatoria e la decisione delle liti si accentrano basicamente in una o due udienze; i risultati finora ottenuti in termini di acceleramento dell'attività giudiziale sembrano autorizzare una valutazione ottimistica, anche se per certi versi si giustificano dei dubbi sulla possibilità di riprodursi altrove il fenomeno, nella misura in cui esso si ricollega ad alcune circostanze singolari, quali il numero proporzionalmente molto grande di giudici di cui dispone l'Uruguay e la piccola estensione del suo territorio. I menzionati tentativi ed altri dello stesso genere segnano comunque, senza ombra di dubbio, una delle principali direzioni in cui si muovono tanti ordinamenti processuali contemporanei.

3. Non si deduca da quanto testè osservato che i legislatori dei nostri giorni si preoccupano solo di questioni eminentemente pratiche. Al contrario: non pochi tra i codici degli ultimi decenni – e un esempio cospicuo si trova nel *code de procédure civile* francese dei 1975 – sono piuttosto caratterizzati da un tono per così dire *dottrinale,* che riecheggia nell'abbondanza di disposizioni a carattere definitorio e nell'espressa, qua e là magari solenne, enunciazione di principi. Questo secondo aspetto in tanto merita una considerazione particolare in quanto vi si può avvertire, almeno nel mondo latino-americano, il segno chiaro di un mutamento politico o addirittura culturale.

Si pensi all'eguaglianza delle parti dinanzi al giudice, all'obbligo fatto a questi di motivare le sue decisioni, alla pubblicità degli atti giudiziali. È palese l'ispirazione garantistica di siffatti precetti: essi mirano essenzialmente a proteggere i litiganti dal rischio dell'arbitrio, a rassicurarli *della fairness del* processo. Nei paesi latino-americani l'enfasi data in tempi recenti a tali garanzie ha indubbiamente, in molti casi, un rapporto stretto con il grande movimento moderno - che speriamo veder superare le crisi che a volte ancora lo intralciano e consolidarsi in modo definitivo - di ripudio dei regimi autoritari e di affermazione dei valori democratici. Qua e là si è ritenuto utile consacrare a livello costituzionale alcuni dei summenzionati precetti, sottraendoli cosi agli eventuali capricci di ondeggianti maggioranze parlamentari. In Brasile, la Costituzione del 1988 sancisce *expressis verbis* le garanzie della pubblicità degli atti processuali (art. 5, LX) e della obbligatorietà di motivazione per tutte le decisioni giudiziali (art. 93, IX), accanto ad altre, quali ad esempio quelle dei cosiddetto "giudice naturale" (art. 5, XXXVII e LIII), della osservanza obbligatoria della regola dei contraddittorio in ogni processo (art. 5, LV), della assistenza giudiziaria *(rectius:* giuridica) al non abbienti (art. 5, LXXIV). Si è giunti perfino a stabilire nel testo costituzionale che nessuno può essere privato della libertà o dei propri beni senza il *"devido processo legal"* (art. 5, LIV) - parole in cui si riconosce la traduzione portoghese della nota espressione anglosassone *"due process of law".*

4. Diversamente da quanto potrebbe sembrare, questa preoccupazione garantistica non implica affatto un atteggiamento di sfiducia verso il giudice. Riguardo *v.g.* alla questione per così dire "classica" della iniziativa in materia di prove, e facile constatare che il legislatore processuale dei nostro tempo non suole lasciarsi influenzare dal timore che l'assegnazione di tale compito all'organo giudiziale nuoccia necessariamente alla sua imprescindibile imparzialità.

Consentite che pure in questo punto io mi valga di esempi tratti dalle leggi latino-americane. Se guardiamo al codici emanati nell'ultimo decennio in tale parte dei mondo, vediamo che tutti, senza nessuna eccezione, conferiscono al giudice la più ampia possibilità di procedere, anche d'ufficio, all'assunzione di prove. Norme di questo tenore si trovano nel codice del Panama (1984), del Venezuela (1985) dell'Uruguay e del Paraguay (1988), della Costa Rica (1989) e del Perù (1992), nonchè nel suddetto codice-tipo di procedura civile. In più d'un ordinamento

– così nel panamense, nell'uruguaiano, nel costaricano – trattasi addirittura di un dovere anzichè di una mera facoltà attribuita al giudice. Nel diritto brasiliano, leggi recenti di notevole importanza, quali *v.g.* quella concernente le "piccole cause" (L. del 7-11-1984, nº 7.244, art. 4) e lo Statuto dell'Infanzia e dell'Adolescenza (L. del 13-7 -1990, nº 8.069, art. 153), hanno accentuato i poteri d'iniziativa nella istruzione probatoria mediante disposizioni più enfatiche di quelle contenute nel codice di procedura civile.

Non è questo peraltro l'unico campo in cui si manifesta una propensione all'accrescimento dei poteri degli organi giudiziali. Quelli riguardanti la direzione del processo, per esempio, appaiono rafforzati da norme che autorizzano il giudice ad attribuire o meno effetto sospensivo, a seconda delle circostanze dei caso, a determinati mezzi di impugnazione: è quanto ora accade in Brasile – contrariamente alla tradizione del nostro diritto, che in argomento non lasciava spazio a valutazioni discrezionali – nel processo della cosiddetta "azione civile pubblica", diretta alla protezione giurisdizionale degli interessi collettivi e diffusi (L. del 24-7-1985, nº 7.347, art. 14), ed in quello disciplinato dallo Statuto dell 'Infanzia e dell'Adolescenza (L. del 13-7-1990, nº 8.069, art. 215). Quest'ultima legge (art. 213, § 2º) ed altre emanate prima (L. del 24-7-1985, nº 7.347, art. 11) o dopo (L. del 11-9-1990, nº 8.078, detta codice di protezione dei consumatori, art. 84, § 2º) contemplano la possibilità che l'organo giudiziale imponga certe multe al convenuto, indipendentemente da una apposita dom anda da parte dell'attore, derogata cioè a questo scopo la regola tradizionale *ne eat iudex extra petita partium.* Il codice di protezione dei consumatori arriva ad ammettere l'inversione *ope iudicis* dell'onere della prova, in particolari circostanze (art. 6, VIII). Salta agli occhi che tale ampliamento dei ruolo dei giudice oltrepassa sotto alcuni aspetti i confini della pura e semplice *direzione formale del* processo.

Nell'apprezzare un fenomeno di questa sorta bisogna essere cauti per non sopravvalutarne una dimensione a scapito di altre. La componente politica che vi si può discemere non va concepita, a mio avviso, in senso puramente ideologico. Almeno in Brasile, qui si è fatta sentire più che altro la pressione di convenienze o addirittura necessità d'ordine pratico. Un'altra questione è poi quella di verificare se i risultati corrispondono in realtà alle intenzioni del legislatore. Rientra infatti nell'esperienza non soltanto brasiliana, oppure soltanto latino-americana, ma – direi – universale, la constatazione che i giudici non sempre si dimostrano inclini ad esercitare con intensità tutti i poteri conferiti loro dalle leggi processuali. A ciò concorrono diversi fattori, il cui peso naturalmente varia da paese a paese, magari da città a città, se non proprio da persona a persona. La complessità del tema richiederebbe un'analisi meno superficiale, inopportuna in questo momento.

5. Preoccupazioni d'ordine prevalentemente, anche se non esclusivamente, pratico sono pure all'origine di un altro importante fenomeno emerso nel panorama processuale degli ultimi decenni: quello della fioritura delle cosiddette azioni collettive – intendendo con tale espressione non le azioni proposte da più persone in rapporto di litisconsorzio tra loro, ma quelle invece proposte (o almeno proponibili) da un solo litigante in difesa di diritti o interessi appartenenti a collettività più o meno determinate. Da un lato ci si è accorti che il singolo si rivela spesso impotente, anche nel foro, davanti ad avversari di grande forza economica o politica; dall'altro lato l'ipotesi del processo litisconsortile, quand'anche praticabile, presenta numerosi e ben conosciuti svantaggi. Da qui la convenienza di affidare a certe entità, meglio fornite di mezzi, il compito di sostenere in giudizio le cause che coinvolgono i summenzionati diritti ed interessi.

In Brasile, il movimento volto a dotare gli interessi collettivi e diffusi di un'efficiente sistema di tutela giurisdizionale produsse taluni frutti degni di attenzione particolare nella Costituzione del 1988. Avevamo già l'azione popolare, preveduta in testi costituzionali precedenti e regolata dalla Legge del 29-6-1965, nº 4.717, la quale poteva essere utilizzata in una certa misura come strumento di siffatta tutela. Avevamo altresì, ma soltanto a livello di normativa ordinaria, l'azione civile pubblica, cui mi sono riferito anteriormente. La nuova Costituzione le consacra entrambe (art. 5, LXXIII ed art. 129, III, rispettivamente). Contempla inoltre (art. 5, LXX) una modalità collettiva del *mandado de segurança,* uno strumento processuale che da molto tempo serve in modo efficace alla protezione dei cittadini contro atti illegali o abusivi degli organi della Pubblica Amministrazione, ma che, fino a quel momento, si prestava esclusivamente alla difesa di diritti individuali. Amplia infine generalmente le possibilità di attuazione giudiziale delle associazioni in profitto dei loro affiliati (art. 5, XXI). Si aggiunga una menzione al codice di protezione dei consumatori, che prevede anch'esso nuove forme di tutela collettiva (artt. 81 e segg.).

Al complesso di tali norme non si può non attribuire un significato speciale in tema di legittimazione ad agire. Gli ordinamenti latino-americani si attengono in linea di massima alla regola della coincidenza tra la *legitimatio ad causam* e la titolarità del rapporto giuridico sostanziale controverso. Le eccezioni, pochissime nel passato, risultano ormai notevolmente aumentate. È un cambiamento che sembra avere attitudine a generalizzarsi: ne rappresenta un segno sicuro la proliferazione di disposizioni di tal genere nei codici più recenti, quali ad esempio quelli dell'Uruguay (art. 42) e del Perù (art. 82), per non parlare del codice-tipo per l'America Latina (art. 53). Il fenomeno della cosiddetta legittimazione straordinaria acquista così senza dubbio un'importanza pratica maggiore di quanta ne abbia mal avuta.

Le soluzioni adottate consistono in generale nel legittimare alla domanda di protezione degli interessi diffusi o collettivi: *a)* le associazioni civili istituite per difenderli e riputate idonee secondo criteri previsti dalla legge oppure affidati alla discrezione giudiziale nel caso concreto; *b)* certi organi pubblici, tra i quali il Pubblico Ministero. In Brasile, per la verità, lungo gli otto anni di esperienza in materia di azione civile pubblica, è toccata appunto al Pubblico Ministero l'iniziativa della stragrande maggioranza delle domande; le associazioni si sono accontentate finora di un ruolo dei tutto marginale.

Un'altra questione che la problematica degli interessi diffusi e collettivi sottopone ad una revisione inevitabile è quella dei limiti soggettivi del giudicato. Qui è impossibile mantenere il rigore del principio secondo il quale soltanto le parti si assoggettano all'autorità della cosa giudicata. Nell'azione popolare del diritto brasiliano la sentenza non più impugnabile si rende immutabile *erga omnes,* ameno che la domanda non sia stata rigettata per insufficienza di prove, caso in cui qualunque legittimato può sempre riproporla negli stessi termini (L. del 29-6-1965, nº 4.717, art. 18). Tale normativa, riprodotta nella disciplina dell'azione civile pubblica (L. del 24-7-1985, nº 7.347, art. 16), evita il pericolo della collusione tra un attore insincero e il responsabile del danno. Essa pure riecheggia nel nuovo codice uruguaiano (art. 220) e nel codice-tipo di procedura civile per l'America Latina (art. 194).

6. Il proposito di rendere più effettiva la tutela giurisdizionale implica necessariamente il tentativo di facilitare l'accertamento quanto più possibile completo ed esatto dei fatti che hanno dato origine alla lite. Qui si inserisce la problematica della prova.

La normativa típica di molte leggi processuali antiche rifletteva al riguardo l'influenza del principio secondo il quale la decisione delle cause civili non esige altro che la conoscenza della cosiddetta "verità formale". Onde la consueta abbondanza di disposizioni che non solo imponevano al giudice un atteggiamento piuttosto passivo, riservando alle parti, per così dire, il monopolio dell'iniziativa degli atti di istruzione, ma lo costringevano anche a rispettare le valutazioni aprioristiche del legislatore, sia nell'escludere l'ammissibilità di talune prove, sia nel conferire ad altre un valore determinato in anticipo. Il criterio della libera valutazione predomina nella generalità degli ordinamenti processuali contemporanei, per quanto non pochi aderiscano ancora in certi punti al vecchio sistema della "prova legale", nella misura in cui si preoccupano qua e là di predeterminare dettagliatamente il peso da attribuire a ciascuno degli specifici mezzi di prova, il che risalta principalmente in materia di efficacia probatoria dei documenti.

I codici più recenti si sforzano di fornire al giudice gli strumenti indispensabili per permettergli il libero e spregiudicato accesso ad una conoscenza meno imperfetta della realtà. Sotto il profilo soggettivo, ho già fatto riferimento alia situazione attuale in materia di iniziativa nella istruzione probatoria. Dal punto di vista oggettivo e da rilevare in primo luogo l'adozione pressochè general e della regola della non tassatività dei mezzi di prova: si ammettono cioè altri mezzi oltre a quelli che i testi legali prevedono e disciplinano in modo specifico *(vide,* in America Latina, i codici del Brasile, art. 332; del Panama, artt. 769 e 801; del Venezuela, art. 395, dell'Uruguay, art. 146.2; del Paraguay, art. 246; del Perù, art. 192; nonchè il codice-tipo, art. 136.2), mentre nel contempo – in modo significativo – si sopprime quasi dovunque il giuramento dalla lista delle modalità di prova specificamente regolate. Ugualmente generalizzata è la tendenza ad una utilizzazione più intensa e fruttifera dei sapere delle parti sui fatti della causa; essa si manifesta soprattutto nella concessione all'organo giudiziale di più ampie possibilità di sentire i litiganti, anche al di fuori della normale solennità dell'udienza e in maniera meno rigidamente formalistica (cosiddetto *interrogatorio informale).*

Si noti ancora il vigore con cui le moderne legislazioni processuali cercano di assicurare il contatto diretto tra il giudice e le fonti di prova: disposizioni categoriche, talvolta enfatiche, gli fanno obbligo di interrogare personalmente le parti ed i testi, escludendo ogni altra possibilità (Brasile, artt. 344, 413, 416; Panama, art. 771; Uruguay, artt. 8, 18; 100; Paraguay, art. 15, *e;* Perù, art. 202). Con ciò si mira ovviamente a preservare l'elemento in fin dei conti irriduttibile ed essenziale della idea stessa di oralità, quello appunto che da una tradizione illustre viene nominato immediatezza.

7. In un mondo ove il ritmo degli avvenimenti si fa ogni giorno più veloce, e che perciò scorge nel tempo un valore inestimabile, il cattivo funzionamento dei meccanismi processuali "normali" aumenta sempre più l'importanza delle misure cautelari, dirette – stando all'insegnamento classico – ad assicurare l'utile risultato pratico dell'attività cognitiva o esecutiva. Non sorprende il rilievo che alla loro disciplina sogliono dare gli ordinamenti contemporanei. In alcuni recenti codici latino-americani le norme concernenti questa materia occupano un libro intero: e il caso del Brasile e del Venezuela. Si aggiunga che nel mio paese la tutela cautelare e oggi assicurata in termini espressi a livello costituzionale: infatti la vigente Costituzione (art. 5, XXXV) vieta alla legge di escludere l'accesso alle corti di giustizia non soltanto a chiunque si stimi leso in un suo diritto, ma ugualmente a chiunque si ritenga *minacciato* da qualsiasi lesione di tal genere.

Una nota comune a quasi tutte le legislazioni moderne consiste nel non restringere l'ambito della tutela di questo tipo a quelle sole figure previste e regolate con apposite disposizioni. Si concede cioè al giudice il *potere generale* – subordinato, è chiaro, alla presenza di determinati presupposti – di disporre le misure considerate idonee, volta per volta, ad evitare provvisoriamente la consumazione del danno temuto. Qua e là si giunge a prescindere da una domanda specifica, si scioglie cioè l'organo giudiziale, a questo fine, dal vincolo della correlazione necessaria tra chiesto e pronunziato. Il codice del Paraguay (art. 692) sancisce *expressis verbis* siffatta possibilità, sostenuta altrove da una parte della dottrina, sia pure nel silenzio dei testi legali.

In Brasile si vengono utilizzando negli ultimi anni con molta frequenza tali misure cautelari "atipiche". Non pare spropositato parlare al riguardo di una vera e propria *inflazione,* forse non meno impressionante di quell'altra che da tanto tempo devasta il paese nel campo economico... Da un certo punto di vista ci si potrebbe rallegrare alla constatazione che i giudici non esitano tanto in questo caso quanto in altri ad esercitare i poteri conferiti loro dalla legge. Ma forse proprio qui sarebbe consigliabile una maggior dose di autocontrollo per prevenire alcuni eccessi.

Il fatto è che in ipotesi numerose l'impiego delle misure cautelari "atipiche" assume per così dire le proporzioni di un toccasana. A questo miracoloso rimedio si fa ricorso ogniqualvolta si ritiene inefficace o ardua – e ciò accade molto spesso – l'utilizzazione delle vie processuali comuni. Sebbene la legge di solito si attenga ancora alla tradizionale nozione della tutela cautelare quale tutela accessoria e strumentale rispetto ad un secondo processo detto "principale", in cui le parti dovrebbero ottenere il regolamento definitivo dei loro rapporti, la pratica del foro ci fa vedere una realtà che fuoriesce sovente da questo schema concettuale, nella misura in cui il provvedimento emesso in sede "cautelare" non si limita a porre in essere le condizioni della piena effettività di un processo distinto ed ulteriore, ma accorda subito all'attore la protezione integrale di cui il suo diritto ha bisogno. Solo in apparenza si tratterà di una misura provvisoria: per la verità, gli effetti del provvedimento diventano irreversibili, quasi fossero stati prodotti da una sentenza di merito, vanificando così l'onere imposto in principio alla parte di proporre l'azione "principale" entro un termine breve. Si configura in sostanza una pura e semplice tutela d'urgenza – almeno in taluni casi addirittura a cognizione piena – sotto le forme della tutela cautelare vera e propria.

L'uso smoderato di tale espediente rispecchia una situazione di carenza, che si tenta di compensare in modo poco ortodosso. Non trovando sfogo soddisfacente nella via adeguata, il litigante ne cerca un'altra più sbrigativa, e il giudice, sensibile alle necessità pratiche, lascia da parte gli scrupoli tecnici e provvede come se in quel momento gli spettasse decidere definitivamente la lite. La proliferazione di simili misure perderebbe di sicuro una parte considerevole della sua ragion d'essere se l'attività giudiziale in sede di cognizione e di esecuzione si svolgesse in modo meno patologico. È da sperare che la portata della deformazione si riduca man mano che vadano migliorando le condizioni del funzionamento della macchina.

8. Il fatto che tali condizioni si mostrino per tanti rispetti insoddisfacenti induce molti a rivolgere un'attenzione particolare ad altre possibilità di soluzione delle liti, al di fuori delle aule giudiziarie. Un vecchio istituto quale l'arbitrato, in non pochi paesi relegato a lungo in posizione del tutto secondaria, tranne magari sul terreno dei rapporti commerciali internazionali, viene notevolmente rivalutato e costituisce l'oggetto di un gran numero di riforme legislative. Alcuni puntano sulle potenzialità della conciliazione extragiudiziale, il che non esclude il risalto dato in tante leggi processuali moderne al tentativo di conciliazione delle parti proprio nell'ambito del processo: ne è esempio, in Brasile, il procedimento speciale delle "piccole cause" (Legge del 7-11-1984, nº 7.244, artt. 22-3), ma quasi tutti i recenti codici latino-americani contengono delle disposizioni al riguardo, con le quali si impone all'organo giudiziale il dovere di proporre al ligitanti una soluzione consensuale. L'immaginazione degli studiosi e dei pratici prospetta una serie di altre vie, di cui vengono di volta in volta esaltati i pregi. È diventata usuale per designarle in modo generico l'espressione inglese *alternative dispute resolution* – abbreviatamente ADR.

Noi processualisti dobbiamo certamente interessarci a queste alternative, la cui utilizzazione più intensa può tra l'altro ridurre in certa misura il sovraccarico di lavoro degli organi giudiziali. Ciò che invece non sembra giustificabile è il fare di tali cogitazioni una specie di scusa per trascurare i problemi propri del processo, che sono e continueranno ad essere il nostro impegno essenziale.

9. Orbene, del processo del nostro tempo, quali sono le principali tendenze evolutive che si lasciano cogliere dall'osservatore attento? Il panorama è senza dubbio troppo complesso per consentire una descrizione sommaria in quattro parole. Alcune linee fondamentali possono comunque essere individuate.

In primo luogo vi è il movimento verso la semplificazione del procedimento. Esso assume naturalmente i più svariati aspetti, anche se la sua ispirazione fondamentale è sempre la stessa: la consapevolezza della gravità della situazione per quanto riguarda la durata dei processi e l'intralcio che ne deriva per l'esercizio efficace dei diritti, soprattutto da parte delle persone sprovvedute di mezzi, le quali risentono con maggiore intensità delle lungaggini forensi. Il male della lentezza e indubbiamente tutt'altro che nuovo, e lo stesso si può dire dei desiderio di porvi rimedio. Nuova sarà invece, almeno parzialmente, la natura dei motivi che spingono molti studiosi a dedicare al tema una attenzione particolare: oggigiorno ci si preoccupa anzitutto dei connotati sociali del fenomeno e correlativamente si valutano con maggior cura e minore ingenuità i problemi politici che ne sono alla base.

È peraltro evidente che non si ha in vista unicamente un funzionamento più rapido dell'apparato giudiziale. L›accelerazione del ritmo non è che uno dei vari aspetti sotto i quali le riforme legislative odierne mirano a rendere *migliore* la giustizia civile, sia attraverso la creazione di strumenti specifici di tutela per situazioni di emersione recente nella vita delle società, sia mediante il perfezionamento degli strumenti classici in modo da addattarli agli accresciuti bisogni del nostro tempo. Si tratta insomma di tutto ciò che, con espressione sintetica e ormai volgarizzata, si suole denominare *effettività del* processo.

Visto che le tecniche adoperate a tal fine implicano in non pochi casi un'accentuazione sempre più energica dei poteri dei giudice, è opportuno chiedersi quale significato può assumere questa progressione sul piano dei principio Ci stiamo dunque forse muovendo verso un modello più inquisitorio del processo civile, proprio in un momento storico in cui tanti sembrano persuasi della convenienza – o addirittura della necessità – di restringere l'ambito di attuazione degli organi statali e di puntare piuttosto all'iniziativa dei soggetti privati? Ci si imbatte qui in un paradosso, quanto meno apparente, tant'è vero che alcune manifestazioni dei fenomeno hanno coinciso con il fastigio, adesso possibilmente qua e là oltrepassato, dell'ondata neoliberale. Nella misura in cui mi si consente un vaticinio, starei per dire, con le riserve indispensabili, che nel nostro processo civile è destinata a perdurare per molti versi l'impronta dei cosiddetto principio dispositivo, e le ipotesi eccezionali concernenti per esempio ii potere di decidere *extra petita* rimarranno per l 'appunto... delle eccezioni. Si soggiunga che non vi sono comunque ragioni numerose per temere sviluppi in direzione marcatamente autoritaria.

D'altronde è chiaro che l'enfasi data all'aspetto sociale comporta da alcuni punti di vista un ridimensionamento di pur rilevanti valori individuali. Le garanzie stesse cui ho fatto riferimento, *v.g.* quella del contradittorio, vanno ormai intese per lo più in un senso in tanto diverso da quello tradizionale in quanto l'osservanza di esse – piaccia o non piaccia a seconda delle posizioni personali – si commisura, almeno in parte, agli interessi della collettività anzichè a quelli dei singoli. È una trasformazione che sicuramente non si può realizzare senza affrontare gravi difficoltà: a tacer d'altro, sempre sarà possibile mettere in dubbio la compatibilità fra certe proposizioni avanzate in argomento e taluni precetti inseriti nelle costituzioni di tanti paesi.

Ciò dimostrerebbe, se ve ne fosse ancora bisogno, che la soluzione dei problemi spesso fa sorgere problemi nuovi, e che non si e ancora scoperta una formula idonea a promuovere in ogni caso la conciliazione tra valori eventualmente contrapposti e ugualmente rilevanti. E una constatazione che può lasciare perplessi coloro che si appagano soltanto di certezze assolute, mentre suonerà naturalissima a chiunque si renda conto dell'immenso grado di relatività che esiste nelle verità giuridiche, processuali o meno, e sappia che il processualista, o in genere il giurista, così come dei resto ogni scienziato, ha per destino suo il provare ed il riprovare, il valutare ed il rivalutare, il costruire ed il ricostruire.

Fevereiro de 1993.

COMENTÁRIOS DOS ATUALIZADORES

TENDENZE EVOLUTIVE DEL PROCESSO CIVILE

Ana Cristina Bacos Fernandes / Marco Antonio Rodrigues

Em 1993, ano da publicação do artigo e em que se anunciavam as tendências evolutivas destacadas pelo Autor, os sistemas judiciários em geral já apresentavam sinais de saturação e exaustão e, com isso, não raro, o que era tendência, pouco a pouco, se convolava em realidade.

O primeiro aspecto, relacionado à simplificação do processo e já observado no Código de Processo Civil do Uruguai vigente desde 1984, notadamente marcado pela oralidade, foi paulatinamente inserido na legislação processual de diversos países pela edição de leis especiais.

No Brasil, destacam-se os Juizados e as audiências de conciliação e mediação ou as saneadoras, estas últimas consolidadas com o advento do CPC de 2015.

Também as medidas cautelares ganharam tratamento mais simples, dispensando um procedimento especial e, na forma do CPC de 2015 (art. 305/307), permitindo a conversão da urgência em processo principal e reforçando a ideia de instrumentalidade ao quadrado introduzida por Calamandrei referida pelo autor.

De fato, o Código de Processo Civil de 2015 manteve aspectos de inspiração italiana, sendo certas, ainda, as influências das legislações anglo-saxônica, em especial a germânica e a francesa. Um bom exemplo é a introdução do incidente de resolução de demandas repetitivas, inspirado no *musterverfahren*.

Outra questão que tem sido frequentemente abordada não apenas no ordenamento jurídico brasileiro, mas também alhures, é a referente a métodos de solução de conflitos. No Brasil a conciliação ganhou destaque e teve tratamento específico na sessão V e na parte especial no livro I do CPC de 2015.

Não apenas como identificação de uma nova tendência, mas, acima de tudo como uma necessidade, o Autor ainda identificou a conciliação como forma de solução de conflitos, como se verifica, adiante, nos artigos subsequentes.

Atipicidade dos meios de prova e a legislação processual no âmbito de países latino-americanos. O autor faz menção à regra da atipicidade dos meios de prova prevista no art. 332, do CPC-73, aquela que permite a produção de quaisquer meios de provas, desde que sejam moralmente legítimos e não configurem provas ilícitas. Com a vigência do Código de Processo Civil de 2015, a matéria vem regulada pelo art. 369, *caput*. Tal fato também se deu no caso do Panamá, que, com a superveniência do "Código de Procedimiento Civil" de 2001, essa matéria passou a estar prevista no art. 780 deste Código.

Extinção dos Juizados de Pequenas Causas. São feitas sucessivas referências na obra acerca dos Juizados Especiais de Pequenas Causas, regulados pela Lei nº 7244/1984. Não obstante, com a vigência da Lei nº 9099/1995, mais especificamente do seu artigo 97, o aludido diploma legislativo foi expressamente revogado e os Juizados de Pequenas Causas restaram extintos, para dar lugar aos Juizados Especiais Cíveis e Criminais.

Ademais, destaque-se que a Lei nº 10.259/01 criou os Juizados Especiais Federais, competentes para determinadas causas que tenham como réu a Fazenda Pública Federal ou empresa pública federal, e a Lei nº 12.153/09 criou os Juizados Especiais da Fazenda Pública, que possuem competência para processar e julgar certas demandas em que figurem como réus as Fazenda Públicas estaduais, distrital ou municipais, ou as empresas públicas a elas vinculadas. As Leis nº 9.099, 10.259 e 12.153 formam o microssistema dos Juizados Especiais.

MIRADAS SOBRE O PROCESSO CIVIL CONTEMPORÂNEO[1]

1. Toda mirada traz à mente de quem mira a imagem do objeto banhada na subjetividade do observador. Não constituem exceção os fenômenos jurídicos, nem, dentre eles, os que se passam no mundo do processo. Intuitivamente se compreende, assim, que não coincidam de todo as imagens recolhidas por observadores distintos. Nenhum descreverá a paisagem contemplada em termos idênticos aos que outro usaria para descrever a mesma paisagem. Se lhes pedirmos que dela indiquem os traços essenciais, as notas dominantes, não será pequena a probabilidade de que, ao menos em certa medida, varie a escolha.

Uma característica, porém, dificilmente deixará de ser apontada em qualquer descrição do panorama processual de nosso tempo: a emergência generalizada de movimentos de reforma. Pode-se dizer sem exagero que ganham vida em toda parte trabalhos de revisão das leis que regem o processo. A história dos últimos quinze ou vinte anos, neste campo como em tantos outros, é a história de contínuas mutações.

Pululam, na Europa, os exemplos. As legislações ibéricas experimentam modificações relevantes a partir dos anos 80[2]. Na França, que adotara novo código em 1975, um diploma de 1991[3] dá feição também nova

---

1 Texto de conferência pronunciada em 20-6-1995, no Congresso Brasileiro de Direito Processual Civil, realizado em Brasília. Publicado na Ajuris, nº 65, no Livro de Estudos Jurídicos, nº 11, na Revista da Faculdade de Direito da Universidade do Estado do Rio de Janeiro, nº 3, na Revista da Fundação Escola Superior do Ministério Público do Distrito Federal e Territórios, nº 5, na Revista Forense, nº 331, e na Revista Uruguaya de Derecho Procesal, nº 2/95.

2 Na Espanha, a Lei nº 34, de 6-8-1984, modificou em vários pontos a Ley de Enjuiciamiento Civil – e, notadamente, reformulando o "juicio de menor cuantía" (convertido em procedimento padrão, graças à elevação dos limites de valor entre os quais é cabível o respectivo emprego), instituiu autêntica "audiência preliminar", embora sem denominação específica. Em Portugal, à margem de projetos de reforma geral do processo civil – os quais têm passado por marchas e contramarchas –, a Lei nº 31, de 29-8-1986, deu nova disciplina ao juízo arbitral, o Dec.-Lei nº 404, de 10-12-1993, instituiu a "injunção" (modalidade bastante enérgica de processo monitório), e o Dec.-Lei nº 211, de 14-6-1991, criou um procedimento simplificado para causas que as partes ajuízem mediante petição conjunta.

3 Lei nº 91.650, de 9-7-1991, complementada por um decreto de 31-7-1992.

à execução, matéria de que aquele não cuidara. Acolhe o processo civil inglês inovações que o distanciam, de certo ponto de vista, do modelo clássico do *adversary system*[4]. O *codice di procedura civile* italiano passa por alterações de monta, em obra que, por sinal, demorou bastante a concretizar-se por inteiro[5]. A própria Áustria, que muitos suporiam com boas razões, satisfeita de possuir, desde 1895, ordenamento processual tão apurado ao ângulo técnico quanto socialmente avançado, modifica-o em ponto central, a disciplina da audiência preliminar[6]. E bem se pode imaginar, na falta de dados precisos, o vulto das mudanças que se vêm operando no leste, após o vendaval que ali revirou as instituições e redesenhou tantas fronteiras nacionais.

Não é mais estável o clima no continente americano. Impressiona a lista dos códigos recentes: Panamá, 1984; Venezuela, 1985; Uruguai e Paraguai, 1988; Costa Rica, 1989; Peru, 1992. No Brasil, se não se substitui o estatuto de 1973, procede-se, em todo caso, a ampla revisão de seu texto[7] enquanto outros diplomas – com realce para a própria Constituição da República de 1988 – revolvem o solo do processo civil e o recobrem de plantas novas[8].

---

4 Vide a respeito JOLOWICZ, L'amministrazione della giustizia civile: Inghilterra e Galles, no v. coletivo La giustizia civile nei paesi comunitari (ed. por Fazzalari), Pádua, 1994, p. 112/4; mais extensamente, do mesmo autor, A reforma do processo civil inglês: uma derrogação ao adversary system?, trad. de Barbosa Moreira, in Revista Forense, v. 328, p. 61 e s.

5 A Lei nº 353, de 26-11-1990, consagrou "provvedimenti urgenti per ir processo civile", e a Lei nº 374, de 21-11-1991, instituiu o "giudice di pace". Sucessivos diplomas adiaram a entrada em vigor de certo número de disposições de ambas essas leis; só em data recentíssima se completou o ciclo.

6 Zivilverfalzrens-Novelle de 1983, especialmente a 4ª alínea acrescentada ao § 243, a qual tornou facultativa, ante determinados pressupostos, a realização da audiência.

7 Merecem realce nos últimos anos: a Lei nº 8.455, de 24-2-1992, que alterou o regime da prova pericial; a Lei nº 8.710, de 24-9-1993, referente à forma da citação; a Lei nº 8.718, de 14-10-1993, que permitiu o aditamento do pedido antes da citação; a Lei nº 8.898, de 29-6-1994, que simplificou a liquidação da sentença; as Leis ns. 8.950, 8.951, 8.952 e 8.953, de 13-12-1994, que introduziram modificações, respectivamente, no sistema de recursos, em duas ações de procedimento especial (consignação em pagamento e usucapião), nos processos de conhecimento e cautelar, e no processo de execução.

8 Não se podem deixar de mencionar, ao propósito: a Lei nº 7.347, de 24-7-1985, que disciplinou a ação civil pública; a Lei nº 8.069, de 13-7-1990 (Estatuto da Criança e do Adolescente); a Lei nº 8.078, de 11-9-1990 (Código de Defesa do Consumidor); a Lei nº 8.397, de 6-1-1992, que instituiu medida cautelar fiscal; a Lei nº 8.437,

Tão intenso movimento legislativo reflete obviamente a pressão de transformações políticas, sociais, econômicas, que buscam exprimir-se nos vários setores do ordenamento jurídico. Nem sempre é secundário, na dinâmica desse processo, o papel mediador da doutrina mais sensível às renovadas necessidades e aspirações, das quais ela se faz intérprete junto às instâncias políticas: ninguém desconhecerá a relevância que vem assumindo, entre nós, a ação de juristas empenhados em sugerir ao legislador iniciativas reformistas e em oferecer-lhe subsídios concretos para a realização da tarefa. A ciência jurídica decerto não é o motor da História, nem poderia arrogar-se tal condição sem justificar pronta suspeita de paranoia; mas pode colaborar, e tem colaborado, para dar régua e compasso a mais de um movimento de repercussão profunda nos destinos da humanidade. Seria de estranhar que não tivesse aqui uma palavra importante a dizer.

2. Compreensivelmente grande é a variedade de formas e cores de que se reveste o espetáculo das mudanças – diferentes que são, de um para outro caso, as circunstâncias, e cambiante a direção em que sopram os ventos ideológicos, conforme sói ocorrer em sociedades pluralísticas. Não se mostra difícil, todavia, descobrir uma constante: o propósito de elevar o nível do serviço judiciário. Generalizou-se a convicção de que o desempenho dos órgãos da Justiça não vem correspondendo às demandas e expectativas, ampliadas a cada instante, das populações de hoje. Terão, pois, as reformas processuais, onde quer e como quer que se empreendam, uma fonte comum de inspiração no desígnio de pôr o funcionamento do mecanismo jurisdicional em plano mais compatível com aquelas expectativas e demandas.

É natural que nos sintamos impelidos a tentar identificar nos movimentos reformadores as linhas mestras que lhes deem coerência interna: e, se estamos interessados em comparações mais abrangentes, os pontos de convergência das várias trajetórias. Tal esforço dificilmente ficará sem recompensa: harmonias e paralelismos não raro saltarão, por assim dizer, aos olhos do observador. Maior curiosidade lhe despertarão, no entanto, descobertas de outro tipo. Ele talvez capte, aqui e ali, a impressão de serem não apenas distintos, mas ao menos aparente-

---

de 30-6-1992, que restringiu o cabimento de medidas cautelares contra atos do Poder Público.

mente contrários, os rumos em que se movem, na sua contemporânea evolução, os ordenamentos processuais. Verificará, por exemplo, que o mesmo desejo de maior eficiência conduz, num lugar, ao reforço da oralidade, e noutro à respectiva atenuação. Assim é que o Uruguai, na esteira do Código-tipo ibero-americano, opta por um modelo de procedimento marcadamente oral, em que ocupa lugar de relevo a audiência preliminar, poucos anos depois que a Áustria renunciava à obrigatoriedade da sua *erste Tagsatzung,* decantada em prosa e verso, por quase um século, como sinal emblemático da excelência do sistema concebido pelo gênio de FRANZ KLEIN. Impossível deixar de ver um desafio à reflexão comparatística no fato de que os dois países hajam escolhido caminhos contrastantes para perseguir fins análogos.

E não é só o confronto entre ordenamentos diversos que oferece ao observador matéria para cogitações desse gênero. Ela se depara, com certa frequência, no interior de um mesmo e único sistema jurídico. A disposição para aperfeiçoar a máquina da Justiça estimula o legislador processual a pôr mãos à obra da reforma; e eis que, no bojo desta, aparece uma intrigante mistura de coisas – quando nada à primeira vista – não só heterogêneas, senão francamente disparatadas. Bem se entende que, diante de fenômenos assim, a curiosidade do observador suba de ponto e ameace converter-se em autêntica estranheza.

3. Para ilustrar aqui a exposição, lancemos os olhos à paisagem do moderno direito processual civil brasileiro. A Constituição de 1988, a que já se aludiu, marcou nesse campo inflexão relevante. Com efeito, nenhuma das nossas anteriores cartas políticas havia mostrado igual preocupação com as garantias das partes: se a elas se referiam, era em regra com alcance restrito ao território do processo penal. Nesses diplomas, nada se encontrava de comparável ao elenco ora disperso, às vezes até com alguma redundância, por tantos incisos do art. 5º. Aí se consagram em termos expressos, além da inafastabilidade do controle judicial – estendida, aliás, à simples "ameaça a direito", individual *ou coletivo* (inciso XXXV; confira-se a rubrica do capítulo) –, o princípio do juiz natural, incisos XXXVII e LIII), o do "devido processo legal" (inciso LIV), o do "contraditório e ampla defesa, com os meios e recursos a ela inerentes" (inciso LV), o da inadmissibilidade das provas ilicitamente obtidas (inciso LVI), o da publicidade dos atos processuais (inciso LX), o da assistência aos necessitados (inciso LXXIV). Relação imponente, à qual é oportuno acrescentar a obrigatoriedade, sancionada no art. 93, inciso IX, da motivação de todas as decisões do Poder Judiciário[9]. Desse conjunto de disposições emerge o "garantismo" como um dogma fundamental do direito pátrio, solenemente proclamado no mais alto nível normativo.

Ao mesmo tempo, contudo, faz-se notar grande empenho de simplificação processual. Ele cintila na Constituição mesma, que determinou à União e aos Estados - exemplo sugestivo - criar juizados especiais para o julgamento e a execução de determinado tipo de causas, mediante procedimento oral e sumaríssimo, permitido até, em hipóteses legalmente previstas, o julgamento de recursos por turmas de juízes de primeiro grau (art. 98, nº I). No plano infraconstitucional, não soará exagerada a afirmação de que a maior parte das alterações da legislação processual no curso dos últimos anos se inspirou sobretudo na vontade de simplificar, ou - para usarmos palavra mais moderna - desburocratizar o processo. Na sucessão de leis que modificaram, de 1992 para cá, o Código de Processo Civil, é traço constante a supressão ou redução de formalidades, a adoção de procedimentos mais singelos e expeditos. Basta recordar a reforma da disciplina da perícia, da citação, da liquidação de sentença, da ação de usucapião...

Pois bem: foi sempre clara, ao longo dos séculos, a noção de que a simplicidade do procedimento, em linha de princípio, varia na razão inversa da extensão das garantias. Quanto mais forte o intuito de assegurar aos litigantes o gozo de certos direitos, tanto mais premente a necessidade de abrir-lhes o ensejo de manifestar-se, de participar da atividade processual, de fiscalizar-lhe a regularidade; e correlatamente a de fazer respeitar, no itinerário do feito, linhas rigorosas e solenes. A diminuição da complexidade muita vez impõe que se tratem determinados problemas com menor delicadeza, que se despreze tal ou qual exigência da etiqueta. Para ficarmos num exemplo importante, a compressão do contraditório é frequentemente condição *sine qua non* da viabilidade de projetos simplificadores. Ora, quando, num mesmo momento histórico, o legislador se empenha em dar igual ênfase à preservação das garantias

9 Sobre toda essa matéria, vide, entre outros: ROGÉRIO LAURIA TUCCI e JOSÉ ROGÉRIO CRUZ E TUCCI, Constituição de 1988 e processo, S. Paulo, 1989; NELSON NERY JUNIOR, Princípios do processo civil na Constituição Federal, S. Paulo, 1992; BARBOSA MOREIRA, Les principes fondamentaux de la procédure civile dans la nouvelle Constitution brésilienne, in Festschrift für Karl Heinz Schwab, Munique, 1990, ou in Temas de Direito Processual (Quinta Série), S. Paulo, 1994.

e à *simplificação* do procedimento, assume o risco de fazer brotar, no *espírito* de *algum* observador desprevenido, a suspeita de estar querendo acender simultaneamente uma vela a Deus e outra a Satanás...

Dado também capaz de alimentar a perplexidade desse hipotético observador é a insistência com que se vem preconizando a utilização dos chamados meios alternativos de resolução de litígios – ADR, na abreviada e bastante difundida denominação inglesa. O fenômeno está longe de restringir-se ao Brasil; até se pode dizer, ao contrário, que o nosso país parece um tanto atrasado no acolhimento da proposta, em comparação com outros onde ela tem obtido recepção calorosa[10]. Aos titulares de interesses conflitantes apontam-se caminhos distintos, de preferência extrajudiciais, dotados, consoante se afirma, de vantagens nada desprezíveis sobre a utilização, nos moldes habituais, dos serviços da Justiça estatal – que assim se aliviaria, por sinal, de parte de sua carga de trabalho. Por esses caminhos poderia chegar-se mais depressa e com menores gastos à composição do conflito, em termos – acrescenta-se – de melhor adequação que a sentença do juiz a não poucas hipóteses, notadamente àquelas em que se defrontam pessoas compelidas pelas circunstâncias a continuar, não obstante o litígio e mesmo depois dele, convivendo em família, no local de residência ou no ambiente profissional. Fala-se, ao propósito, de "Justiça coexistencial[11], e gaba-se a excelência dos procedimentos a ela peculiares: mediação, conciliação, arbitragem.

O paralelo entre os méritos e deméritos do processo judicial dominante em nossa tradição e das diferentes modalidades de ADR já tem

10 A começar, aliás, pela própria conciliação judicial, matéria em que (ao menos antes da introdução da audiência de conciliação por força da Lei nº 8.952, de 13-12-1994, acerca de cuja aplicação não se dispõe ainda de dados significativos) as estimativas mais otimistas empalidecem decerto em confronto com o panorama norte-americano: efetivamente, nos Estados Unidos, segundo fonte fidedigna, mais de 90% das causas civis não chegam ao trial, em razão de acordo entre as partes (HAZARD-TARUFFO, La giustizia civile negli Stati Uniti, Bolonha, 1993, p. 122). Para uma visão abrangente do fenômeno das ADR naquele país, vide, por exemplo, GOLDBERG-SANDER-ROGERS, Dispute resolution – negotiation, mediation, and other processes, 2ª ed., Boston-Toronto-Londres, 1992, com abundantes indicações bibliográficas. Rica informação de direito comparado em CAPPELLETTI, Os métodos alternativos de solução de conflitos no quadro do movimento universal de acesso à Justiça (relatório de abertura do Simpósio Jurídico W. G. Hart sobre a Justiça Civil e suas alternativas, realizado em Londres, em 1992), trad. de Barbosa Moreira, in Revista Forense, v. 326, p. 121 e s.

11 Assim, CAPPELLETTI, trab. cit., p. 125/6.

suscitado, e provavelmente não deixará tão cedo de suscitar, opiniões ao menos parcialmente discordantes. De alguns dos argumentos com que se apregoa a superioridade das ADR não se afigura descabido questionar a objetividade: ninguém ignora, por exemplo, que o juízo arbitral, em muitos casos, acaba por ser tão caro e demorado quanto o exercício da ação perante os órgãos estatais[12]. Isso de modo nenhum desaconselha, por si só, tentativas de estimular o uso dos meios alternativos, cujas vantagens muitas vezes serão com certeza reais. É mister, simplesmente, que encaremos o problema com dose salutar de relativismo e não nos deixemos empolgar por entusiasmos desmedidos, que, aqui como alhures, ameaçam dissolver-se em amargas frustrações.

Seja como for, o que agora nos interessa não é proceder a um confronto nessa perspectiva, e menos ainda pronunciar um veredicto – que no Brasil, além de tudo, seria flagrantemente prematuro, à vista da relativa escassez de dados concretos, sabido como é que a arbitragem, com eventual ressalva para litígios atinentes ao comércio internacional, constitui entre nós fenômeno de ocorrência bastante rara. Preocupa-nos apenas, neste momento, uma conjectura sobre a possível reação daquele mesmo desprevenido observador, quando percebesse o afã com que se sugere a adoção de meios alternativos de solução de litígios e recordasse, do mesmo passo, a posição do "garantismo" como artigo básico do vigente credo processual. Ao observador não deixará de acudir, com efeito, que é difícil, quiçá impossível, optar por certo gênero de ADR sem renunciar, em medida maior ou menor, quando nada a algumas das garantias cuja preservação se reputa indispensável na esfera judicial[13]. De outra sorte, raciocinará ele, não se torna fácil saber a que ficariam reduzidas as decantadas vantagens da rapidez e da informalidade. Uma de duas, pensará com seus botões: ou se abandonam determinados escrúpulos "garantísticos" na regulamentação dos meios alternativos, ou talvez não sobrem muitas razões de ordem prática para preferi-los ao

12 Cuida de assinalá-lo, em data recente, autor insuspeito de prevenção contra o instituto: CARLOS ALBERTO CARMONA, Arbitragem internacional (relatório brasileiro para o congresso internacional de direito processual de Taormina, setembro de 1995), in Revista Forense, v. 329, p. 26.

13 Conforme reconhece CAPPELLETTI, trab. cit., p. 125, "é quase inevitável que faltem aos julgadores nos tribunais alternativos, pelo menos em parte, as salvaguardas de independência e treino de que dispõem os juízes ordinários". Prossegue o autor: "E aos próprios procedimentos poderiam faltar, pelo menos em parte, as garantias formais de equidade processual que são típicas do procedimento ordinário".

processo tradicional. E concluirá que pretender assegurar naqueles o que neste se vê de mais precioso é algo assim como querer comer o bolo e, ao mesmo tempo, guardá-lo...

Mas não terminam aí os motivos que poderiam contribuir para inquietar o nosso hipotético observador. De um lado, ele verifica que as reformas legislativas dos últimos anos propendem, de modo geral, a dar maior relevo à participação dos órgãos públicos no processo civil. No direito pátrio, o fenômeno é gritante, e por mais de um aspecto. Veem-se consideravelmente reforçados e ampliados os poderes do juiz na direção, não apenas formal, mas também material, do pleito[14]: sobretudo depois das reformas levadas a cabo em 1994, cresce para o órgão judicial, em variados tópicos, a margem de discrição, enquanto aumenta o número de hipóteses em que se lhe abre a possibilidade de atuar de ofício, e até de decidir fora dos limites dos *petita partium*[15]. Além disso, alarga-se em medida notável o âmbito de atividade do Ministério Público investido por sucessivos diplomas legais de legitimação para agir em juízo na defesa de direitos e interesses que nem sempre ultrapassam as divisas do terreno privado[16]. Se o observador quisesse valer-se de nomenclatu-

---

14 Empregam-se na doutrina de língua alemã as expressões "formelle Prozessleitung" (direção formal) e "materielle Prozessleitung" (direção material) para designar, respectivamente, a atividade do juiz na condução do feito em seu curso exterior e no tratamento da matéria em que se baseará o julgamento: assim, v.g., FASCHING, Lehrbuch des österreichischen Zivilprozessrechts, 2ª ed., Viena, 1990, p. 412/3, onde não se deixa de assinalar a relatividade da distinção.

15 Vejam-se, por exemplo, os arts. 461, §§ 4º e 5º (na redação da Lei nº 8.952, de 13-12-1994; cf., já anteriormente, o art. 84, §§ 4º e 5º, do Código de Defesa do Consumidor, do qual se mutuaram ambos os dispositivos), 601, caput, 644 e 645 (na redação da Lei nº 8.953, também de 13-12-1994). O poder de impor multas ex officio é outorgado ao juiz em mais de um diploma recente, v.g., Lei nº 7.347, cit., art. 11; Lei nº 8.069, cit., art. 213, § 2º; Lei nº 8.078, cit., art. 84, § 1º.

16 V.g., Constituição da República de 5-10-1988, art. 129, nº III; Lei nº 7.347, cit., art. 5º, caput; Lei nº 7.853, de 24-10-1989, art. 3º; Lei nº 7.912, de 7-12-1989, art. 1 '\ Lei nº 8.078, cit., art. 82, caput, nº I; Lei nº 8.560, de 29-12-1992, art. 2º, § 4º; Lei nº 8.884, de 12-6-1994, art. 29. Sobre o alcance literalmente desmesurado desta última norma, vide a nossa crítica em Os novos rumos do processo civil brasileiro, in Revista de Direito da Procuradoria-Geral (do Estado do Rio de Janeiro), nº 47, p. 14/5, ou in Ajuris, nº 62, p. 183. Vai-se manifestando, de resto, certa reação contra as tentativas de ampliar a área de atuação do Ministério Público a casos em que estão em jogo direitos ou interesses individuais disponíveis: vejam-se na jurisprudência, por exemplo, os Acórdãos do TJMG, de 11-11-1993, Apelação nº 3.814/1, in Revista Forense, v. 329, p. 288, onde se negou legitimidade ao órgão para recla-

ra clássica, embora nem sempre isenta de ambiguidade, poderia dizer que o processo civil brasileiro se vai colorindo, em áreas a cada dia mais extensas, de tonalidades inquisitórias; ou, para evitar mal-entendidos, que nele a componente publicística vai tendendo a ocupar espaço após espaço e a deixar campo restrito para o jogo do poder de disposição dos particulares.

Paralelamente, o observador ouve falar, com grande insistência, de privatização. Se dela só ouvisse falar em matéria econômica, não se impressionaria tanto: entre outras razões, porque pouco entende, por hipótese, de economia - no que, aliás, não se distingue da imensa maioria dos mortais, sem exclusão, a julgar por tantos episódios, dos economistas de profissão... O observador, porém, ouve falar de privatização a respeito da Justiça, e ei-lo mergulhado em reflexões sobre a maneira, e sobre a possibilidade mesma, de harmonizar tal proposta com a registrada tendência à inquisitividade. Nem o ajuda muito, antes ameaça pô-lo ainda mais perplexo, a percepção de que, neste contexto, o termo "privatização" vai sendo empregado em acepções diversas: ora se quer designar com ele a constante elevação da quantidade de litígios que, em vários países, se veem submetidos a instâncias extrajudiciais[17]; ora se alude à conveniência, afirmada em setores de incontestável autoridade científica, de incrementar a participação de pessoas leigas, de cidadãos comuns, nos organismos judicantes; ora, até, à crescente e generalizada frequência com que se atribui legitimidade a associações privadas ou a indivíduos para vindicar em juízo a proteção de interesses coletivos e difusos[18]. Fica o observador a conjecturar se um belo dia não ouvirá a ex-

mar do Município de Contagem e de determinada empresa o ressarcimento dos danos sofridos pelas vítimas de desmoronamento de terras; e do STJ, de 2-5-1994, R. Esp. nº 46.130, in D.\\j. de 20-6-1994, p. 16.062, que adotou posição igual em matéria de fiscalização da cobrança de mensalidades escolares.

17 Por exemplo JOHNSON, JR., relatório norte-americano (sob o título Preserving Justice in an Era of Global Economic Competition) acerca do tema Comparative Analysis of the Reform of Civil Procedure, para The International Symposium on Civil Justice in the Era of Globalization, de 1992, no volume assim intitulado, Tóquio, 1993, p. 216 e s.

18 CAPPELLETTI, trab. cit., p. 129, emprega a expressão nos dois últimos significados que se indicam no texto. Permitimo-nos considerar menos próprio o uso no derradeiro sentido: quando o ordenamento legitima pessoas físicas ou jurídicas (de direito privado) à defesa judicial de interesses coletivos e/ou difusos, o que nos parece ocorrer, antes que privatização da atividade judicial, é publicização da atividade dessas pessoas - equiparadas, para o fim específico de que se cuida, a entidades públicas.

pressão usada ainda noutro sentido, o de delegação ou concessão pura e simples do serviço público da Justiça a alguma empresa privada...[19].

Ao nosso personagem ocorre formular para si mesmo dilemas impostos, a seu ver, pela observação de toda essa gama de fenômenos. Que é, afinal de contas – pergunta-se, um tanto ansioso –, que importa mais: assegurar a estrita observância das garantias das partes, e em especial das ligadas ao contraditório, ou simplificar os procedimentos? Deve imprimir-se ao processo civil caráter cada vez mais publicístico, ou, em consonância com diretrizes prestigiosas noutros domínios, reduzir-se nele a presença, ou quando menos o peso, dos órgãos estatais? Para essas e outras indagações sente o desconcertado observador dificuldade em achar respostas tranquilizadoras.

4. Pois bem: imagine-se que nos dispuséssemos a socorrer, em semelhante emergência, o observador. Salvo melhor juízo, conviria que começássemos pela sugestão de reconsiderar, antes de mais nada, o modo pelo qual equaciona o problema. Se os dilemas que ele formula se afiguram insolúveis, será decerto porque a realidade não se deixa aprisionar em fórmulas assim. Cuida-se, na verdade, de falsos dilemas. O observador dá a impressão de esperar que a ciência e a política processual se comprimam em ambiente de opções estreitas e definitivas; teríamos sempre, inexorável e irrevogavelmente, de escolher entre dois alvitres, encarados como opostos, e em tudo e por tudo inconciliáveis: ou isto, ou aquilo. Mas assim se condena o processo a melancólico empobrecimento de perspectivas. Hipertrofia-se tal dado, ou tal necessidade, e expulsam-se do campo visual dados e necessidades que nos solicitariam, legitimamente, noutro sentido. Desse jeito, entretanto, nenhum mecanismo se arma que seja capaz de acomodar a opulenta diversidade do real.

Nalguns casos, maior atenção aos próprios textos, normativos e científicos pouparia ao observador boa dose de ansiedade. Sua leitura, aqui e ali, é clarissimamente incompleta e, por isso, despistadora. A Carta de 1988 não exige a instituição de 'juizados especiais", onde se observe procedimento "oral e sumaríssimo", senão para as causas cíveis

19 É impossível adivinhar como reagiria ele se lesse a frase irônica de STORME, nas "observações conclusivas" da sessão do Simpósio de Tóquio dedicada ao tema a que alude a nota 16, supra: "I fear the day when, on entering a court, we read above the entrance door: 'Today judgments will be rendered by this Court by courtesy of Coca-Cola'... " (v. cit., p. 277).

"de menor complexidade": o legislador constituinte há de ter-se advertido de que o melhor regime para litígios singelos pode não ser o melhor regime para litígios complicados. Trata-se de uma verdade óbvia, tão óbvia quanto a de que, se não se podem evitar por completo quaisquer inconvenientes, e se faz imperioso aceitar um de dois males, o mal menor nem sempre será o mesmo em todas as espécies de processos, e por conseguinte tampouco será o mesmo o bem a que precisaremos tolerar algum detrimento. O desvelo para com a garantia do contraditório, se quiser manter-se nos limites da sensatez, não chegará ao extremo de repelir em termos absolutos a eventualidade de certas compressões, indispensáveis à boa realização da justiça. A menos que haja perdido todo o senso de proporção, o maior entusiasta das ADR não se animará a sustentar que a conciliação extrajudicial seja em qualquer assunto, e sob quaisquer condições, preferível ao julgamento por juiz estatal, assim como a inclinação publicística mais acentuada não impedirá ninguém de reconhecer a valia dos serviços que organismos conciliatórios extrajudiciais podem prestar no âmbito compatível com sua capacitação.

O remédio tem de ajustar-se às particulares características da enfermidade. Não há, nem pode haver, receita que se mostre igualmente adequada ao tratamento eficaz de toda e qualquer situação litigiosa[20]. A falsa crença, explícita ou implícita, em semelhante possibilidade foi um subproduto indesejável da excessiva ênfase que certa corrente de pensamento pretendeu dar à ideia da autonomia do direito processual, como se a preocupação – em si, legítima e necessária – de distingui-lo do direito material houvesse de traduzir-se em soberana indiferença do processo às peculiaridades da matéria sobre que verse.

Seria de presumir-se evidentíssimo para todos que a função instrumental do processo implica, por força, adaptação do instrumento às variáveis circunstâncias do meio em que ele é posto a funcionar. Não se há de estranhar que, em lugares diferentes e em diferentes momentos, as opções também difiram, para colocar em realce ora um, ora outro artigo do credo processual. Nem sempre permanecerá a mesma a proposição

20 Com razão PROTO PISANI, Appunti sulla giustizia civil, Bari, 1982, p. 11: no próprio campo estritamente judicial, "non esiste un unico processo che offra una unica forma di tutela per tutte le situazioni di vantaggio, ma esistono invece uma plu ralità di processi ed una pluralità di forme di tutela; la diversità di questi processi e di queste forme di tutela, e delle loro varianti combinazioni, riflettono la diversità del bisogni di tutela delle situazioni di vantaggio").

merecedora de ser grafada em tipo maior e de ser lida em mais enérgico tom de voz. O que não se deve fazer, em caso algum, é cancelar do texto as proposições restantes: bem pode acontecer que, amanhã ou depois, venhamos a sentir a necessidade de convocá-las, cada qual por sua vez, a ocupar a posição de prioridade. Por mais distantes entre si que se localizem determinadas ideias, e por mais difícil que nos pareça, aqui e agora, a respectiva coexistência pacífica, será temerário apagar em definitivo da memória de nossos computadores mentais aquela que destoe da moda do dia: não fica jamais excluído que de uma hora para outra precisemos entronizá-la, ou reentronizá-la, no lugar de honra do sistema. É oportuno recordar a famosa palavra de BOSSUET acerca de problema bem mais transcendente, o da conciliação entre o livre-arbítrio do homem e o governo providencial do mundo: embora incapaz de divisar o elo que liga e harmoniza as duas realidades, não é lícito ao espírito humano repelir nenhuma delas; cumpre-lhe, pura e simplesmente, *tenir les deux bouts de la chaîne*.

No universo processual – se nos permitem repetir o que já dissemos alhures –, há pouco espaço para absolutos, e muito para a interação recíproca de valores que não deixam de o ser apenas porque relativos[21]. Nem os mais altos princípios devem ser arvorados em objetos de idolatria: para usarmos expressão em voga noutros setores, todos admitem certa dose de flexibilização. Como advertia o filósofo, nada pior que um bom princípio mal aplicado; e é fora de dúvida que aplicamos mal um princípio quando o pomos em prática sem levar em conta os outros princípios que lhe servem de contrapeso e com ele precisam conjugar-se para assegurar o equilíbrio do conjunto.

Um dos erros mais graves de determinado tipo de dogmatismo foi – e é – o de descrever o mundo em preto e branco, ignorando os matizes variadíssimos que medeiam entre esses dois extremos. Felizmente

21 Em termos mais genéricos, acentua CAPPELLETTI, no prefácio ao volume The Judicial Process in Comparative Perspective, Oxford, 1989, p. XIII/XIV, que "the world of humans is not denied by, but rather composed of, the coexistence of contradictory values, principies, institutions and processes"; e acrescenta que "none of these values and principies is absolute and categorical, and each must be adapted to, and limited by, other principies and values". Caberia, naturalmente, em certa medida, uma ressalva quanto a princípios e valores religiosos, para os que professam alguma religião (e, também em certa medida, nos domínios da filosofia e da ética). De qualquer modo, será aí, e não alhures, que a sede de absoluto, peculiar à alma humana, há de procurar com que saciar-se.

tomamos consciência de quão infecundo é, do ponto de vista científico, transformar em *oposição* toda e qualquer *distinção,* a começar pela distinção mesma, fundamental para o nosso labor, entre as entidades a que os anglo-saxônicos atribuem as denominações de *substance* e *procedure*[22]. A nitidez dos conceitos, com o consequente emprego de terminologia precisa, é sem dúvida valor inestimável, digno da mais cuidadosa preservação. Evitemos, no entanto, supor que a realidade sempre se deixe cortar em fatias perfeitamente diferenciáveis. A vida é mais rica e mais complexa que qualquer representação conceptual. Quanta tinta se derramou no afã de apontar o traço discretivo essencial entre a jurisdição contenciosa e a jurisdição voluntária! Tal qual o amor, na ópera verdiana, aos olhos do apaixonado Alfredo[23], para certa doutrina constituía a questão, a um só tempo, *croce e delizia.* Hoje, sem negar todo interesse ao problema, aprendemos a equacioná-lo em termos menos categóricos: sabemos que se cuida, afinal, de terrenos não apenas contíguos, mas contínuos, e que há uma faixa cinzenta onde nem a mais requintada cartografia será capaz de informar-nos com exatidão de que lado estamos da linha divisória[24].

Nada disso, vale repisar, tem sabor de novidade, e com certeza soará acaciano a ouvidos afeitos a discursos do gênero. Mas é precisamente o óbvio que às vezes temos dificuldade em enxergar: ninguém vê com

---

22 Sobre a necessidade de relativizar o binômio direito – processo, vide, na mais recente literatura pátria, CÂNDIDO DINAMARCO, A instrumentalidade do processo, 3ª ed., S. Paulo, 1993, p. 271/2, e, na sua esteira, JOSÉ ROBERTO DOS SANTOS BEDAQUE, Direito e processo, S. Paulo, 1995, p. 13, 15 e s. e passim, Parece-nos francamente excessivo, por outro lado, aludir a um "retorno a la primitiva unidad", como na Espanha fazia, já há quase vinte anos, RAMOS MÉNDEZ, Derecho y proceso, Barcelona, 1978, p. 11 – o qual, note-se, linhas abaixo atenuava bastante o alcance da expressão, ao excluir, em termos expressos, que semelhante perspectiva significasse "menoscabo de la autonomía de nuestra ciencia".

23 "Un di felice, eterea/ Mi balenaste innante,/ E da quel di tremante/ Vissi d'ignoto amor,/ Di quell'amor ch'è palpito/ Dell'universo intero,/ Misterioso, altero,/ Croce e delizia al cor" (La Traviata, libreto de Francesco M. Piave, música de Giuseppe Verdi, 1º ato, cena 3ª).

24 Na doutrina alemã, há quem, com grande autoridade, proclame o malogro da ciência para proceder a uma demarcação precisa das áreas da streitiger Gerichtsbarkeit (jurisdição contenciosa) e da freiwilliger Gerichrsbarkeit (jurisdição voluntária); escreve com efeito JAUERNIG, Zivilprozessrecht, 24ª ed., Munique, 1993, p. 12: "Eine umfassende begriffliche Abgrenzung beider Gebiete ist bis heute nicht gelungen" (Até hoje não se conseguiu fazer uma completa delimitação conceptual dos dois territórios).

clareza a ponta do próprio nariz... Insista-se, pois, no óbvio, com o imprescindível pedido de desculpas pelo tédio que a nossa insistência possa causar.

5. E convenhamos: um exame de consciência mais detido provavelmente nos levará a confessar que juristas e legisladores nem sempre conseguem resistir impávidos à tentação da unilateralidade. Devemos estar conscientes do risco, que a todo instante corremos, de nos deixarmos deslumbrar pelo entusiasmo quando descobrimos, ou julgamos descobrir, uma das dimensões do real, e em consequência já não termos olhos para as outras dimensões, sem as quais a imagem que se nos depara é como a que se colhe em espelho deformante[25].

Ou muito nos enganamos, ou um exemplo de incidência nessa casta de erros encontra-se na rígida disciplina adotada pela Constituição de 1988 em matéria de provas ilicitamente adquiridas, cuja utilização o art. 5º, inciso LVI, proíbe em termos peremptórios, endurecendo em grau máximo as articulações de um sistema que, à vista só do art. 332 do Código, ainda comportava alguma elasticidade. A opção talvez se explique pelo ângulo histórico. Vivíamos hora de compreensível reação contra abusos do regime autoritário pouco antes extinto. Exaltavam-se os valores relacionados com a defesa da liberdade pessoal, da privacidade, da segurança contra indébitas intromissões. Viu-se com clareza esse lado do problema; com tamanha clareza, que, ofuscados, tomamos a parte pelo todo, e não levamos na devida conta necessidades igualmente legítimas, sacrificadas por aquela rigidez. Desequilibrou-se a balança em favor de uma das partes; privou-se a outra, em mais de um caso, de toda e qualquer possibilidade de exercício frutífero do direito de ação ou de defesa. Paradoxalmente, aqui não se confiou na prudência do órgão judicial, a cujo critério fora preferível, a nosso ver, deixar a apreciação de cada espécie, à luz do princípio da proporcionalidade (*Verhältnismässigkeitsprinzip*)[26], tantas vezes aplicado

25 Não se despreza impunemente a advertência de CALAMANDREI, Processo e democrazia, in Opere giuridiche, v. I, Nápoles, 1965, p. 682, segundo a qual "la verità si può conoscere intera solo se si osserva da diverse parti, girandole attorno per scoprirne le tre dimensioni".

26 Como preconizava, na doutrina anterior à vigente Carta, MONIZ DE ARAGÃO, Exegese do Código de Processo Civil, Rio de Janeiro. s/d, v. IV-I, p. 82/3. Aliter, ADA

pela jurisprudência alemã, inclusive com relação ao processo penal[27].

Nem se argumente com a previsão, constante do inciso XII, de que seja dado ao juiz, "nas hipóteses e na forma que a lei estabelecer", autorizar a interceptação de comunicações telefônicas. Antes de mais nada, o texto parece fundar o entendimento de que, fora do estrito campo de incidência da cláusula final, tem caráter absoluto, incompatível com qualquer temperamento, a proteção conferida ao sigilo. E, no que particularmente interessa aqui, o pretenso contrapeso ao veto do inciso LVI é de manifesta insuficiência. Não se entende o motivo pelo qual a possibilidade de autorizar-se a interceptação fica excluída *a priori*, mesmo por obra do legislador, noutros tipos de comunicação, por exemplo na correspondência: é deveras estranho que, mediante autorização judicial, se possa tornar admissível a escuta de conversa entre duas pessoas por telefone, não, porém, a apreensão de carta que uma delas dirija à outra! Tampouco se compreende a limitação da possibilidade aos "fins de investigação criminal ou instrução processual penal", em desarmonia com tantas outras disposições constitucionais que põem com acerto em pé de igualdade as várias classes de processos. Nenhum dos dois pecados, vale registrar, cometeu a Constituição italiana de 1948 – também ela insuspeita de autoritarismo, e elaborada em circunstâncias parcialmente

PELLEGRINI GRINOVER, Provas ilícitas, in O processo em sua unidade – II, Rio de Janeiro, 1984, p. 177, em cuja opinião o critério da proporcionalidade, "ainda que não inteiramente inaceitável", seria "perigoso", visto que "de natureza subjetiva, passível por isso mesmo de aberrações e insegurança". Mas a subjetividade parece ineliminável do comportamento do juiz, sujeito que é, e não há modo de impedir que lhe influencie as valorações e decisões. Para conjurar de vez semelhante "perigo", precisaríamos atribuir a objetos (computadores?) as funções hoje exercidas pelos julgadores de carne e osso – ou, quando menos (o que já seria impraticável), retirar dos textos legais todos os conceitos jurídicos indeterminados e subtrair aos órgãos judiciais até a mais mínima parcela de discrição. Quanto às eventuais "aberrações", pode-se conjecturar se não serão mais numerosas e mais graves as que se originem da recusa sistemática e incondicional a tomar em consideração um elemento de prova de alto valor, quiçá decisivo, para a formação do convencimento do juiz, só porque obtido por meio pouco ortodoxo – às vezes, o único ao alcance do interessado.

27 Assinale-se que, na Alemanha, a melhor doutrina continua fiel à orientação que rejeita ambas as soluções extremas (admissibilidade ou então inadmissibilidade, em qualquer caso, da prova ilicitamente obtida): vide, na literatura recente, ROSENBERG-SCHWAB-GOTTWALD, Zivilprozessrecht, 15ª ed., Munique, 1993, p. 642.

análogas às nossas, pouco depois da vitória sobre o fascismo; ali, o dispositivo correspondente (art. 15) reza com simplicidade e sem discriminações arbitrárias: *"La libertà e la segretezza della corrispondenza e di ogni altra forma di comunicazioni sono inviolabili. La loro limitazione può avvenire soltanto per alto motivato dell'autorità giudiziaria con le garanzie stabilite dalla legge".* Se o legislador constituinte brasileiro se inspirou em tal modelo, força é convir que a cópia saiu bem pior que o original. Quisemos ser mais realistas que o rei; e, surdos à exortação de BOSSUET, largamos uma das pontas da corrente...

Permitam-nos ainda uma ligeira mirada, e será a última. Diante de empreendimentos reformadores como o agora em curso no Brasil, é inevitável que se dividam as expectativas. Deve-se contar aqui com duas reações opostas e simétricas. De um lado, verão talvez alguns, na alteração de meia dúzia de artigos, ou na inclusão de dois ou três parágrafos, a promessa de milagres portentosos; de outro lado, não faltarão os que abanem a cabeça, de cenho franzido, e decretem, alto e bom som, que nada adianta mexer nas leis, porque o *x* do problema reside exclusivamente nos homens incumbidos de trazê-las ao plano do concreto. O cândido otimismo dos primeiros conduz, de modo inevitável, à mais profunda decepção: a norma jurídica não tem, com efeito, em si e por si, o poder de transfigurar a realidade. O pessimismo apriorístico dos segundos leva, também fatalmente, ao desespero: sendo a condição humana o que é, não parece verossímil a hipótese de virmos a contar, em qualquer ponto do futuro, com uma safra de "cavaleiros sem medo e sem mácula" bastantes para desempenhar de maneira impecável todas as funções que o ordenamento atribui a juízes, advogados e outras categorias ligadas ao processo. Entre esses dois extremos, deve haver lugar para uma avaliação menos pretensiosa, que se satisfaça com verificar que a reforma legislativa abre, aqui e ali, perspectivas de melhora – parcial, sem dúvida: modesta, se quiserem –, e que jamais se esqueça de que algum progresso, pequeno que seja, é sempre melhor que nenhum.

Afinal de contas, ainda que um dia, por feliz (e altamente improvável) conjugação de fatores, fôssemos capazes de montar um sistema processual perfeitamente equilibrado e de confiar-lhe o funcionamento a operadores de inexcedível competência, probidade e zelo, nem assim poderíamos considerar-nos dispensados, em definitivo, de qualquer preocupação ulterior com o assunto. A solução mesma dos problemas antigos sem sombra de dúvida geraria novos problemas. Quando percebesse que o mecanismo passara a dar boa conta do recado, a comunidade – pode-se vaticinar sem temor de erro – logo começaria, por sua vez, a solicitá-lo com maior frequência; e, se a demanda crescesse continuamente, esta ou aquela peça da máquina terminaria por acusar o desgaste. Adverte com razão um escritor norte-americano: *"Building a court system is like building a road. The better the road, the more the traffic"*[28]. Ora, não é fácil evitar que o aumento do tráfego piore de novo as condições da estrada, e por conseguinte venha a tornar imprescindíveis, mais cedo ou mais tarde, novas obras de reforma...

Isso nos sugere, acima de tudo, boa dose de comedimento em nossas proposições e em nossas valorações, positivas ou negativas que sejam. Convém que ajustemos a inteligência e a fala ao clima de relativismo que, como se buscou enfatizar, caracteriza o *habitat* das coisas do processo. Poupemos os fáceis cânticos de um triunfalismo ingênuo, mas também certas tonitruâncias dramáticas, adequadas porventura ao anúncio do Apocalipse. Ouçamos o conselho que nos dá BEETHOVEN[29], pela voz do barítono, na sinfonia imortal: "O *Freunde, nicht diese Töne!*". Amigos, nada de exageros: nem tanto ao mar, nem tanto à terra. O processo, e o direito, e a própria vida não se constroem à força de opções sempre radicais, e menos ainda de golpes espetaculares, senão com a paciência de combinar elementos heterogêneos e tentar costurá-los, sem grande alarde, sem demasiada ambição, num conjunto quanto possível harmonioso. Será pouco, talvez; mas é o máximo a que podemos aspirar neste mundo.

Junho de 1995.

28 A citação é de NEELY, Why Courts Don't Work, Nova Iorque, 1983, p. 58, e foi colhida em Mc CORMICK, Canada's Courts, Toronto, 1994, p. 44.

29 Como se sabe, é de autoria de SCHILLER o poema ("Ode à Alegria") cantado pelo coro e pelos solistas no quarto movimento da Nona Sinfonia. O recitativo inicial, contudo, foi escrito pelo próprio compositor: vide ERNESTO DE LA GUARDIA, Las sinfonias de Beethoven, 4ª ed., Buenos Aires, s/d (mas 1952), p. 424, nota 1.

COMENTÁRIOS DOS ATUALIZADORES

MIRADAS SOBRE O PROCESSO CIVIL CONTEMPORÂNEO

Ana Cristina Bacos Fernandes / Marco Antonio Rodrigues

Sucessivas reformas no processo civil brasileiro. O autor aborda em seu texto a emergência generalizada dos movimentos de reforma. Nessa linha, vale listar as reformas ocorridas desde os anos 90. A primeira grande reforma do Código de 1973 aconteceu em 1994, instrumentalizada pela Lei nº 8.952/1994, que promoveu profundas alterações no regime de execução das obrigações de fazer e não fazer, especialmente, para prestigiar a tutela específica de tais obrigações, bem como estendeu o cabimento da tutela antecipada os processos sujeitos ao procedimento comum, não mais a deixando restrita a procedimentos especiais específicos.

A segunda grande reforma do Código de 1973 ocorreu em 1998, por meio da Lei nº 9.756/1998, que realizou reformas no regime dos recursos. Em 2002, com a Lei nº 10.444/2002, foi promovida a segunda reforma no regime da execução, disciplinando a tutela específica para as obrigações de entrega de coisa.

Em 2005, a Lei nº 11.232/2005 extinguiu, como regra, a execução de título judicial como processo autônomo, tornando a execução uma fase do processo sincrético, denominada de cumprimento de sentença, a conviver ao lado da fase de conhecimento do processo. Esta reforma foi complementada pela Lei nº 11.232/2006, que, ainda, modificou a liquidação de sentença e os embargos à execução contra a Fazenda Pública.

Ademais, em 2008, a Lei nº 11.672 criou o sistema de julgamento de recursos especiais e extraordinários repetitivos, que instituiu a sua análise por amostragem, o que possibilitou uma redução significativa dos casos a serem analisados pelos Tribunais Superiores. Posteriormente a tal lei, o grande destaque é a edição do Código de Processo Civil de 2015.

Novos Códigos de Processo Civil em outros países. A instabilidade das legislações processuais salientada pelo autor pode ser vislumbrada até os dias atuais na Europa. Na Espanha, passou a vigorar a nova Ley de Enjuiciamiento Civil datada de 07.01.2000. Ato contínuo, em Portugal, passou a viger, em 01.09.2013, o Novo Código de Processo

Civil português, com o fulcro de garantir de maneira mais efetiva o acesso à justiça a sua população. Até mesmo a Inglaterra, país tradicionamente adepto da *Commom Law*, absorveu os ideais da *Civil Law* para, em 22.04.1999, criar seu próprio Código de Processo Civil.

O aludido fenômeno pode, ademais, ser vislumbrado no âmbito do continente americano. No Brasil, passou a viger em 18.03.2016 o Código de Processo Civil de 2015, almejando, dentre outros aspectos, incentivar o uso de métodos de resolução de litígios que prescindam da intervenção do Poder Judiciário ante a enormidade de processos a que ele está submetido. No Panamá, em 2001, foi editado um novo Código.

Difusão de meios alternativos de solução de conflitos. Já na década de 1990 Barbosa Moreira indicava a difusão dos meios alternativos de solução de conflitos. O Código de Processo Civil, em seu artigo 3º, §§ 2º e 3º, prevê o dever estatal de promoção da solução consensual de conflitos, na linha do que fora preconizado pelo Conselho Nacional de Justiça desde a edição da Resolução nº 125/2010. Em complemento, o artigo 165 do Código prevê a criação de centros judiciários de solução consensual de conflitos, responsáveis pela realização de sessões e audiências de conciliação e mediação e pelo desenvolvimento de programas destinados a auxiliar, orientar e estimular a autocomposição.

Anote-se, ainda, a arbitragem, disciplinada pela Lei nº 9.307 de 1996, que possui forte carga consensual, especialmente, quanto à opção pela sua instauração, sempre por vontade das partes contratantes (TEPEDINO, 2011).

Ampliação do uso da arbitragem. O autor cuida do uso da arbitragem e das opiniões divergentes sobre esta, informando que seu uso era bastante raro no comércio internacional. No entanto, a adoção da arbitragem para a solução de conflitos se tornou significativamente maior nos últimos anos. Segundo Selma Ferreira Lemes (LEMES, 2020), na década de 2010, verificou-se aumento de 114,84% no número de procedimentos instaurados em algumas das principais câmaras arbitrais brasileiras, passando de 128 casos novos ao ano em 2010 para 275 novas arbitragens em 2017.

Participação dos órgãos públicos no processo civil. Uma das preocupações do legislador de 2015 foi ampliar a legitimidade democrática das decisões judiciais, em especial, pelo incremento da participação dos órgãos públicos no processo. Exemplo desta pretensão foi a regulamentação do *amicus curiae* em seu artigo 138, a permitir a participação de pessoa natural ou jurídica, órgão ou entidade especializada, com representatividade adequada, no prazo de 15 (quinze) dias de sua intimação. Outro momento em que o legislador expôs seu empenho em elevar a participação dos órgãos públicos no âmbito do processo está previsto no artigo 983, que determina que o relator ouvirá as partes e demais interessados acerca do objeto do IRDR. O artigo 1038 do CPC, por sua vez, admite providência semelhante em sede de julgamento de recursos extraordinários e especiais repetitivos.

Revisão do sentido do interesse de agir. O autor trata de a resolução por juízo estatal ser preferível à conciliação extrajudicial. O interesse de agir vem passando, contudo, por significativas mudanças interpretativas nos últimos tempos. Premidos por razões de racionalidade e em razão do grande volume de processos em curso, doutrina (RODRIGUES, 2021; MANCUSO, 2020) e jurisprudência vêm compreendendo o interesse-necessidade – a indispensabilidade do provimento jurisdicional para obter o bem da vida – de maneira mais rígida, compreendendo-se que a parte interessada deve buscar, por algum meio legítimo, a solução extrajudicial do conflito de interesses.

É o caso, por exemplo, da decisão do STF a respeito do interesse de agir nas causas de natureza previdenciária. A Suprema Corte reputou necessário o prévio administrativo, não se caracterizando a lesão ou ameaça de lesão a direito antes da manifestação e indeferimento do INSS a respeito da pretensão ou se excedido o prazo para decisão. Isto não se aplica, com efeito, nas hipóteses em que o entendimento da autarquia previdenciária for manifestamente contrário aos interesses do autor. Neste sentido: RECURSO EXTRAORDINÁRIO. REPERCUSSÃO GERAL. PRÉVIO REQUERIMENTO ADMINISTRATIVO E INTERESSE EM AGIR. 1. A instituição de condições para o regular exercício do direito de ação é compatível com o art. 5º, XXXV, da Constituição. Para se caracterizar a presença de interesse em agir, é preciso haver necessidade de ir a juízo. 2. A concessão de benefícios previdenciários depende de requerimento do interessado, não se caracterizando ameaça ou lesão a direito antes de sua apreciação e indeferimento pelo INSS, ou se excedido o prazo legal para sua análise. É bem de ver, no entanto, que a exigência de prévio requerimento não se confunde com o exaurimento das vias administrativas. 3. A exigência de prévio requerimento administrativo não deve prevalecer quando o entendimento da Administração for notória e reiteradamente contrário à postulação do segurado. (...) 9. Recurso extraordinário a que se dá parcial provimento, reformando-se o acórdão recorrido para determinar a baixa dos autos ao juiz de primeiro grau, o qual deverá intimar a autora – que alega ser trabalhadora rural informal – a dar entrada no pedido administrativo em 30 dias, sob pena de extinção. Comprovada a postulação administrativa, o INSS será intimado para que, em 90 dias, colha as provas necessárias e profira decisão administrativa, considerando como data de entrada do requerimento a data do início da ação, para todos os efeitos legais. O resultado será comunicado ao juiz, que apreciará a subsistência ou não do interesse em agir. (RE 631240, Relator(a): ROBERTO BARROSO, Tribunal Pleno, julgado em 03/09/2014, ACÓRDÃO ELETRÔNICO REPERCUSSÃO GERAL – MÉRITO DJe-220 DIVULG 07-11-2014 PUBLIC 10-11-2014 RTJ VOL-00234-01 PP-00220).

Em matéria consumerista, com a criação da plataforma consumidor.gov.br pelo Ministério da Justiça, a interpretação a ser dada ao interesse de agir igualmente sofre transformações. Isto porque há mecanismo extrajudicial de solução de litígios à sua disposição, cujo índice de solução, segundo dados fornecidos pela própria plataforma, chega a 100% a depender do fornecedor (informações obtidas em consulta promovida em 10/04/2021 – https://consumidor.gov.br/pages/indicador/geral/abrir). Assim, o interesse de agir dependeria, em princípio, da demonstração de que o consumidor buscou a solução extrajudicial do conflito e não a conseguiu (RODRIGUES, TAMER, 2021).

Interceptação telefônica e processo administrativo. A jurisprudência tem conferido certa mitigação à interpretação do artigo 5º, inciso LVI, da Constituição Federal, admitindo a utilização da prova produzida por meio de interceptação telefônica como prova emprestada em outros procedimentos de natureza não-criminal. É o caso, por exemplo, da possibilidade de utilização de prova emprestada no processo administrativo disciplinar, reconhecida pela súmula 591 do STJ, prova esta que pode estar consubstanciada em interceptação telefônica. Neste sentido, no Supremo Tribunal Federal: PROCESSUAL CIVIL E ADMINISTRATIVO. MANDADO DE SEGURANÇA. PROCESSO ADMINISTRATIVO DISCIPLINAR. AUXILIAR DE SANEAMENTO DA FUNASA. INTERCEPTAÇÃO TELEFÔNICA. PROVA EMPRESTADA DE INVESTIGAÇÃO CRIMINAL. NULIDADE. INOCORRÊNCIA. PENA DE DEMISSÃO. MOTIVAÇÃO IDÔNEA. OBSERVÂNCIA DOS PRINCÍPIOS DA AMPLA DEFESA, DO CONTRADITÓRIO E DO DEVIDO PROCESSO LEGAL. PROPORCIONALIDADE E RAZOABILIDADE. SEGURANÇA DENEGADA. I – O Supremo Tribunal Federal adota orientação segundo a qual é possível a utilização, em processo administrativo disciplinar, como prova emprestada, de interceptações telefônicas obtidas no curso de investigação criminal ou de instrução processual penal, desde que obtidas com autorização judicial e assegurada a garantia do contraditório. Precedentes. (...) VII – Segurança denegada. (MS 19.000/DF, Rel. Ministra REGINA HELENA COSTA, PRIMEIRA SEÇÃO, julgado em 24/03/2021, DJe 06/04/2021)

Referências da nota

MANCUSO, Rodolfo de Camargo. *A resolução de conflitos e a função judicial no contemporâneo Estado de Direito*. Salvador: Juspodivm, 3ª ed., 2020.

RODRIGUES, Marco Antonio. *Acesso à justiça e suas novas fronteiras no contexto do Processo 4.0. In: Litigation 4.0: o futuro da justiça e do processo civil vis-à-vis as novas tecnologias*/coordenação Bruno Feigelson, Daniel Becker, Marco Antonio Rodrigues, -- 1ª ed. -- São Paulo: Thomson Reuters Brasil, 2021.

RODRIGUES, Marco Antonio; TAMER, Mauricio. *Justiça digital: acesso digital à justiça e tecnologias da informação na resolução de conflitos*. Salvador: Juspodivm, 2021.

TEPEDINO, Gustavo. *Consensualismo na arbitragem e teoria do grupo de sociedades*. Revista Forense nº 903. São Paulo: Revista dos Tribunais, 2011. p. 9-26

OS NOVOS RUMOS DO PROCESSO CIVIL BRASILEIRO[1]

1. Falar de novos rumos implica necessariamente reconhecer que algo mudou, ou está mudando, numa trajetória. Que mudanças, então, se podem identificar no caminho que vai percorrendo, em nosso tempo, o processo civil brasileiro? A pergunta suscita outra: O que significa, para o processo civil brasileiro, o "nosso tempo"? Com palavras diferentes: que momento histórico se há de considerar como ponto de partida para a averiguação?

Sem minimizar o que com certeza existe de subjetivo, para não dizer de arbitrário, em qualquer escolha do gênero, parece razoável focalizar, aqui, o período imediatamente anterior à década de 40. A essa época remontam, com efeito, os diplomas legislativos responsáveis pelo corte das amarras que ainda prendiam o processo civil pátrio às carcomidas estruturas do direito comum, cujo peso se fazia sentir, em sua multissecular velhice, na compleição de quase todos os códigos estaduais da Primeira República, muitos deles meras reproduções – ao menos na substância, senão na forma – do vetusto Regulamento nº 737, de 1850. Conforme ninguém ignora, data de 1939 o primeiro Código de Processo Civil nacional, instrumento – com os inúmeros defeitos de que padecia – de uma tentativa de modernização, extremamente significativa como projeto, embora de êxito apenas parcial na prática. Precedera-o, aliás, na consagração de princípios então em grande voga, como o da oralidade e o da concentração, o Decreto-Lei nº 960, que regulara em 1938 o processo da execução fiscal.

Nessa mesma faixa cronológica situa-se importante movimento de renovação doutrinária, que, após ter em boa medida preparado o caminho para a nova legislação, viria a medrar à sua luz, desabrochando em comentários, obras sistemáticas de exposição e monografias sobre temas variados. Para tal florescimento contribuiriam, mais cedo ou mais

---

1 Texto revisto e ampliado da palestra proferida em Florianópolis, em 15-9-1994, na I Jornada de Direito Processual Civil da Universidade Federal de Santa Catarina, e em Itatiaia, em 24-9-1994, no Encontro dos Procuradores do Estado do Rio de Janeiro. Publicado na *Ajuris,* nº 62, na *Revista da Academia Brasileira de Letras Jurídicas,* nº 6, na *Revista de Direito da Procuradoria-Geral,* nº 47, e na *Revista de Processo,* nº 78.

tarde, a maior divulgação da literatura processual de língua alemã, de sensível influência, por exemplo, na produção de PONTES DE MIRANDA e de LOPES DA COSTA, e a presença, entre nós, de uma das principais figuras da processualística italiana, ENRICO TULLIO LIEBMAN, mestre de tantos e tão notáveis estudiosos brasileiros.

2. O advento do Código de Processo Civil de 1939 tinha sem dúvida uma dimensão política, a nosso ver não revelada em termos exatos pela pura e simples evocação do regime fascistoide sob o qual vivíamos. É certo que, entre as notas básicas do sistema do Código, ganhava realce o aumento dos poderes do juiz na direção do feito. Mas esse traço está longe de exibir, historicamente, relação necessária ou mesmo constante com o autoritarismo político. Na *Exposição de Motivos,* devida ao notório artífice intelectual da Carta de 1937, o Ministro FRANCISCO CAMPOS, negava-se que a "autoridade conferida ao juiz" estivesse "intimamente ligada ao caráter mais ou menos autoritário dos regimes políticos"; e abonava-se a adoção da diretriz com remissões ao direito inglês e ao norte-americano. A referência não deixa de ter sabor de curiosidade, tanto mais quando cotejada com outra afirmação, oriunda da mesma pena: a de que o Código refletia, no seu campo próprio, a "tendência vital" daquilo a que se chamou o "Estado Novo"[2]. Tal qual o coração, a retórica tem razões que a razão desconhece...

Seja como for, não sofre dúvida que, ao *longo* da vigência do estatuto de 1939, as preocupações da doutrina se concentraram de modo predominante, senão exclusivo, em temas de índole essencialmente técnica. Foi esse, pode-se dizer, o período por excelência da construção dogmática do direito processual no Brasil. A ciência do processo nele atingiria, entre nós, nível de apuro a que, até então, só em rasgos momentâneos e excepcionais parecera capaz de aspirar.

Aqui e ali, leis extravagantes de significação mais ampla poderiam ter fornecido matéria para reflexão que se expandisse noutros desdobramentos. Fiquemos num único exemplo: a Lei nº 4.717, de 29-6-1965, que disciplinou o processo da ação popular, dotou o nosso ordenamento de meio apto a servir, em larga medida, à proteção judicial de interesses coletivos e difusos, bem antes que a atenção dada em qualquer país a semelhante problemática viesse a alcançar o relevo dos últimos tem-

2 *A reforma do processo civil, in Processo oral,* Rio de Janeiro, 1940, p. 188.

pos. Mas seria preciso esperar mais de dez anos para que a doutrina se advertisse das possibilidades, que o texto proporcionava, de exploração nessa perspectiva[3].

Repita-se agora o que já se disse noutras ocasiões: não há censurar a geração dos estudiosos que durante anos lavraram, com instrumentos de uma técnica incessantemente aperfeiçoada, o terreno do processo. Era necessário, e foi útil, que o fizessem. Ninguém deve subestimar o proveito que se tirou, e ainda hoje se tira, do produto desse labor. Não é coisa desprezível podermos trabalhar sobre estruturas sólidas, empregar linguagem precisa, lidar com conceitos bem definidos, saber como se articulam as peças do mecanismo. Muitas e boas razões temos todos para ser gratos aos nossos antecessores pelo legado que deles recebemos.

3. O Código de Processo Civil de 1973 não marcaria, por si só, ponto de inflexão decisivo no itinerário que estamos recapitulando em síntese apertada. Inscreveu-se ainda no plano técnico, essencialmente, o inegável progresso que ele representou, em relação ao ordenamento anterior. Chegaria uma hora, contudo, em que se tomou oportuno ir adiante. Haviam começado a provocar certo cansaço os excessos de um conceptualismo que ameaçava esterilizar-se em jogos verbais. Pouco a pouco, foi-se tomando consciência mais clara da ligação entre os problemas processuais e as mil condicionantes políticas, sociais, econômicas, do contexto histórico em que a atividade judicial é convocada a exercer-se. Pôde avaliar-se com maior exatidão a medida em que o destino do processo é função de realidades a ele exteriores, e percebeu-se, também com maior agudeza, a necessidade de levar em conta os laços que o prendem a tais realidades para iluminar-lhe os recessos, penetrar-lhe os segredos e, com renovada compreensão do funcionamento da máquina, tentar melhorar-lhe a produtividade.

Entre as primeiras manifestações do fenômeno situa-se o aumento, notável a partir de certa época, do interesse pelos vínculos entre processo e Constituição. Não se trata de noção propriamente nova. Sabe-se de

3 A partir, salvo engano, de nosso ensaio de 1977 *A ação popular do direito brasileiro como instrumento de tutela jurisdicional dos chamados "interesses difusos"*, destinado aos *Studi in onore di Enrico Tullio Liebman*, Milão, 1979, v. IV, p. 2.673, e publicado também nos *Temas de Direito Processual (Primeira Série)*, 2ª ed., S. Paulo, 1988, p. 110. Pelos exemplos aí arrolados, vê-se que a prática judiciária já vinha oferecendo à consideração dos estudiosos material bem sugestivo.

longa data que o papel do direito processual consiste, em grande parte, na concretização de promessas constitucionais[4]. O que há de novo é a ênfase que, de algum tempo para cá, vem assumindo esse mister no pensamento jurídico brasileiro. Ela reluz na forte sensibilidade exibida por tantos processualistas aos valores constitucionais e na atenção que dedicam aos instrumentos especificamente destinados a proteger tais valores.

No particular, convém que se registre, a evolução intimamente se relaciona com o advento da Carta de 1988, a um só tempo efeito e causa desse movimento de ideias. Como é notório, a vigente Constituição supera de longe qualquer de suas predecessoras na dimensão conferida aos assuntos processuais: basta ver o relevo, quantitativo e qualitativo, das disposições que a eles dizem respeito no rol dos incisos do art. 5º. De um lado, esse tratamento mais carinhoso refletiu preocupações anteriores à instalação da Assembleia Constituinte: recorde-se, por exemplo, que a ação civil pública fora regulada por lei de 1985, e o que fez a Constituição foi encampá-la, dar-lhe assento mais firme, imunizá-la aos humores às vezes caprichosos do legislador ordinário. Aliás, bem se sabe que a elaboração mesma da Carta se beneficiou, direta ou indiretamente, da colaboração da comunidade processual, sem dúvida responsável por muito do que ali se plantou nesse campo. De outro lado, a riqueza do texto – que não exclui, em absoluto, a existência de defeitos de forma, e mesmo de substância –, vem contribuindo, por sua vez, para novo acréscimo de interesse pelo estudo da multiforme problemática constitucional do processo.

4. Passando a outros aspectos do tema da palestra, e para dar às nossas observações base tão objetiva quanto possível, convém, antes de mais nada, dirigir o olhar às principais mudanças legislativas dos anos mais recentes. Não nos deteremos no exame daquelas que decorreram simplesmente da necessidade de dar consequência, no plano da legislação ordinária, a inovações estruturais da Constituição de 1988, como é o caso, *v.g.*, da Lei nº 8.038, de 28-5-1990, atinente a processos da compe-

4 Faz mais de meio século escrevia COUTURE, *Las garantías constitucionales del proceso civil*, in Estudios de Derecho Procesal Civil, 2ª ed., Buenos Aires, 1978, t. I, que "*el Código de Procedimiento Civil y sus leyes complementarias son el texto que reglamenta la garantía de justicia contenida en la Constitución*" (p. 19), e que "*cada uno de los institutos del proceso civil, aún aquellos aparentemente más pequenos, significa el desenvolvimiento de un precepto constitucional*" (p. 94).

tência originária do Supremo Tribunal Federal e do Superior Tribunal de Justiça e a recursos interponíveis para essas altas Cortes.

Dentre as leis que alteraram o texto do próprio Código de Processo Civil, ressaltam a de nº 8.455, de 24-8-1992, que instituiu nova disciplina para a prova pericial; a de nº 8.710, de 24-9-1993, que fez da citação por via postal a forma comum de chamamento do réu a juízo, em vez da citação por oficial de justiça; e a de nº 8.898, de 29-6-1994, que aboliu, como procedimento diferenciado, a chamada liquidação por cálculo do contador. Vários outros diplomas, todavia, interessam aqui: não só alguns que tratam especificamente de assuntos do processo, qual a Lei nº 7.244, de 7-11-1984, reguladora do procedimento perante o Juizado Especial de Pequenas Causas, a Lei nº 7.347, de 24-7-1985, que disciplinou a ação civil pública, e três diplomas concernentes ao processo cautelar (Lei nº 8.076, de 23-8-1990; Lei nº 8.397, de 6-1-1992; Lei nº 8.437, de 30-6-1992), mas também diversos que, embora de âmbito mais dilatado, contêm disposições relevantes do ponto de vista processual: assim, por exemplo, o Estatuto da Criança e do Adolescente (Lei nº 8.069, de 13-7-1990) e o Código de Defesa do Consumidor (Lei nº 8.078, de 11-9-1990). Merece ainda alusão neste passo – *last but not least* – a Emenda Constitucional nº 3, de 1993, que criou a ação direta de declaração de constitucionalidade de lei ou ato normativo federal ou estadual.

Deixando de lado, por ora, o processo cautelar, que reclama consideração à parte, vejamos se é possível discernir, nesses textos, linhas constantes de orientação, que nos permitam identificar tendências nítidas. As modificações do Código têm um traço comum evidentíssimo: inspiram-se todas no propósito de tornar mais ágil a marcha do feito, eliminando formalidades supérfluas e simplificando a prática de atos processuais. A mesma inspiração básica manifestara-se na modelagem do procedimento peculiar ao Juizado Especial de Pequenas Causas, assim como pulsa no preceito constitucional do art. 98, nº I, que impõe à União e aos Estados o dever de criar juízos especiais, "competentes para a conciliação, o julgamento e a execução de causas cíveis de menor complexidade e infrações penais de menor potencial ofensivo, mediante os procedimentos oral e sumaríssimo", com a eventualidade de que os recursos sejam julgados "por turmas de juízes de primeiro grau", a exemplo do que já se prevê na Lei nº 7.244 (art. 41, § 1º). Ajunte-se que tramita no Congresso Nacional mais de um projeto de lei de idêntica inspiração: entre outros, o tendente a reduzir a complexidade, reconhecidamente excessiva, do rito do agravo de instrumento. Desde logo, pois, cabe enunciar esta primeira (e singela) conclusão parcial: a despeito da grande distância que ainda resta percorrer, *o processo civil brasileiro caminha no sentido da simplificação.* O avanço, ocioso frisar, não tem sido retilíneo; mas – conforme ensina a História, nesta e noutras áreas – toda caminhada humana sujeita-se a ziguezagues e vaivéns; desde que não se perca a bússola, preservada fica sempre a possibilidade de retomar o rumo.

5. Outra nota que ressalta à leitura dos supramencionados textos legais é a multiplicação dos casos em que se põe de lado a regra clássica da legitimação para a causa, inspiradora do art. 6º do Código de 1973, segundo a qual só as próprias pessoas supostamente titulares da relação jurídica litigiosa teriam qualidade para discuti-la em juízo. Passa-se a adotar com maior largueza uma técnica de emprego restrito, noutros tempos, a hipóteses excepcionais: a do tratamento coletivo não só de litígios concernentes a interesses supraindividuais (como aqueles em função dos quais se concebeu a Lei nº 7.347, reguladora da ação civil pública), senão até a interesses individuais e pertinentes a sujeitos distintos, mas caracterizados pelo impacto "de massa" que a respectiva lesão é capaz de provocar[5].

O florescimento do processo coletivo, em seu impulso inicial, remonta decerto a época anterior à atual Constituição; mas é indubitável que recebeu da Carta de 1988 estímulo particularmente intenso. Basta lembrar a criação da modalidade coletiva do mandado de segurança (art. 5º, nº LXX) e, em termos mais genéricos, a outorga de legitimação às entidades associativas, quando expressamente autorizadas, para postular em juízo direitos de seus filiados (art. 5º, nº XXI). A legislação subsequente mantém-se na mesma rota, conforme atesta, entre outras, a disposição do art. 91 do Código de Defesa do Consumidor, que habilita várias entidades e órgãos a propor, "em nome próprio e no interesse das vítimas ou seus sucessores, ação civil coletiva de responsabilidade pelos danos individualmente sofridos".

5 Em mais de um lugar (*v.g., Formazioni sociali e interessi di gruppo davanti alia giustizia civile, in Riv. Dir. Proc.*, v. XXX, 1975, p. 365), usa CAPPELLETTI a expressão "*violazioni di massa*", com a qual sem dúvida se podem designar não só as violações de interesses essencialmente transindividuais, mas também as de interesses individuais dos membros de grandes coletividades, lesados todos pelo mesmo ato ou por uma série de atos da mesma natureza.

Entre os destinatários de tais normas, assim investidos de legitimidade segundo critérios que desbordam da tradição, figuram geralmente o Ministério Público, as pessoas jurídicas de direito público interno, outras entidades administrativas e as associações civis institucionalmente votadas à defesa dos interesses em jogo. Nossas leis fizeram aberta opção por soluções mistas, buscando superar os inconvenientes que se costumam apontar na atribuição exclusiva da qualidade para agir a um único órgão ou a um único tipo de órgãos. Na prática judicial, entretanto, vem predominando por larga margem a iniciativa de órgãos públicos, notadamente do Ministério Público, sobre a de entidades associativas privadas. Voltaremos ao ponto noutro momento; por ora, importa assinalar, como segunda conclusão parcial, que no moderno processo civil pátrio *vem adquirindo grande realce a utilização da técnica do processo coletivo, qual instrumento de proteção de interesses transindividuais e, em certa medida, até de interesses individuais.*

6. A análise de numerosos diplomas legais dos últimos anos não pode deixar de pôr em relevo, ademais, a tendência à ampliação dos poderes de direção processual tradicionalmente conferidos ao juiz. É fácil enumerar algumas das mais visíveis manifestações do fenômeno:

a) a legitimação das associações civis para propor ação civil pública ou ação coletiva em matéria de consumo requer de ordinário que elas estejam constituídas há pelo menos um ano (Lei nº 7.347, art. 5º, nº II, e Lei nº 8.078, art. 82, nº IV). No entanto, é lícito ao órgão judicial dispensar o requisito, "quando haja manifesto interesse social evidenciado pela dimensão ou característica do dano, ou pela relevância do bem jurídico a ser protegido" (Lei nº 7.347, art. 5º, § 4º, e Lei nº 8.078, art. 82, § 1º). A afirmação ou negação da legitimidade fica, pois, na dependência da valoração judicial de circunstâncias expressas mediante conceitos jurídicos indeterminados, em cuja concretização, como é óbvio, entra boa dose de subjetividade;

b) à luz do art. 130 do Código de Processo Civil, já cabia e cabe ao juiz "de ofício ou a requerimento das partes, determinar as provas necessárias à instrução do processo". Essa regra é obviamente aplicável, em linha de princípio, a quaisquer feitos, regulados ou não no próprio Código, que funciona como fonte subsidiária comum à disciplina de todos eles. A Lei nº 7.244, porém, entendeu oportuno imprimir ênfase particular à atribuição de poderes instrutórios ao Juizado de Pequenas

Causas, ao qual, com linguagem mais forte, confere "ampla liberdade para determinar as provas a serem produzidas" (art. 4º);

c) ainda em matéria probatória, merece atenção o disposto no art. 6º, nº VIII, do Código de Defesa do Consumidor, que autoriza o juiz a inverter a distribuição do ônus da prova, a favor do consumidor, "quando (...) for verossímil a alegação ou quando for ele hipossuficiente, segundo as regras ordinárias de experiência". Pondo de lado as imperfeições de redação, que saltam aos olhos, não há como negar a importância substancial da inovação;

d) a tradição brasileira é a de que incumbe exclusivamente à lei a determinação dos efeitos próprios de cada recurso, negada ao juiz qualquer parcela de discrição no particular. Pois bem: rompe-se agora com esse princípio tradicional, para permitir, em várias hipóteses (Lei nº 7.244, art. 43; Lei nº 7.347, art. 14; Lei nº 8.069, arts. 198, nº VI, e 215), que o órgão judicial atribua efeito suspensivo a recursos legalmente desprovidos dele, sempre que o cumprimento imediato da decisão lhe pareça capaz de gerar dano irreparável. O Estatuto da Criança e do Adolescente afasta-se ainda por outro aspecto, em matéria recursal, da disciplina clássica consagrada no Código, para abrir ao juiz a possibilidade de reformar a sentença, impugnada mediante apelação (art. 198, nº VII);

e) nos termos do art. 55 da Lei nº 7.244, "o acordo extrajudicial, de qualquer natureza ou valor, poderá ser homologado no juízo competente, independentemente de termo, valendo a sentença como título executivo judicial". Dá-se aí aos juízes uma competência que não tinham, e cujo âmbito, apesar da *sedes materiae,* de modo algum se limita ao círculo das "pequenas causas[6];

f) encerraremos a exemplificação, que certamente poderia prolongar-se, com a autorização, contida em mais de um diploma recente (Lei nº 7.347, art. 11; Lei nº 8.069, art. 213, § 2º; Lei nº 8.078, art. 84, § 1º), para que o órgão judicial imponha multa ao réu, sem necessidade de pedido do autor. Sempre ocupou lugar de destaque, na sistemática do nosso ordenamento processual, o princípio *ne eat iudex ultra vel extra petita partium,* ao qual pouquíssimas exceções se admitiam. Nesse contexto, é significativo o aparecimento de mais uma, cujo alcance ninguém subestimará.

6 V. CÂNDIDO DINAMARCO, *Manual das pequenas causas,* S. Paulo, 1986, p. 124; TAMG, 6-2-1991, Apel. nº 106.685, *in Rev. dos Tribs.,* v. 672, p. 187; II TACiv.SP, 8-6-1992, Apel. nº 314.798, *ibid.,* v. 687, p. 112.

Do exposto até aqui extrai-se com facilidade uma terceira conclusão parcial: o *direito processual civil brasileiro move-se no sentido da atribuição de maior soma de poderes ao juiz,* quer no plano da "direção formal", quer (embora com menor intensidade) no da "direção material" do processo[7].

Objetará alguém que, no campo do processo cautelar, se nota evolução, em certa medida, inversa. Com efeito, as Leis ns. 8.076 e 8.437, entre outras providências, vieram restringir as possibilidades do órgão judicial não só no tocante à concessão de liminares, mas também quanto ao exercício do chamado poder geral de cautela. Feita abstração de problemas graves que semelhantes normas suscitam, o fato ao nosso ver não invalida o que se acaba de dizer: tem dimensão limitada e reflete preocupações de ordem específica, relacionadas sobretudo com a preservação da atividade administrativa, cuja continuidade e eficiência se considerou ficarem indevidamente postas em xeque pelo abuso das "cautelares inominadas", máxime quando concedidas *in limine litis.* Propósito ao menos em parte análogo terá inspirado a criação, por meio da Emenda Constitucional nº 3, da ação direta de declaração de constitucionalidade, fonte de notórias polêmicas que não é possível focalizar aqui.

7. Cumpre agora confrontar e conjugar as conclusões parciais acima enunciadas, para verificar se autorizam uma inferência de ordem mais geral sobre os rumos do processo civil brasileiro no plano legislativo. Aludiu-se à simplificação procedimental, ao alargamento da legitimação para agir, ao incremento dos poderes do juiz. Existirá entre esses aspectos evolutivos um denominador comum? No caso afirmativo, em que consiste, e que significação se lhe há de atribuir?

A simplificação do procedimento tem o claro sentido de agilizar a marcha dos pleitos, descongestionar o aparelho judiciário e facilitar a composição dos litígios. Se é verdade que a excessiva demora dos processos, ao menos em regra, prejudica sobretudo o litigante pobre, simplificar pode constituir um dos caminhos para ensejar aos menos providos de meios o exercício eficaz do direito de ação, e portanto para

7 Empregam-se na doutrina de língua alemã as expressões *"formelle Prozessleitung"* e *"materielle Prozessleitung"* para designar, respectivamente, a atividade do juiz na direção do curso exterior do feito e no tratamento da matéria em que se baseará o julgamento: assim, *v.g.,* FASCHING, *Lehrbuch des österreichischen Zivilprozessrechts,* 2ª ed., Viena, 1990, p. 412/3, o qual não deixa de assinalar a relatividade da distinção.

proporcionar-lhes mais desimpedido acesso à Justiça. Reconhecê-lo é, *ipso facto,* tomar certa a relevância social do fenômeno.

Bastante significativa, desse mesmo ponto de vista, mostra-se a evolução legislativa em matéria de legitimidade para agir. É evidente que a pluralização dos legitimados aumenta a probabilidade de proteção judicial mais intensa para os interesses em jogo. Notadamente quando tenham estes dimensão transindividual, ninguém porá em dúvida o benefício que daí pode resultar para a sociedade como um todo. Decerto, a mera existência legal de instrumentos processuais não garante, só por si, que eles sejam efetivamente utilizados, e menos ainda que a utilização resulte satisfatória por todos os ângulos. Há sem dúvida luzes e sombras na crônica do processo coletivo entre nós.

Focalizemos um aspecto, já de passagem referido, em que os resultados práticos não parecem corresponder à expectativa do legislador: a escassa disposição das associações civis para exercitar a legitimação de que gozam nos termos da Lei nº 7.347, ou do Código de Defesa do Consumidor – para ficarmos em dois exemplos expressivos –, deixa praticamente quase toda a iniciativa a entes e órgãos públicos[8]. Ora, à filosofia da tutela jurisdicional de interesses coletivos e difusos é inerente a confiança na participação dos denominados "grupos intermediários", como as entidades associativas privadas. Em nosso país, esse elemento, por enquanto, é pormenor que a rigor se dilui e quase desaparece no panorama geral. Não são poucos os casos em que, habilitadas a agir por si mesmas, as associações preferem todavia provocar a atuação do Ministério Público. Ainda não se pesquisaram com a devida atenção as possíveis causas do fenômeno. Tudo que se pode dizer com segurança é que ele impõe uma distorção de certa gravidade ao funcionamento do mecanismo criado pela lei.

A observação do que vai ocorrendo capta sem dificuldade a crescente importância do papel desempenhado neste terreno pelo Ministério Público. Pelo menos em alguns setores, a instituição parece sinceramente empenhada em desmentir o ceticismo de prestigiosa corrente doutrinária[9] acerca de suas potencialidades para atuar com vigor e eficácia

8 Alguns dados em BARBOSA MOREIRA, *La iniciativa en la defensa judicial de los intereses difusos y colectivos (Un aspecto de la experiencia brasileña), in Temas de Direito Processual (Quinta Série),* S. Paulo, 1994, p. 163.

9 V., por exemplo, na Itália: CAPPELLETTI, *The Role of lhe Ministère Public, the Prokuratura, and the Attorney General in Civil Litigation, in Public Interest Parties and*

na defesa de interesses supraindividuais. É notório o entusiasmo que bom número de seus membros põe no exercício das funções ligadas ao assunto, não raro com resultados compensadores. De determinado ponto de vista, manifestou-se em diversos lugares uma como revitalização do Ministério Público, arrancado à relativa quietude em que usualmente o mantinham, no tocante ao processo civil, as atribuições tradicionais.

Em tudo isso há muito de positivo, mas há também sinais de perigo que seria imprudente desprezar. Do crescimento à inchação, sob certas circunstâncias, facilmente se desliza. Não interessa a ninguém, nem à própria instituição, que a preeminência alcançada pelo Ministério Público passe do primeiro ao segundo estágio. O teor literal de normas como a do art. 29 da recente Lei nº 8.884, de 12-6-1994, dá a impressão, a uma leitura desprevenida, de habilitar o Ministério Público à propositura de ações destinadas a vindicar direitos puramente individuais e disponíveis – no exemplo citado, os de eventuais prejudicados por qualquer "infração da ordem econômica". Não se podem interpretar e aplicar semelhantes dispositivos sem ter em vista os limites traçados à competência do órgão pelos arts. 127 e 129 da Constituição Federal e, na sua esteira, pela Lei Orgânica Nacional do Ministério Público (Lei nº 8.625, de 12-2-1993).

Quanto à ampliação dos poderes do juiz, o exame das principais disposições deixa patentes os dois pensamentos fundamentais que as inspiraram. Um deles tem que ver com o intuito de simplificar o procedimento; o outro, com o desejo de assegurar tutela jurisdicional mais enérgica aos interesses de que se cogita. Mesmo que se possa vislumbrar aqui o risco de desvios autoritários, o teor das normas, em si e por si, não constitui sinal típico de autoritarismo. Com relação ao Código de 1939, a índole do regime em vigor no Brasil talvez ainda tendesse a sugerirem nossa opinião, sem base sólida – certas associações de ideias; a legislação ora em foco, porém, foi editada, na maior parte, em atmosfera politicamente democrática.

Dos poderes acrescidos, aliás de quaisquer poderes, naturalmente se concebe que os juízes façam uso bom ou mau – ou até (conforme su-

---

the Active Role of the Judge in Civil Litigation, Milão-Nova Iorque, 1975, p. 32 e s.; *Formazioni sociali e interessi di gruppo* cit. (nota 4), p. 374 e s.; *L'accesso alla giustizia e la responsabilità dei giurista nella nostra epoca, in Studi in onore di Vittorio Denti,* Pádua, 1994, v. I, p. 280; VIGORITI, *Interessi collettivi e processo. La legittimazione ad agire,* Milão, 1979, p. 235 e s.

cede com tanta frequência em matéria de iniciativas probatórias[10]) que não façam uso algum... Essa é contingência inerente à condição humana. e seria tão frívolo pretender negá-la quanto usá-la como pretexto para impugnar a outorga, ou proferir a seu respeito condenação sumária, em nome de eventuais destemperos. Não quer isso dizer, em absoluto, que devamos sujeitar-nos, inermes, aos caprichos de magistrados insensatos. Todo aumento de poder acarreta, necessariamente, um correlato aumento de responsabilidade. Temos de caminhar no sentido da efetiva responsabilização dos juízes pelo exercício incorreto (por falta ou por excesso) dos poderes que a lei processual lhes atribui. É difícil, por exemplo, continuarmos a aceitar com tranquilidade que, anulado um processo em razão de grave *error in procedendo,* não se obrigue o juiz que o cometeu a ressarcir os danos porventura causados pelo indevido prolongamento do feito, em razão de sua inépcia.

Com essa ressalva, o incremento dos poderes judiciais, ao menos em linha de princípio, pode contribuir de maneira significativa para a consecução dos mesmos fins: simplificar e agilizar a marcha dos feitos e facilitar a prestação jurisdicional em prol de mais eficiente preservação de interesses socialmente relevantes. Diríamos até que ele atua, em certa medida, como manifestação capaz de assumir sentido igualitário. Veja-se o caso da inversão do ônus da prova, em proveito do consumidor: trata-se de providência ordenada, sem sombra de dúvida, a equilibrar substancialmente as posições das partes, em circunstâncias nas quais a observância estrita das regras clássicas de distribuição do encargo probatório poderia tornar injustamente difícil talvez impraticável, a postulação eficaz do litigante menos familiarizado com os aspectos técnicos da fabricação e da distribuição do produto.

10 E não apenas no Brasil: *vide* observações análogas; quanto a Portugal, em ARTUR ANSELMO DE CASTRO, *Direito Processual Civil declaratório,* v. III, Coimbra, 1982, p. 163; com referência à Áustria, FASCHING, ob. cit., p. 350; cf., no que concerne à Itália, os resultados de pesquisa dirigida por DENTI, no volume *Le prove nel processo civile,* Milão, 1973, p. 13 e s. Diversa parece ser a situação no Uruguai, a partir da reforma processual de 1988: *vide* VESCOVI, *Los poderes probatorios del juez en los nuevos sistemas procesales. Una reciente experiencia en Iberoamérica: el Código General del Proceso uruguayo, in Studi in onore di Vittorio Denti* cit. (nota 8), v. II, p. 549 e s., espec. 567/8.

8. É oportuno ver de que modo se vem relacionando com semelhante evolução do ordenamento a atividade da doutrina pátria. O exame da literatura dos últimos anos coloca em evidência acentuado paralelismo entre uma e outra. Aliás, boa parte das modificações legislativas de que estamos tratando buscou inspiração em teses doutrinárias, quando não se beneficiou diretamente da colaboração de processualistas.

Nenhum observador isento deixará de reconhecer a fina sensibilidade da moderna ciência processual brasileira aos valores sociais. A temática da proteção jurisdicional dos interesses supraindividuais, *v.g.*, produziu entre nós acervo quiçá tão abundante[11] - se bem que de qualidade compreensivelmente muito variada - quanto em países de mais ricas tradições culturais e jurídicas. Nessa e noutras áreas, mostra-se a doutrina, em geral, consciente da necessidade de utilizar os instrumentos do nosso ofício para melhor ajustar às realidades e carências da hora a maneira por que funciona a máquina judiciária. Cumpre registrar a influência que exerceu em tal evolução a obra de MAURO CAPPELLETTI, sem dúvida o processualista estrangeiro mais lido entre nós na atualidade; não é preciso, naturalmente, concordar com todas as expressões de seu pensamento para fazer-lhe, neste passo, a indispensável justiça.

Por outro lado, importa assinalar que a mudança de enfoque observável por quem quer que compare a produção de hoje à de meio século atrás, não implica abandono das preocupações de ordem técnica, De resto, seria desastroso que o implicasse. Sem pretender insistir aqui no ponto, seja-nos permitido acrescentar umas poucas palavras ao que temos dito em tantas outras oportunidades[12]. Há problemas ao menos predominantemente técnicos que conservam, e com toda a probabilidade conservarão no futuro, permanente importância não só teórica,

---

11 Além de inúmeros trabalhos de menor vulto, que seria impossível enumerar aqui, v., por exemplo, RODOLFO DE CAMARGO MANCUSO, *Interesses difusos - Conceito e legitimação para agir*, S. Paulo, 1988, *passim;* o volume coletivo A *tutela dos interesses difusos* (coord. por ADA PELLEGRINI GRINOVER), S. Paulo, 1984; LUIZ GUILHERME MARINONI, *Novas linhas do processo civil,* S. Paulo, 1993, p. 54 e s. Costumam também versar o assunto as obras de comentário à Lei nº 7.437 e ao Código de Defesa do Consumidor.

12 *V.g.*, na oração de encerramento, em 31-8-1991, do IX Congresso Internacional de Direito Processual (Lisboa), publicada, sob o título *O processo civil, hoje: um congresso da Associação Internacional de Direito Processual, in Reflexões sobre direito e sobre processo,* Rio de Janeiro, 1992, p. 16/7, e agora em *Temas de Dir. Proc. (Quinta Série)* cit. (nota 7), p. 237/8.

mas também e sobretudo prática – tanto quanto se pode, sem temeridade – falar de permanência num mundo de estabilidade tão precária. No Brasil, forçoso é admiti-lo, as noções técnicas, mesmo as mais elementares, nem sempre parecem haver-se enraizado com a firmeza necessária no patrimônio cultural de todos os operadores do direito, seja qual for a categoria a que pertençam. Ora, com má técnica não se conduz a bom termo processo algum. É indispensável, portanto, que os processualistas se ocupem da técnica. Se não o fizerem, ninguém mais o fará: decididamente não havemos de esperar (nem, aliás, de desejar...) que se disponham a suprir nossa omissão economistas, sociólogos ou especialistas em ciência política.

O que na verdade mudou foi o prisma por que se passaram a encarar os próprios problemas técnicos[13]. Um tema "clássico" como o dos limites subjetivos da coisa julgada, por exemplo, não pode hoje em dia ser estudado sem a ponderação atenta e cuidadosa dos valores sociais e políticos em que toca. Não que nos aventuremos, sem mais aquela, a examiná-lo com a lente do sociólogo, ou do cientista político: estamos bastante compenetrados da especificidade de nossa ciência, e dos perigos do amadorismo, para sabermos que, sem a preparação adequada, não se incursiona impunemente em seara alheia. Nenhuma vontade sentimos de imitar o sapateiro de Apeles...[14]. Queremos, isso sim, tirar proveito da luz que outros estudiosos lancem sobre o objeto pesquisado, e incorporar à nossa reflexão, sempre que nos pareçam úteis, os dados porventura colhidos além dos muros de nosso território.

9. A resenha até agora feita não tem, nem poderia razoavelmente ter, a menor pretensão de exaustividade. Para torná-la menos incompleta

---

13 No dizer de ADA PELLEGRINI GRINOVER, *Modernità del diritto processuale brasiliano, in Scritti* in *onore di Elio Fazzalari,* Milão, 1993, v. II, p. 517, a presente fase da nossa ciência processual caracteriza-se pelo fato de que *"il processualista torna a dirigere le sue preoccupazioni alla tecnica processuale, utilizzandola per rivisitare gli istituti processuali alio scopo di adattarli alla nuova realtà nello sforzo di costruire un sistema idoneo a raggiungere gli obiettivi non solo giuridici, ma anche sociali e politici de lia giurisdizione".*

14 Convém ter sempre em mente a advertência de ROTH contra o S*ozialwissenschaftlicher Dilettantismus", in Beitrag der* Rechtssoziologie zur *Reform* des Prozessrechts (relatório geral para o VII Congresso Internacional de Direito Processual), no volume *Effektiver Rechtsschutz und verfassungsmässige Ordnung,* ed. por Habscheid, Würzburg, 1983, p. 237.

seria preciso aludir a vários outros tópicos, entre eles, por exemplo, o da tendência à internacionalização da ciência processual, que vimos procurando acompanhar pelos modos possíveis, não obstante a lentidão com que de hábito se movem os nossos poderes públicos no que concerne a tratados sobre cooperação internacional das Justiças e à respectiva ratificação. É uma problemática cujo interesse facilmente se mede pelo relevo que assumem, na pauta política, as ideias de integração. Versá-la de modo menos superficial, no entanto, exigiria tempo superior ao de que ainda podemos dispor sem ultrapassar as raias da conveniência.

Vamos cingir-nos, para concluir, a ligeiras observações sobre assunto igualmente em voga nos círculos doutrinários, conquanto de menos intensa repercussão, por enquanto, no plano prático. Ninguém ignora o vulto das dificuldades com que se defronta o aparelho judiciário para dar conta da tarefa judicante. Expediente capaz, em princípio, de aliviá-lo, e assim de permitir-lhe melhor desempenho, consiste, ao ver de muitos, em preferir, para a solução de conflitos de interesses, alternativas a cujo uso se atribuem por sinal, em determinados casos, vantagens específicas. Preconiza-se com frequência o recurso a outras modalidades de composição de litígios: mediação, conciliação, transação, arbitragem são palavras que a cada instante repontam em escritos e em discussões científicas. Vários congressos internacionais vêm incluindo a matéria em seus temários[15].

Em nosso país, a bem dizer – sobretudo em comparação com o que noutros se observa[16] –, têm sido relativamente modestas as conquistas

15 Dois exemplos: o congresso realizado pela Associação Internacional de Direito Processual em Utrecht, 1987 (v. o relatório geral de BLANKENBURG e TANIGUCHI, intitulado *Informal Alternatives to and within Formal Procedures,* no volume *The Eighth World Conference on Procedural Law – Justice and Efficiency – General Reports and Discussions,* ed. por Wedekind, Deventer-Antuérpia-Boston, 1989, p. 335, e o relatório brasileiro, de ADA PELLEGRINI GRINOVER, sob o título *Deformalização do processo e deformalização das controvérsias, in Novas tendências do direito processual,* Rio de Janeiro, 1990, p. 175); e o Simpósio de Tóquio, de 1992 (v. os relatórios elaborados por juristas de nove países no volume *The International Symposium on Civil Justice in the Era of Globalization,* Tóquio, 1993, p. 465 e s.). Ampla informação de direito comparado em CAPPELLETTI, *Os métodos alternativos de solução de conflitos no quadro do movimento universal de acesso à Justiça, in Rev. For.,* v. 326, p. 121 e s., espec. 124/9.

16 *V.g.,* nos Estados Unidos, onde é vivíssimo o interesse pelo assunto, conforme atesta, entre outras, a obra de GOLDBERG-SANDER-ROGERS, *Dispute Resolution – Negotiation, Mediation, and Other Processes,* 2ª ed., Boston-Toronto-Londres, 1992, com abundantes referências bibliográficas.

desse pensamento. Hão de contabilizar-se a seu crédito algumas características importantes do sistema dos Juizados Especiais de Pequenas Causas, onde a ideia básica é a de propiciar, tanto quanto possível, a resolução amigável do litígio: em teoria, quando nada, deveriam reduzir-se a hipóteses residuais as de decisão de tipo "clássico", resultante da aplicação, pelo juiz, das normas pertinentes aos fatos reconstruídos por meio das provas. Tal disciplina, como se sabe, inspirou-se em grande parte no êxito de experiências informais feitas, há alguns anos, no Rio Grande do Sul, e depois estendidas a outros Estados[17]. De início, desenvolveu-se o fenômeno em sede extrajudicial, à semelhança do que ocorre, habitualmente, em terras estrangeiras, em que abundam instituições dedicadas a misteres do gênero. Não é o caso do Brasil, onde a maioria das pessoas, apesar dos pesares, ainda pensam na Justiça estatal, quando se julgam lesadas ou ameaçadas em seus direitos. Por uma série de motivos, que indubitavelmente abrange a insatisfatória disciplina legislativa, a própria arbitragem jamais criou raízes na prática nacional.

Não é razão para que se negue legitimidade aos esforços dos que prestigiam tais expedientes e pugnam por sua mais ampla utilização entre nós. Mesmo a descontar-se o que resultará da diferença de costumes e circunstâncias, o exemplo de outras nações sugere que é possível caminhar muito nesse sentido. A propósito de certos avanços, que alhures se vêm registrando, tem-se falado até numa tendência à "privatização" da Justiça (ou do processo) civil. Se com isso se quer aludir à constante elevação do número de casos em que se submete o litígio a instâncias extrajudiciais[18], mostra-se a expressão, na melhor hipótese, equívoca: a rigor, estamos diante de acontecimentos que se passam – ao menos no ponto decisivo – fora do âmbito processual propriamente dito, e nenhuma vantagem se descobre em usar palavras que, aplicadas à vida forense, assumiriam certamente acepção distinta. Convém evitar confusões

---

17 *Vide* ADA PELLEGRINI GRINOVER, *A conciliação extrajudicial no quadro participativo, in Novas tend. do dir. proc. civ.*, cit. (nota 14), p. 227 e, aí, nota 52 (cf. no mesmo volume, ainda, *Conciliação e Juizados de Pequenas Causas,* p. 213).

18 Assim, *v.g.*, JOHNSON, JR., no relatório norte-americano (sob o *título Preserving Justice in an Era of Global Economic Competition)* acerca do tema *Comparative Analysis of the Reform of Civil Procedure,* para o Simpósio de Tóquio, referido na nota 14, *in The International Symposium on Civil Justice in the Era of Globalization,* cit., p. 216 e s. É parcialmente crítica em relação ao fenômeno, convém registrar, a posição do autor.

e mal-entendidos: o processo civil, ainda quando tenda a uma solução consensual, é público por natureza e público deve permanecer[19].

10. Encerraremos aqui as nossas considerações, que se situaram, como visto, nos planos da legislação e da doutrina. Em ambos, sem prejuízo das reservas expressas em mais de um ponto, parece-nos haver muito que aprovar. Avaliado nessas duas perspectivas, caminha o processo civil brasileiro, a despeito de numerosas ambiguidades e deficiências, em direção a um modelo ao qual não se afigura imprópria, a julgar por alguns traços fundamentais, a qualificação de "social" - se é lícito o emprego de adjetivo tão desgastado por notórios abusos.

A avaliação infelizmente será diversa, caso voltemos o olhar para o quotidiano do foro. Não esquecemos, nem subestimamos, os casos, já numerosos, em que a aplicação dos novos instrumentos processuais produziu resultados valiosos para a sociedade: basta recordar o episódio em que, com uma ação civil pública, a Procuradoria-Geral do Estado do Rio de Janeiro conseguiu evitar a catástrofe ecológica que representaria o derrame de mais de mil toneladas de combustível do navio *Mineral Star* no litoral fluminense. Mas tampouco temos o direito de esquecer, ou de subestimar, a forma precária como atuam, por exemplo - sem embargo da competência e do zelo, para não dizer da abnegação, de tantos funcionários -, os órgãos públicos a que compete prestar assistência em juízo aos desprovidos de meios. Essa, porém, é outra história, que, pela importância e gravidade, não cabe numa simples *coda.* Os rumos, em todo caso, estão traçados; incumbe-nos trabalhar para que a realidade se mova no sentido que eles apontam.

Não temos a ingenuidade de supor que seja fácil modificar o mundo com puros instrumentos jurídicos. Se falta a vontade política da mudança, pouco se pode fazer, operando no plano específico do direito. Nem por isso havemos de quedar-nos inertes, ou de encerrar-nos de uma vez por todas na famosa «torre de marfim», vista por tantos como

19 Nas "observações conclusivas" da sessão do Simpósio de Tóquio dedicada ao tema *Comparative Analysis of the Reform of Civil Procedure,* após acentuar que, *"in reforming civil Justice, we should not forget that Justice is still a public service",* advertiu STORME: *"We must sound a warning of the dangers inherent in a general 'priva tization of Justice'"*; e ironicamente acrescentou: *"I fear the day when, on entering a court, we read above the entrance door: 'Today judgments will be delivered by this Court by courtesy of Coca-Cola'...* " (v. cit. nas notas 14 e 17, p. 277).

o retiro inevitável de juristas, e particularmente de processualistas. Reconhecer que o direito não é onipotente de modo nenhum nos obriga a havê-lo por impotente. No processo evolutivo, sua palavra está longe de ser a única, ou a definitiva. É em todo caso, imprescindível; mais do que isso, insubstituível; e algumas vitórias permitem-nos acreditar que não tem sido, nem será, totalmente inútil.

Setembro de 1994.

COMENTÁRIOS DOS ATUALIZADORES

OS NOVOS RUMOS DO PROCESSO CIVIL BRASILEIRO

Ana Cristina Bacos Fernandes / Marco Antonio Rodrigues

Constitucionalização do processo civil. Reforçando a tendência exposta na obra, busca-se, na atualidade, evidenciar que a legislação infraconstitucional deve ser interpretada à luz da Constituição Federal e não o contrário, ou seja, hoje é firme a concepção da necessidade de filtragem constitucional das normas processuais (RODRIGUES, 2014; CAMBI, 2018). Evidenciando o empenho legislativo nesse sentido, o art. 1º do CPC expõe que *"o processo civil será ordenado, disciplinado e interpretado conforme os valores e princípios fundamentais estabelecidos na República Federativa do Brasil, observando-se as disposições deste Código."*

Ademais, manifestação explícita deste fenômeno é a reprodução e a concretização no Código de Processo Civil de 2015 de direitos fundamentais processuais, como se extrai de seu primeiro capítulo, referente às normas fundamentais do processo civil.

Ampliação dos poderes judiciais de direção processual. Registre-se que, de um lado, o Código de Processo Civil de 2015 almejou ampliar a autonomia da vontade das partes no âmbito do processo civil. Nesse sentido, passou a conferir expressamente a possibilidade de estas celebrarem negócios jurídicos processuais atípicos, respeitados os seus limites estipulados pelo art. 190, notadamente a necessidade de que o processo verse sobre direitos que admitam autocomposição. Com isso, o Código de Processo Civil refutou a corrente doutrinária que, à luz da legislação processual revogada, não admitia a possibilidade de serem celebrados negócios jurídicos processuais (DINAMARCO, 2009). No entanto, exemplo mais tradicional deste instituto, e que já existia no Código revogado, é a cláusula de eleição de foro, negócio jurídico típico (art. 63 do CPC/15) que possibilita às partes modificar o foro competente para eventual litígio.

De outro lado, atestando a tendência vislumbrada pelo autor, o CPC passou a conferir maiores poderes não só às partes, mas também ao juiz. Demanda-se, atualmente, do órgão jurisdicional, uma atuação mais proativa a fim de garantir, em última análise, uma solução mais justa para lide. Nesse contexto, a nova legislação processual, em seu art. 139, ampliou seus poderes, conferindo-lhe, por exemplo, o poder de dilatar prazos processuais para adequa-lós ao caso concreto; e o de distribuir de forma diversa o ônus da prova, atendidos os requisitos legais, nos termos do art. 373, § 1º.

Para além disso, essa atuação mais ativa do órgão jurisdicional também pode ser vislumbrada ao se analisar o poder geral de efetivação a ele conferido, conforme art. 139, inciso IV, que lhe permite determinar todas as medidas indutivas, coercitivas, mandamentais ou sub-rogatórias necessárias para assegurar o cumprimento de ordem judicial. Esse mostra-se, atualmente, como relevante instrumento garantidor da eficácia das decisões judiciais, possibilitando, em última análise, que o autor da ação obtenha de fato o bem da vida almejado e não tão somente uma manifestação judicial favorável.

Criação dos Juizados Especiais. O autor aborda a existência de procedimentos especiais que prevêem a possibilidade de ser realizada conciliação judicial e faz menção à Lei nº 7.244/1984, que instituiu os juizados de pequenas causas. Todavia, com a vigência da Lei nº 9099/1995, o diploma legal mencionado na obra restou revogado, para serem criados os Juizados Especiais Cíveis e Criminais, conforme art. 98, I, da Constituição da República. Frisa-se que, nesse contexto, a conciliação judicial continua sendo expressamente regulada no âmbito do aludido diploma legislativo revogador, notadamente em seus arts. 21 ao 26.

Ademais, salienta-se que a competência dos aludidos Juizados Especiais Cíveis não se restringe às causas de pequeno valor, como ocorria no âmbito dos Juizados de Pequenas Causas, mas aqueles também são competentes para julgar matéria de menor complexidade, como no caso da ação de despejo para uso próprio, conforme art. 3, Inciso III, do aludido diploma legal.

Para além disso, como forma de facilitar o acesso à justiça, os Juizados Especiais Cíveis estão sujeitos a uma série de princípios que distinguem o procedimento neles adotado do procedimento comum. São eles, conforme o art. 2°, da Lei nº 9099/1995, oralidade; simplicidade; informalidade; economia processual e celeridade.

O primeiro diz respeito à possibilidade de que, como forma de efetivar a celeridade do processo, alguns atos processuais sejam realizados verbalmente (veja-se o art. 30, que prevê a contestação verbal). A supramencionada celeridade busca evitar que o processo se prolongue por lapso temporal indevido, e assim são previstas na lei uma série de medidas como forma de efetivá-la, como é o caso da vedação da utilização de intervenção de terceiros, conforme o art. 10 da Lei nº 9099/1995.

A informalidade e a simplicidade, por sua vez, buscam evitar que sejam criados formalismos desnecessários e que tão somente obstam a resolução da lide de maneira mais célere. Finalmente, a economia processual busca conferir mais agilidade ao deslinde da causa. Nesse contexto, a título de exemplo, o art. 38 da lei prevê a dispensa do relatório de sentença.

Redução da complexidade da recorribilidade de decisões interlocutórias. O autor faz menção à tendência que pode ser vislumbrada atualmente na legislação processual de simplificar a recorribilidade de decisões interlocutórias. Com o fulcro de ampliar a efetividade do processo e evitar o excesso de agravos de instrumento, foram realizadas algumas alterações significativas no regime jurídico dessa espécie recursal no Código de Processo Civil de 2015.

Nesse contexto, na fase de conhecimento, o art. 1015 definiu um rol de decisões que são passíveis de agravo de instrumento, sendo que as demais não serão impugnáveis em separado, mas apenas em sede de apelação ou contrarrazões de apelação(RODRIGUES, 2017). Registre-se, porém, que o STJ possui entendimento assentado no sentido de que o rol previsto no artigo exposto alhures é de taxatividade mitigada, logo é cabível a interposição de agravo de instrumento quando verificada a urgência decorrente da inutilidade do julgamento da questão no recurso de apelação(REsp 1704520/MT, Rel. Ministra NANCY ANDRIGHI, CORTE ESPECIAL, julgado em 05/12/2018, DJe 19/12/2018.) .

Tratamento coletivo de interesses individuais. As ações coletivas há algumas décadas já são vistas como mecanismos que procuram facilitar o acesso à justiça. Tal circunstância está de acordo com a segunda onda renovatória, relacionada à presentação dos interesses difusos.

Tais mecanismos processuais buscam tutelar interesses de grupos de pessoas, evitando, com isso, que sejam ajuizadas múltiplas demandas idênticas e casos em que a circunstância de que a parte não esteja bem representada, não a impeça que obtenha o direito almejado. Neste contexto, exsurge a importância da tutela coletiva.

Confirmando a tendência exposta na obra, as ações coletivas passaram a ser objeto não só de litígios concernentes a interesses supraindividuais, mas também àqueles de interesses individuais e pertinentes a sujeitos distintos, os denominados interesses individuais homogêneos que, conforme previsto no art. 81, III, do CDC, são os direitos de origem comum. Nesse contexto, constituem direitos individuais e divisíveis, ao contrário dos direitos difusos e os coletivos em sentido estrito. No entanto, pela dicção da lei, são direitos que têm uma natureza comum e isso é que os confere o caráter coletivo de que menciona a lei.

Ademais, considerando que as ações coletivas não impedem o ajuizamento de ações individuais pelos interessados, assim como não são instâncias próprias para que os supostos titulares exerçam seus direitos fundamentais processuais(analisando criticamente a tutela coletiva em virtude desse ponto: CABRAL, 2007). O CPC/15 trouxe nova técnica para tratar dos litígios repetitivos: trata-se do incidente de resolução de demandas repetitivas, que poderá ser instaurado desde que haja efetiva repetição de processos que contenham controvérsia sobre a mesma questão unicamente de direito e risco de ofensa à isonomia e à segurança jurídica, conforme art. 976, do Código de Processo Civil. Trata-se de medida adotada pelo legislador com o fulcro de evitar que sejam prolatadas decisões judiciais contraditórias sobre temáticas repetitivas, ou seja, que busca resguardar a segurança jurídica.

Legitimidade do Ministério Público para a defesa de interesses individuais. Não obstante não haja expressa previsão constitucional acerca da possibilidade do Ministério Público atuar na tutela de interesses individuais homogêneos, o entendimento jurisprudencial dominante é no sentido de que o MP possui legitimidade ativa para defesa de direitos individuais homogêneos, desde que sejam direitos indisponíveis ou sejam direitos disponíveis de interesse social, o que se extrai, por exemplo, da súmula nº 601 do Superior Tribunal de Justiça.

Percebe-se, portanto, que o órgão ministerial é legitimado nos casos em que o interesse individual homogêneo possuir relevância social. Se este for o caso, ele se equipararia, pelo artigo 127, III da CF, à defesa de interesses sociais, circunstância essa que lhe confere legitimidade ativa para a tutela desses direitos.

Simplificação dos procedimentos e a adoção das técnicas dos procedimentos especiais no procedimento comum. O CPC de 2015, em nome da simplicidade e da eficiência, passou a prever um único procedimento comum – encerrando, pois, a divisão do procedimento comum em ordinário e sumário, tal qual existente sob a égide do CPC de 1973 – e os procedimentos especiais, procedimentos estes que, quantitativamente, foram reduzidos em relação ao Código de 1973.

Importante novidade trazida pelo Código atual é a possibilidade de, não obstante ser adotado o procedimento comum para a hipótese de cumulação de pedidos com procedimentos diversos, serem empregadas técnicas processuais diferenciadas previstas nos procedimentos especiais a que se sujeitam um ou mais pedidos cumulados, que não forem incompatíveis com as disposições sobre o procedimento comum, vide art. 327, § 2º, do CPC (DIDIER JR, 2021).

Trata-se, pois, de previsão relevante e que reduz a necessidade de utilização de procedimentos especiais ou, ainda, a propositura de diversas demandas, de modo a fazer com que cada uma destas adotasse o procedimento comum que lhe corresponde. Basta, assim, fazer uso do procedimento comum, cumulando os pedidos, sendo possível o uso das técnicas processuais diferenciadas referentes àquele direito material.

Referências da nota

CABRAL, Antonio do Passo. *O novo procedimento-modelo (Musterverfahren) alemão: uma alternativa às ações coletivas*. In: *Revista de Processo*, vol. 144, p. 123-146, maio/2007.

CAMBI, Eduardo. *Neoconstitucionalismo e neoprocessualismo: direitos fundamentais, políticas públicas e protagonismo judiciário*. São Paulo: Almedina, 2018.

DIDIER JR., Fredie. *Curso de direito processual civil: introdução ao direito processual civil, parte geral e processo de conhecimento* / Fredie Didier Jr. – 23.

DINAMARCO, Cândido Rangel. *Instituições de direito processual civil: volume I* – 3ª ed., – São Paulo: Malheiros, 2009.

RODRIGUES, Marco Antonio dos Santos. *A modificação do pedido e da causa de pedir no processo civil*. Rio de Janeiro: GZ, 2014.

RODRIGUES, Marco Antonio. *Manual dos recursos, ação rescisória e reclamação*. Rio de Janeiro: GEN, 2017, p. 205.

AS REFORMAS DO CÓDIGO DE PROCESSO CIVIL: CONDIÇÕES DE UMA AVALIAÇÃO OBJETIVA[1]

1. Toda reforma legislativa constitui – e a afirmação tem o sabor do óbvio – uma tentativa de aperfeiçoar o ordenamento positivo. "Aperfeiçoar", contudo, é verbo de significação um tanto vaga. Bastante diversos são os fins a que pode visar o aperfeiçoamento. É concebível que se queira imprimir mudança radical ao sentido em que até ali se orientava a legislação. Mas também se concebe que o propósito consista em algo muito mais simples: por exemplo, expurgar o texto de defeitos terminológicos. Entre esses dois extremos, há um espaço intermediário no qual o legislador tem amplas possibilidades de escolher e fixar sua meta. Semelhantes diversidades naturalmente vão refletir-se nos critérios e nos meios próprios para levar a cabo a indispensável tarefa de avaliar a reforma e os respectivos resultados. Se apenas se cogitava de corrigir impropriedades de expressão, não se afigura difícil, no comum dos casos, um juízo imediato; provavelmente já seria possível emiti-lo antes mesmo de consumadas as modificações. A operação não reclama outros instrumentos que os de ordem exclusivamente intelectual; qualquer pessoa será capaz de realizá-la desde que possua uma tabela de correspondência entre os conceitos e as palavras que os expressam – com a intuitiva ressalva de que as conclusões, por sua vez, comportarão divergências, na medida em que se diferenciem as tabelas usadas pelos vários críticos.

Outra feição assume o problema quando o que essencialmente se pretende é influir no modo como se passam as coisas na vida prática do direito, e de maneira particular na atividade forense. Aí, nenhuma tentativa séria de valoração poderá prescindir dos dados da experiência. Sem eles, ficaremos reduzidos a *impressões,* cuja coincidência com a realidade, na falta de elementos de prova, será sempre lícito pôr em dúvida. É certo que alguns fenômenos, por assim dizer, entram pelos olhos até do

---

1 Publicado na *Ajuris,* nº 67, em *Doutrina,* v. 2, em *Genesis – Revista de Direito Processual Civil,* nº 2, na *Revista da Escola Superior da Magistratura do Distrito Federal,* nº 2, na *Revista da Faculdade de Direito da Universidade do Estado do Rio de Janeiro,* nº 4, na *Revista Forense,* nº 335, e na *Revista de Doutrina e Jurisprudência* do Tribunal de Justiça do Estado do Amapá), nº 7.

observador menos atento; mal andaríamos, no entanto, se adotássemos como regra um critério de aferição puramente "impressionístico", que, as mais das vezes, oferece pouquíssima garantia de exatidão.

2. As reformas efetuadas, ao longo dos últimos anos, no Código de Processo Civil inspiraram-se declaradamente no intuito básico de simplificar o itinerário dos feitos, assegurando-lhes trajetória mais desembaraçada e mais rápida, e com isso tornando mais efetiva a prestação jurisdicional. Não se desconhece que, num ponto ou noutro, o empreendimento haja acabado por ultrapassar as linhas a princípio traçadas: aproveitou-se o ensejo para tentar remediar defeitos de vária índole, que o consenso geral apontava no estatuto de 1973, e para introduzir esta ou aquela inovação de maior vulto, julgada oportuna. Mas permanece incontestável a finalidade *prática* da grande maioria das mudanças. Basta lembrar, a tal respeito, as alterações feitas na disciplina da citação, da prova pericial, do agravo, da liquidação da sentença, do procedimento da ação de usucapião, e assim por diante.

Ora, todas essas modificações precisam evidentemente submeter-se a cuidadosa avaliação crítica. Não é raro que o quotidiano do foro deixe de corresponder, no todo ou em parte, às expectativas do legislador. Revela-se ilusória, muitas e muitas vezes, a certeza de que, mediante tal ou qual providência, se conseguirá melhorar o serviço da Justiça. O que se pode ter *a priori* é mero juízo de probabilidade, sujeito a desmentidos talvez categóricos.

Torna-se então necessário apurar como estão funcionando, *in concreto,* os mecanismos reformados, a fim de julgar se vale a pena perseverar no rumo adotado, se convém retificá-lo em menor ou maior medida, ou se, afinal de contas, o melhor é dar marcha à ré. Em não poucos casos, importa mesmo, antes de mais nada, averiguar se a nova regra está recebendo aplicação uniforme, ou se, ao contrário, vem sendo objeto de interpretações díspares por parte dos inúmeros órgãos incumbidos de aplicá-las. Pode muito bem acontecer que, para assegurar bom êxito a uma reforma, baste homogeneizar, tanto quanto possível, o tratamento que lhe dão os juízes, fixando, dentre os entendimentos concebíveis, o mais adequado.

3. Semelhante verificação não há de confiar unicamente nos elementos que proporciona a consulta à jurisprudência publicada. Em primeiro lugar, nem sempre ocorre com presteza a publicação de acórdãos dos tribunais em repertórios e revistas especializadas; às vezes é mister esperar longo tempo até que se disponha, aí, de acervo suficiente para fazer significativos e compensadores os frutos da pesquisa. Ora, bem se concebe que problemas emergentes da reforma exijam solução pronta.

Além disso, é possível que o material divulgado não espelhe com perfeita fidelidade, em todos os seus aspectos, o panorama real. As coletâneas de jurisprudência contêm uma fração forçosamente diminuta do conjunto de decisões proferidas sobre cada assunto[2]. Em muitos casos, são aleatórios os critérios de seleção, e sofrem a influência de fatores deformantes, desde a facilidade (ou dificuldade) de acesso aos textos que muda de um lugar para outro, e às vezes no interior do mesmo tribunal - até as idiossincrasias das pessoas encarregadas da escolha[3]. Obviamente, a gravidade do problema é suscetível de atenuar-se em grau notável pelo emprego dos modernos recursos da informática; mas sua utilização, entre nós, ainda não atingiu, e talvez não atinja tão cedo, nível de generalização que dispense os métodos tradicionais.

Acrescente-se que determinadas matérias na verdade não chegam com muita frequência à apreciação dos órgãos de mais alto nível, e só esporadicamente se fazem presentes na respectiva jurisprudência. O fenômeno é imputável a causas muito diversificadas – a tal ponto, que nem sequer se deve enxergar, sempre, correlação precisa entre a quantidade de acórdãos proferidos e a importância prática deste ou daquele instituto. Pode mesmo suceder que algum se destine justamente a reduzir o fluxo dos feitos encaminhados às instâncias superiores.

É o caso, por exemplo, do recurso adesivo, cuja função precípua consiste em evitar que ambos os litigantes se apressem a impugnar a de-

2 Veja-se ao propósito o interessante artigo de DUNES, *La non-publication des décisions de justice, in Revue int. de droit comparé*, 1986, nº 2, p. 757.

3 Cf. o que escreve, com relação à França, RONDEAU-RIVIER, *La connaissance des contentieux civils: les statistiques judiciaires en France, in Studi in Onore di Vittorio Denti*, Pádua, 1994, v. I, p. 195/6: *"Connaître le contentieux n'est pas connaître la jurisprudence. Cette dernière, véritable 'atelier de fabrication du droit', ne donne qu'une image très limitée et déformée de l'ensemble des décisions de justice. Les activités de sélection et de publication dans les recueils de jurisprudence, tout comme l'importance du commentaire d'arrêt, apanage classique des universitaires, traduisent l'intérêt que manifeste la communauté juridique pour telle ou telle question, et cet intérêt dépend de considérations très variables: rareté des décisions dans un domaine 'sensible', existence de conflits d'intérêts entre les acteurs sociaux, premières applications contentieuses d'une loi nouvelle etc...."*.

cisão, nas hipóteses de sucumbência recíproca. Não parece exagero considerar que a possibilidade da adesão estará cumprindo tanto melhor o papel que lhe cabe, ao ângulo da política processual, quanto menor for naquelas hipóteses, o número de recursos – adesivos ou não – efetivamente interpostos. Assim, em certa medida, uma grande abundância de acórdãos relativos ao assunto será antes interpretável, em aparente paradoxo, como sinal de *ineficiência* que de *eficiência* do instituto.

Cumpriria, sobretudo, ao menos no período inicial de vigência das normas modificadas, saber como as estão aplicando os órgãos de primeiro grau – até porque é perante eles que, a princípio, se suscitam questões, se travam controvérsias, se excogitam soluções, as quais provavelmente acabarão por ser levadas, mas só com o passar do tempo, à apreciação dos tribunais, mediante a interposição de recursos. Com referência aos juízos inferiores, todavia, revela-se particularmente árdua a coleta de dados. A maior parte das sentenças fica encerrada nos autos, sem grande difusão: bem mais rara que a de acórdãos é a sua publicação integral na imprensa especializada. Por outro lado, no primeiro grau, o número de órgãos judiciais é muito maior que nos graus superiores, e, ao contrário destes, não ficam aqueles concentrados em poucas sedes de acesso relativamente fácil, mas se espalham por todo o território do País.

Adite-se que exatamente na instância inferior tendem a manifestar-se mais amiúde e com maior intensidade, de início, as divergências no modo de entender e de aplicar as normas jurídicas. É principalmente a observação do que ali acontece que pode justificar o adágio "cada cabeça, cada sentença". Compreende-se: os juízes ainda não contam com a orientação disponível em precedentes, veem-se obrigados a tatear, a proceder experimentalmente, a arriscar tentativas de êxito incerto, a escolher um ou outro caminho sem consciência clara do que adiante se encontrará. Desse ponto de vista, sua tarefa é incomparavelmente mais espinhosa que a dos tribunais, aos quais, de ordinário, os problemas já chegam equacionados, com soluções propostas, enunciadas, fustigadas pela crítica dos descontentes e confortadas pela aprovação dos satisfeitos.

As recentes leis modificativas do Código de Processo Civil vigem há um tempo que varia entre quase quatro anos e apenas poucos meses: a de nº 8.455, de 24-8-1992, que deu nova disciplina à prova pericial, entrou em vigor em 17-9 do mesmo ano; a de nº 9.245, de 26-12-1995, que reformou o antigo procedimento sumaríssimo, em 25-2-1996. Os repertórios de jurisprudência ainda não são muito abundantes em decisões de tribunais relativas aos pontos atingidos. Afigura-se extremamente importante, porém, tomar conhecimento, e quanto antes do que está sucedendo a tal respeito no dia a dia forense. Um registro minucioso dos episódios ocorridos deveria ter começado no próprio dia da entrada em vigor de cada inovação; se assim não se fez, é forçoso suprir a falha sem mais demora.

4. Passamos a ilustrar com alguns exemplos o que ficou dito. Uma das mais relevantes modificações do procedimento ordinário consistiu na introdução da audiência de conciliação, subsequente à fase postulatória. Reza o art. 331, *caput,* na atual redação: "Se não se verificar qualquer das hipóteses previstas nas seções precedentes e a causa versar sobre direitos disponíveis, o juiz designará audiência de conciliação, a realizar-se no prazo máximo de trinta dias, à qual deverão comparecer as partes ou seus procuradores, habilitados a transigir".

Acerca desse dispositivo já se manifestaram notórias controvérsias hermenêuticas. Uma opinião empenhada em prestigiar ao máximo a audiência reputa obrigatória a sua realização ainda quando gire o litígio em torno de direitos indisponíveis, e independentemente de existir ou não motivo para a extinção do processo nos termos do art. 329 ou para o "julgamento antecipado da lide" segundo o art. 330[4]. No polo oposto, há quem tenda a minimizar a inovação, chegando ao ponto de excluir a marcação da audiência ainda em hipóteses literalmente abrangidas, sem sombra de dúvida, pelo novo texto do art. 331; por exemplo: suprimindo-a, embora disponível o direito litigioso, quando as partes, consultadas, não manifestarem a vontade de que ela se realize.

4 Assim CÂNDIDO DINAMARCO, *A reforma do Código de Processo Civil,* 3ª ed., S. Paulo, 1996, p. 120 e s. No sentido da obrigatória realização da audiência *antes mesmo* de verificar-se a existência de fundamento para aplicar o art. 329 ou o art. 320, também CLETO FORNACIARI JÚNIOR, *A reforma processual civil,* S. Paulo, 1996, p. 66. Contra, CALMON DE PASSOS, *Inovações no Código de Processo Civil.* Rio de Janeiro, 1995, p. 111; CARREIRA ALVIM, *Ação Monitória e temas polêmicos de reforma processual,* Belo Horizonte, 1995, p. 194. Ressalva em todo caso SÉRGIO BERMUDES, *A reforma do Código de Processo Civil,* 2ª ed., S. Paulo, 1996, p. 57, que nada impede o órgão judicial de, percebendo favorável perspectiva de êxito, tentar conciliar as partes antes de passar ao exame da incidência de qualquer daqueles dispositivos: a tanto o autoriza o inciso IV do art. 125, acrescentado pela Lei nº 8.952, de 13-12-1994. Parece fora de dúvida que, com tal objetivo, pode o juiz convocar uma audiência especial.

Esta última posição, tomada por alguns juízes, ao nosso ver contraria a lei de maneira frontal. Em seu favor argumenta-se que, se os litigantes não querem a audiência, é sinal de que não pretendem entrar em acordo, e portanto seria inútil o ato. Mas, deixando de lado outros aspectos, impende assinalar que a tentativa de conciliação não deve ser enxergada como simples formalidade unicamente destinada a chancelar uma inclinação já preexistente no espírito das partes. Seria esquecer o papel do órgão judicial e a influência que sua participação é capaz de exercer. Nada justifica desprezar a possibilidade de que litigantes até então irredutíveis mudem de atitude movidos pelas palavras do juiz – que, se não tem como impor uma avença firmemente repelida, em todo caso há de esforçar-se por fazer ver às partes as vantagens da solução amigável. A prévia "consulta" a elas é criticável no plano dos princípios, por sujeitar desmedidamente o procedimento ao poder de disposição dos litigantes. E pode mostrar-se enganosa no resultado: aos advogados é que caberá responder, e nem sempre haverá certeza absoluta de que, para o fazerem, tenham na verdade ouvido as pessoas que representam. A resposta negativa não refletirá necessariamente o estado de espírito das próprias partes.

Entre as duas posições extremas há lugar pelo menos para uma terceira[5], que preconiza a realização da audiência, em caráter obrigatório, abstraindo-se de qualquer outra circunstância, quando – e somente quando – concorram os pressupostos indicados no texto do art. 331, a saber: disponibilidade do direito litigioso e inexistência de fundamento para aplicar o art. 329 ou o art. 330. Trata-se de entendimento mais afeiçoado à letra da lei – o que obviamente não bastaria, ressalve-se, para torná-lo preferível.

Em hipóteses assim, a primeira tarefa deve ser a de um levantamento, tão completo quanto possível, dos diferentes modos por que se vem interpretando e aplicando a norma; cumpre, em seguida, confrontar os resultados obtidos em cada grupo de casos. Aqui, como intuitivamente se percebe, haverá mais de um aspecto a tomar em consideração. É evidente que um dos objetivos concretos da reforma consiste na elevação substancial da percentagem de feitos que terminem por acordo entre as partes. É também evidente que não terá sentido a mera comparação

5 Por nós adotada em O *novo processo civil brasileiro*, 18ª ed., Rio de Janeiro, 1996, p. 114.

de quantitativos referentes a juízos diversos, a não ser que a lei esteja sendo aplicada em todos eles de maneira homogênea. Incidiria em grave erro metodológico, por exemplo, quem se limitasse a cotejar, sem levar em conta a desigualdade, números brutos colhidos em órgão que realize audiência inclusive quando indisponível o direito e em órgão que só a realize nas hipóteses de disponibilidade. Nenhum valor teriam as conclusões baseadas em tão esdrúxulo confronto.

O argumento mais importante contra a extensão indiscriminada da audiência repousa no fato de que, ao lado das vantagens por ela oferecidas, sua introdução é suscetível de apresentar um inconveniente, o de alongar e retardar o curso do processo. Seria imprescindível, então, apurar se na verdade – e em que medida – semelhante receio se vê confirmado na prática. Apuração difícil, diga-se logo, entre múltiplas razões porque, se nos contentarmos em comparar pura e simplesmente a cronologia de dois feitos análogos, um processado com audiência e outro sem ela, correremos o risco de atribuir a essa diferença peso decisivo, que talvez não tenha, dentre tantos fatores que podem haver influído para a maior demora do primeiro. Difícil, mas imperiosa, ajunte-se: Sem descobrir se os inconvenientes superam as vantagens, ou vice-versa, como avaliar com justeza a inovação?

Em recente encontro com os juízes do Estado do Rio de Janeiro, do qual participaram dezenas de magistrados, pudemos colher alguns elementos, ainda algo imprecisos, mas nem por isso despidos de significação. Revelaram-se raros os casos em que a audiência de conciliação se vem realizando mesmo no domínio das relações jurídicas indisponíveis. Alguém mencionou ações de investigação de paternidade, em que às vezes o encontro direto entre partes e juiz propicia a solução imediata do litígio, com o reconhecimento da paternidade pelo réu. Também se trouxe à colação hipótese interessante, na qual, embora subsistisse o conflito quanto ao mérito, fora possível obter a aquiescência do investigando em prover às despesas com o exame conhecido por DNA. Isso mostra que, em determinadas situações, a audiência pode servir ao menos para facilitar a produção da prova.

Esse é exemplo, ao nosso ver sugestivo, da enorme relevância do teste da experiência. Pouco adianta debater *in abstracto* sobre a superioridade ou a inferioridade da nova sistemática em relação à antiga, sem termos à nossa disposição dados que corroborem *in concreto* os argumentos contrapostos. Se a modificação do Código teve aí propósito eminentemente *prático* – o que parece arbitrário pôr em dúvida –, então para que o debate se revista de alguma utilidade, precisamos saber em que medida aumentou o número de tentativas bem-sucedidas de conciliação, e também precisamos saber a quanto monta, na perspectiva de duração dos processos, o preço que pagamos por esse aumento. Sem isso, a discussão provavelmente merecerá mais o epíteto de "bizantina" do que qualquer das frívolas querelas atribuídas pelos historiadores à própria Bizâncio decadente.

No referido encontro, recebemos da maioria dos presentes a informação de que, quando se realiza a audiência, o número das tentativas bem-sucedidas de conciliação vem superando o das malogradas; e, mais, que, ainda nos casos de malogro, o fato de haver-se realizado a audiência em geral não chegou a contribuir de maneira relevante para o excessivo alongamento do feito. Outro dado da experiência, evidenciado na mesma ocasião, é o de que a probabilidade de êxito da tentativa de conciliação se eleva sobremodo quando presentes as partes, e não apenas os respectivos advogados. Tal verificação tem levado juízes a intimar sempre os litigantes para que compareçam pessoalmente. Semelhante procedimento afasta-se um pouco do teor literal do art. 331, *caput, fine,* que fala em comparecerem "as partes ou seus procuradores, habilitados a transigir". Afigura-se razoável, contudo, entender que a medida se inclui entre as confiadas à discrição do juiz na direção formal do processo: nem é despropositado invocar aqui o art. 125, nº IV, que, ao incumbir o órgão judicial de "tentar, a qualquer tempo, conciliar as partes", logicamente o investe dos poderes instrumentais cujo uso lhe pareça necessário ou útil à efetividade da iniciativa.

5. Outro importante tópico da reforma consiste na possibilidade, aberta ao juiz, de antecipar, no todo ou em parte, "os efeitos da tutela pretendida no pedido inicial", de acordo com o disposto no art. 273, na redação da Lei nº 8.952, de 13-12-1994. Ao enumerar os pressupostos de que depende o exercício de tal poder, empregou a lei, compreensivelmente, expressões de contornos semânticos flexíveis. Alude, no *caput,* a "prova inequívoca", a "verossimilhança da alegação"; no inciso I, a "fundado receio de dano irreparável ou de difícil reparação"; no inciso II, a "abuso do direito de defesa", a "manifesto propósito protelatório"; no § 22, a perigo de irreversibilidade do provimento antecipado". Cuida-se aí de conceitos jurídicos indeterminados, cuja concretização toca ao órgão judicial mediante o exame cuidadoso das características da espécie *sub iudice*. É do maior interesse conhecer o modo pelo qual esses textos vêm sendo entendidos e aplicados na prática do foro.

Cumpre assinalar desde logo que, pela impressão colhida no encontro a que se fez menção, não têm sido frequentes as hipóteses de concessão da tutela antecipada, e menos ainda o requerimento literalmente exigido pelo *caput* do art. 273, ao contrário do que faria supor a energia com que se sói criticar a lentidão da Justiça e encarecer a necessidade de providências tendentes a remediá-la. Essa timidez dos litigantes ou de seus advogados) está levando alguns magistrados, sobretudo nos Juizados Especiais Cíveis e em causas de família, a desprezar a letra da lei e decretar *de ofício* a antecipação da tutela, em casos nos quais encontra base sólida a convicção da imprescindibilidade da medida[6].

Outro fenômeno apontado pelos juízes é o da relativa indistinção, na prática, entre a antecipação da tutela e a tutela cautelar. Providências essencialmente cautelares são às vezes requeridas como providências antecipatórias. Não será de estranhar a confusão, se se tiver em vista a existência de dificuldades, mesmo do ponto de vista científico e dogmático, no traçado de linha divisória perfeitamente nítida entre os dois terrenos. Importaria aqui apurar como se têm conduzido, diante de situações do gênero, os órgãos judiciais. Em princípio, francamente, desde que não se altere a substância do pedido, não vislumbramos obstáculo irremovível à admissão de um requerimento pelo outro, determinando-se que o processamento observe a disciplina adequada à verdadeira natureza da matéria. O raciocínio será análogo ao que prevaleceu, no silêncio do Código, a favor da possibilidade de aproveitar-se, em certa medida, recurso inadequadamente interposto no lugar do cabível[7].

Louvando-nos sempre nos dados emergentes do encontro referido, aditaríamos que, dentre os fundamentos previstos no art. 273 para a concessão da tutela antecipada, mais comumente se tem utilizado o do inciso I ("receio de dano irreparável ou de difícil reparação") que os

---

6 A doutrina tem, ao contrário, enfatizado a necessidade do requerimento como pressuposto da antecipação da tutela: CALMON DE PASSOS, ob. cit., p. 23; CÂNDIDO DINAMARCO, ob. cit., p. 149/50; SÉRGIO BERMUDES, ob. cit., p. 28/9; CLETO FORNACIARI JÚNIOR, ob. cit., p. 38.

7 Sobre o assunto, *vide* BARBOSA MOREIRA, *Comentários ao Código de Processo Civil*, v. V, 6ª ed., Rio de Janeiro, 1993, p. 222/3, inclusive para ulteriores indicações bibliográficas e jurisprudenciais.

do II ("abuso do direito de defesa" ou "manifesto propósito protelatório do réu"). Outro ponto merecedor de atenção é o veto contido no § 2º à antecipação de tutela "quando houver perigo de irreversibilidade do provimento antecipado". Já se observou que, a rigor, o perigo de irreversibilidade residirá menos no provimento, em si, que normalmente pode ser cancelado por meio de provimento contrário, do que nos respectivos efeitos[8]. Também já se sugeriu que, em se tratando de prestação pecuniária, o risco é suscetível, em regra, de ser conjurado (ou compensado) pela exigência de que o requerente garanta, com caução, a eventual obrigação de restituir o montante percebido[9]. Alguns dos juízes presentes ao encontro manifestaram-se a favor de tal solução; mas para bem avaliar-lhe os méritos e deméritos seria naturalmente preciso aprofundar a análise e examinar a casuística forense.

6. Há outros tópicos em que a modificação, conquanto à primeira vista de menor alcance, pode assumir grande importância prática. Um deles é à citação, a cujo respeito a Lei nº 8.710, de 24-9-1993, inverteu a ordem adotada no art. 222 do Código, para dar prioridade à via postal. Essa é, tipicamente, matéria que reclama apreciação pelo prisma prático. *A priori,* nenhuma razão científica ou doutrinária impõe que se repute a citação pelo correio preferível à feita por meio de oficial de justiça, ou vice-versa. Importam aqui, exclusivamente, aspectos pragmáticos como o da segurança, o da rapidez e o do custo.

Sucede que nem sempre esses fatores atuam todos no mesmo sentido. É possível que, ao menos sob certas circunstâncias, o procedimento mais seguro seja igualmente o mais demorado e o mais caro; e bem se concebem outras combinações. Tem-se pois de verificar, à luz da experiência, se a solução escolhida concilia em medida razoável as necessidades e conveniências opostas.

A própria lei incorporou algumas valorações, feitas *in abstracto,* com base na consideração daquilo que se afigura mais provável. Daí, por exemplo, a exclusão da via postal na hipótese de citando incapaz (art.

8 CÂNDIDO DINAMARCO, ob. cit., p. 148, nota 12.

9 CALMON DE PASSOS, ob. cit., p. 34. *Aliter,* SÉRGIO BERMUDES, ob. cit., p. 30, a cujo ver "não se admite a antecipação quando a irreversibilidade só puder ser reparada em dinheiro", exigindo-se "que o quadro fático, alterado pela tutela, possa ser recomposto".

222, letra *b)*, para a qual o risco da insegurança pareceu claramente excessivo. No caso da letra *e*, o que se enxergou foi óbice incontornável no fato de residir o réu em local não servido pela entrega domiciliar de correspondência; mas vem a propósito lembrar que, não sendo a residência do citando o único lugar onde se pode praticar o ato (cf. art. 216, *caput)*, a impossibilidade está longe de afigurar-se absoluta: desaparece, *v.g.*, se o autor requerer, conforme decerto se lhe permite, seja a correspondência endereçada à repartição onde trabalha o funcionário público, ou à unidade em que serve o militar – o que sugere uma ressalva à disposição proibitiva[10].

Como estará repercutindo no foro a inovação da Lei nº 8.710? Informações de juízes no aludido encontro apontam no sentido de uma aceitação difusa, embora não irrestrita, por parte dos demandantes, ou mais exatamente de seus advogados. Ao que parece, enfrentam-se problemas em determinados setores, sobretudo em se tratando de zonas pobres, onde se torna mais difícil o acesso ao citando: tal seria o caso não apenas de habitantes de favelas, senão também de colonos em certas áreas do interior do Estado.

Ordena o parágrafo único do art. 223 que a carta seja entregue ao citando, mediante recibo; e acrescenta que, se o réu for pessoa jurídica, é lícita a entrega "a pessoa com poderes de gerência geral ou de administração". Na prática, retornam com frequência recibos assinados, na hipótese de pessoa física, por terceiros que pertencem à família do citando ou simplesmente vivem no mesmo local; e, na de pessoa jurídica, por empregados sem a habilitação legalmente exigida. Põe-se a questão da validade de semelhantes citações – questão gravíssima, atentas as consequências da eventual declaração da nulidade do ato. Em mais de uma ocasião, por sinal, tem o Superior Tribunal de Justiça declarado nula a citação postal de pessoa jurídica, quando entregue a carta a funcionário sem poderes de representação[11].

---

10 Atualizando o t. III dos *Comentários ao Código de Processo Civil* de PONTES DE MIRANDA, 3ª ed., Rio de Janeiro, *1996, sobre* art. 222, p. 273, adverte SÉRGIO BERMUDES: "Vale a citação ou intimação fora da residência do destinatário, em endereço de sua inequívoca frequência, como o escritório profissional, ou lugar de trabalho, desde que recebida por ele". Diversamente CALMON DE PASSOS, ob. cit., p. 103, para quem "a comunicação via postal é sempre para a residência do réu, como consignada na inicial", de modo que "o fato de agora a citação ser, prioritariamente, pelo correio, (...), vai obstar, inicialmente, a citação na repartição",

11 *Vide* os acórdãos mencionados por SÁLVIO DE FIGUEIREDO TEIXEIRA, *Código de Processo Civil anotado*, 6ª ed., S. Paulo, 1996, *sobre* art. 223, p. 154/5.

Força é reconhecer que nem sempre será fácil o cumprimento estrito das determinações legais. O carteiro incumbido de entregar a correspondência endereçada a uma grande empresa só excepcionalmente terá condições de certificar-se de que está diante de alguém investido dos "poderes de gerência geral ou de administração". Assinale-se que, no processo perante os Juizados Cíveis Especiais, se reclama "aviso de recebimento em mão própria" (Lei nº 9.099, de 26-9-1995, art. 18, nº I), a exemplo do que já ocorria nos antigos Juizados Especiais de Pequenas Causas (Lei nº 7.244, de 7-11-1984, art. 19, *caput).* Não se tomou cautela igual na reforma do Código. Nem por isso fica excluída, é claro, a aplicação desse expediente; todavia, a circunstância de encarecer a citação postal desestimula a respectiva utilização.

No Estado do Rio de Janeiro, segundo o depoimento de não poucos juízes, quando dirigida a citação a pessoa jurídica, as mais das vezes a ré comparece aos autos, ainda que entregue a correspondência a empregado sem os poderes referidos na lei. Simplifica-se extremamente, assim, o problema, à vista do mecanismo sanatório que o comparecimento desencadeia (art. 214, §§ 1º e 2º). Menos frequente, ao que consta, é o suprimento do vício por essa forma, em se tratando de pessoa física.

Aqui seria preciso quantificar a incidência dos fatos relatados e a proporção em que de possíveis irregularidades tem decorrido a invalidação do chamamento a juízo. Daí se colheriam elementos muito valiosos para a orientação dos próprios órgãos judiciais, de primeiro grau e de grau superior, quando tenham de optar por critérios mais rígidos ou mais flexíveis na interpretação e aplicação das regras pertinentes.

7. A exemplificação poderia sem dúvida prosseguir. Como se estão conduzindo os juízes, digamos, ante a supressão da antiga liquidação por cálculo do contador? Aqui também há riscos: em primeiro lugar, o de impor detrimento injusto ao devedor, quando o credor se exceda na "memória do cálculo" com que há de instruir a inicial da execução (art. 604, na redação da Lei nº 8.898, de 29-6-1994), e caso se entenda que o único jeito de corrigir o excesso consiste no oferecimento de embargos, precedido da penhora (art. 737, nº I). Tal suposição faz tábua rasa da fiscalização exercitável pelo órgão judicial, cujo papel não pode reduzir-se ao de simples carimbador de iniciais: antes de deferir a citação do executado, compete-lhe, ao que pensamos, controlar a postulação do exequente, exigir os esclarecimentos que considerar necessários e, eventualmente, podar as demasias. Não excluímos sequer a possibilidade de que o juiz, em hipóteses complexas, se valha do auxílio do contador, ou até de perito: será melhor que submeter o devedor a imerecido gravame. Cumpre averiguar se assim se tem procedido no foro, e quais as alternativas porventura adotadas.

Não é oportuno alongar demais as presentes considerações. Os exemplos indicados parecem-nos suficientes para fundamentar a nossa convicção de que só à luz de dados concretos, resultantes de pesquisa conduzida com rigor técnico, poderão avaliar-se as reformas com exatidão e proveito. Do contrário, quando se quiser proceder à avaliação, cada observador "achará" o que lhe sugerir, na melhor hipótese, sua experiência personalíssima, quiçá insuscetível de generalização; e, na pior, a imagem artificial que opiniões apriorísticas e preconceitos fundamente enraizados terão interposto entre seu espírito e a realidade.

Deixemos o impressionismo às artes: lá, basta a pintura de um Renoir ou a música de um Debussy para justificar o movimento. Outros são os padrões adequados ao direito em geral, e às reformas legislativas em particular; aqui, temos de esforçar-nos por atingir o máximo de objetividade de que seja capaz o nosso julgamento. Qualquer sentença favorável ou desfavorável há de basear-se em argumentos provados e aprovados no teste da experiência. *"Et tout le reste est littérature"...*[12].

Junho de 1996.

12 A citação é de VERLAINE, *Art poétique*, último verso.

COMENTÁRIOS DOS ATUALIZADORES

AS REFORMAS DO CÓDIGO DE PROCESSO CIVIL: CONDIÇÕES DE UMA AVALIAÇÃO OBJETIVA

Ana Cristina Bacos Fernandes / Marco Antonio Rodrigues

O microssistema de precedentes vinculantes. O autor aponta a falta de orientação constante de precedentes, de modo a orientar os juízes. O Código de Processo Civil de 2015, sensível aos benefícios que a existência de padrões decisórios vinculantes pode trazer (MARINONI, 2019), estipulou como dever dos tribunais a necessidade de uniformizar suas jurisprudências, além de obrigá-los a garantir sua estabilidade, integridade e coerência, nos termos do art. 926, *caput*. Busca-se, com isso, assegurar um mínimo de previsibilidade acerca do posicionamento do órgão jurisdicional a respeito de certa matéria, o que tem o condão de evitar que sejam ajuizadas causas manifestamente improcedentes à luz do posicionamento assentado pelo juízo.

Assegurando, em última análise, uma duração razoável do processo ante o fato de que matérias que afrontam o entendimento obrigatório podem ser julgadas liminarmente improcedentes, vide art. 332, I ao IV, ou até mesmo deixam de estar sujeitas à remessa necessaria, conforme art. 496, §4º, do CPC.

Com o fulcro de garantir efetividade à aludida previsão legal, a legislação processual impôs aos juízes e tribunais a necessidade de observar as decisões do Supremo Tribunal Federal em controle concentrado de constitucionalidade; os enunciados de súmula vinculante; os acórdãos em incidente de assunção de competência ou de resolução de demandas repetitivas e em julgamento de recursos extraordinário e especial repetitivos; os enunciados das súmulas do Supremo Tribunal Federal em matéria constitucional e do Superior Tribunal de Justiça em matéria infraconstitucional; a orientação do plenário ou do órgão especial aos quais estiverem vinculados, vide art. 927, I ao V.

Frisa-se que parcela da doutrina e da jurisprudência (STJ – REsp: 1655722 SC 2015/0194930-1, Relator: Ministra NANCY ANDRIGHI, Data de Julgamento: 14/03/2017, T3 – TERCEIRA TURMA, Data de Publicação: DJe 22/03/2017) entende que há um verdadeiro dever de observar os supramencionados padrões decisórios, ou seja, não constitui tão somente uma mera faculdade dos órgãos julgadores, o que ilustra o empenho da nova legislação processual em conferir maior segurança jurídica as partes do processo.

Audiência de mediação e conciliação. Relevante alteração provocada pelo Código de Processo Civil de 2015, notadamente em seu art. 334, é a necessidade, no procedimento comum, de via de regra ser realizada audiência de mediação ou de conciliação antes de o réu apresentar sua resposta ao pedido autoral. Busca-se, por meio da aludida norma, modificar a cultura nacional no âmbito da resolução dos litígios, ou seja, almeja-se evidenciar às partes do processo que nem sempre o Poder Judiciário será meio mais adequado para a obtenção de uma solução justa. Isso porque os órgãos jurisdicionais possuem atualmente uma quantidade enorme de processos, que os impede frequentemente de proferir uma decisão final em prazo razoável.

Nesse contexto de busca pela substituição da "cultura da sentença" pelo uso de meios consensuais de conflitos, o Código de Processo Civil de 2015 passou a prever uma série de medidas, como a audiência de conciliação ou mediação antes da resposta do réu, com o fulcro de efetivar a aludida mudança cultural. Frisa-se, todavia, que o supramencionado art. 334, em seu §4º, estipula hipóteses em que a audiência de mediação e conciliação não deverá ser realizada, são elas: se ambas as partes manifestarem, expressamente, desinteresse na composição consensual; quando não se admitir a autocomposição.

Ademais, outra medida que demonstra o empenho do legislador em provocar uma na mudança na forma de resolução de litígios é a necessidade de o próprio juiz, no âmbito da audiência de instrução e julgamento, tentar conciliar as partes, independentemente do emprego anterior de outros métodos de solução consensual de conflitos, (art. 359, do Código de Processo Civil)..

Questão interessante que se discute é a possibilidade ou não da Fazenda Pública, a despeito da indisponibilidade do interesse público, utilizar métodos de resolução de controvérsias que não a sentença final. Deve-se salientar que os meios de se atingir a tutela ao interesse da coletividade são disponíveis e se encontram numa esfera de escolha justificada pelo administrador, que tem o poder dever de buscar o melhor método para atingi-lo (RODRIGUES; ALVAREZ, 2014). Logo, a indisponibilidade do interesse público não representa a indisponibilidade do processo judicial, na realidade, tais mecanismos podem a depender do caso concreto promover uma tutela mais adequada ao interesse público em jogo.

Percebe-se, portanto, que o regime jurídico administrativo não obsta a consensualidade na atividade administrativa. Faz-se a ressalva, no entanto, de que é preciso que haja a devida regulamentação por cada ente federativo quanto às exigências para que seus representantes realizem mediações ou conciliações a fim de conferir segurança jurídica aos advogados públicos para resolver litígios atinentes à Fazenda Pública pelas formas consensuais (RODRIGUES, 2017).

Fungibilidade entre as hipóteses de tutelas de urgência. Conforme defendido pelo autor, as latentes semelhanças entre os institutos da tutela provisória antecipada e a cautelar podem provocar no operador do direito dúvida razoável acerca de qual deverá requerida no caso concreto. Isso porque ambas exigem para sua configuração o *fumus boni iuris* e o *periculum in mora*. Por isso, ante a razoável possibilidade de serem utilizadas de maneira indevida na prática forense, o CPC-73 passou a estipular expressamente a fungibilidade entre as aludidas hipóteses de tutelas de urgência, para que o pedido de tutela antecipada fosse recebido como cautelar (art. 273, §7º).

O Código de Processo Civil de 2015 regulou a questão de maneira diversa, tendo sido estipulado, em seu art. 305, parágrafo único, tão somente a fungibilidade da tutela cautelar requerida em caráter antecedente.

Não obstante a omissão do legislador acerca da fungibilidade da tutela antecipada para a tutela cautelar requerida em caráter antecedente, a doutrina admite sua incidência por meio de uma aplicação analógica do supramencionado diploma legal.

Tutela de evidência. O CPC de 2015 inovou face à legislação processual pretérita, para expressamente estabelecer que o abuso do direito de defesa e o manifesto propósito protelatório da parte são hipóteses ensejadoras de tutela de evidência, conforme art. 311, I, do aludido Código – ou seja, tais situações deixaram de ser tratadas meramente como tutela antecipada, tal qual fazia o CPC de 1973. Ademais, o Código de Processo Civil estipula uma série de hipóteses outras em que a tutela da evidência é cabível, notadamente nos incisos II, III, IV, do já mencionado dispositivo legal, como, por exemplo, a antecipação do direito de uso e fruição sobre determinado bem no curso de inventário, constante do artigo 647, parágrafo único, do Código de Processo Civil, e a determinação de expedição do mandado monitório, conforme o artigo 701 do mesmo diploma legal.

Ressalva-se, todavia que, diferentemente do que ocorre nas hipóteses de concessão da tutela provisória de urgência, a tutela da evidência poderá ser concedida a despeito da existência de perigo de dano ou de risco ao resultado útil do processo, vide art. 311 caput, do CPC. Tal mecanismo procura tutelar o direito de maneira mais célere àquele que possua elevado grau de probabilidade de possui-lo. Busca-se por meio dela, portanto e em última análise, proteger os efeitos do tempo no processo.

Citação postal de pessoa jurídica realizada por pessoa sem poderes especiais. Almejando facilitar o ingresso da pessoa jurídica na relação processual, passou-se a admitir, notadamente no art. 248, §2° do Código de Processo Civil, que a sua citação se dê não tão somente a pessoa com poderes de gerência geral ou de administração, conforme previa o CPC-73. Atualmente, também pode ser realizada por meio de funcionário responsável pelo recebimento de correspondências.

Nesse contexto, em consonância com o manifesto empenho do legislador em facilitar a citação das pessoas jurídicas, o Superior Tribunal de Justiça vem adotando entendimento no sentido de que se consideram válidas as citações ou intimações feitas na pessoa de quem, sem nenhuma reserva, identifica-se como representante da empresa, mesmo desprovidos de poderes expressos de representação, e assina o documento de recebimento, sem ressalvas (STJ – AgInt no REsp: 1705939 SP 2017/0239380-8, Relator: Ministro HERMAN BENJAMIN, Data de Julgamento: 12/06/2018, T2 – SEGUNDA TURMA, Data de Publicação: DJe 22/04/2019). A aludida corte adotou, portanto, a teoria da aparência, sendo possível que a citação seja recebida por pessoa que aparentemente tenha poderes para representar a pessoa jurídica o que, conforme mencionado, tem o condão de facilitar o ingresso da pessoa jurídica na relação processual.

Extinção da liquidação por mero cálculo aritmético. Com a superveniência do Código de Processo Civil de 2015, a liquidação por mero cálculo aritmético restou revogada. Tal fato se deu, pois essa era, na realidade, uma pseudoliquidação. Isso porque ao se reconhecer a possibilidade de se chegar ao *quantum debeatur* por mero cálculo aritmético, significa, em verdade, afirmar que a obrigação é liquida, prescindindo, por conseguinte, de ulterior fase de liquidação.

Assim, o Código de Processo Civil, em seu art. 524 *caput*, trouxe ao credor o dever de, ao requerer o cumprimento da sentença, apresentar os cálculos já realizados. Para além disso, conforme já defendido por Barbosa Moreira, o juiz desempenha relevante papel nesse contexto, ao reprimir que a execução se dê face a valor manifestamente descabido, na forma do art. 524, §1° e §2°. Nesse sentido, atualmente o valor devido será aquele que o órgão jurisdicional entender adequado com o fulcro de controlar eventual valor abusivo requerido pelo credor.

Referências da nota

MARINONI, Luiz Guilherme. *A ética dos precedentes*. São Paulo: Ed. RT, 2019.

RODRIGUES, Marco Antonio dos Santos. *A Fazenda Pública no Processo Civil*. Rio de Janeiro: GEN, 2017.

RODRIGUES, Marco Antonio dos Santos; ALVAREZ, Pedro de Moraes Perri. *Arbitragem e a Fazenda Pública*. Revista Eletrônica de Direito Processual, Vol. 14, p. 388, 2014.

O PROCESSO CIVIL BRASILEIRO E O PROCEDIMENTO POR AUDIÊNCIAS[1]

1. Volta à ordem do dia, no universo processual latino-americano, o procedimento por audiências. Consagra-o o Código-tipo de Processo Civil para a América Ibérica e, na sua esteira, o *Código General del Proceso* uruguaio de 1988, com resultados que se consideram positivos[2]. Fala-se *com* insistência numa possível unificação *(rectius:* uniformização) do processo civil nesta parte do mundo, mediante a aplicação de tal modelo.

A história de semelhante proposta, ninguém o ignora, vem registrando altos e baixos. Teve momentos de exaltação, na primeira metade do século, ao longo da ruidosa (mas geralmente não muito bem-sucedida) campanha em prol do chamado processo oral. Alguns aspectos do modelo vinham do século passado: ganhou notoriedade, por exemplo, a *erste Tagsatzung* austríaca, decantada em prosa e verso, por quase uma centúria, como sinal emblemático por excelência da genialidade da obra legislativa devida a FRANZ KLEIN[3].

Podem dizer-se modestos, até época recente, os êxitos concretos da proposta. É certo que, nos países anglo-saxônicos, a audiência de há muito constitui o coração do procedimento, com as consequências que se conhecem no tocante ao regime da produção de provas; mas trata-se de sistema cuja influência, por muito tempo, se mostrou incapaz de penetrar fundo em nossos países – isso para não aludir ao fato de que, na prática, só pequeno número de feitos realmente chega à audiência de julgamento[4]. No continente europeu, interessante exemplo de procedi-

---

1 Texto de comunicação ao congresso internacional sobre *Unificação do direito* a *remédios alternativos para a solução das controvérsias civis no sistema jurídico latino-americano* (Roma, setembro de 1995). Publicado nos *Arquivos do Tribunal de Alçada,* v. 26, em *Doutrina,* v. 1, e na *Revista da Academia Brasileira de Letras Jurídicas,* nº 8.

2 *Vide* VESCOVI-RUECO, *Los primeros resultados de la reforma de la Justicia em Uruguay. Un balance a los dieciocho meses de la entrada en vigencia del Código General del Proceso, in Revista Uruguaya de Derecho Procesal,* nº 1/91, p. 27 e s.

3 Não deixou de surpreender os meios processuais não austríacos a reforma que tornou facultativa, ante determinados pressupostos, a realização da audiência preliminar *Zivilverfahrens-Novelle* de 1983, especialmente a 4ª alínea acrescentada ao § 243).

4 Consoante informação colhida em HAZARD-TARUFFO, *La giustizia civile negli Stati Uniti,* Bolonha, 1993, p. 122, mais de 90% das causas encontram desfecho, por

mento puramente oral registra-se no processo do Tribunal de Águas de Valencia[5], instituição de que, no entanto, parece supérfluo frisar o caráter excepcional.

2. No Brasil, não menos que alhures, a oralidade exerceu compreensível fascínio sobre os espíritos mais sintonizados com as aspirações da época e, como era de esperar, fez-se sentir na ocasião em que se quis unificar em nível nacional, a disciplina do processo civil, até então fragmentada em diplomas da União e de cada um dos Estados[6]. O Código de 1931 pretendeu incorporar os princípios glorificados no programa do movimento oralista: imediação, identidade física do juiz, inapelabilidade em separado das decisões interlocutórias. Produziu luzes e sombras, sem embargo do inegável progresso que representou em confronto com a legislação anterior, quase toda de baixa qualidade técnica e presa a concepções que remontavam, em grande parte, ao vetusto processo comum.

Concentrando a atenção no tema específico do presente trabalho, convém dizer desde logo que o legislador reputou imprescindível, como regra geral, a realização de uma audiência destinada à instrução (ou melhor: à complementação da instrução) e ao julgamento da causa[7]. Enxergou-se aí, de certo modo, um "ponto de honra" do sistema; tanto

acordo das partes, sem atingir o *trial.* Quanto à Inglaterra, escreve JACOB, *The Fabric of English Civil Justice,* Londres, 1987, p. 71: *"In theory, the trial is the model* of *English Civil justice but in practice it is the rare exception".*

5 Merece leitura, a respeito, a densa monografia de FAIRÉN-GUILLÉN *El Tribunal de las Aguas de Valencia y su proceso,* 2ª ed., Valencia, 1988.

6 Conforme se sabe, a primeira Constituição republicana (de 1891) consagrava a dualidade de competências legislativas (da União e dos Estados-membros) em matéria de processo; coexistiam, assim, leis federais e leis estaduais. Em 1934 consolidou-se na União toda a competência para legislar sobre direito processual; mas só em 1939, já na vigência da Constituição subsequente (de 1937) é que se editou o primeiro Código unitário.

7 *Vide* o art. 296, nº I, do Código de Processo Civil de 1939. No dizer de BATISTA MARTINS, principal artífice do projeto que deu origem ao Código, constituía a audiência "termo essencial do processo ordinário, não se podendo conceber a sua preterição *(Comentários ao Código de Processo Civil,* v. III, t. 2º, 2ª ed. Rio de Janeiro, 1960, p. 120). "Eliminar a audiência" – chegou a sustentar LIEBMAN, em substancioso ensaio escrito sob aquele regime (O *despacho saneador e o julgamento do mérito, in Estudos sobre o processo civil brasileiro,* 2ª ed., S. Paulo, 1976, p. 110) – "significa (...) frustrar completamente as finalidades do legislador".

que não vingou a ideia de dispensar-se a audiência, para julgar-se o mérito na oportunidade em que normalmente se proferiria o despacho saneador, quando a essa altura já se houvessem colhido todos os elementos necessários à formação do convencimento do órgão judicial, consoante ocorria nos feitos onde a prova documental bastasse para tanto.

Não foram de entusiasmar os resultados. A sobrecarga das pautas com frequência obrigava os juízes a marcar para data consideravelmente distante a audiência de instrução e julgamento: e, quando esta afinal vinha a realizar-se, a procrastinação da decisão não raro se revelava injustificável: não havendo provas orais a colher, limitavam-se as partes, por seus advogados, a repetir o que haviam dito na fase postulatória, ou, mais simplesmente, a reportar-se aos pronunciamentos nela emitidos. Em muitos casos, a obrigatoriedade da audiência servia apenas para prolongar a duração do feito, sem compensação alguma. Reduzia-se a prática do ato a mera formalidade vazia e inútil.

Tal realidade, sem dúvida contrária à expectativa de juristas e legisladores, explica que se haja recebido como alvíssara, como medida inequivocamente positiva pelo prisma da celeridade processual, a inovação trazida, no particular, pelo Código de 1973. No sistema deste - parcialmente modificado, como se verá, pela Lei nº 8.952, de 13-12-1994 *(infra,* nº 6) -, afastou-se a necessidade *(rectius:* o cabimento) da audiência toda vez que, chegada a ocasião por excelência do saneamento do processo, se verificasse a inutilidade ou a desnecessidade do ato[8]. De acordo com o disposto nos arts. 329 e s., compete ao órgão judicial extinguir o feito: *a)* sem julgamento do mérito, quando se depare obstáculo intransponível ao respectivo exame *(v.g.,* falta legitimidade a uma das partes, ou a ambas); *b)* com julgamento do mérito, quando sobre este possa o juiz firmar convicção independentemente de qualquer elemento probatório cuja obtenção reclame a realização de audiência, equiparando-se a semelhante hipótese, em razão da similitude dos efeitos, as de autocomposição do litígio por ato bilateral (transação) ou unilateral (renúncia à

---

8 Eis como se justificou a alteração da sistemática na *Exposição de Motivos* do projeto, devida à pena de ALFREDO BUZAID: "Suprime-se a audiência, porque nela nada há de particular a discutir. Assim, não se pratica ato inútil. De outra parte, não sofre o processo paralisação, dormindo meses nas estantes dos cartórios, enquanto aguarda uma audiência, cuja realização nenhum proveito trará ao esclarecimento da causa, porque esta já se acha amplamente discutida na inicial e na resposta do réu" (Capítulo IV, nº III, item 19).

pretensão, reconhecimento do pedido) das partes (art. 329, combinado com o art. 269, ns. II, III e V) e, em regra, também a de revelia, na qual normalmente se reputam verdadeiros os fatos alegados pelo autor na petição inicial (art. 319). A audiência ficou reservada exclusivamente para os casos em que, de um lado, não parece haver empecilho à apreciação *do* mérito e, de outro, ainda não se reuniram todos os subsídios de que c órgão judicial entende precisar para a formação de seu convencimento.

3. No próprio Código de 1973, todavia, a audiência readquiria todo o seu prestígio na disciplina do procedimento sumaríssimo (denominação mudada para sumário pela Lei nº 8.952, de 13-12-1994). Nesse tipo de procedimento, o réu é citado, desde logo, para comparecer à audiência de instrução e julgamento, na qual se lhe enseja oferecer defesa escrita ou oral (art. 278, *caput)*. É na audiência, em princípio, que se produzem provas, com ressalva dos documentos do autor, que devem ter instruído a petição inicial (art. 276, *fine)*, e bem assim, eventualmente, da perícia e de inspeção pessoal que o juiz resolva fazer. É também na audiência, findos os debates orais, que se espera do juiz a prolação da sentença, conquanto a lei lhe conceda o prazo de cinco dias para proferi-la, se não se sentir em condições de fazê-lo incontinenti.

Tampouco a experiência do procedimento sumário se mostrou, por enquanto, muito animadora. Tanto assim, que reiteradamente se tem preconizado a modificação desse capítulo do Código; a reforma legislativa em curso não deixou de incluí-lo em seu objeto, mas, infelizmente, o projeto específico que dele se ocupa não completou, até esta data, o ciclo de sua tramitação no Congresso Nacional. O malogro do procedimento sumário foi mais sensível onde maior o movimento forense: o número excessivo de pleitos faz ressurgir a dificuldade de marcar a audiência para data razoavelmente próxima, e com isso perde-se a vantagem da rapidez. Em não poucos casos, paradoxalmente, o curso do processo acaba por ser mais breve no procedimento ordinário, sobretudo ante a possibilidade, neste, da extinção "antecipada". Isso tem levado inúmeros advogados, quando propõem ações previstas na lei como de procedimento sumário, a requerer que se observe, no lugar dele, o ordinário; e não é incomum que achem condescendência entre os juízes. Assim se consagra, na prática judicial, por motivos de conveniência, distorção condenável no plano doutrinário, pois a determinação do procedimento não constitui matéria que, em linha de princípio, se deva relegar à discrição das partes, e menos ainda à de uma só delas.

É passível de descrição em termos mais otimísticos a sorte de outro modelo que postula a concentração do *iter* processual em audiência. Referimo-nos ao procedimento peculiar aos Juizados Especiais de Pequenas Causas, regulado na Lei nº 7.244, de 7-11-1984[9]. Tais órgãos não foram instalados em todos os Estados do País; mas, em vários dos que cuidaram de instalá-los, vêm-se obtendo resultados apreciáveis. É certo que, aí, a ênfase recai na solução amigável do litígio, mediante conciliação, dirigida pelo próprio juiz ou por outra pessoa qualificada, sob a orientação daquele (art. 23, *caput*), ou, frustrada a tentativa, na sujeição da lide, se as partes concordam, a juízo arbitral (art. 25, *caput*). A rigor, apenas como *ultima ratio* se há de recorrer a um julgamento conduzido nos tradicionais moldes contenciosos; e efetivamente, na maioria dos casos, não se chega a ele. De qualquer modo, é na audiência que, segundo a lei (art. 27, *caput*), se ouvem as partes, se produzem as provas e se sentencia[10].

4. Conforme transparece dos itens anteriores, não se pode qualificar de brilhante, no Brasil, o desempenho do modelo procedimental baseado na concentração em audiência (ou audiências). Vem a propósito investigar as causas desse relativo malogro. É intuitivo que se revelará aqui particularmente enganosa qualquer explicação unilateral. O fenômeno resulta de fatores diversificados e complexos, que não se deixam aprisionar em fórmulas simplistas. Há, contudo, aspectos que saltam aos olhos do observador.

Relacionam-se alguns deles com certas características nacionais. O Brasil é país de dimensões continentais e de variedades regionais imensas. A população é mal distribuída: há zonas de alta densidade demográfica (o êxodo rural aglomerou gente demais nas principais cidades e nos respectivos arredores) e zonas literalmente desabitadas. Distâncias às vezes enormes separam os núcleos de povoamento. As comunicações por superfície são difíceis em extensas porções do território. É insufi-

9 Da bibliografia referente ao assunto, citem-se aqui: ANTONIO MACEDO DE CAMPOS, *Juizado Especial de Pequenas Causas*, S. Paulo, 1985; ROGÉRIO LAURIA TUCCI, *Manual do Juizado Especial de Pequenas Causas*, S. Paulo, 1985; CÂNDIDO DINAMARCO, *Manual das pequenas causas*, S. Paulo, 1986.

10 Não invalida o que consta do texto a recente revogação da Lei nº 7.244 pelo art. 97 da Lei nº 9.059, de 26-9-1995; cabe acrescentar que em substância permanece inalterado o sistema, só que agora referido aos "Juizados Especiais Cíveis", que o novo diploma veio disciplinar.

ciente a rede viária. A muitos lugares, desservidos de estradas, não se tem acesso senão por via aquática ou aérea. Na Amazônia, por exemplo, a cientificação pessoal de alguém pode tornar necessária, para o servidor judicial incumbido de realizá-la, viagem de dias, rio acima ou rio abaixo. Vê-se o problema extremamente agravado pela escassa utilização dm produtos da moderna tecnologia, decorrente da falta ora de recursos financeiros, ora de vontade política.

Não é de surpreender, pois, que se tenham de enfrentar grandes tropeços quando se convocam pessoas a comparecer à sede de um juízo. Nem sempre estão ao alcance dos convocados meios de transporte de que possam valer-se para se deslocarem até lá no devido tempo. Talvez lhes faleça a possibilidade mesma de se ausentarem do local, perdido no *hinterland,* onde moram e trabalham. Semelhante "aventura" ameaça-os com prejuízos de toda sorte, quiçá insuportáveis.

Somam-se a isso razões de índole sociocultural. O nível de educação e de informação do povo brasileiro varia notavelmente de uma para outra região. Não seria exagero afirmar que o Brasil vive, ao mesmo tempo, com um pé no século XXI e outro na pré-história. Percentagem nada desprezível da população nutre profunda desconfiança – em parte, historicamente justificável – pelos mecanismos do Estado e, em especial, da Justiça. Milhões de habitantes, sem exclusão dos que vivem nos grandes centros urbanos, decerto se sentirão totalmente deslocados e constrangidos ao ingressarem nos corredores e gabinetes *do forum.* Tal reação é comum até em pessoas das classes economicamente abonadas: *a fortiori,* entre os mais pobres e incultos. Às dificuldades materiais, por conseguinte, acrescem inibições psicológicas, a conspirar com aquelas para afastar a população dos estabelecimentos judiciais.

Dir-se-á que toda essa série de problemas, ou pelo menos a maioria deles, pode ser resolvida graças à representação das partes por advogados – obrigatória, como regra geral, no direito brasileiro. Mas isso não passa de meia verdade. Para começar, a distribuição territorial dos profissionais habilitados é tão desequilibrada quanto a do conjunto da população: em algumas cidades grandes, justifica-se a tendência a reputar excessivo o número de advogados em atividade, ao passo que alhures talvez seja difícil localizar um único dentro de círculo vasto. Ademais, provavelmente não se errará muito se se considerar que a presença *pessoal* da(s) parte(s), ainda quando ela(s) não tenha(m) de depor, é capaz de influir de maneira decisiva, por certos ângulos, no rendimento da audiência, sobretudo no que tange à tentativa de conciliação – episódio tantas vezes incluído no "programa" legal do ato. Além disso, há a eventualidade da deficiente preparação do próprio representante judicial para atuar na audiência – questão que, a aprofundar-se a análise, não poderia deixar de trazer à baila a problemática, inesgotável, da formação profissional dos advogados.

Que dizer, então, do caso dos litigantes que, por falta de meios, não podem remunerar serviços profissionais? Em teoria, a Constituição da República assegura "assistência jurídica integral e gratuita aos que comprovarem insuficiência de recursos" (art. 52, nº LXXIV); na prática, entretanto, é extremamente precária a prestação de tais serviços por órgãos estatais, a despeito da competência e da dedicação de tantos defensores públicos.

Ainda mais grave é a questão relativa aos juízes. Ocioso seria enfatizar a relevância do papel que são chamados a desempenhar na audiência. Pois bem: antes de mais nada, há aqui a considerar o aspecto quantitativo do problema. O número dos juízes brasileiros é baixíssimo em relação à população[11]. Ademais, a condução frutífera dos trabalhos de uma audiência está longe de reclamar somente a posse de conhecimentos jurídicos: implica um comportamento que pressupõe no magistrado, entre outras coisas, dotes psicológicos não muito encontradiços. Na tentativa de conciliação, em especial, põe-se à prova no juiz uma aptidão que nem mesmo a mais completa preparação técnica lhe proporciona necessariamente. Ora, aqui também seria o caso de indagar se a formação profissional e as exigências dos concursos a que se submetem os candidatos à magistratura bastam para desenvolver e apurar, respectivamente, esse gênero de qualidades. No Brasil, a resposta terá de ser, ao menos em regra, negativa.

Reparos análogos caberiam com referência a outros personagem também importantes do teatro judicial, como promotores, procuradores, defensores públicos, para não aludirmos ao pessoal de apoio: secretários, escrivães, escreventes, datilógrafos... Todas essas categorias funcionais – com as exceções de praxe, e até diríamos: não obstante os

11 Calcula-se, de resto, que estejam vagos 30% dos cargos do Poder Judiciário, os quais já seriam poucos mesmo que preenchidos todos. Enquanto isso, no Uruguai, segundo dados de 1991, o número de juízes por cem mil habitantes (15,5) colocava o país em terceiro lugar no mundo, logo abaixo da Alemanha (30) e da Bélgica (20) (VESCOVI-RUECO, trab. cit., p. 39).

esforços heroicos de alguns – ressentem-se de dupla ordem de limitações: as consequentes à lacunosa formação profissional e as relacionadas com as más condições de trabalho.

Nem se esgotaria com isso a problemática do assunto. Na sorte das audiências influem outros fatores, entre os quais não se devem esquecer os de feição material, entendido na expressão o conjunto das características do lugar onde aquelas têm sede: facilidade de acesso, tipo de ambiente, grau de proteção contra perturbações vindas do exterior, nível de comodidade para os participantes, meios tecnológicos disponíveis (e efetivamente utilizados), e assim por diante. Dificilmente se poderão esperar resultados compensadores de audiências realizadas em locais impróprios, de precária instalação, incapazes de assegurar um mínimo de conforto e tranquilidade.

No Brasil, lamentavelmente, costumam ser muito desfavoráveis as condições de trabalho nos juízos, sobretudo nas comarcas do interior, mas também, com certa frequência, nas grandes cidades. Cumpre ajuntar que o fato de subsistirem tais deficiências, em país moderno por mais de um ponto de vista, nem sempre é debitável a carências financeiras, senão antes a uma fixação de prioridades administrativas inspirada em critérios políticos de seriedade bastante discutível. A observação vale inclusive para os organismos do Poder Judiciário, que não raro preferem dissipar em luxos ostentatórios os recursos – já parcos – de que dispõem, a empregá-los no melhoramento das estruturas essenciais.

5. É hora de voltar à descrição do ordenamento processual, para assinalar que, apesar de tudo, o direito brasileiro, em sua evolução mais recente, acaba de dar interessante demonstração de confiança nas potencialidades da audiência. Queremos referir-nos à introdução, na disciplina do procedimento ordinário, de uma audiência de conciliação, por obra da já citada Lei nº 8.952. Para bem compreender o alcance da inovação, é mister retraçar, em rápidas pinceladas, a sistemática do nosso processo civil no que concerne a dois tópicos: o saneamento do processo e a tentativa de conciliação. A *atividade de saneamento,* destinada a expurgar o feito de possíveis irregularidades e garantir a satisfação de todos os requisitos necessários para possibilitar o julgamento do mérito, sem dúvida se exerce constantemente, desde o primeiro contacto do órgão judicial com a postulação do autor, e ao longo do itinerário processual; mas, para o procedimento ordinário, a lei indica um momento por assim dizer *privilegiado* – subsequente à fase postulatória e à eventual adoção de providências ordinatórias –, em que a atenção do juiz se concentra nessa tarefa de "purificação" do processo. Afastando-se do direito português, optou o legislador brasileiro[12], desde o Código de 1939, por um modelo exclusivamente *escrito* para semelhante ato, expresso essencialmente no chamado "despacho saneador", a ser proferido quando incabível a extinção "antecipada" do feito, e no qual competia ao órgão judicial, à luz da redação originária do art. 331, além de "declarar saneado o processo", decidir sobre a realização da prova pericial (inciso I) e designar a audiência de instrução e julgamento (inciso II).

Quanto à tentativa de conciliação, situou-a o Código no início da mencionada audiência (arts. 447 e s.) – alvitre que foi alvo de críticas severas. Advertiu-se que, a essa altura do processo, as condições psicológicas serão menos propícias, em regra, à consecução de uma avença razoável. Os litigantes estarão provavelmente irritados com as palavras duras proferidas de parte a parte nos autos e, portanto, menos propensos a uma solução amigável; ou então um deles – o mais prejudicado pela duração do pleito – terá chegado ao limite máximo de sua resistência e se disporá a aceitar *qualquer* proposta de acordo, por mais injusta que lhe pareça. Num caso e noutro, diminuem, quando não desaparecem de todo, as perspectivas de obter-se resultado verdadeiramente satisfatório.

6. A reforma do Código, ora em curso, procurou atender à necessidade de corrigir semelhante defeito. A Lei nº 8.952 modificou o art. 331 para introduzir uma audiência de conciliação em fase anterior do *iter* processual, na qual se presume haver maior probabilidade de bom sucesso. Nos termos daquele dispositivo, em sua redação atual, deve o juiz convocar tal audiência caso não encontre fundamento para extinguir desde logo o feito (com julgamento do mérito ou sem ele), e seja disponível a relação jurídica litigiosa. Nessa hipótese, uma de duas: ou se concretiza o acordo das partes, e o processo se encerra com a respectiva homologação pelo órgão judicial, mediante sentença que constituirá, quando condenatória, título executivo (art. 584, nº III); ou naufraga a tentativa, e a audiência prossegue para fixação dos pontos controvertidos, solução das questões

12 Para o confronto entre os dois ordenamentos, no particular, *vide* BARBOSA MOREIRA, *Saneamento do processo e audiência preliminar* (relatório para as IX Jornadas Ibero-americanas de Direito Processual, Madri, 1985), *in Temas de Direito Processual (Quarta Série)*, S. Paulo, 1989, p. 112 e s.

processuais porventura ainda pendentes e designação da audiência de instrução e julgamento (art. 331, *caput).*

Teve em mira o legislador, principalmente, a questão da tentativa de conciliação, que pretendeu localizar melhor. Essa representa a modificação substancial; dela é mero "subproduto" a da forma de saneamento. Quis-se aproveitar a circunstância de estarem reunidos os interessados para que, na eventualidade de não se lograr a composição amigável da lide, se dê alguma utilidade à audiência, evitando degradá-la à condição de simples desperdício de tempo, dinheiro e energias. O saneamento passa, destarte, a admitir duas modalidades, uma oral e outra escrita: terá lugar a primeira, quando se realize, sem êxito no essencial, audiência de conciliação; a segunda (que é a tradicional: despacho saneador proferido nos autos), quando não seja caso de realizar-se a audiência, ou porque configurada esta ou aquela hipótese de extinção imediata do feito, ou porque indisponível a relação jurídica litigiosa.

Vê-se que é considerável a distância entre a audiência criada pela Lei nº 8.952 e a prevista no Código-modelo de Processo Civil para a América Latina (art. 300), de escopo bem mais amplo[13]. Vale a pena notar que o legislador brasileiro não usou a expressão "audiência preliminar"; é significativo o fato de haver denominado "de conciliação" a audiência, como a sublinhar que sua função essencial é restrita, e acidentais, fortuitas, outras que se lhe venham a atribuir sob determinadas circunstâncias. Pode-se discordar, não há dúvida, da orientação seguida pela reforma no particular, mas *de lege lata* não há como aderir – sem embargo da autoridade que a ampara – à proposta hermenêutica segundo a qual o juiz deve *sempre* convocar a audiência, ainda quando não concorrentes os pressupostos indicados na lei *(v.g.,* disponibilidade do direito)[14], o que implicaria a adoção, *em qualquer caso,* da forma oral de saneamento. Ao nosso ver, além de incompatível com os dizeres categóricos do art. 331, na vigente redação, tal procedimento seria inconveniente do ponto de vista prático, pelo menos nas atuais condições de funcionamento da Justiça brasileira: iria

13 O art. 301 (copiado pelo art. 341 do *Código General del Proceso* uruguaio enumera os diversos pontos de que se deve tratar na audiência preliminar. Para uma visão abrangente da figura – inclusive pelo prisma comparatístico –, *vide* BERIZONCE, *L'udienza preliminare nel codice processuale modello per l'Ibero-America, in Studi in onore di Vittorio Denti,* Pádua, 1994, v. II, p. 29 e s.

14 Nesse sentido, CÂNDIDO DINAMARCO, *A reforma do Código de Processo Civil,* 2ª ed., S. Paulo, 1995, p. 122/3.

sobrecarregar as pautas dos juízos, sem proveito que o compensasse, e com isso, frequentemente, agravar o mal que a reforma, acima de tudo, visou a combater – o da excessiva demora dos processos.

Por outro lado, é impossível condescender com modos de agir que desprestigiem a audiência de conciliação, afrontando o caráter obrigatório que indiscutivelmente a reveste no âmbito de seu cabimento. Não há pretexto que justifique a omissão do órgão judicial em convocar a audiência toda vez que caiba *ex vi legis,* nem o recurso ao expediente de "consultar" as partes para que digam se têm a intenção de compor-se, suprimindo-se a convocação se negativa a resposta. Além do mais, nada assegura que, para manifestar-se em nome das partes, hajam os advogados tido o escrúpulo de efetivamente consultá-las, de sorte que a resposta por eles dada nos autos bem pode não coincidir com a resposta que elas *pessoalmente* dariam – isso para não falar na possibilidade, que seria imprudente esquecer, de virem afinal a conciliar-se *na audiência,* graças à mediação hábil do juiz, litigantes que, antes desse momento, conservavam, um em face do outro, disposição belicosa.

7. É cedo para opinar sobre os resultados da inovação no dia a dia forense. Oxalá se cuide, sem demora, de coligir dados numéricos, mercê dos quais se torne viável, dentro de certo tempo, uma avaliação objetiva. A não ser assim, ficaremos, como de costume, reduzidos ao cotejo de meras impressões subjetivas, sem nenhum peso científico.

De qualquer maneira, trata-se de modificação significativa pelo aspecto que aqui particularmente interessa. Incorreríamos em manifesto exagero se a apresentássemos como um avanço decisivo no caminho da unificação do processo no mundo ibero-americano. De resto, não obstante a elevada inspiração de tal proposta, quer-nos parecer que, ao menos nas atuais circunstâncias, ela excede claramente os lindes da viabilidade prática. Não se trata de pessimismo, senão de puro e simples realismo. Tampouco há inferir deste nosso entendimento falta de simpatia pelo projeto, nem pelos êxitos parciais e paulatinos que ele possa vir a alcançar. Apenas não desejamos iludir-nos com falsas esperanças.

O importante é sabermos em que direção temos de marchar. Que nos movamos com maior ou menor rapidez é coisa que depende de numerosos fatores, suscetíveis de mudar com o tempo. Em todo caso, não deixa de ser útil a todos o conhecimento recíproco das experiências tentadas, sejam quais forem – mais ou menos compensadores – os resultados colhidos. No tocante à consagração de um procedimento por audiências, tivemos ensejo de indicar as questões fundamentais, ao diagnosticar as principais causas das dificuldades encontradas no Brasil *(supra, nº* 4): para garantir o êxito da empresa, será preciso, entre outras coisas, aumentar o número de juízes, melhorar as condições de trabalho no campo judicial, incrementar o emprego da moderna tecnologia, proporcionar aos litigantes maior facilidade de acesso às sedes dos juízo, dar preparação adequada a todos quantos hajam de participar da atividade a realizar-se na audiência. Fica evidente que não basta a transformação dos elementos *extrínsecos:* tem de acompanhá-la uma autêntica mudança *de mentalidade.* Difícil? Sim. Impossível? Não. Já se disse e repetiu muitas vezes que toda viagem, longa que seja, sempre começa por um pequeno passo. Não há supor que aqui se abra exceção a essa regra. Valorizemos os pequenos passos; eles talvez nos conduzam, um dia, à suspirada meta.

Julho de 1995.

COMENTÁRIOS DOS ATUALIZADORES

O PROCESSO CIVIL BRASILEIRO E O PROCEDIMENTO POR AUDIÊNCIAS

Ana Cristina Bacos Fernandes / Marco Antonio Rodrigues

O fim do procedimento sumário. No texto, José Carlos Barbosa Moreira menciona não ser animadora a experiência do procedimento sumário, trazendo causas que indicam a sua falta de êxito. Diante dessas desvantagens encontradas, o Código de Processo Civil de 2015 deixou de prever tal procedimento, instituindo apenas, em seu artigo 318, a divisão entre procedimento comum e procedimentos especiais. Dessa forma, constata-se que o procedimento sumário foi extinto com a entrada em vigor do Código atual, tendo permanecido apenas em vigor para as ações iniciadas sob tal procedimento antes da vigência do novo diploma, e até a prolação da sentença, conforme dispõe o artigo 1046, § 1º, do CPC.

Audiências no procedimento comum. No texto ora comentado, vê-se que o autor questiona o procedimento calcado em audiências. Importante registrar que em parte o Código de Processo Civil parece ter abraçado tais ideias, apesar de parcialmente ter estimulado as audiências também, porém como forma de estímulo à consensualidade e à cooperação. Explica-se.

Uma das preocupações do Código de Processo Civil de 2015 foi com o estímulo aos métodos autocompositivos, como forma de promoção de uma mudança cultural na solução de conflitos. Assim, o Código trouxe, em seu artigo 334, a regra de realização da audiência de conciliação ou mediação, salvo quando ambas as partes manifestarem, expressamente, desinteresse na composição consensual ou quando não se admitir a autocomposição.

De outro lado, tem-se, ainda, a possibilidade de realização da audiência saneadora e da audiência de instrução e julgamento. A primeira, na forma do artigo 357, § 3º, se a causa apresentar complexidade em matéria de fato e de direito. Já a audiência de instrução e julgamento ocorrerá quando houver a necessidade de coleta de provas orais (art. 361).

A CONSTITUIÇÃO E AS PROVAS ILICITAMENTE OBTIDAS[1]

1. No pensamento praticamente unânime da doutrina atual, não se deve reduzir o conceito de ação, mesmo em perspectiva abstrata, à simples possibilidade de instaurar um processo. Seu conteúdo é mais amplo: abarca série extensa de faculdades cujo exercício se considera necessário, em princípio, para garantir a correta e eficaz prestação da jurisdição[2]. Dentre tais faculdades sobressai o chamado direito à prova. Sem embargo da forte tendência, no processo contemporâneo, ao incremento dos poderes do juiz na investigação da verdade[3], inegavelmente subsiste a necessidade de assegurar aos litigantes a iniciativa – que, em regra, costuma predominar – no que tange à busca e apresentação de elementos capazes de contribuir para a formação do convencimento do órgão judicial.

É evidente que o direito à prova implica, no plano conceptual, a ampla possibilidade de utilizar quaisquer meios probatórios disponíveis. A regra é a admissibilidade das provas; e as exceções precisam ser cum-

---

1 Conferência pronunciada em Belo Horizonte, em 10-10-1996, e em Salvador, em 18-10-1996, e publicada na *Revista Forense*, v. 337. O texto (acrescido das notas) resulta da tradução, revista, ampliada e atualizada, de artigo escrito em castelhano, sob o título *Restricciones a la prueba en la Constitución brasileña*, para integrar o volume de estudos, a ser editado no México, em memória de Ignacio Medina Lima, e nessa forma originária publicado na *Revista de Derecho Procesal* (espanhola), nº 3/95, na *Revista de Processo*, nº 82, e na *Revista Uruguaya de Derecho Procesal*, nº 1/96. Uma versão intermediária, já em português, saiu na *Revista de Direito Administrativo*, v. 205, na *Revista de Direito do Tribunal de Justiça do Estado do Rio de Janeiro*, nº 29, na *Revista do Instituto dos Advogados do Paraná*, nº 26, e na *Revista do Instituto dos Advogados de Minas Gerais*, nº 3/97.

2 Lê-se em moderna e prestigiosa obra de teoria geral do processo: "A garantia constitucional da ação tem como objeto o direito ao processo, assegurando às partes não só a resposta do Estado, mas ainda o direito de sustentar as suas razões, o direito ao contraditório, o direito de influir sobre a formação do convencimento do juiz" (ANTONIO CARLOS DE ARAUJO CINTRA, ADA PELLEGRINI GRINOVER e CÂNDIDO DINAMARCO, *Teoria geral do processo*, 12ª ed., S. Paulo, 1996, p. 256).

3 Desse ponto de vista não é possível deixar de enxergar surpreendente e melancólico retrocesso no *Codice di procedura penale* italiano de 1988, cujo art. 190.1 restringe a iniciativa oficial às hipóteses expressamente contempladas: *"La legge stabilisce i casi in cui le prove sono ammesse di ufficio".*

pridamente justificadas, por alguma razão relevante. Esse o princípio fundamental, que se reflete, por exemplo, na propensão dos modernos ordenamentos processuais para abandonar, na matéria, a técnica da enumeração taxativa e permitir que, além de documentos, depoimentos, perícias e outros meios tradicionais, em geral minuciosamente regulados em textos legais específicos, se recorra a expedientes não previstos em termos expressos, mas eventualmente idôneos para ministrar ao juiz informações úteis à reconstituição dos fatos (provas "atípicas")[4].

2. Por outro lado, convém ter presente que no direito em geral, e no processo em especial, é sempre imprudente e às vezes muito danoso levar às últimas consequências, como quem dirigisse veículo sem fazer uso do freio, a aplicação rigorosamente lógica de qualquer princípio. Desnecessário frisar que os princípios processuais estão longe de configurar dogmas religiosos. Sua significação é essencialmente instrumental: o legislador adota-os porque crê que a respectiva observância facilitará a boa administração da justiça. Eles merecem reverência na medida em que sirvam à consecução dos fins do processo, e apenas em tal medida.

Ademais, com muita frequência hão de levar-se em consideração, ao mesmo tempo, dois ou mais princípios ordenados a proteger valores igualmente importantes para o direito, mas suscetíveis de achar-se em recíproca oposição. Trata-se de fenômeno assaz conhecido: não seria temerário afirmar que toda norma jurídica resulta de uma tentativa, mais ou menos bem-sucedida, de conciliar necessidades contrapostas de política legislativa, entre as quais é mister fixar um ponto de equilíbrio.

A disciplina da atividade probatória não constitui aqui exceção. Facilmente se entende que o afã de tornar convincente para o órgão judicial esta ou aquela versão dos fatos possa induzir a parte a exceder as fronteiras do razoável, em detrimento de interesses também juridica-

4 Por exemplo, art. 332 do Código de Processo Civil: "Todos os meios legais, bem como os moralmente legítimos, ainda que não especificados neste Código, são hábeis para demonstrar a verdade dos fatos, em que se funda a ação ou a defesa". A disposição inspirou-se no art. 87 do Código vaticano, cuja redação, cabe observar, e mais clara; para uma comparação entre o modelo e a cópia, *vide* BARBOSA MOREIRA, *Il codice di procedura civile dello Stato della Città dei Vaticano come fonte storica di diritto brasiliano, in Studi in onore di Vittorio Denti,* Pádua, 1994, v. I, p. 9, ou *Temas de Direito Processual (Quinta Série),* S. Paulo, 1994, p. 194-5.

mente relevantes. Por exemplo: o ordenamento protege – e hoje não se conceberia que deixasse de fazê-lo – o interesse que tem toda pessoa na preservação de sua intimidade. Daí certas limitações à liberdade de investigar e à exigibilidade da cooperação de terceiros: *v.g.*, a autorização dada à testemunha para negar-se a responder a perguntas relativas a fatos cuja divulgação poderia causar-lhe grave dano, inclusive de natureza moral[5].

3. Em semelhante contexto vem-se suscitando a questão das provas adquiridas com infração a uma norma jurídica[6]. Conforme bem se sabe, manifestam-se a tal respeito duas teses radicais. De acordo com a primeira[7], deve prevalecer em qualquer caso o interesse da Justiça no descobrimento da verdade, de sorte que a ilicitude da obtenção não subtrai à prova o valor que possua como elemento útil para formar o convencimento do juiz; a prova será admissível, sem prejuízo da sanção a que fique sujeito o infrator. Já para a segunda, o direito não pode prestigiar comportamento antijurídico, nem consentir que dele tire proveito quem haja desrespeitado o preceito legal, com prejuízo alheio; por conseguinte, o órgão judicial não reconhecerá eficácia à prova ilegitimamente obtida.

Entre esses extremos, têm-se proposto soluções mais matizadas. Pensam muitos que a complexidade do problema repele o emprego de fórmulas apriorísticas e sugere posições flexíveis. Seria mais sensato conceder ao juiz a liberdade de avaliar a situação em seus diversos aspectos; atenta a gravidade do caso, a índole da relação jurídica controvertida, a dificuldade para o litigante de demonstrar a veracidade de suas alegações mediante procedimentos perfeitamente ortodoxos, o vul-

5 Assim o art. 406, nº I, do Código de Processo Civil: "A testemunha não é obrigada a depor de fatos: I – que lhe acarretem grave dano, bem como ao seu cônjuge e aos seus parentes consanguíneos ou afins, em linha reta, ou na colateral em segundo grau".

6 Dadas as vastas proporções já atingidas pela literatura, não é simples a escolha de indicações bibliográficas. Para um claro resumo das várias posições doutrinárias, *vide* ADA PELLEGRINI GRINOVER *Provas ilícitas, in O processo em sua unidade,* II, Rio de Janeiro, 1994, p. 172-4.

7 Dominante, registre-se, não apenas em países de regime autoritário, como os que formavam o antigo bloco socialista, mas também noutros de tradições inquestionavelmente liberais (no sentido mais nobre da palavra), *v.g.* Inglaterra, Canadá, Austrália, Bélgica, Dinamarca, Suíça: *vide* ADA PELLEGRINI GRINOVER, *Liberdades públicas e processo penal,* 2ª ed., S. Paulo, 1982, p. 116 e s., 129 e s.

to do dano causado e outras circunstâncias, o julgador decidiria qual dos interesses em conflito deve ser sacrificado, e em que medida.

Alude-se, a tal propósito, ao chamado princípio da proporcionalidade[8]. Há que verificar se a transgressão se explicava por autêntica necessidade, suficiente para tornar escusável o comportamento da parte, e se esta se manteve nos limites por aquela determinados; ou se, ao contrário, existia a possibilidade de provar a alegação por meios regulares, e a infração gerou dano superior ao benefício trazido à instrução do processo. Em suma: averiguar se, dos dois males, se terá escolhido realmente o menor.

4. Às vezes se imputa a semelhante doutrina o risco de dar margem à excessiva influência de fatores subjetivos e, por conseguinte, à emergência do arbítrio *judicial.* Mas cumpre não perder de vista quão frequentes são as situações em que a *lei* confia na *valoração (inclusive* ética) do juiz para possibilitar a aplicação de normas redigidas com emprego de conceitos jurídicos indeterminados, como o de «bons costumes», o de *"mulher* honesta" ou o de "interesse *público".* A subjetividade do *juiz* atua constante e inevitavelmente no modo de dirigir o processo e de decidir; se pretendêssemos eliminá-la de todo, seríamos forçados a substituir por computadores os magistrados de carne e osso. Visões desse gênero, projetadas num hipotético futuro, já têm provocado pesadelos demais...

Chegou-se a expressar o receio de que a aplicação do princípio *de* proporcionalidade conduza a "aberrações"[9]. É o caso de perguntar se porventura nunca se poderão mostrar mais aberrantes os resultados de

---

8 Preconizava a adoção desse princípio, sob o regime anterior, MONIZ DE ARAGÃO, *Exegese do Código de Processo Civil,* v. IV-I, Rio de Janeiro, s/d, p. 82-3. Cf., já na vigência da atual Carta Política, NELSON NERY JUNIOR, *Princípios do processo civil na Constituição Federal,* p. 141/2. *Vide* sobre o tema, na Espanha, ASENCIO MELLADO, *Prueba prohibida y prueba preconstituida,* Madri, 1989, p. 96 e s., e sobretudo GONZÁLEZ-CUELLAR SERRANO, *Proporcionalidad y derechos fundamentales en el proceso penal,* Madri, *1990, passim.* Na Alemanha faz tempo que se invoca, na jurisprudência e na doutrina do processo *penal (v.g.,* HENKEL, *Strafveifahrensrecht,* 2ª ed., *Stuttgart-*Berlim-Colônia-Mainz, 1968, p. 270; KERN-ROXIN, *Strafveifahrensrecht,* 13ª ed., Munique, 1975, p. 10), o *Verhältnismässigkeitsgrundsatz* (ou *Verhältnismässigkeitsprinzip).*

9 A expressão é de ADA PELLEGRINI GRINOVER, *ob.* cit. (nota 5), p. 177. Mas a posição da autora parece atenuada em trabalho mais recente: *As provas ilícitas na Constituição, in O processo em evolução, São* Paulo, 1996, p. 49.

estrita observância da proibição de levar em conta qualquer prova cuja aquisição se afigure ilegal.

Suponhamos, por exemplo, que em processo civil, onde se pleiteia a condenação do réu a cumprir certa obrigação, o autor alegue que o adversário lhe furtara o documento oferecido como prova de já se haver extinguido a obrigação. O juiz civil tem de examinar a alegação e resolver a questão suscitada, para saber se pode ou não basear a decisão nesse documento. Por hipótese, ele reconhece a ocorrência de furto, rejeita o documento como prova ilícita e, na ausência de outras favoráveis ao réu, condena-o a satisfazer a pretensão do autor. É óbvio que a solução adotada pelo juiz civil, ainda que transite em julgado a sentença, não produzirá efeitos fora do pleito que lhe tocava julgar, e de maneira alguma impedirá que, em subsequente processo penal, o órgão competente para decidir *principaliter* a matéria venha a absolver o suposto infrator, negando a existência do fato delituoso e afirmando que fora absolutamente regular o comportamento do réu. *Quid iuris?* No feito civil desprezou-se uma prova que, afinal de contas, *não* era ilícita. O litigante que apresentara o documento terá sofrido manifesta e injusta lesão no direito de provar suas alegações – lesão que se cristalizará em definitivo, caso não exista no ordenamento remédio idôneo para ensejar, em tal hipótese, a revisão do julgamento civil. Porventura não se há de ver nisso uma aberração?

5. A Constituição de 1988 distingue-se das antecessoras, entre outras coisas, pelo maior relevo que deu aos temas processuais, e – ao contrário do que antes quase sempre sucedia – não só no campo penal. É natural que se haja ocupado de nosso problema. Nos trabalhos da Assembleia Constituinte exerceu grande influência um grupo de juristas, que prestou excelentes serviços de assessoria aos congressistas. Deve-se principalmente a eles a inclusão de várias disposições importantes no texto constitucional, sobretudo no que tange às garantias processuais dos direitos individuais e coletivos.

Predominava nesse grupo a corrente hostil à admissibilidade das provas obtidas mediante comportamento ilegal. Não surpreende que a Constituição haja adotado a tese proibitiva, em termos literalmente categóricos. Reza, com efeito, o art. 5º, nº LVI: "São inadmissíveis, no processo, as provas obtidas por meios ilícitos". Com a ressalva que em breve se mencionará (nº 7), ante regra de semelhante teor não parece haver lugar para exceções, e nem sequer para atenuações.

6. Apesar disso, é irrealístico pensar que se logre evitar totalmente a conveniência (ou melhor, a necessidade) de temperar a aparente rigidez da norma. Para não ir mais longe: como se procederá, se um acusado consegue demonstrar de maneira cabal sua inocência, com apoio em prova que se descobre ter sido ilicitamente adquirida? Algum juiz se animará a perpetrar injustiça consciente, condenando o réu, por mero temor de contravir à proibição de fundar a sentença na prova ilícita? Essa questão já preocupa a doutrina, que nega em tal emergência a aplicabilidade do art. 5º, nº LVI, da Constituição. Invocando jurisprudência norte-americana, argumenta-se que o direito de provar a inocência deve prevalecer sobre o interesse de proteção que inspira a norma proibitiva, e acrescenta-se que não pode interessar ao Estado a condenação de um inocente, a qual implicará talvez a impunidade do verdadeiro culpado[10].

Todavia, se a defesa – à diferença da acusação – fica isenta do veto à utilização de provas ilegalmente obtidas, não será essa disparidade de tratamento incompatível com o princípio, também de nível constitucional, da igualdade das partes? Quiçá se responda que, bem vistas as coisas, é sempre mais cômoda a posição da acusação, porque os órgãos de repressão penal dispõem de maiores e melhores recursos que o réu. Em tal perspectiva, ao favorecer a atuação da defesa no campo probatório, não obstante posta em xeque a igualdade formal, se estará tratando de restabelecer entre as partes a igualdade substancial. O raciocínio é hábil e, em condições normais, dificilmente se contestará a premissa da superioridade de armas da acusação. Pode suceder, no entanto, que ela deixe de refletir a realidade em situações de expansão e fortalecimento da criminalidade organizada, como tantas que enfrentam as sociedades contemporâneas. É fora de dúvida que atualmente, no Brasil, certos traficantes de drogas estão muito mais bem armados que a polícia e, prova-

---

10 Assim, na mais recente literatura, ANTONIO MAGALHÃES GOMES FILHO, *Sobre o direito à prova no processo penal,* S. Paulo, 1995, p. 107. À mesma conclusão, invocando a garantia constitucional da "ampla defesa", chega LUIS GUSTAVO GRANDINETT CASTANHO DE CARVALHO, *O processo penal em face da Constituição,* Rio de Janeiro, 1992, p. 25/6. Para ela também parece inclinar-se, embora em termos menos categóricos, JÚLIO FABBRINI MIRABETE, *Processo penal,* 4ª ed., S. Paulo, 1995, p. 260. Consoante informa LUIZ FRANCISCO TORQUATO AVOLIO, *Provas ilícitas,* S. Paulo, 1995, p. 77, as "Mesas de Processo Penal", ligadas ao Departamento de Direito Processual da Faculdade de Direito da Universidade de S. Paulo, consagraram em *Súmula* (nº 50) a seguinte proposição: "Podem ser utilizadas no processo penal as provas ilicitamente colhidas, que beneficiem a defesa".

velmente, não lhes será mais difícil que a ela, nem lhes suscitará maiores escrúpulos, munir-se de provas por meios ilegais. Exemplo óbvio é o da coação de testemunhas nas zonas controladas pelo narcotráfico: nem passa pela cabeça de ninguém a hipótese de que algum morador da área declare à polícia, ou em juízo, algo diferente do que lhe houver ordenado o "poderoso chefão" local.

7. Seja como for, o essencial aqui é pôr em realce o caráter *relativo* que por força se tem de atribuir ao princípio constitucional atinente à inadmissibilidade das provas ilicitamente adquiridas[11].Visto que, ainda entre os juristas mais comprometidos com a tese da proibição, se acaba por admitir que ela não se aplica de modo automático e indiscriminado sob quaisquer circunstâncias, fica aberta a possibilidade de uma construção jurisprudencial que tome na devida conta as variáveis necessidades sociais.

Sabemos todos que as normas jurídicas em geral, e as normas constitucionais em particular, se articulam num sistema, cujo equilíbrio impõe que em certa medida se tolere detrimento aos direitos por elas conferidos. Os interesses e valores que as inspiram não raro entram em conflito uns com os outros, de tal sorte que se torna impraticável dispensar a todos, ao mesmo tempo, proteção irrestrita. Para assegurar a harmonia do conjunto, é imperioso reconhecer que eles se limitam reciprocamente de modo inexorável. Basta recordar, por exemplo, como a liberdade de manifestação do pensamento e a da atividade de comunicação podem encontrar fronteiras na necessidade de resguardar a honra alheia ou o direito do autor de divulgar ou não os produtos de seu engenho e arte.

A possibilidade de provar alegações em juízo é ínsita na de submeter à apreciação do Poder Judiciário qualquer lesão ou ameaça a direito (Constituição, art. 5º, nº XXXV). Não parece razoável que se lhe tenha de sobrepor *sempre,* abstraindo-se de tudo mais, a preservação da intimidade de quem haja motivos para supor que possa ter incidido, ou estar incidindo, ou em vias de incidir, em algum comportamento antijurídico. Daí a conveniência de deixar ao aplicador da norma restritiva determi-

11 No dizer de CELSO RIBEIRO BASTOS, *in* CELSO RIBEIRO BASTOS-IVES GANDRA MARTINS, *Comentários à Constituição do Brasil,* 22 v., S. Paulo, 1989, p. 273, "o preceito constitucional há de ser interpretado de forma a comportar alguma sorte de abrandamento relativamente à expressão taxativa de sua redação".

nada margem de flexibilidade no respectivo manejo. Só a atenta ponderação comparativa dos interesses em jogo no caso concreto afigura-se capaz de permitir que se chegue a solução conforme à Justiça. É exatamente a isso que visa o recurso ao princípio da proporcionalidade.

8. Têm-se notado sinais de reação, aqui e ali, aos exageros a que leva uma consideração unilateral do problema. Em decisão recente e unânime, de 5-3-1996, no *Habeas corpus* nº 4.138 – e na qual se indica precedente análogo –, esposou a 6ª Turma do Superior Tribunal de Justiça entendimento matizado, rejeitando a alegação de inadmissibilidade de gravação de conversa telefônica, mediante escuta policial supostamente ilícita, no presídio a que se achavam recolhidos os impetrantes. Acentuou o relator, Ministro Adhemar Maciel, a relatividade dos direitos contemplados no texto constitucional, decorrente da própria necessidade de harmonização recíproca, e referiu-se ao "substrato ético" que não pode deixar de orientar o intérprete na fixação dos limites razoáveis.

Independentemente do juízo que cada um faça sobre a solução dada à espécie, não sofre dúvida a relevância de argumentos contidos na motivação do acórdão. Com razão sublinha o Ministro Relator quão descabido é arvorar em valor supremo, sejam quais forem as circunstâncias, a privacidade deste ou daquele indivíduo: "pode haver", adverte, "do outro lado da balança, o peso do interesse público a ser preservado e protegido".

9. Retomemos o fio da meada. Em linha de princípio, a violação do art. 5º, nº LVI, da Constituição acarreta a ineficácia das provas ilícitas e. eventualmente, a nulidade da sentença nelas fundada[12]. Esta última consequência, porém, não se produz senão quando se trata do único fundamento, ou pelo menos do fundamento principal da decisão. Se o juiz, ao motivá-la, invoca outras razões, suficientes de per si – quer dizer, se o conteúdo da sentença permaneceria idêntico ainda com abstração da prova impugnada como inadmissível –, então não há por que invalidar o julgamento.

O Supremo Tribunal Federal já se pronunciou mais de uma vez nesse sentido. Ao julgar o *Habeas corpus* nº 69.079, em 17-3-1992, conside-

12 ADA PELLEGRINI GRINOVER, A NTONIO SCARANCE FERNANDES e A NTONIO MAGALHÃES GOMES FILHO, *As nulidades no processo penal*, S. Paulo, 1992, p. 116/7; LUIZ FRANCISCO TORQUATO AVOL!O, ob. cit. (nota 9), p. 89.

rou despicienda a irregularidade na obtenção da confissão do réu, desde que fundada a condenação noutras provas[13]. Em acórdão de 31-3-1992, no *Habeas corpus* nº 69.209, decidiu que, em iguais circunstâncias, não se deve anular a sentença unicamente por figurar, entre os elementos submetidos à apreciação do julgador, fita magnética que se alegava ter sido ilegalmente gravada[14].

Idêntica posição, num primeiro momento, havia tomado a Corte em 30-6-1993, no *Habeas corpus* nº 69.912, também a propósito de caso em que outras provas existiam além da transcrição de fitas gravadas mediante interceptação telefônica ilícita[15]. Tal decisão, porém, foi depois anulada e substituída por outra, de 16-11-1993, em que veio o Tribunal a conceder a ordem de *habeas corpus* antes denegada. Ao fazê-lo, adotou o entendimento de que, como só fora possível ter acesso às outras provas pelo uso de informações contidas nas fitas magnéticas, aquelas tinham ficado "contaminadas" pela ilicitude destas e deveriam reputar-se igualmente inadmissíveis. Acolheu-se assim uma doutrina de procedência norte-americana, segundo a qual o vício de origem se transmite a todos os elementos probatórios obtidos graças à prova ilícita: na conhecida expressão, não se podem aproveitar os "frutos da árvore venenosa" *(fruits of the poisonous tree)*[16].

10. Para determinar o exato alcance da norma constitucional atinente às provas ilícitas impende confrontar duas disposições do art. 5º: o supramencionado inciso LVI e o inciso XII, em que se lê: "É inviolável o sigilo da correspondência e das comunicações telegráficas, de dados e das comunicações telefônicas, salvo, no último caso, por ordem judicial, nas hipóteses e na forma que a lei estabelecer para fins de investigação criminal ou instrução processual penal". Do confronto podem-se extrair imediatamente algumas inferências seguras: *a)* não é ilícita, nem por conseguinte inadmissível, uma prova obtida nos termos da ressalva constante da parte final do nº XII; *b)* a ressalva não abrange o segredo de correspondência, nem o das comunicações telegráficas ou de dados, ma,

---

13 *Rev. Trim. de Jurisprudência,* v. 141, p. 1.

14 *Ibid.*, p. 924.

15 *Rev. Forense,* v. 332, p. 353.

16 *Ibid.*, p. 381. Não tem sido constante, porém, a adesão a tal doutrina: *vide* a nota 17, *infra.*

exclusivamente o das comunicações telefônicas *(verbis* "no último caso"); c) cinge-se a ressalva à esfera criminal, não alcança o processo civil.

Acerca da primeira inferência *(a),* é oportuno assinalar a existência de autorizada opinião consoante a qual, para ser aplicável, teria a ressalva ficado dependente do advento de lei definidora das hipóteses e da forma exigíveis para que se tomasse lícito ao juiz autorizar a quebra de sigilo das comunicações telefônicas. Em semelhante perspectiva, enquanto perdurasse o silêncio do legislador – somente quebrado, como Se sabe, pela Lei nº 9.296, de 24-7-1996 –, seria inconstitucional toda e qualquer violação do sigilo e, portanto, inadmissível toda e qualquer prova adquirida por esse meio[17].

Merece alusão aqui um julgamento de grande repercussão, mesmo fora dos meios jurídicos, realizado em 7-12-1994: o da Ação Penal nº 307, em que foram réus, entre outros, o ex-Presidente Fernando Collor de Melo e Paulo César Farias[18]. A defesa deste arguira em preliminar a inadmissibilidade de duas provas: a gravação de conversa telefônica, feita por uma das testemunhas, sem o conhecimento dos outros interlocutores, entre eles Paulo César; e os registros extraídos da memória de computador da empresa Verax, objeto de apreensão no respectivo escritório. Embora com divergências, foi a arguição acolhida em ambos os casos pelo Supremo Tribunal Federal. O relator, Ministro limar Galvão, sustentou em seu voto que, inexistindo lei definidora das hipóteses e da forma da interceptação, não seria possível a juiz algum, mesmo que se houvesse requerido – o que não ocorrera –, conceder autorização para gravar sub-repticiamente a conversa. Quanto aos registros do computador, tampouco assistiria à polí-

---

17 Nesse sentido, *v.g.,* TOURINHO FILHO, *Processo penal,* 3º v., 12ª ed., S. Paulo, 1990, p. 213; ADA PELLEGRINI GR1NOVER, ANTONIO SCARANCE FERNANDES e ANTONIO MAGALHÃES GOMES FILHO, ob. cit. (nota 11), p. 147, com indicações de jurisprudência, às quais é oportuno acrescentar o mencionado acórdão do Supremo Tribunal Federal, de 30-6-1993, no *Habeas corpus* nº 69.9 12. O mesmo argumento, entre outros, foi utilizado no julgamento da Ação Penal nº 307, a que nos referimos no parágrafo subsequente do texto. Diversamente, ao julgar o *Habeas corpus* nº 69.204 (26-5-1992), a Corte Suprema havia admitido a eficácia de autorização judicial para gravação da conversa telefônica entre uma das vítimas de concussão e seu advogado *(Rev. Trim. Jurisprudência,* v. 144, p. 213).

18 *Rev. Forense,* v. 335, p. 183 e s. Registre-se que, nesse julgamento, por maioria de votos, foi rejeitada (p. 185, 437) a tese de que a ilicitude na obtenção de uma prova repercutiria sobre as adquiridas em consequência, tornando-as igualmente inadmissíveis; isto é, o Tribunal não aplicou a doutrina dos "frutos da árvore venenosa" (cf. voto do Ministro CELSO DE MELLO, que expressamente a aplicava: p. 367).

cia o direito de apreender o aparelho sem ordem judicial, nem o de extrair dele dados particulares da empresa, ali armazenados.

Quanto à segunda inferência *(b)*, não é fácil perceber a razão de política legislativa capaz de justificar a disciplina heterogênea da matéria no tocante, por um lado, às comunicações telefônicas e, por outro, aos demais tipos de comunicação[19]. Soa extravagante que se possa outorgar ao órgão judicial o poder de autorizar uma interceptação telefônica, e a mesma providência seja, ao contrário, inadmissível no que respeita a uma carta ou a um telegrama. Se dois membros de uma quadrilha conversam por telefone, existirá a possibilidade de escutar o que dizem, sem que eles saibam; mas, se um envia ao outro folha de papel, não haverá meio lícito de descobrir o que nela foi escrito, a menos que o próprio destinatário faça a cortesia de revelá-lo... O mínimo que cabe dizer é que o legislador constituinte revelou aí estranho amor pelo paradoxo[20].

11. Tampouco parece razoável - e o tema, a nosso ver, faz jus a consideração especial - a diferença que se estabeleceu *(c)* entre o campo penal e o civil[21]. Não se repitam aqui as velhas e desmoralizadas trivialidades sobre o caráter mais "grave" dos efeitos da sentença penal em comparação com os da sentença civil. Um pensamento superficial costuma trazer

---

19 Cf. ALCINO PINTO FALCÃO, *in* WHITAKER DA CUNHA e outros, *Comentários à Constituição*, 12 v., Rio de Janeiro, 1990, p. 190: "O inciso [nº XII] contém a singularidade injustificável de abrir exceção para o caso de comunicações telefônicas, deixando de dar igual tratamento para as telegráficas e radiofônicas, pondo de lado a parêmia milenar *ubi eadem ratio, ibi eadem legis dispositio*, de boa aceitação para a exegese do direito constitucional". Também criticam a disposição ADA PELLEGRINI GRINOVER, ANTONIO SCARANCE FERNANDES e ANTONIO MAGALHÃES GOMES FILHO, ob. cit. (nota 11), p. *116/7*. JÚLIO FABBRINI MIRABETE, ob. e lug. cit. (nota 9), chega a admitir, "apesar da má redação do dispositivo constitucional", a possibilidade de "regulamentação de ordem judicial para violação do sigilo de correspondência, comunicações telegráficas e de dados, com fins probatórios na área penal".

20 Observa ALCINO PINTO FALCÃO, ob. e lug. cit. (nota 18), a incoerência entre o texto do art. 52, nº XII, e as disposições dos arts. 136, nº I, *b* e c, e 139, nº III, nos quais, ao enumerar as restrições imponíveis aos direitos fundamentais por ocasião do "estado de defesa" e do "estado de sítio", respectivamente, a Constituição se refere indiscriminadamente à inviolabilidade da correspondência e ao sigilo das outras modalidades de comunicação.

21 De acordo: ADA PELLEGRINI GRINOVER, ANTONIO SCARANCE FERNANDES e ANTONIO MAGALHÃES GOMES FILHO, ob. cit. (nota 11), p. 146.

à colação, a tal respeito, a oposição entre decisões que só interessam ao patrimônio e decisões que afetam a liberdade pessoal. E esquecer que no âmbito civil se trata com frequência de problemas relativos a aspectos íntimos e relevantíssimos da vida das pessoas, como ocorre, por exemplo, nos assuntos de família; e também que no processo penal pode igualmente estar em jogo apenas o patrimônio, como acontece quando a infração não é punível senão com multa.

No direito brasileiro – e não só nele – a expressão "processo civil" compreende muito mais que a atividade judicial concernente às relações jurídicas de caráter privado. É no processo civil que se discutem e se decidem pleitos atinentes a matérias reguladas pelo direito público (administrativo, tributário, internacional e – *last but not least* – constitucional...), em regra subtraídas, não menos que as de direito penal, a poder de disposição das partes. Os interesses sujeitos à influência do julgamento nem sempre se cingem à esfera particular dos litigantes: podem tocar a amplas coletividades, quando não à sociedade como um todo.

Dizer que o processo penal persegue a chamada "verdade real', a passo que o processo civil se satisfaz com a denominada "verdade formal", é repetir qual papagaio tolices mil vezes desmentidas. A verdade é *uma* e interessa a qualquer processo, se bem que a justiça possa (e às vezes *deva)* renunciar – na área civil *e na penal* – à sua reconstituição completa, em atenção a outros valores de igual dignidade[22].

A Constituição de 1988 equiparou com acerto o processo civil *(rectius:* qualquer processo) ao penal, no que tange às garantias dos litigantes. Por exemplo: o art. 5º, nº LV, que sanciona o princípio do contraditório, nenhuma distinção admite desse ponto de vista: "Aos litigantes em processo judicial ou administrativo, e aos acusados em geral são assegurados o contraditório e ampla defesa, com os meios e recursos a ela inerentes". De maneira alguma se justifica a adoção de diretriz diversa no tópico aqui focalizado. A diferença de tratamento não pode deixar de causar perplexidade: eis a explicação mais provável do fato de haver ilustre constitucionalista afirmado que o texto "não distingue entre a instrução processual penal e a civil[23]. O autor terá suposto ler na Constituição aquilo que gostaria de ver nela escrito...

22 *V.g.*, a credibilidade do sigilo profissional: *vide* o art. 207 do Código de Processo Penal e o art. 406, nº II, do Código de Processo Civil.

23 CELSO RIBEIRO BASTOS, ob. e v. cit. (nota 10), p. 72.

12. À disposição que estamos criticando corresponde o art. 15 da Constituição italiana de 1947/8. Lá, entretanto, não se incidiu no mesmo erro. O texto peninsular absteve-se de consagrar diferenças arbitrárias como a da parte final de nosso art. 5º, nº XII: *"La libertà e la segretezza della corrispondenza e di ogni altra forma di comunicazioni sono inviolabili. La loro limitazione può avvenire soltanto per atto motivato dell'autorità giudiziaria con le garanzie stabilite dalla legge"* (art. 15). Se o legislador constituinte brasileiro se inspirou em tal modelo, salta aos olhos que a cópia saiu desgraçadamente pior que o original. A conclusão análoga levará o cotejo entre o nosso dispositivo e o art. 18.3 da Constituição espanhola de 1978, que reza com maior simplicidade: *"Se garantiza el secreto de las comunicaciones y, en especial, de las postales, telegráficas y telefónicas, salvo resolución judicial".*

Sempre no plano comparatístico, é expressivo o confronto entre o direito brasileiro e o norte-americano. Conforme bem se sabe, os Estados Unidos são o grande baluarte da resistência à admissão de provas irregularmente obtidas – resistência para a qual se tem buscado fundamento na 4ª Emenda à Constituição Federal[24]. Pois bem: naquele país, a *exclusionary rule* só se aplica normalmente contra a autoridade pública (não quanto a eventuais infratores particulares), e no terreno *penal:* em feitos de outra natureza, a ilicitude da obtenção não impede a utilização da prova, salvo casos excepcionais, como o de processo destinado à imposição de sanção administrativa grave[25]. O legislador constituinte brasileiro timbrou em ser mais realista que o próprio rei...

13. A injustificável distinção feita no art. 5º, nº XII, *fine,* entre o processo civil e o penal suscita questões interessantes no plano teórico e importantes no prático. Uma delas se refere à eventualidade de que, em pleito civil, alguém invoque, como elemento de convicção para o juiz, prova produzida em anterior processo penal. A doutrina e a jurisprudência pátrias reconhecem eficácia, sob determinadas circunstâncias, à prova "emprestada" – isto é, transferida de um para outro processo –, contan-

24 Questão controvertida: *vide,* por exemplo, Mc CORMICK, *On Evidence,* 4ª ed., por JOHN WILLIAM STRONG, St. Paul, 1992, p. 284; DEL CARMEN, *Criminal Procedure,* Belmont, 1995, p. 60.

25 *Vide* LA FAVE-ISRAEL, *Criminal Procedure,* 2ª ed., St. Paul, 1992, p. 116 e s.; Mc CORMICK, ob. cit. (nota 23), p. 301 e s. (em ambas as obras, copiosa ilustração da jurisprudência da *Supreme Court).*

to que a pessoa a quem se pretende opor a prova haja participado do feito em que ela se produzira. Pois bem: suponhamos que se cuide de fita magnética, gravada mediante interceptação telefônica para a qual se dispunha de autorização judicial. A fita era admissível como prova no âmbito penal; não no civil, já que para este não teria sido possível autorizar a interceptação. *Quid iuris* se o interessado quer utilizá-la à guisa é de "prova emprestada" perante o juiz civil?

No campo doutrinário tem-se admitido a possibilidade de semelhante utilização[26]. A favor dela pode argumentar-se que, uma vez rompido o sigilo, e por conseguinte sacrificado o direito da parte à preservação à intimidade, não faria sentido que continuássemos a preocupar-nos com o risco de arrombar-se um cofre já aberto. Mas por outro lado talvez se objete que assim se acaba por condescender com autêntica fraude à Constituição. A prova ilícita, expulsa pela porta, voltaria a entrar pela janela... Outra questão deriva do peculiar mecanismo consagrado nos arts. 63 do Código de Processo Penal e 584, nº II, do Código de Processe Civil, que atribuem à sentença penal irrecorrível a eficácia de título executivo *civil,* para fins de ressarcimento do dano causado pelo crime. Significa isso que, se o juiz penal condenou o réu, por sentença trânsita em julgado, a vítima não precisa intentar ação civil para pleitear a reparação, pelo infrator, do prejuízo sofrido em seu patrimônio: bastará que requeira ao juiz civil, com esse objetivo, a execução da sentença penal.

Claro está que, nessa execução, já não será necessário provar a ocorrência da infração, nem a culpabilidade do infrator: são questões que a coisa julgada penal cobriu com o manto da preclusão. É concebível, porém, que no juízo criminal se haja logrado demonstrar algum pressuposto da condenação mercê de interceptação telefônica, judicialmente autorizada, sem a qual o réu teria sido com toda a certeza absolvido. Caso o interessado requeira a execução civil, poderá o devedor opor-se eficazmente a ela, alegando que a prova na qual repousara sua condenação era inadmissível na esfera civil?

A essa indagação é fácil dar resposta cabal. A coisa julgada tem o efeito de subtrair toda relevância às questões enfrentadas e resolvidas no processo de conhecimento (e até às questões que nele se *poderiam*

26 NELSON NERY JUNIOR, ob. cit. (nota 7), p. 145-6.

ter enfrentado e resolvido)[27]. Desde que a sentença transita em julgado, já nada importa saber em que provas se baseou o juiz, com ressalva das hipóteses, por sinal excepcionais, em que a lei permite a destruição da coisa julgada; tampouco, *a fortiori*, se essas provas são idôneas para fundamentar uma condenação *civil*. Diante da condenação penal, tudo que interessa, para a execução civil, é verificar se se trata de sentença passada em julgado. Nenhuma objeção extraída do que sucedeu na instrução do processo-crime pode ter aqui a virtude de impedir semelhante execução.

14. O problema das provas ilícitas inclui-se entre os mais árduos que a ciência processual e a política legislativa têm precisado enfrentar, dada a singular relevância dos valores eventualmente em conflito. De um lado, é natural que suscite escrúpulos sérios a possibilidade de que alguém tire proveito de uma ação antijurídica e, em não poucos casos, antiética; de outro, há o interesse público de assegurar ao processo resultado justo, o qual normalmente impõe que não se despreze elemento algum capaz de contribuir para o descobrimento da verdade. É sumamente difícil, quiçá impossível, descobrir o ponto de perfeito equilíbrio entre as duas exigências contrapostas.

A Constituição de 1988 optou à evidência por uma solução - ao menos à primeira vista - radical. Não só proibiu em termos amplos a utilização de provas ilícitas, mas fixou limites muito estreitos ao poder do juiz de, mediante autorização, legitimar a obtenção de provas que sem ela ficam sujeitas a veto literalmente categórico.

Explica-se tal opção, em grande parte, por circunstâncias históricas. A Constituição foi elaborada logo após notável mudança política. Extinguira-se recentemente o regime autoritário que por tanto tempo dominara o País, e sob o qual eram frequentes e graves as violações de direitos fundamentais, sem exclusão dos proclamados na própria Carta da República então em vigor, como a inviolabilidade do domicílio e de correspondência. Ninguém podia considerar-se imune a diligências policiais arbitrárias ou ao "grampeamento" de aparelhos telefônicos. Quis-

27 Cf. o art. 474 do Código de Processo Civil. Acerca do tema, *vide* BARBOSA MOREIRA, *A eficácia preclusiva da coisa julgada material, in Libro Homenaje a Luis Loreto*. Caracas, 1975, p. 295, ou *Temas de Direito Processual (Primeira Série)*, 2ª ed. S. Paulo, 1988, p. 97.

se prevenir a recaída nesse gênero de violências. É mister reconhece que, naquele momento histórico, não teria sido fácil conter a reação contra o passado próximo nos lindes de uma prudente moderação. Se puxamos um pêndulo com demasiada energia em certo sentido e assim o mantemos por largo tempo, quando seja liberado ele fatalmente se moverá com força equivalente no sentido oposto.

É certo que outros países tiveram sorte diferente no particular. Já se mencionaram os exemplos da Itália e da Espanha, que igualmente saíam de regimes autoritários, mas souberam abster-se de determinados exageros. Não escandaliza o mundo jurídico espanhol ouvir dizer ao Tribunal Constitucional que os próprios direitos fundamentais não devem erguer "obstáculo intransponível à busca da verdade material que não se pode obter de outro modo"[28]. Ninguém se animará a tirar daí motivo para pôr em dúvida o caráter democrático da sociedade espanhola contemporânea. Talvez algum dia possamos reagir no Brasil com circunspecção igual. Teremos aprendido uma antiga e importante lição: a melhor forma de coibir um excesso e de impedir que se repita não consiste em santificar excesso oposto.

A propósito: não merecerá particular reexame a precipitação em importar, de maneira passiva e acrítica – segundo não raro acontece – a doutrina dos "frutos da árvore venenosa", ainda mais em formulação indiscriminada, nua dos matizes que a recobrem no próprio país de origem?[29] Será ela adequada à realidade do Brasil de hoje? Ampliar em tal medida, para os infratores atuais e potenciais – sobretudo na área, constantemente em expansão, da "criminalidade organizada" –, a perspectiva de escapar às sanções cominadas em lei acaso contribuirá para

---

28 *Apud* ASENCIO MELLADO, ob. cit. (nota 7), p. 96.

29 A jurisprudência norte-americana, com efeito, não a consagra sem ponderáveis restrições: *vide,* a respeito, LA FAVE-ISRAEL, ob. cit. (nota 24), p. 471 e s.; DEL CARMEN, ob. cit. (nota 23), p. 65 e s. Boa informação no artigo de DANILO KNUNIK, A *doutrina dos frutos da árvore venenosa" e os discursos da Suprema Corte na decisão de* 16-12-1993, *in Ajuris,* nº 66, p. 76 e s. Alguns dados em COSTA ANDRADE, *Sobre as proibições* e *prova em processo penal,* Coimbra, 1992, p. *171/2.* Interessante notar que nos Estados Unidos, entre outros casos, se tem repelido a tese da ilicitude "derivada" ou "por contaminação" quando o órgão judicial se convence de que, fosse como fosse, se chegaria "inevitavelmente", nas circunstâncias, a obter a prova por meio legítimo, isto é, ainda a fazer-se abstração da ilegalidade praticada.

satisfazer o generalizado clamor contra a impunidade[30], vista por tantos, com razões ponderáveis (e descontados alguns acessos de paranoia), qual fator relevante na aceleração do ritmo em que vai baixando o nível ético dos nossos costumes, políticos e outros? Devemos confessar de resto, *com* absoluta franqueza, a enorme dificuldade que sentimos em aderir a uma escala de valores que coloca a preservação da intimidade de traficantes de drogas acima do interesse de toda a comunidade nacional (ou melhor: universal[31]) em dar combate eficiente à praga do tráfico – combate que, diga-se de passagem, *é também* um *valor constitucional,* conforme ressalta da inclusão do "tráfico ilícito de entorpecentes e drogas afins" entre os "crimes inafiançáveis e insuscetíveis de graça ou anistia" (art. 52, nº XLIII).

Temos, no particular, a penosa impressão de ver materializar-se aos nossos olhos autêntico fantasma retardatário de um tipo de individualismo exasperadamente antissocial, que supúnhamos exorcizado há muito tempo e em definitivo. Custa-nos crer que assombrações do gênero possam fazer boa companhia na marcha para a construção de uma sociedade mais civilizada.

Outubro de 1996.

---

30 A crer-se em ensinamento conspícuo, mais importa, no combate à criminalidade, evitar que os delinquentes fiquem impunes do que exasperar as penas. *Vide,* entre muitas outras, a obra clássica de CARRARA, *Programa do curso de direito criminal,* Trad. de José Luiz V. de A. Franceschini e J. R. Prestes Barra, S. Paulo, 1957, § 642, v. II, p. 88: "A força moral objetiva da pena se encontra mais em razão de sua *certeza* que da sua *severidade,* ou seja: esta sem aquela é ilusória" (grifado no original).

31 Atente-se no que consta do preâmbulo da Convenção de Viena, de 20-12-1988, assinada pelo Brasil, aprovada pelo Congresso Nacional em 14-6-1990 e promulgada pelo Dec. nº 154, de 26-6-1991: "As Partes nesta Convenção, (...) Reconhecendo os vínculos que existem entre o tráfico ilícito e outras atividades criminosas organizadas, a ele relacionadas, que minam as economias lícitas e ameaçam a estabilidade, a segurança e a soberania dos Estados; Reconhecendo também que o tráfico ilícito é uma atividade criminosa internacional, cuja supressão exige atenção urgente *e a mais alta prioridade...* " (sem grifo no original).

COMENTÁRIOS DOS ATUALIZADORES

A CONSTITUIÇÃO E AS PROVAS ILICITAMENTE OBTIDAS

Ana Cristina Bacos Fernandes / Marco Antonio Rodrigues

Inadmissibilidade das provas ilícitas na jurisprudência. Como corolário do artigo 5º, LVI, da CF, os Tribunais têm sido constantemente instados a decidir a respeito de eventual inadmissibilidade de um meio de prova utilizado no processo em virtude de suposta ilicitude.

A título de exemplo, o STF considerou ilícita a realização de "entrevista", por policiais, feita com pessoa em face de quem se cumprira mandado de busca e apreensão, por não ter sido respeitado o direito ao silêncio e a não produzir provas contra si mesmo (Rcl 33711, Relator(a): GILMAR MENDES, Segunda Turma, julgado em 11/06/2019, PROCESSO ELETRÔNICO DJe-184 DIVULG 22-08-2019 PUBLIC 23-08-2019).

Além disso, em outro julgado paradigmático, o STF entendeu como lícita a gravação ambiental feita por um dos interlocutores sem o conhecimento do outro (RE 583937 QO-RG, Relator(a): CEZAR PELUSO, Tribunal Pleno, julgado em 19/11/2009, REPERCUSSÃO GERAL – MÉRITO DJe-237 DIVULG 17-12-2009 PUBLIC 18-12-2009 EMENT VOL-02387-10 PP-01741 RTJ VOL-00220-01 PP-00589 RJSP v. 58, nº 393, 2010, p. 181-194).

Prova ilícita e prova emprestada. A obtenção de prova mediante intercepção telefônica é regulamentada pelo artigo 5º, XII, da CF, que somente admite a flexibilização do sigilo das comunicações telefônicas mediante ordem judicial e nas hipóteses e na forma que a Lei nº 9.296/1996 admite, para fins de investigação criminal ou instrução processual penal.

A jurisprudência, contudo, admite a utilização desta prova em outras searas do Direito, a título de prova emprestada, diante da uniformidade de julgamento acerca dos mesmos fatos. É o que consagra, por exemplo, a súmula 591 do STJ, que prevê que "é permitida a prova emprestada no processo administrativo disciplinar, desde que devidamente autorizada pelo juízo competente e respeitados o contraditório e a ampla defesa".

QUE SIGNIFICA "NÃO CONHECER" DE UM RECURSO?[1]

1. Para bem responder à pergunta do título, deve-se começar por lembrar que o recurso – como aliás todo ato postulatório – pode ser objeto de apreciação judicial por dois ângulos perfeitamente distintos: o da *admissibilidade* e o do *mérito.* Ao primeiro deles, trata-se de saber *se é possível* dar atenção ao que o recorrente pleiteia, seja para acolher, seja para rejeitar a impugnação feita à decisão contra a qual se recorre. Ao outro, cuida-se justamente de averiguar se tal impugnação merece ser acolhida, porque o recorrente tem razão, ou rejeitada, porque não a tem. É intuitivo que à segunda etapa só se passa *se* e *depois* que, na primeira, se concluiu ser *admissível* o recurso; sendo ele *inadmissível,* com a declaração da inadmissibilidade encerra-se o respectivo julgamento, sem nada acrescentar-se a respeito da substância da impugnação. Semelhante relação entre os dois juízos permite caracterizar o primeiro como *preliminar* ao segundo[2].

Na técnica do direito brasileiro, o resultado do juízo de admissibilidade, no órgão *ad quem,* expressa-se por uma destas duas fórmulas: "conhece-se do recurso", quando positivo o resultado, isto é, quando o órgão entende concorrerem todos os requisitos necessários para tornar o recurso admissível; "não se conhece do recurso", quando, diversamente, considera o órgão que falta algum (ou mais de um) daqueles requisitos. Já o resultado do juízo de mérito acha expressão noutro par de fórmulas: "dá-se provimento" ao recurso, quando se apura que assiste razão ao recorrente (isto é, que sua impugnação é fundada); na hipótese contrária, "nega-se provimento" ao recurso. Tudo aconselha a que essa distinção terminológica seja cuidadosamente preservada, se é verdade que em direito *(rectius:* em qualquer ciência) a fenômenos iguais devem atribuir-se denominações iguais, e a fenômenos diferentes denominações também diferentes.

---

1 Publicado na Ajuris, nº 66, na Revista da Academia Brasileira de Letras Jurídicas, nº 9, na Revista de Direito Renovar, nº 3, na Revista Forense, nº 333, e na Revista Jurídica, nº 224.

2 Sobre o conceito de preliminar, *vide* BARBOSA MOREIRA, *Questões prejudiciais e coisa julgada*, Rio de Janeiro, 1967, p. 28 e s., espec. 29/30; *Comentários ao Código de Processo Civil,* v. V, 6ª ed., 1993, p. 599.

Nenhum esforço é preciso para evidenciar que as decisões em cada um dos juízos têm objetos distintos e inconfundíveis. Uma coisa é pronunciar-se o *órgão ad quem* sobre a presença ou ausência, *v.g.*, da legitimação para recorrer, ou da tempestividade da interposição; outra, pronunciar-se ele sobre a procedência ou improcedência da(s) crítica(s) que o recorrente formula à decisão recorrida. Frise-se, contudo, que a essa diversidade de objetos corresponde – e é o que mais importa – diversidade igualmente nítida de efeitos. Suponhamos, por exemplo, que se haja impugnado, por suposto *error in iudicando,* decisão relativa ao mérito da causa. O julgamento do órgão *ad quem, caso este conheça do recurso,* versará também sobre o *meritum causae;* por conseguinte, terá aptidão para produzir coisa julgada material (Código de Processo Civil, art. 468) e será eventualmente passível de ataque por meio de ação rescisória (art. 485, *caput).* Mudará de figura a situação, *caso o órgão não conheça do recurso:* seu julgamento, exterior ao terreno do *meritum causae,* não se revestirá daquela aptidão, nem comportará ataque por aquele meio.

2. As noções – por sinal, elementares – que acabamos de recordar aplicam-se uniformemente a todo e qualquer recurso. Nem se poderia conceber outra coisa. Seja qual for o recurso, há interesse em saber se o mérito foi julgado, ou se a atividade cognitiva do órgão *ad quem* se deteve no plano preliminar, e portanto quais os efeitos gerados pela decisão. Destarte, não se há de reservar para este ou aquele recurso, mas, ao contrário, estender a todos, sem exceção, o emprego da terminologia apropriada, sob pena de abrir-se margem a fáceis (e nocivas) confusões.

Neste ponto interfere, todavia, um fator de incerteza. É que nem sempre os textos permitem, logo à primeira leitura, identificar com segurança a linha divisória entre os dois terrenos, o do juízo de admissibilidade e o do juízo de mérito. A identificação é fácil quando, ao indicar-se *in abstracto* o "tipo", cuja concretização no mundo real faz cabível o recurso, se empregam termos puramente descritivos, neutros pelo prisma axiológico. Por exemplo: à luz do art. 105, nº III, letra *c,* da Constituição da República, compete ao Superior Tribunal de Justiça "julgar em recurso especial, as causas decididas, em única ou última instância, pelos Tribunais Regionais Federais ou pelos tribunais dos Estados, do Distrito Federal e Territórios, quando a decisão recorrida der a lei federal interpretação divergente da que lhe haja atribuído outro tribunal. Segundo bem se compreende, a mera divergência, por si só, nada revela sobre o acerto ou desacerto quer da decisão recorrida, quer da que se invoca como padrão: em qualquer das duas, obviamente, pode encontrar-se a interpretação melhor. Não é o simples fato de ter adotado, quanto à norma de direito federal, tese discrepante da adotada em acórdão de outro tribunal que necessariamente desacredita a decisão recorrida. Com frequência acontece que essa decisão, apesar de configurada a divergência está rigorosamente certa, e por conseguinte não merece reforma. Supondo-se presentes os demais requisitos, o dissídio basta para tornar admissível o recurso especial: não, porém, para torná-lo *fundado.* Em casos do gênero, toca ao Superior Tribunal de Justiça – e ele assim procede – *conhecer* do recurso e *negar-lhe provimento.*

Os textos, entretanto, optam às vezes por outra maneira de dizer, capaz de dar falsa impressão de que, ao indicar-se o "tipo", já se está embutido nele uma valoração. Leia-se *v.g.,* o art. 105, nº III, letra *a,* da Carta da República. Por força desse dispositivo, o Superior Tribunal de Justiça é competente para "julgar, em recurso especial, as causas decididas, em única ou última instância, pelos Tribunais Regionais Federais ou pelos tribunais dos Estados, do Distrito Federal e Territórios, quando a decisão recorrida contraria tratado ou lei federal, ou negar-lhes vigência". Ora, limitando o discurso, *commoditatis causa,* à hipótese de *contrariedade a lei federal,* não há quem não perceba que, tomada a Constituição ao pé da letra, se teria conferido ao Superior Tribunal de Justiça atribuição intrinsecamente contraditória. Ele deveria julgar o recurso especial apenas nos casos em que a decisão recorrida houvesse contrariado lei federal; *ou,* em outras palavras: apenas nos casos em que o recorrente tivesse razão. Sucede que, para verificar se a lei federal foi mesmo contrariada, e portanto se assiste razão ao recorrente, o Superior Tribunal de Justiça *precisa julgar o recurso especial! Quid iuris* se, julgando-o, chega o tribunal à conclusão de que não se violou a lei, de sorte que o recorrente não tem razão? Literalmente entendido o texto constitucional, haveria o Superior Tribunal de Justiça andado mal em julgar o recurso: a decisão recorrida *não contrariou* lei federal, logo a espécie *não se enquadra* na moldura do art. *105,* nº III, letra *a...* Mas como poderia o tribunal, *a priori,* sem julgar o recurso, adivinhar o sentido em que viria a pronunciar-se, na eventualidade de julgá-lo?

Eis o pobre Superior Tribunal de Justiça metido, sem culpa sua, em dilema implacável: diante do recurso especial, ou o julga, a fim de ver se a lei federal foi violada, e arrisca-se a, concluindo pela negativa, exceder os limites traçados pela Carta da República; ou então se abstém de julgá-lo, e assume o risco de descumprir a atribuição constitucional, porque sempre era possível que a lei federal tivesse realmente sido violada... Não é crível que a Constituição haja querido pôr o Superior Tribunal de Justiça em situação a tal ponto embaraçosa, condenando-o a *jamais* ter como desincumbir-se com tranquilidade da missão que se lhe confiou. Torna-se patente que ao texto do art. 105, nº III, letra *a,* cumpre dar inteligência que evite convertê-lo em tão angustiante beco sem saída.

3. A solução não parece difícil. Basta que se abandone o apego à literalidade – aqui talvez mais funesto que alhures – na interpretação da letra *a* do art. 105, nº III. Deve ler-se o texto de tal maneira que se reduza à sua dimensão própria o elemento valorativo introduzido na descrição do "tipo". A leitura correta é a seguinte: compete ao Superior Tribunal de Justiça julgar, em recurso especial, as causas decididas, em única ou última instância, pelos Tribunais Regionais Federais ou pelos tribunais dos Estados, do Distrito Federal e Territórios, *quando o recorrente alegar* que a decisão recorrida contrariou lei federal. Semelhante entendimento é o único suscetível de arrumar logicamente o sistema e de livrar do pesadelo o Superior Tribunal de Justiça[3].

Como se equaciona, então, o problema? Sempre admitida, por hipótese, a satisfação dos outros requisitos, é suficiente, para o cabimento do recurso especial, a *alegação* de que a decisão recorrida contrariou lei federal. Se o recorrente faz tal alegação, tem o Superior Tribunal de Justiça de *conhecer* do recurso. Em seguida, averiguará se a alegação *é fundada,* isto é, se na verdade se consumou a ofensa. Caso conclua que sim, *dará provimento* ao recurso; caso conclua que não, *negar-lhe-á provimento.* E quando cumprirá que o tribunal *não conheça* do recurso? Quando o recorrente *não* houver alegado a violação de lei federal; por exemplo: quando for *estadual* a norma supostamente infringida.

3 Um autor estrangeiro, comentando o art. 101, nº II, letra *a*, da Constituição de 1946, mostrou haver bem compreendido o problema quando escreveu: "*How is it possible to determine, before lhe judgment of the Supreme Court is rendered, whether the decision appealed from was 'contrary' to the federal law or not? The constitutional provision should be understood as saying: 'When the decision is allegedly contrary*" (WAGNER, *The Federal States and their Judiciary*, T'Gravenhage, 1959, p. 324, nota 2). Cf., na recente literatura pátria, RODOLFO DE CAMARGO MANCUSO, Recurso extraordinário e recurso especial, S. Paulo, 1990, p. 93/5.

Salta aos olhos a profunda diferença entre "não conhecer" do recurso especial e "negar-lhe provimento". Na segunda hipótese, o Superior Tribunal de Justiça examina a substância da impugnação, verifica que ela é infundada, que o acórdão recorrido não contém o erro que se lhe imputa, e portanto merece prevalecer a solução nele adotada. Na primeira hipótese, cinge-se o Superior Tribunal de Justiça a declarar que falece ao recurso um (ou mais de um) requisito de admissibilidade, de sorte que nem sequer é possível analisar-lhe o conteúdo; nada, absolutamente nada, se fica sabendo a respeito do acerto ou desacerto da decisão recorrida.

4. Conforme ressai do disposto nos arts. 560 e 561 do Código de Processo Civil, no julgamento de qualquer recurso há de observar-se a ordem lógica: o juízo de admissibilidade, preliminar ao de mérito, deve por força precedê-lo; trata-se, aliás, de proposição que brilharia no acervo literário dedicado ao Senhor de Lapalisse[4]. Quer isso dizer que somente se (e depois que) o tribunal resolve conhecer do recurso é que pode passar a averiguar se o recorrente tem ou não razão na crítica feita à decisão recorrida, ou seja, se o recurso é fundado ou infundado (para dar-lhe ou negar-lhe provimento, respectivamente). Caso o tribunal entenda que não deve conhecer do recurso, sua atividade cognitiva esgota-se na correspondente declaração. Não se concebe que em tal acórdão figure pronunciamento algum referente à substância da impugnação – ou, noutras palavras, ao acerto (ou desacerto) da decisão recorrida.

Ora, sendo colegiado o órgão *ad quem*, a decisão resulta da apuração dos votos (que talvez não coincidam) dos seus vários membros. Mas é imperioso, obviamente, que todos os votos proferidos em cada momento versem *sobre a mesma matéria!* Diz elementar princípio matemático que não se somam quantidades heterogêneas. Não há como admitir que, em determinado instante, este juiz esteja votando sobre a preliminar e

4 Desse cavalheiro francês, que sucumbiu lutando bravamente, ao que consta, na famosa batalha de Pavia (1525), celebram-se a pessoa e os feitos em produção poética marcada (cruel ironia do destino) por nota constante de obviedade tautológica, muito mais apta a suscitar reações de hilariedade que de admiração. Exemplo sugestivo é esta quadra: *"Hélas! Lapalisse est mort,/Il est mort devant Pavie!/ Hélas! S'il n'était pas mort,/ Il serait encare en vie"*. A quem se interesse pelas origens dessa pitoresca (e injusta) tradição, aconselha-se a leitura, tão instrutiva quão prazerosa, do livrinho de DANTE ZANETTI, *Vita, morte e trasfigurazione del Signore di Lapalisse*, Bolonha, 1992, espec. p. 93 e s.

aquele esteja votando sobre o mérito[5]. Logo, se exsurge dúvida acerca do cabimento do recurso, o presidente do colegiado tem de colher, primeiro, os votos de *todos* os juízes acerca da preliminar. Acolhida que seja esta, encerra-se o julgamento, com a declaração de que não se conheceu do recurso. Repelida que seja, passa-se ao mérito; e, aí, de novo se colhem *todos* os votos, inclusive – impõe-no *expressis verbis* o art. *561, fine* – os dos juízes que, havendo votado pelo acolhimento da preliminar, ficaram vencidos na etapa anterior do julgamento.

Nenhuma possibilidade existe de que, na mesma oportunidade, se profiram votos no sentido de não se conhecer do recurso e votos no sentido de dar-lhe provimento. Que resultado inteligível produziria semelhante mistura? Uma de duas: ou o presidente do colegiado perdeu o controle da votação, não a está sabendo conduzir de acordo com a lei (e com a lógica), ou então os votos, pelo menos em parte, estão dizendo uma coisa quando, na verdade, querem dizer outra. A pergunta a que se tem de responder, inicialmente, é esta: conhece-se ou não se conhece do recurso? Qualquer resposta que nessa ocasião fuja à alternativa, que diga algo diferente de "conheço" ou "não conheço", é resposta inadmissível, e o presidente deve solicitar ao votante que a retifique, sob pena de não ser ela levada em conta. Sendo positivo o resultado – isto é, pronunciando-se todos os votantes, ou a maioria deles, pelo conhecimento –, o presidente submete ao colegiado a segunda pergunta: dá-se provimento ou nega-se provimento ao recurso? Tampouco aí é lícito a qualquer vontade fugir à alternativa, para dizer – extemporaneamente – que não conhece do recurso.

Quando num acórdão se lê que o tribunal, por maioria, decidiu não conhecer do recurso, contra os votos dos juízes A e B, que lhe davam provimento, o que se tem diante dos olhos é um fenômeno de teratologia judicial. Fenômeno do mesmo tipo é o que se tem diante dos olhos quando se lê que o tribunal, por maioria, deu provimento ao recurso, contra os votos dos juízes A e B, que dele não conheciam. Em qualquer dessas duas hipóteses, ou se usou, na votação e no acórdão, expressão inadequada,

5 "Não se somam votos de preliminares ou de questões prejudiciais com votos das questões de mérito, ou do resto do mérito", advertia PONTES DE MIRANDA, *Comentários ao Código de Processo Civil*, t. VIII, Rio de Janeiro-S. Paulo, 1975, p. 256, após criticar em termos contundentes acórdão do extinto Tribunal Federal de Recursos, no qual se dissera que, para efeito de apuração, os votos que proclamassem a inidoneidade do meio se somariam aos que negassem provimento ao recurso.

ou se computaram votos que não podiam ser tomados em consideração, porque estranhos ao *thema decidendum.*

5. As observações precedentes, insista-se, valem para todo e qualquer recurso. Elas se apoiam em normas categóricas do Código de Processo Civil, que nenhum tribunal pode desprezar: o art. 96, nº I, *a,* da Constituição da República autoriza os tribunais a dispor sobre o funcionamento dos respectivos órgãos, mas subordina o exercício dessa competência à "observância das normas de processo". Se algum tribunal, no regimento interno, der à matéria disciplina divergente da que adota o Código de Processo Civil, as normas regimentais que com este conflitem serão constitucionalmente ilegítimas, e como tais inaplicáveis.

Não é o caso – apressemo-nos a ressalvar – do Superior Tribunal de Justiça, cujo regimento interno perfeitamente se conforma, no assunto de que se está tratando, à sistemática legal. Reza, com efeito, o art. 257: "No julgamento do recurso especial, verificar-se-á, preliminarmente, se o recurso é cabível. Decidida a preliminar pela negativa, a Turma não conhecerá do recurso; se pela afirmativa, julgará a causa, aplicando o direito à espécie". O texto é cristalino e em tudo coerente com o que se vem expondo nos itens anteriores deste artigo. Ajunte-se: em tudo coerente – e é o que mais importa – com os princípios lógico-jurídicos consagrados na lei processual.

À vista da norma regimental, não se compreende como possa o Superior Tribunal de Justiça, em recurso especial, julgar a causa, aplicando o direito à espécie, sem conhecer do recurso.. Julgar a causa, aplicando o direito à espécie, é algo que o Tribunal só estará em condições de fazer *caso conheça do recurso especial,* decidindo "pela afirmativa" a preliminar.

Saliente-se que o art. 257 do regimento interno não estabelece, em termos explícitos ou implícitos, diferença alguma entre recursos especiais interpostos com invocação da letra *a* e recursos especiais interpostos com invocação de outra letra do art. 105, nº I, da Constituição Federal. Não a estabelece, nem poderia estabelecê-la, sob pena de pôr-se em contraste com o estatuto processual (que disso tampouco cogita) e, por via de consequência, com o art. 96 n° I, *a,* da Carta da República, *verbis* "com observância das normas de processo".

6. Ninguém suponha que o cuidado em distinguir as aludidas hipóteses, para dar a cada qual o tratamento adequado, se resolva em puro e simples escrúpulo técnico, ou menos ainda em excessivo apego a certo tipo de formalismo, hoje muito justificadamente caído em desgraça. As distinções conceptuais são importantes na medida em que geram consequências práticas de relevo. Ora, incorrerá em erro grave quem subestimar aqui o relevo das consequências práticas e imaginar que, decida o tribunal como decidir, diga que "não conhece" ou que "nega provimento", não variam os efeitos do julgamento, e vem tudo, afinal de contas, a dar na mesma.

Quando não se conhece do recurso, a decisão do órgão *ad quem* não substitui a do órgão *a quo;* nem se conceberia que a substituísse, pois uma e outra têm objetos diversos[6]. Se o órgão *a quo* julgou o mérito da causa, é a *sua* decisão que produz coisa julgada material; a do órgão *ad quem,* não versando sobre o mérito, não possui aptidão para produzi-la. Se o órgão *a quo* proferiu condenação, é a *sua* decisão que, na falta de cumprimento voluntário pelo vencido, serve de título para a execução; a do órgão *ad quem* só assumirá tal qualidade, eventualmente, quanto a condenações *acessórias* que porventura imponha (por exemplo, no tocante às custas do procedimento recursal), nunca em relação ao capítulo principal, que, *nela,* não é condenatório.

À luz do art. 485, *caput,* do Código de Processo Civil, jamais poderá caber ação rescisória para desconstituir acórdão que não haja conhecido do recurso. Rescindível será, caso contenha vício típico, previsto em algum dos incisos, a decisão recorrida[7]. O ponto é relevantíssimo, entre outras coisas, para a determinação da competência. Se o Superior Tribunal de Justiça não conheceu do recurso especial, nunca será competente para a rescisória: a competência tocará ao tribunal que proferiu o acórdão recorrido, de mérito. Se o Superior Tribunal de Justiça conheceu do recurso especial e negou-lhe provimento, objeto do pedido de rescisão será o *seu* acórdão, que substituiu o recorrido, de maneira que também será sua a competência para a rescisória (Carta da República, art. 105, nº I, *c, fine).*

---

6 O art. 512 do Código de Processo Civil não incide senão quando o órgão *ad quem* conhece do recurso – e, ajunte-se, quando neste se alega a ocorrência de *error in iudicando* e se pleiteia a reforma (não a mera invalidação) da decisão recorrida. *Vide* ao propósito BARBOSA MOREIRA, *Coment.* cit., V. V, p. 353/4.

7 Cf., na jurisprudência do Supremo Tribunal Federal: 20-10-1976, A.R. nº 919, in *Rev. Trim. de Jur.*, v. 82, p. 22: "Quando não se conhece do recurso, rescindível quanto ao mérito é a decisão de primeiro grau". No mesmo sentido, mais recentemente: 3-10-1989, A.R. nº 160, *in DJ* de 30-4-1990, p. 3.519; 5-12-1989, A.R. nº 230, *in DJ* de 5-2-1990, p. 447.

7. Convém que nos detenhamos um pouco nessa última questão. Como é notório, sob o regime constitucional anterior, costumava o Supremo Tribunal Federal, na hipótese de recurso extraordinário correspondente à do atual art. 105, nº III, *a*, empregar terminologia equivocada: dizia, com efeito, *não conhecer* do recurso sempre que lhe parecia *infundada* a impugnação, do mesmo modo que o dizia quando ao recurso faltava algum requisito de admissibilidade. Foi-lhe impossível deixar de enfrentar o problema da competência para a rescisória, o qual não comportava, à evidência, tratamento igual nos dois casos. A solução veio a ser incorporada à *Súmula da Jurisprudência Predominante*, sob o nº 249, nestes termos: "É competente o Supremo Tribunal Federal para a ação rescisória quando, embora não tendo conhecido do recurso extraordinário, ou havendo negado seguimento ao agravo, tiver apreciado a questão federal".

Mas que significa "apreciar a questão federal"? À evidência, apurar se assiste razão ao recorrente, na crítica que faz à decisão recorrida; em outras palavras, averiguar se tal decisão foi correta ou incorreta. É concebível, então, que o tribunal aprecie a questão federal e, não obstante, deixe de conhecer do recurso? Se o for, teremos de admitir que "não conhecer" é locução capaz de assumir duplo sentido, de designar ora o julgamento em que se declara que o recurso é *inadmissível*, ora o julgamento em que se declara que ele é *infundado*. Nesta segunda acepção, curiosamente, a expressão "não conhecer" será antônima não de "conhecer", mas de "prover". Nas hipóteses sob exame, o tribunal julgaria assim: de início, controlando outros requisitos de admissibilidade (*v.g.*, a tempestividade), optaria entre "conhecer" e "não conhecer"; ultrapassada essa etapa, ao apreciar a questão federal, caber-lhe-ia optar entre "prover" e... de novo, "não conhecer"! Eventualmente, viria a declarar que "não conhecia" *depois de haver declarado que "conhecia"*...

A verdade é que a proposição nº 249 da *Súmula da Jurisprudência Predominante* do Supremo Tribunal Federal encerrava e encerra estridente incongruência. Nela, o atentado à lógica brada aos céus. Se nos julgamentos se respeitasse a boa terminologia, não seria preciso lançar mão de tão esdrúxulo artifício.

8. Há outro problema, criado pelo advento do vigente estatuto processual, que introduziu em nosso ordenamento a figura do recurso impropriamente denominado «adesivo». Nos termos do art. 500, nº II, tal recurso não será conhecido, se o principal for declarado inadmissível.

Inadmissível, note-se: não *infundado*. Mais uma razão para que se cuide de distinguir terminologicamente a decisão que declare inadmissível o recurso principal e a decisão que o declare infundado. A usar-se em qualquer caso a mesma nomenclatura, dizendo-se cá e lá que "não se conhece" do recurso, abre-se ensejo a fácil confusão, que pode repercutir na sorte do recurso adesivo.

Vai-se negar conhecimento ao recurso adesivo todas as vezes que se houver dito que "não se conhecia" do principal? Se "não conhecer" tem significado unívoco, invariável, muito bem. Se, no entanto, "não conhecer" ora significa isto, ora aquilo, a questão muda de figura. A pergunta "deve-se conhecer ou não do recurso adesivo?" converte-se em perigosa armadilha. Para responder, será mister investigar *em que sentido* se empregou, quanto ao recurso principal, a expressão "não conhecer". Terá o tribunal dito que "não conhecia" do recurso principal porque o entendeu inadmissível, ou porque o entendeu infundado? No primeiro caso, não poderá conhecer do adesivo; no segundo, ao contrário, desde que presentes os outros requisitos de admissibilidade, dele deverá conhecer.

Tudo aconselha, bem se vê, a adoção de terminologia que evite mal-entendidos. Para justificar a decisão de conhecer de recurso extraordinário adesivo *apesar de haver-se dito que "não se conhecia" do recurso extraordinário principal,* chegou-se a aludir, no Supremo Tribunal Federal, a "não conhecimento por motivo de mérito"[8]. São locuções – perdoe-se a ousadia – *qui hurlent de se trouver ensemble.* Falar assim decididamente em nada contribui para tornar mais claras as coisas. Só serve para fornecer munição a quem queira denunciar a linguagem da Justiça como enigma indecifrável.

9. As presentes considerações foram-nos inspiradas pela leitura de acórdão ainda recente do Superior Tribunal de Justiça, de cujo texto nos chegou às mãos uma cópia. Proferiu-o a 3ª Turma em 24-4-1995, no julgamento dos Embargos de Declaração no Recurso Especial nº 45.672; e o eminente relator, Ministro Nilson Naves, deu-nos a honra de uma referência ao entendimento que vimos expondo acerca da matéria, qualificado, com generosidade singular, de "lição tão magistral e tão fascinante".

---

8 Veja-se, por exemplo, o voto do relator do R.E. nº 87.355, julgado em 4-3-1980, *in Rev. Trim. de Jur.:*, v. 95, p. 221, onde aparece, literalmente, a expressão transcrita entre aspas em nosso texto.

Não obstante os desvanecedores adjetivos, pelos quais manifestamos a nossa gratidão, revela o teor do julgado que o preclaro Ministro - unanimemente acompanhado, aliás, por seus ilustres pares - não se convenceu do acerto da tese por que nos batemos. Tivemos a preocupação de examinar as razões, constantes da motivação do acórdão, pelas quais a nossa "lição", a despeito de "magistral" e "fascinante", não mereceria acolhida. Assim procedemos com o intuito de pôr à prova a solidez de nossa posição: a oportunidade era boa para verificar se ela seria capaz de resistir a uma crítica proveniente de tais alturas. Sem o mais leve propósito de polemizar com o eminente Ministro ou com o Superior Tribunal de Justiça, e enfaticamente ressaltado o profundo respeito que temos por um e por outro, vemo-nos forçados a proclamar que continuamos a pensar como pensávamos.

10. Com que argumentos se contesta que, descendo o tribunal à análise da questão federal, para averiguar se tem razão o recorrente em censurar a decisão impugnada, e concluindo pela negativa, o caso é tipicamente de desprovimento do recurso, e nunca de não conhecimento? Começa-se por asseverar que, "no julgamento do recurso dito extraordinário, não é essa a técnica seguida por este Tribunal, nem pelo Supremo Tribunal Federal, de há muitos anos". O asserto é exato, mas - com a devida vênia - nada prova. A proposição contém um juízo de mero fato, não um juízo de valor. Que se haja julgado e se esteja continuando a julgar de certa maneira não exclui em absoluto a possibilidade de que tal maneira de julgar seja errada. Bem sabemos como julgava o Supremo Tribunal Federal e como costuma julgar o Superior Tribunal de Justiça, nas hipóteses em foco. É isso, justamente, que nos preocupa, e é por isso que dedicamos ao problema atenção e tempo. Se os tribunais julgassem do modo que nos parece correto, nenhuma necessidade sentiríamos de insistir no assunto, ao risco de entediar os ilustres magistrados que neles têm assento.

Adverte-se, em seguida, que, "se acolhida a lição do mestre" (e mais uma vez cabe agradecer a imerecida designação), "o recurso extraordinário em gênero, de que são espécies o extraordinário (matéria constitucional) e o especial (matéria infraconstitucional) transformar-se-ia em recurso ordinário, simplesmente". Aqui temos de confessar, com sinceridade absoluta, a nossa perplexidade. Ao que tudo indica, a diferença entre a classe dos recursos ordinários e a dos extraordinários consistiria, segundo o eminente Ministro, na circunstância de que, naqueles, há distinção nítida entre admissibilidade e mérito, ao passo que nestes ela se esfuma, se torna evanescente; por conseguinte, quando o recorrente não tem razão, se o recurso é ordinário, deve o órgão *ad quem* dizer que lhe nega provimento, mas, se o recurso é extraordinário *(lato sensu)*, o que deve dizer o órgão *ad quem* é que dele não conhece.

Se pudesse ser aceita, a ideia teria, a nosso ver, inegável utilidade: daria finalmente sentido claro à classificação dos recursos entre ordinários e extraordinários. Essa classificação, reconhecemos com algum constrangimento, sempre nos pareceu, no direito brasileiro, um tanto misteriosa[9]. Lamentavelmente, os escritores que a adotam com frequência divergem no critério em que se basearia a distinção. E mais: não conseguimos convencer-nos da relevância teórica ou prática de nenhum dos diversos critérios apontados. Daí termos manifestado o nosso ceticismo quanto à conveniência de continuar-se a prestigiar a classificação: chegamos a opinar que os estudiosos melhor andariam se a deixassem de lado[10]. Estaríamos dispostos, em todo caso, a considerar a eventualidade de reexaminar a questão à luz do novo critério sugerido no acórdão do Superior Tribunal de Justiça.

Logo sentimos, porém, aflitivo embaraço. É que as palavras do acórdão só se aplicam a *uma* das hipóteses de cabimento do recurso especial, a da letra *a* do art. 105, nº III, da Constituição da República. Nas outras hipóteses, as das letras *b* e *c*, não há problema algum. No que tange, por exemplo, aos recursos especiais interpostos com invocação da letra *c*, o Superior Tribunal de Justiça distingue perfeitamente entre o juízo de admissibilidade e o de mérito, e registra essa distinção mediante o uso da terminologia adequada. Quando falta algum requisito de admissibilidade (por exemplo: o acórdão impugnado e o de que ele divergiu são do mesmo tribunal), diz-se que não se conhece do recurso; quando o recorrente não tem razão, ou seja, quando o recurso se mostra infundado (correto é o acórdão impugnado, e não o outro), o que se diz é que se lhe

9 Ela é nítida, registre-se, nos ordenamentos em que a formação da coisa julgada – diversamente do que se dá entre nós – não reclama o esgotamento total das vias recursais: denominam-se, então, ordinários os recursos que obstam ao trânsito em julgado, e extraordinários os que, ao contrário, o pressupõem. *Vide* em BARBOSA MOREIRA, *Coment.*, cit., V. V, p. 225/6 (e nota 30), abundantes indicações de legislação e doutrina estrangeiras.

10 Remetemos o leitor, ainda uma vez, aos nossos *Coment.*, cit., v. V, p. 225 e s.

nega provimento. Adota aí o Superior Tribunal de Justiça a técnica que se nos afigura acertada. Teríamos então de concluir que nesses outros casos o recurso especial se inclui entre os ordinários, e unicamente no da letra *a* entre os extraordinários? Pertencerá, em suma, o recurso especial ora a uma classe, ora a outra? Suposição perturbadora, que antes reforça do que enfraquece a nossa descrença no valor da classificação. Por isso não nos impressionou o argumento consoante o qual o prevalecimento da tese que defendemos transformaria o recurso especial (junto com o extraordinário) em recurso ordinário. Seja o que for que isso signifique, não tem aos nossos olhos a menor importância.

Argumenta ainda o acórdão com a sobrecarga de trabalho que adviria, para o Superior Tribunal de Justiça, da maior "facilidade para a interposição do especial". Esse argumento, pertinente à interposição, está aí visivelmente deslocado. É certo que, no rigor da lógica, deveriam ser admitidos no tribunal de origem, porque cabíveis (sempre na presença dos outros requisitos de admissibilidade), os recursos especiais em que se alega a ofensa a norma jurídica federal. A denegação no órgão *a quo*, com fundamento na inexistência do erro alegado, é praxe irregular, embora justificada por motivos de ordem prática. Abandonada que fosse, aumentaria sem dúvida o número de recursos especiais submetidos ao Superior Tribunal de Justiça. Mas não é disso que se trata agora, e sim de recursos que *foram admitidos* e *estão sendo julgados* pelo tribunal. A quantidade de trabalho não é posta em jogo: ela permanecerá obviamente igual, quer o Superior Tribunal de Justiça, na hipótese sob exame, declare que *não conhece* dos recursos, quer declare que lhes *nega provimento*. No instante em que o tribunal opta por uma ou por outra dessas fórmulas, já fez todo o trabalho que precisava ser feito: nada mais lhe resta senão expressar o resultado do julgamento. Não vislumbramos, destarte, em que poderia contribuir o emprego da terminologia correta para constranger o tribunal a deixar de "cumprir a sua missão constitucional" – calamidade que certamente ninguém deseja (menos que todos o autor deste artigo), e com a qual não é desprezível, atrevemo-nos a supor, a possibilidade de que o acórdão tenha acenado à feição de simples figura de retórica.

11. Foi nímia gentileza do eminente Ministro Relator o haver dito, como disse, que reconhecia a nossa autoridade. Pouca, na verdade, pensamos ter; mas força é convir que muita tinham e têm outras vozes que, de longa data, vêm sustentando a mesma posição: não só na doutrina[11], sublinhe-se, senão no próprio âmbito do Judiciário, e nomeadamente no seio da Corte Suprema, onde mais de um Ministro reagiu contra a prática errônea.

Nunca é demais recordar, ao propósito, o luminoso voto proferido por EDMUNDO LINS no julgamento dos Embargos no Recurso Extraordinário nº 1.337, de 21-9-1921[12]. Ali se começa por dizer: "Conheço de todo o recurso extraordinário que haja subido a esta instância, desde que: *a)* o recorrente, ao interpô-lo, haja invocado um dispositivo constitucional, que o admita; *b)* tenha sido, oportunamente, tomado por termo e, oportunamente, haja sido apresentado na Secretaria do Tribunal. Tudo o mais já não é questão 'preliminar', mas 'mérito' da 'causa'. Com efeito, preliminar, como a própria palavra o está a dizer, é a questão que se resolve antes de se examinar e resolver a relativa à matéria principal, sobre que versou a ação, deduzida em Juízo, ou sobre que recai o recurso: é o que se resolve antes desse exame, por ser dele, *in totum,* independente".

Adiante, pergunta o Ministro: "Se (...) a parte invocar um caso em que, em tese, caiba o recurso, mas nessa tese não se compreender a hipótese, ainda assim conhecerei do mesmo recurso?". E responde: "É claro, claríssimo, que sim; porquanto, sem examinar a litiscontestação e a sentença, não poderei decidir a questão ventilada, isto é, se a tese se adapta ou não ao caso concreto. É essa uma das questões 'do mérito' do feito, e é até, no recurso extraordinário, a única juridicamente possível". Com lucidez ressalta: "Não há, de fato, nenhuma outra, absolutamente nenhuma, atinente ao 'mérito', que se possa decidir". E, em certeira crítica à praxe equivocada: "O que ainda não cheguei a compreender (...) é o que faz, quotidianamente, a maioria do Tribunal: examina a litiscontestação e a sentença recorrida; à vista desse exame, conclui, muito juridicamente, que, no caso, por exemplo, a Justiça local aplicou a Lei Federal invocada, ou que, se não o fez, é porque a mesma era inaplicável, e, em vez de tomar conhecimento do recurso e negar-lhe provimento, conclui:

---

11 Limitamo-nos aqui a recordar as lições de PONTES DE MIRANDA, *Coment.,* cit., v. VIII, p. 196 e s., e Tratado da ação rescisória, 5ª ed., Rio de Janeiro, 1976, p. 154.

12 *Rev. do STF,* V. 38, p. 74/6. Cf., antes, o voto no julgamento dos Embargos no RE. nº 1.328, de 13-10-1920, na mesma revista, v. 27, p. 76. Outro Ministro que sempre se pronunciou no mesmo sentido foi PHILADELPHO AZEVEDO, de quem se podem citar, *v.g.*, os votos na A.R nº 28, *in Um triênio de judicatura*, v. V, S. Paulo, s/d, p. 116, e no RE. nº 9.181, in *Arq. Jud.*, v. 78, p. 299.

– 'dele não conhecer, por não ser caso'". E ajunta: "Eu... me parece que é o que, em lógica, se chama *contradictio in adjecto,* ou quiçá *fallacia grammatica:* não conhece, porque já conheceu!".

12. Na irrespondível argumentação de EDMUNDO LINS, há um aspecto para o qual nos animamos a pedir a particular atenção do leitor que ainda tenha a paciência de acompanhar-nos. Quando se ouve anunciar que o órgão *ad quem* não conheceu de determinado recurso, a ideia que intuitivamente ocorre é a de que a atividade cognitiva do tribunal se deteve *aquém* do ponto a que, em princípio, poderia ter chegado. O julgamento, por assim dizer, *ficou incompleto:* algo se deixou de examinar. É até natural que a nossa curiosidade se veja despertada para a conjectura do que aconteceria se porventura se houvesse rejeitado a preliminar. "Como se decidiria no mérito"? – é pergunta que não raro nos acode à mente.

A tal indagação, se o tribunal usou de boa técnica, não há como responder. Quando não se conhece de recurso, na autêntica acepção do termo, a ninguém é dado saber o que pensava o órgão *ad quem* sobre a substância da impugnação. Temos de conformar-nos em ignorar para todo o sempre como valorariam os juízes a decisão recorrida: se a achariam correta ou incorreta. Isso seria matéria atinente ao mérito; mas, se o tribunal se deteve na preliminar, é que (perdoe-se o truísmo) ao mérito não chegou. Unicamente se sabe que o recurso não foi conhecido; *"the rest is silence".* A pergunta, entretanto, apesar de tudo faz sentido: nossa curiosidade, se bem que insuscetível de satisfazer-se, nem por isso é absurda, pois em tese seria concebível que o órgão *ad quem* dissesse mais do que disse, e é explicável que nos agradasse descobrir, ou adivinhar, o que nesse caso ele diria.

Contudo, se o órgão *ad quem* declara que não conheceu do recurso a despeito de pronunciar-se acerca da substância da impugnação, a despeito de revelar o que achou da decisão recorrida, então a pergunta "Como se decidiria no mérito?" positivamente não tem pé nem cabeça. O tribunal já disse *tudo* que poderia dizer. Com efeito: que faltaria examinar, depois de examinada (e achada correta) a decisão recorrida, depois de examinadas (e repelidas) as alegações que contra ela formulara o recorrente? Nada, é óbvio. E o mérito? Uma de duas: ou foi apreciado, sob falsa denominação, ou... pura e simplesmente *não existe!* Juízes preguiçosos costumam tentar justificar o mau vezo de empurrar para a audiência de instrução e julgamento, no procedimento ordinário, a apreciação de questões que a lei quer resolvidas por ocasião do saneamento do feito, com a desculpa esfarrapada de que "as preliminares envolvem o mérito". Como se isso não bastasse, apresenta-se-nos, no julgamento do recurso especial, uma preliminar que... *abrange* o mérito e o *esgota.*

13. A situação ainda mais se complica quando, no mesmo recurso, existe uma parte realmente incabível e outra parte em relação à qual ele é cabível, mas infundado. Suponhamos, *v.g.*, que o recorrente alegue ter o acórdão recorrido (de mérito), violado, em cada qual de seus dois capítulos distintos, uma lei. Apura-se que, das duas leis, só uma é federal. Naquilo em que se invocou violação de direito estadual ou municipal, interpôs-se recurso incabível; para esse capítulo, a decisão do Superior Tribunal de Justiça só pode ser mesmo a de não conhecer do recurso. Sucede que O tribunal, entendendo inexistente a alegada ofensa à *lei federal,* declara aí também (com impropriedade) – que não conhece do recurso. A decisão, tal como formulada, afigura-se de *não conhecimento* no tocante a *todo* o recurso.

A rigor, há duas realidades diversas, erroneamente colocadas sob o mesmo rótulo. A parte do acórdão referente à lei local está bem denominada: nela, o Superior Tribunal de Justiça na verdade *não examinou o mérito do recurso;* nada disse a respeito da afirmada infração (que pode ter ou não ter ocorrido) do direito local; o acórdão do Superior Tribunal de Justiça não substituiu, naquele capítulo, o julgamento impugnado. A parte restante está mal denominada: nela, o Superior Tribunal de Justiça *examinou o mérito do recurso;* disse que não ocorrera a afirmada infração; seu acórdão substituiu o julgamento impugnado.

As consequências são diferentes. Na primeira parte, a coisa julgada material cobre *o acórdão recorrido;* na segunda, cobre *o acórdão do Superior Tribunal de Justiça.* Se alguém quiser pleitear a rescisão do julgado, terá de tentá-lo, na primeira parte, perante o tribunal de origem; na segunda, perante o Superior Tribunal de Justiça. Mas, se se lê o dispositivo do acórdão e nele se encontra uma declaração única e invariável para o recurso inteiro, a tendência natural será a de presumir que toda a matéria comporte tratamento igualmente único e invariável. Surge aqui, para o interessado na rescisão, o perigo de apresentar sua demanda a tribunal parcialmente incompetente; e quase nos sentimos tentados a acrescentar que surge também, para o tribunal a que se apresenta a demanda, o perigo de julgar ação rescisória para a qual era e é parcialmente incompetente.

14. Demos a este artigo título que termina por um ponto de interrogação. Antes de lhe pormos o ponto final, corre-nos o dever de responder à pergunta. A rigor, já se contém a resposta, redundantemente até, nas páginas anteriores. Mas não custa resumi-la, à guisa de conclusão.

A expressão "não conhecer" de um recurso significa, só e sempre, abster-se de examinar a impugnação em sua substância, de aprovar ou desaprovar a decisão recorrida. O tribunal que não conhece de um recurso de jeito nenhum diz a quem assiste razão: se ao recorrente, se ao órgão *a quo.* Caso o diga, ou está avançando o sinal, fazendo acréscimo indevido à decisão de não conhecimento, ou está dando ao seu próprio pronunciamento denominação equivocada.

É *antes* de examinar a substância da impugnação que o tribunal tem de decidir se vai ou não conhecer do recurso. Se lhe examinou a substância, dele *já conheceu,* por mais que se empenhe em fazer crer o contrário. No instante em que está deliberando se o recurso merece ou não merece ser conhecido, o tribunal *ainda não sabe* que juízo formará a respeito da decisão recorrida e das razões do recorrente; apenas o saberá, à evidência, se e quando examinar aquela e estas – noutras palavras, se e quando *conhecer* do recurso. E a deliberação preliminar (conhece-se ou não se conhece?) em nada predetermina o sentido em que, *depois,* se julgará o recurso no mérito. Não existe hipótese em que o tribunal *só possa conhecer para prover* (!): ela é tão absurda quanto seria a de que um órgão encarregado de realizar prova pública só pudesse admitir a prestá-la os candidatos que nela viriam a ser aprovados. Tampouco existe hipótese em que o tribunal deva dizer que *não conhece,* em vez de dizer que *nega provimento,* quando considere que o mérito é ruim – como se o órgão realizador do concurso, depois de corrigidas as provas, declarasse indeferir a inscrição dos candidatos porventura reprovados...

O que se acaba de expor vale para todo e qualquer recurso, ordinário ou extraordinário que seja – se tais qualificações têm (do que duvidamos) sentido inteligível. Muito pouco razoável afigura-se o alvitre de atribuir à mesma e única locução "não conhecer") ora o significado de "deixar de julgar o mérito do recurso", ora o de "rejeitar o recurso por motivo de mérito", conforme se esteja aludindo a este ou àquele recurso; menos ainda, a uma ou a outra hipótese *de um mesmo e único recurso.* "Não conhecer do recurso especial" interposto pela letra *a* não pode, em absoluto, significar coisa diferente de "não conhecer do recurso especial" interposto pela letra c do dispositivo constitucional. Em direito, como em toda ciência, as denominações têm de ser unívocas. Faça-se ideia da confusão que se instalaria, por exemplo, na geometria, se se pudesse usar nalgum caso a palavra "triângulo" para denominar qualquer outra coisa além do polígono de três lados. Os restos mortais *do* pobre Tales decerto não teriam descanso no túmulo, sacudidos pela aflição com a sorte da lei que ele, em vida, enunciou...

15. Uma última observação: o mais paciente leitor talvez se pergunte, a esta altura, se realmente compensa que nos preocupemos tanto com uma questão terminológica[13]. A resposta é que, ao nosso ver, ela não valeria um caracol, se não tivesse consequências práticas. Mas tem – e nada positivas. Já se viu que é ilusória a suposição de que o emprego da expressão "não conhecer" em acepção atécnica evite de qualquer modo o aumento da carga de trabalho do Superior Tribunal de Justiça. De que outra vantagem pode cogitar-se? De nenhuma que sejamos capazes de imaginar. Semelhante emprego, por outro lado, gera, no mínimo, dúvidas desnecessárias no tocante, por exemplo, ao objeto da eventual ação rescisória, e portanto à competência para julgá-la. Ora, dúvidas do gênero costumam produzir complicações judiciais, e as que se relacionam com a competência são particularmente nefastas: poucas coisas causam tanta perturbação na marcha do pleito como, digamos, um conflito negativo, que pode acarretar-lhe retardamento de vários anos no desfecho. O aparelho da Justiça vê-se onerado com uma carga podre, espoliado de tempo e de energia que melhor aplicaria alhures. Não sofre com isso, exclusivamente, o próprio processo em que se suscitam os incidentes: sofre todo o conjunto dos feitos instaurados e por instaurar.

De que não são vãos nem exagerados os nossos receios a melhor prova está no fato de haver o Supremo Tribunal Federal decidido incluir na *Súmula* a proposição nº 249. Se precisou fazê-lo, foi decerto em razão de questões concretas que terá sido convocado, provavelmente com frequência, a apreciar. Não é crível que se houvesse abalançado à inclusão, caso a matéria só esporadicamente o ocupasse, ou lhe parecesse irrelevante. Com toda a certeza foram numerosas e preocupantes as dúvidas. Muitos feitos – vale dizer: muitos jurisdicionados – hão de ter padeci-

13 Não é esta, com efeito, a primeira vez – e quiçá não seja a última... – que ao assunto dedicamos, além de passagens de obras mais amplas, trabalho específico. Dele tratamos, há alguns anos, no artigo Juízo de admissibilidade e juízo de mérito no julgamento do recurso especial, publicado no volume coletivo Recursos no Superior Tribunal de Justiça (org. por SÁLVIO DE FIGUEIREDO TEIXEIRA), S. Paulo, 1991, p. 163 e s., e em nosso *Temas de Direito Processual* (Quinta Série), S. Paulo, 1994, p. 131 e s., e do qual aproveitamos aqui, em boa parte, a argumentação.

do com as procrastinações causadas pelos incidentes. A Corte Suprema, diga-se sempre com o maior respeito, resolveu malo problema. Agora, todavia, o ponto capital não é esse: é a importância prática que, de modo inequívoco, teve de reconhecer-lhe.

Ora, se o problema é praticamente importante, então compensa que a ele se volte de vez em quando, tênue que seja a esperança de vê-lo um dia bem resolvido. Ao menos nisto não se dirá que pecamos por omissão.

Novembro de 1995.

COMENTÁRIOS DOS ATUALIZADORES

QUE SIGNIFICA "NÃO CONHECER" DE UM RECURSO?

Ana Cristina Bacos Fernandes / Marco Antonio Rodrigues

Conhecimento e mérito de um recurso como institutos distintos. O CPC de 2015, com maior tecnicidade em relação ao CPC de 1973, trouxe linha divisória bastante nítida entre o juízo de admissibilidade e o juízo de mérito dos recursos. Tal distinção fica clara a partir da leitura do art. 932, incisos IV e V, que preveem, dentre os poderes do relator, a atribuição para monocraticamente não conhecer de recursos (inciso IV) e para dar provimento (inciso V).

Na jurisprudência nem sempre essa delimitação entre conhecimento e mérito do recurso foi reconhecida de maneira clara. Tornou-se lugar comum encontrar julgados que, embora examinem o mérito recursal, não conhecem do recurso, fundamentando-se em razões que serviriam para seu desprovimento, ou, ainda, não conhecem o recurso, em sede de juízo de admissibilidade, e ainda assim examinam seu mérito. O CPC de 2015, assim, busca sepultar em definitivo quaisquer dúvidas acerca da distinção entre juízo de admissibilidade e juízo de mérito.

Ação rescisória em face de decisões que não versam sobre mérito. Tal qual sustenta Barbosa Moreira, tradicionalmente é cabível a ação rescisória apenas em face das decisões de mérito, considerando que possuem aptidão de formar coisa julgada material e impedir a rediscussão da mesma questão em outro processo. É o que se extrai do art. 966, caput, do CPC de 2015.

No entanto, uma das importantes modificações que o CPC trouxe em matéria de ação rescisória foi seu cabimento em face das decisões que, embora não sejam de mérito, impeçam a admissibilidade de recursoou a nova propositura da demanda, conforme previsto no art. 966, § 2º. Em tais hipóteses, embora não versem sobre o mérito do processo, tais decisões transitadas em julgado são impugnáveis por meio de ação rescisória. Com efeito, existe um grau de imutabilidade nas referidas decisões, por exemplo no que tange ao reconhecimento de uma causa de não resolução de mérito, e tais pronunciamentos poderão ser objeto de rescisória, a fim de serem desconstituídos (RODRIGUES, 2017).

No caso de decisão de inadmissibilidade de recurso, a competência para o julgamento da ação rescisória, na hipótese, será atribuída ao Tribunal que proferiu a referida decisão de inadmissão. Por exemplo, se o autor da rescisória ataca a inadmissão do recurso extraordinário na origem, mas não a decisão de mérito, a competência para tal ação é do Tribunal local. Aplica-se, ainda, o art. 968, §§ 5º e 6º, do CPC, a tal modalidade de cabimento da rescisória, a permitir a emenda da inicial e remessa dos autos ao tribunal competente.

Juízo de admissibilidade e de mérito nos recursos especial e extraordinário. O CPC de 2015, aparentemente seguindo a doutrina de Barbosa Moreira, em seu art. 1034, dispõe que "*admitido o recurso extraordinário ou o recurso especial, o Supremo Tribunal Federal ou o Superior Tribunal de Justiça julgará o processo, aplicando o direito*". O Código, com efeito, bem distingue o juízo de admissibilidade e o juízo de mérito, colocando este como tendo aquele como pressuposto: primeiro se conhece um recurso e, posteriormente, se julga seu mérito. Assim, uma vez admitido o recurso no Tribunal Superior, deve este aplicar o direito adequado, considerando o papel de tais recursos de tutela ao direito objetivo.

Referências da nota

RODRIGUES, Marco Antonio dos Santos. *A Fazenda Pública no Processo Civil*. Rio de Janeiro: GEN, 2017.

NOTAS SOBRE ALGUNS FATORES EXTRAJURÍDICOS NO JULGAMENTO COLEGIADO[1]

1. Delimitação do objeto do trabalho

Duas ou três palavras introdutórias ajudarão a delimitar e aclarar o objeto deste trabalho. Antes de mais nada, cabe prevenir o risco de interpretações maliciosas. Os farejadores de escândalos debalde procurarão aqui denúncias de concussão, corrupção passiva, prevaricação ou qualquer outra figura delituosa em que porventura haja incidido algum juiz, com repercussão em julgamento colegiado de que estivesse participando. Em nossas atuais cogitações, deixamos de lado, em princípio, não apenas os casos extremos de mercadejo de votos, senão também, de modo geral (embora não absoluto, consoante se verá), outras formas e causas, mais sutis e decerto mais frequentes, de manifestação inspirada menos no convencimento racional do votante que noutros acidentes mentais ou espirituais que lhe possam ocorrer, como a predisposição para atender a pedido de pessoa amiga, a incapacidade de resistir a promessas ou ameaças de todo tipo, ou o desejo puro e simples de agradar (ou desagradar) a alguém.

Um pouco mais perto do foco da nossa atenção situa-se a problemática atinente à influência que sobre o modo de votar exerce a personalidade de cada juiz, como tal entendido o complexo dos traços que o distinguem de todos os outros seres humanos e assim lhe definem a quente e espessa singularidade – tudo, enfim, que dele faz um *unicum* na espécie. Aí se compreenderiam desde características *somáticas* do magistrado – *v.g.*, sexo, idade, cor da pele, condições de saúde física etc. – até elementos relativos ao seu *background* familiar, às suas convicções religiosas, filosóficas, políticas, aos conceitos (e preconceitos) que tenha acerca dos mais variados assuntos, à sua vida afetiva, e por aí afora. É notório que todos esses dados costumam repercutir de maneira sensível na posição que o juiz adote em face de tal ou qual questão submetida

---

1 Publicado no Livro de Estudos Jurídicos, nº 9, na *Revista da Academia Brasileira de Letras Jurídicas*, v. 5, na *Revista da Faculdade de Direito da Universidade do Estado do Rio de Janeiro*, nº 2, na *Revista de Processo*, nº 75, e na *Revista Forense*, v. 327.

a seu exame; e a influência subirá de ponto à proporção que aumente na matéria o teor *valorativo* das possíveis opções, conforme acontece, por exemplo, sempre que a norma aplicável se reporta a parâmetros axiológicos ou utiliza conceitos jurídicos indeterminados do tipo de "necessidades pessoais", "uso regular", "interesse público" e tantos outros análogos, encontradiços a cada passo nos textos legais. Isso para não falar nas hipóteses em que, silente a lei, se torna preciso recorrer aos princípios gerais do direito – campo onde cada qual se moverá, em boa medida, sob o impulso de crenças e ideias personalíssimas.

Por fascinante e promissora que seja, entretanto, não é tampouco semelhante linha de perquirição que agora nos atrai com maior força. Para dizer a verdade, dela, e em geral da temática indicada nos parágrafos antecedentes, não será possível fazer aqui abstração completa: mais cedo ou mais tarde, teremos de aproximar-nos desses caminhos, quando não de cruzá-los. Mas nenhum deles fornecerá o traçado básico do nosso roteiro.

O filão que de preferência nos propomos explorar é passível talvez de ser designado como o do influxo que o julgamento colegiado pode receber – ou antes, em nossa opinião, inevitavelmente recebe – das *circunstâncias* sob as quais se realiza. Falando de "circunstâncias", queremos referir-nos, essencialmente, ao *lugar,* ao *tempo* e ao *modo* do julgamento. Perceberá o leitor, porém, que não seria rigorosamente exato enunciar assim o nosso programa. De um lado, as observações que vamos registrar não pretendem cobrir de maneira *exaustiva* todos os aspectos do julgamento colegiado enquadráveis naquelas categorias – até porque vários deles possuem índole eminentemente *técnico-jurídica:* basta pensar nos requisitos *formais* previstos nas leis e nos regimentos internos dos tribunais. De outro lado, será praticamente inevitável transpor, aqui e ali, as divisas acima sugeridas, para aventurar-nos, ao menos por algum tempo, em terrenos circunjacentes: já ficou dito, e agora se repete, que não hesitaremos, sempre que nos pareça oportuno, em introduzir nesta reflexão – embora à guisa de simples tempero... – ingredientes de natureza diversa, como os fornecidos pelas características pessoais dos juízes. Esclareça-se, sempre em linha de princípio, que só nos ocuparemos de circunstâncias presentes *no próprio julgamento;* não daquelas que, conquanto suscetíveis de influenciá-lo, lhe sejam estranhas do ponto de vista cronológico ou topológico: assim, *v.g.,* a existência de campanha promovida, através da imprensa ou de outros meios de comunicação social, por grupos de pressão empenhados em que um processo tenha este ou aquele desfecho. Fenômenos do gênero[2] apenas poderão interessar-nos, a título excepcional, quando atinjam o desenrolar do julgamento, em si mesmo.

Convém acrescentar ainda uma advertência. Em boa parte, as considerações que se vão seguir não são a rigor peculiares ao julgamento *colegiado:* dos fatores extrajurídicos que nelas se buscará identificar e – na medida em que o consintam as dimensões apropriadas ao trabalho – analisar, não poucos afetam também as decisões dos órgãos monocráticos. Não nos pareceu que fosse razão bastante para deixá-los de fora. Eles serão levados em *conta juntamente* com outros que sem dúvida dizem respeito, de maneira exclusiva, à modalidade de julgamento aqui focalizada, a única, diga-se de passagem, de que tem experiência pessoal o autor[3] – explicação com que o leitor terá de contentar-se, na falta de melhor, para a escolha do tema...

2. O lugar do julgamento: a) a localização do prédio

Comecemos, então, pelos dados atinentes *ao lugar* do julgamento. Hoje em dia, em nosso país e em tantos outros, as sessões dos órgãos colegiados realizam-se normalmente em recintos concebidos e preparados com essa precípua destinação, no interior de prédios construídos (ou reformados) para abrigar os tribunais[4]. Terá caráter de exceção, e

---

2 Abrangidos, registre-se de passagem, pela temática do Congresso da Associação Internacional de Direito Processual realizado em Würzburg, em 1983. Um dos tópicos, intitulado *Interference in the Pending Judicial Process*, tratava precisamente, entre outras coisas, da influência dos *mass media* em processos e julgamentos. O relatório geral, da autoria de DAMASKA, está publicado no volume *Effektiver Rechtsschutz und verfassungsmässige Ordnung / Effectiveness of Judicial Protection and Constitutional Order*; ed. Habscheid, Würzburg, 1983; *vide*, aí, p. 452 e s.

3 A rigor, tal experiência é restrita a determinado tipo de órgão colegiado. Não se estende ao tribunal do júri (ao qual, no entanto, se fará uma ou outra referência ocasional), nem aos órgãos de composição mista (juízes togados e juízes leigos), como os da Justiça do Trabalho. Compreende-se que neles eventualmente revistam feição particularizada os fatores de que nos ocupamos neste trabalho, e também que se manifestem outros, de índole especialíssima.

4 Deixando de lado exceções ligadas a peculiaridades locais, como o interessante Tribunal de las Aguas de Valência (sobre o qual *vide* a substanciosa monografia de FAIRÉN-GUILLÉN, *El Tribunal de las Aguas de Valencia y su proceso*, Valência, 1988), ao menos nas sociedades ditas civilizadas, passou o tempo em que "*Court sessions were held in public and often in the open air*" (VAN CAENEGEM, History

pode aqui ser desprezada, a eventualidade de vir algum órgão a reunir-se alhures.

Bem se compreende a relevância que pode assumir a localização do edifício onde funciona o colegiado. Uma coisa é julgar em local tranquilo, propício à reflexão, imune a burburinhos capazes de distrair a atenção dos votantes; outra é ter de formar convicção sobre questões não raro difíceis e complexas em atmosfera buliçosa, conturbada, sujeita a cada momento às mais variadas interferências. Em compensação, um isolamento excessivo pode contribuir para encerrar os juízes na famosa "torre de marfim" e fazê-los perder contato com o mundo exterior, no qual se destinam a surtir efeitos, afinal de contas, as suas deliberações. De uma forma ou de outra, e como quer que se devam valorar semelhantes fenômenos, o que ninguém negará é a possibilidade de que eles repercutam no teor da votação.

Item de certa importância é o do acesso ao ponto em que se situa o prédio, bem como ao respectivo interior. O ser bem ou mal situado – inclusive quanto aos meios de transporte, ao fluxo do trânsito, e assim por diante – pode fazer variar a rapidez com que cheguem ao prédio os membros do órgão julgador, e em consequência a probabilidade de atrasos (nem sempre suscetíveis, diga-se de passagem, de explicações do gênero...). Ora, a ausência deste ou daquele juiz que se atrase, ou que se retire mais cedo para evitar demora indesejável na volta a casa, influirá decisivamente no resultado de tal ou qual votação, e portanto na sorte de tal ou qual processo. Em grau menor, mas nem por isso desprezível, importa aqui a facilidade de movimentação dentro do edifício; talvez seja o caso de levar em conta, sob certas circunstâncias, até a disponibilidade (e, quem sabe, a velocidade) de elevadores.

Mas não é só o acesso *dos juízes* que interessa neste contexto: também o dos funcionários que os auxiliam, o dos advogados e – *last but not least* – o dos interessados em assistir ao(s) julgamento(s), e eventualmente em influir nele(s), pela simples presença ou por outros meios

of European Civil Procedure, in International Encyclopedia of Comparative Law, v. XVI, *Civil Procedure*, ed. Cappelletti, p. 8). Bem se compreende que assembleias populares, convocadas para participar de julgamentos, se contivessem mal em recintos fechados. Duelos judiciários e outros modos outrora usados para resolver litígios melhor se acomodavam em espaços abertos. Aos apreciadores do teatro lírico recordaremos a cena do julgamento de Elsa de Brabante, à margem do Rio Escalda, no primeiro ato do *Lohengrim*, de WAGNER.

mais conspícuos. A tal propósito, cabe igualmente uma alusão à possibilidade de se utilizarem espaços contíguos ao prédio, ou próximos dele, para demonstrações de massas populares (ou de grupos sectários), favoráveis ou desfavoráveis a este ou aquele desfecho para determinado pleito[5]. Se a localização é propícia, e não há obstáculo à manifestação[6], é bem possível, aqui e ali, que ao menos parte dos votantes se deixe influenciar. Isso *a fortiori* sucederá se os manifestantes puderem penetrar no edifício, ou até no recinto do julgamento, e nele externar-se por aplausos, vaias, exibição de cartazes, gestos ameaçadores ou insultuosos, palavras de ordem ditas em coro... Em casos extremos, configurar-se-á perturbação ou mesmo impedimento dos trabalhos; mas essas são hipóteses que, pela raridade e pelo estridente teor patológico, excedem os limites fixados ao artigo.

3. O lugar do julgamento: b) o tamanho do recinto

Como é natural, são bastante variáveis, em função de multiformes fatores, as características dos recintos onde se julga. Há uma diferença óbvia, que decorre diretamente da composição do colegiado: em regra, a órgãos mais numerosos serão destinados espaços mais amplos. Essa dessemelhança já sugere um primeiro reparo: é que, de ordinário, existe um *tamanho ideal,* por assim dizer, do ponto de vista do rendimento do trabalho.

---

5 "*Interference in the pending process by members of the public takes two main forms. One is to exert pressure at trials or disrupt them, the other to engage in demonstrations in or around the courthouse*" (DAMASKA, relat. cit., ibid., p. 452). Nenhuma das duas classes de episódios, convém notar, tem ocorrido no Brasil com grande frequência e intensidade. Entre os do segundo tipo, acode-nos à memória o rumoroso julgamento, realizado há alguns anos pelo tribunal do júri em Cabo Frio, de notório personagem, acusado de matar a mulher, muito popular em certas rodas sociais. Grupos femininos tentaram pressionar os jurados, cercando o prédio com cartazes c faixas em que se reclamava a condenação; o réu, porém, acabou por ser absolvido.

6 Segundo informa STÜRNER, no relatório da então Alemanha Ocidental sobre o tema e para o congresso mencionados na nota 1, *supra*, com invocação do § 106 *a* do Código Penal (*Strafgesetsbuch*) e do § 16, 1ª parte, da *Versammlungsgesetz*, são proibidas manifestações nos arredores da Corte Constitucional (*Bundesvelfassungsgericht*): *vide* o volume *Effektivität des Rechtsschutzes und verfassungsmässige Ordnung – Die deutschen Landesberichte zum VII. Internationalen Kongress für Prozessrecht*, ed. Gilles, Colônia-Berlim-Bonn-Munique, 1983, p. 190.

Abaixo desse patamar, atuarão desfavoravelmente condições como o desconforto dos votantes ou a excessiva proximidade entre estes (e a de outras pessoas presentes, por exemplo advogados e partes), ainda fora dos casos de superlotação do recinto[7]. Entre as consequências habituais incluem-se: a diminuição da resistência dos juízes ao passar do tempo; a facilitação de conversas "particulares", nem sempre acerca de questões atinentes ao julgamento em curso; a maior exposição de cada juiz a pressões exercidas pelos colegas ou por outras pessoas, inclusive espectadores. Ou fica prejudicada a concentração, ou cresce o perigo de interferências, ou ambas as coisas ocorrem ao mesmo tempo... Em qualquer caso, poderão sofrer bastante a autenticidade e a qualidade dos votos – e, eventualmente, modificar-se até o resultado da votação.

Acima do patamar "ideal", configuram-se riscos de outra feição, mas nem por isso menos notáveis. Eventual excesso de distância entre os assentos dos juízes e a tribuna dos advogados, por exemplo, será talvez funesto para a atenção que prestem aqueles ao que disserem estes na sustentação oral de suas razões; e, se algum argumento decisivo vier a ser apresentado sob tais circunstâncias, dificilmente se lhe dará, na votação, o devido peso. Pioram as coisas, é óbvio, se o advogado não conseguir fazer-se ouvir com clareza, seja porque não disponha dos recursos vocais necessários, seja porque não funcione bem o sistema de som, seja porque ruídos provenientes do exterior penetrem na sala com muita força, e assim por diante. Em recinto grande demais, o interesse dos juízes pode desviar-se com maior facilidade para pontos estranhos ao *thema decidendum*. Afrouxa-se quase inevitavelmente o controle exercido pelo presidente da sessão. Toma-se menos provável que todos os membros do colegiado se mantenham constantemente "ligados" à discussão das questões relevantes. Disso podem resultar votos pouco conscientes, emitidos sem grande convicção, quando não lançados pura e simplesmente na esteira de algum outro anterior, sobretudo na do relator do processo, que se verá passivamente "acompanhado" por uma série de pronunciamentos sem luz própria.

---

7 Tais casos não são tão raros quanto se poderia supor. Os exemplos mais comuns situam-se entre os processos do interesse de extensas categorias de pessoas (notadamente funcionários públicos), ou relativos a questões políticas ou criminais de grande repercussão.

4. O lugar do julgamento: c) outros aspectos

Além dos já focalizados. vários outros elementos costumam exercer influência sensível, notadamente na medida em que concorrem para favorecer ou para dificultar a concentração dos votantes: por exemplo, a temperatura ambiente, a iluminação, a maior ou menor intensidade dos ruídos, etc.

Merecem referência especial os assentos destinados aos juízes. Cadeiras desconfortáveis não os encorajam a permanecer na mesma posição, ou sequer sentados, por tempo longo; tendem a provocar deslocamentos e, com eles, distração. Por outro lado, cadeiras *muito* confortáveis talvez funcionem como chamariz para a sonolência e aumentem o perigo de ver-se este ou aquele juiz apanhado no melhor de um cochilo, ao chegar sua vez de votar... Pode até acontecer que saia correto o voto; mas, convenhamos, seria arriscado contar com a probabilidade da coincidência![8]

Quanto à disposição dos assentos, registraram-se acima os riscos seja da proximidade exagerada, seja do afastamento excessivo entre eles. Aluda-se agora à distribuição dos juízes no recinto: para a posição a ser tomada por algum deles na votação, talvez não se mostre irrelevante a circunstância de ter assento perto de determinado(s) colega(s), com quem goste de trocar ideias e aconselhar-se em momentos de dúvida. Importa saber se a colocação dos votantes lhes permite a todos ver e ouvir perfeitamente qualquer juiz que, em dado momento, use da palavra, e a este, por sua vez, enxergar com clareza as fisionomias dos outros, a fim de captar – na medida do possível – a reação que neles esteja (ou *não* esteja) causando sua argumentação, responder de modo satisfatório a

---

8 Já se impugnou, mais de uma vez, perante altos tribunais, a validade de julgamento colegiado por estar adormecido algum juiz durante a discussão da causa... Na Alemanha, o *Reichsgericht* primeiro rejeitou a arguição; mas, em decisão posterior, "*affermò che il collegio giudicante non è legalmente composto quando ne fa parte um giudice continuativamente incapace di seguire quanto si svolge nell'udienza, e che di conseguenza il sonno continuato dei giudice può essere dedotto come motivo di nullità della sentenza*" (CALAMANDREI, *La distrazione dei giudici come motivo di nullità della sentenza, in Riv. di dir. proc. civ.*, v. XV, 1938, p. 255). Evolução semelhante experimentou a jurisprudência da Cour de Cassation francesa: dois anos depois de rejeitar pedido de anulação feito com base no fato de ter-se rendido ao sono um dos jurados, no curso dos debates, a *Chambre criminelle* veio a cassar um *arrêt* da *Cour d'assises*, porque um dos membros do tribunal popular estivera dormindo ao longo de todo o interrogatório (CARBONNIER, *Flexible droit*, 6ª ed., Paris, 1988, p. 61).

apartes ou a pedidos de explicações, eventualmente antecipá-los e ministrar sem demora os esclarecimentos oportunos. No caso afirmativo, a colocação decerto contribuirá para fazer "correr" o julgamento com agilidade, evitando hiatos de que quase sempre resulta o afrouxamento da atenção.

Considerações até certo ponto análogas cabem no tocante à localização da tribuna de onde falam os advogados. De um arrazoado oral espera-se que traga elementos idôneos para induzir os membros do colegiado a votar em tal ou qual sentido; é essa, de resto, a utilidade e, afinal, a razão mesma por que se abre aos advogados, nas hipóteses previstas, a oportunidade de falar. Pouco adianta, porém, conceder-lhes a palavra, se não se lhes proporcionam, igualmente, condições propícias a que se façam ouvir e ver bem. Votante que não veja e ouça com clareza o advogado dificilmente resistirá à inclinação para desinteressar-se do que ele está dizendo, com o conseqüente perigo – reitere-se – de passar-lhe despercebido algum argumento relevante para a decisão.

A própria decoração da sala tem sua importância. É sabida a influência que as cores soem exercer sobre o estado de ânimo das pessoas. Excessos de ornamentação às vezes atraem para si a atenção que devia estar concentrada alhures. Vale a pena insistir no item "iluminação". Luzes muito fortes e inadequadamente dirigidas podem ofuscar o juiz e impedi-lo de enxergar com nitidez alguma pessoa ou coisa de cuja contemplação lhe devesse advir conhecimento útil à formação de seu convencimento. A deficiência da iluminação, por sua vez, produzirá resultado semelhante; conforme as circunstâncias, talvez dificulte, impossibilite ou – pior ainda – falseie a leitura de um texto onde se busquem subsídios.

É normal que, no curso da sessão, este ou aquele juiz sinta o desejo (ou a necessidade) de ausentar-se temporariamente. Ora, a participação ou não de um (ou mais de um) membro do colegiado influirá de maneira decisiva, não raro, no resultado da votação. Assume relevo, portanto, a duração do afastamento – aspecto relacionado, à evidência, com a distância a que se encontrem da sala de sessões os lugares procurados com maior frequência. Exemplo óbvio é o das instalações sanitárias[9].Outro

---

9 Como é intuitivo, o ponto não interessa exclusivamente aos juízes: compreendem-se com facilidade os riscos que pode correr o advogado desejoso de sustentar oralmente suas razões em julgamento iminente e todavia forçado a retirar-se do recinto por impostergável necessidade tisiológica... Em capítulo onde, a propósito

é o do bar, tentação permanente para quem cultive o hábito, tão brasileiro, de tomar de vez em quando uma xicarazinha de café. (Alternativa suscetível de contornar em certa medida o problema é a de fazer servir o cafezinho – ou, quem sabe, provisões mais substanciosas... – aos juízes em seus próprios assentos.)

Os membros do colegiado podem precisar consultar autos, apontamentos, livros e outros objetos. Isso exige algum espaço disponível, e bem assim um mínimo de facilidade de acesso às fontes. Se o magistrado entende necessária ou útil a leitura de coletânea de leis, ou de obra doutrinária, ou de repertório de jurisprudência, mas não lhe é possível obter rapidamente o que deseja, talvez acabe por privar-se de elemento valioso para formar seu convencimento e, por conseguinte, para determinar o sentido de seu voto. Isso evidencia, entre outras coisas, quão importante é a situação da biblioteca (em hipótese mais otimística, do terminal da rede informática utilizável na emergência); ou, subsidiariamente, a existência de um sistema de comunicações capaz de diminuir o tempo da consulta. Não tendo meios de esclarecer-se em tempo hábil, antes que se encerre o julgamento, o juiz em dúvida votará "no escuro", ou se ausentará do recinto, ou pedirá vista dos autos – e qualquer das opções poderá influir decisivamente no desfecho do julgamento.

5. O tempo do julgamento: a) o dia e a hora

Neste tópico, entram em linha de conta, antes de mais nada, o dia e a hora da sessão. Quanto ao primeiro aspecto, não é despropositado recordar a distinção, que na Roma antiga se fazia, entre os dias fastos e os nefastos: em certos dias, conquanto não haja impedimento *oficial* à realização de sessões nos tribunais, manda a prudência que não se conte com resultados muito animadores... A sexta-feira (principalmente à tarde) constitui o exemplo clássico, se assim nos podemos expressar[10].

do *oral argument*, se ministram conselhos práticos aos advogados norte-americanos, especialmente aos menos familiarizados com o tribunal, toma-se o cuidado de incluir, em tom enfático, o de averiguar, "when you arrive at the courthouse, long before your case will be reached, where the restroom nearest the courtroom is located" (STERN, *Appellate Practice in lhe United States*, Washington, 1981, p. 376).

10 Não é à toa que nem a Seção Judiciária da Câmara dos Lords, nem a Suprema Corte norte-americana "*hears oral argument on a Friday*" (informação colhida em PATERSON, *The Law Lords*, 4ª ed., Londres, 1984, p. 225, nota 6 ao Capítulo 3º).

Em regra, a maioria dos juízes estão cansados, ansiosos pelo fim de semana (a bem da verdade, nem sempre aproveitável para repouso ou lazer por quem sobreponha – como é dever do juiz consciencioso – ao seu interesse pessoal o do serviço) e, por conseguinte, menos propensos que noutras ocasiões à tranquilidade e à concentração. Aumenta de modo considerável a probabilidade de votos pouco meditados. Recorre-se com maior frequência, de ordinário, à saída cômoda do puro e simples "de acordo com o relator". A suscitação de preliminares ou de questões de ordem e o próprio exercício, pelo(s) advogado(s), do direito de sustentar oralmente suas razões costuma provocar reações mal disfarçadas de impaciência, quando não de irritação. A pressa de chegar ao termo da jornada pode impor aos julgamentos ritmo por demais célere, quiçá tumultuá-los, com consequências que facilmente se adivinham.

A hora de determinado julgamento depende da que se marca para a abertura da sessão e, em princípio, da posição que o feito ocupa na pauta, a abstrair-se das inversões da respectiva ordem e de outras circunstâncias eventuais – como a ausência momentânea de qualquer juiz (como o relator) que obrigatoriamente haja de votar. Entre nós, os tribunais costumam realizar suas sessões ordinárias de tarde, a partir das 13 ou das 14 horas. Não é um horário isento de inconvenientes. Na maior parte do País e do ano, instaura-se a sessão sob condições desfavoráveis de temperatura: o início da tarde é o pique do calor. Nem sempre se conta com o antídoto da refrigeração do recinto: ainda onde exista a aparelhagem, não é incomum que se revele insuficiente, ou funcione mal (tanto *para menos,* diga-se de passagem, quanto *para mais,* com o perigo de converter a sala em frigorífico). Não se pode razoavelmente esperar atenção muito constante – nem, pois, voto muito judicioso – de quem esteja sentindo a pele a inundar-se de suor (ou, no caso oposto, o queixo a bater de frio). Mesmo, porém, que se resolva ou se atenue esse problema, sempre subsistirá o fato de que as horas imediatamente posteriores ao almoço não são as mais propícias à concentração: quase todos se tornam, nelas, especialmente vulneráveis ao sono...

Existem razões para crer que o órgão colegiado atinge o máximo de aptidão para julgar bem no período médio da sessão. Depois, à proporção que o tempo passa, a fadiga vai cobrando tributo cada vez mais pesado. Há juízes que resistem com galhardia a cinco, seis, sete horas ou mais de julgamentos contínuos; de modo geral, porém, a dose é excessiva, com o consectário inevitável de declinarem a capacidade de apreensão e a agilidade de raciocínio, quando não – e, ao menos para o relator, o ponto é capital – a facilidade de expressão e as próprias forças vocais. Por outro lado, é duvidoso que se melhore o rendimento do trabalho suspendendo-se a sessão a certa altura: os minutos da pausa – que fatalmente tende a prolongar-se mais do que o previsto –, além de aumentar a duração global da sessão, às vezes fazem arrefecer de maneira sensível o ânimo dos juízes, à semelhança do que costuma suceder a quem para durante a corrida para dois dedos de prosa com um amigo, e depois acha difícil voltar à velocidade anterior.

6. O tempo do julgamento: b) outros aspectos

Em qualquer sessão de órgão colegiado, o comum é que se realize uma pluralidade de julgamentos. Daí a existência da pauta, onde se indicam, ordenadamente, os processos a cujo respeito se pretende decidir naquela sessão. A ordem estabelecida na pauta deve, em princípio, ser observada, embora, como já se notou, admita inversões.

Que a posição do feito na pauta influa no teor da decisão é possível por mais de um aspecto. Fez-se referência a um deles no item precedente: estar o processo colocado no início, no meio ou no fim da pauta é circunstância que normalmente condiciona a hora do respectivo julgamento, com as consequências supramencionadas. Outro aspecto liga-se à contiguidade na pauta. Há julgamentos que, pela complexidade, pela divisão do colégio em correntes antagônicas, ou por outros motivos, exigem muito da atenção e da acuidade mental dos juízes. Ao encerrar-se um desses julgamentos, é provável que pelo menos determinado número dos participantes da sessão sinta necessidade de "relaxar" por alguns minutos. Se porventura se segue, imediatamente, outro feito também "difícil", diminui a perspectiva de que esse venha a ser julgado com tanto cuidado quanto o anterior: a propensão natural é para certo rebaixamento do nível de concentração. O fenômeno tende a reproduzir-se, com crescente intensidade, na hipótese de uma sucessão de feitos "difíceis".

A maior ou menor distância que os separe na pauta assume realce particular no caso de processos vinculados por questões de direito comuns, sobretudo quando importantes e controvertidas. Se os julgamentos se sucedem sem solução de continuidade, alcançará o grau máximo a probabilidade de que se chegue a resultados homogêneos, coerentes à ponto de vista lógico. À medida que aumente o intervalo entre eles, essa probabilidade vai-se tomando menor: esmaece a lembrança do primeiro julgamento, cresce a possibilidade de alterações na composição do colégio judicante (juízes retiram-se do recinto ou nele ingressam) e até a de mudanças de opinião dos próprios votantes.

Cabe aludir, neste contexto, à duração dos julgamentos. Salvo hipóteses raras, de matérias excepcionalmente relevantes, suscetíveis de manter presa por muito tempo a atenção dos membros do colegiado, o fato de prolongar-se além do normal pode repercutir na qualidade de um julgamento. A partir de determinado momento, os votos já serão ouvidos (e até proferidos), em regra, com certa impaciência, e correlatamente diminuirá a receptividade a argumentos novos, porventura neles contidos, quando não a disposição mesma para suscitá-los.

Importa aqui, de igual sorte, a duração total da própria sessão. A propósito, convém recordar que os regimentos internos dos tribunais soem fixar não apenas a hora da abertura, mas também a do encerramento das sessões, ao menos das ordinárias. Ocorre, no entanto, que nem sempre se comportam dentro dos limites estabelecidos os trabalhos de julgamento de todos os processos constantes da pauta. Duas atitudes básicas pode adotar o colegiado em tal emergência: ater-se de qualquer modo ao horário regimental ou prorrogar a sessão na medida necessária para desincumbir-se (no todo ou em parte) da tarefa remanescente. A primeira atitude, por sua vez, admite duas variantes, a depender do maior ou menor desagrado com que o órgão encare a possibilidade de não cumprir a pauta inteira – o que terá como normal corolário adiar-se para outra sessão o julgamento dos feitos não apreciados no prazo. Se tal possibilidade é vista com indiferença, não haverá razão para alterar o ritmo comum dos trabalhos; se ela repugna ao colegiado, e este se adverte oportunamente do problema, poderá tentar evitá-la mediante um esforço para reduzir o lapso de tempo reservado a cada processo.

Ocioso frisar a influência que essas vicissitudes são capazes de exercer sobre o teor dos julgamentos. Acelerar o ritmo dos trabalhos, na ânsia de conciliar o respeito rigoroso do horário com o esgotamento da pauta, significará por vezes levar os juízes a pronunciar-se de maneira irrefletida, em prejuízo da valoração cuidadosa das teses e argumentos em causa. Adiar o julgamento de determinado feito é sujeitá-lo a realizar-se sob condições diferentes: talvez noutro dia da semana, noutra hora, quem sabe até com diferente composição do colégio judicante. Não ficará excluída *a priori* a eventualidade de que as perspectivas, sob as novas circunstâncias, se tornem mais favoráveis; o que de modo algum sofre dúvida é que não permanecerão idênticas.

Isso torna oportuna breve alusão a outras possíveis causas de adiamento. Algumas se ligam a circunstâncias fortuitas e incontornáveis, como enfermidade súbita que impeça o relator de comparecer à sessão. Mas os regimentos internos costumam ampliar o rol das hipóteses. Às vezes se admite o adiamento por simples indicação do relator (ou, sendo o caso, do revisor), ou então a requerimento de advogado. Pode configurar-se aí manobra tendente a fazer que o processo seja julgado com outra composição do órgão - vista, é claro, como razão bastante para esperar-se resultado diferente. Daí a relevância do critério mais ou menos rigoroso que se adote na decisão sobre tais requerimentos.

7. O modo do julgamento: a) publicidade ou sigilo

O aspecto formal dos julgamentos é aquele de que em geral se ocupam mais extensa e pormenorizadamente as leis e os regimentos internos dos tribunais. Fiéis ao programa traçado de início, concentraremos aqui a nossa atenção menos na problemática de ordem técnico-jurídica que semelhante disciplina suscita do que no influxo que a respectiva solução pode exercer *de fato* sobre o teor das decisões colegiadas. Dificilmente lograremos evitar, contudo - nem poremos nisso especial empenho -, referências ocasionais àquela problemática, na medida em que se mostrem necessárias ou úteis à clareza da exposição.

Uma das primeiras questões que reclamam aqui a atenção do observador é a da opção entre o sistema da deliberação pública e o sistema da deliberação secreta. Como se sabe, predomina largamente o segundo nos ordenamentos continentais europeus, o primeiro no direito anglo-saxônico e no brasileiro[11]. Em nosso país, a publicidade dos atos processuais é hoje mandamento constitucional (Carta da República, arts. 5º, nº LX, e 93, nº IX, *initio);* mas, ainda antes, já a consagravam, em linha de princípio, as leis processuais (Código de Processo Civil, art. 155, *caput,* 1ª parte; Código de Processo Penal, art. 792, *caput).* As exceções nelas previstas (Código de Processo Civil, art. 155, *caput,* 2ª parte; Código de

11 Para extensas indicações de direito comparado e ampla discussão de vários aspectos da matéria, *vide* BARBOSA MOREIRA, Publicité et secret du délibéré dans la Justice brésilienne, in Temas de Direito Processual (Quarta Série), S. Paulo, 1989, p. 193 e s.

Processo Penal, art. 792, § 1º) afiguram-se compatíveis com as ressalvas constantes do próprio texto da Constituição; ponto controvertido é o da utilização da "sala secreta" pelos jurados (Código de Processo Penal, arts. 480 e 481), que para alguns não pode subsistir à luz da vigente Constituição[12].

Não é este o lugar adequado para a discussão de problemas do gênero. O que no momento nos interessa é a possível influência da sistemática adotada sobre o teor dos votos. No caráter secreto da deliberação costuma enxergar-se uma proteção dos juízes contra pressões exteriores: sem ela, com maior facilidade os induziriam a tomar esta ou aquela posição – eventualmente diversa da que lhes sugerisse a convicção racional – sentimentos como o temor de uma vingança, o desejo de não desagradar a um amigo, a uma autoridade administrativa, a um magistrado de hierarquia superior, a um partido político... Votando *coram populo,* o juiz pode sem dúvida ver-se tentado a "jogar para a plateia", a preocupar-se em excesso com a repercussão do voto junto aos assistentes – e, para além deles, junto à opinião pública, ou àquilo que passe por ser a opinião pública no dizer dos meios de comunicação social... Agrava-se o perigo em se tratando de processo concernente a assunto de grande relevância política (no sentido estrito da palavra), ou propício a suscitar emoções fortes, que se expressam em juízos apaixonados; ainda maior se torna quando o julgamento se realiza na presença de repórteres e – sobretudo! – de câmeras de televisão; atingirá o ápice, bem se compreende, se inundarem o recinto, ou de qualquer sorte estiverem em condições de acompanhar de perto os trabalhos, interessados diretos ou indiretos, dos quais haja motivos para temer manifestações de aprovação ou de desaprovação, quando não intervenções mais enérgicas. Em tais circunstâncias, não é remota a probabilidade de que algum juiz, ao votar, se deixe guiar menos por aquilo que realmente pensa, na intimidade de sua consciência, do que por aquilo que, segundo lhe parece, o resto do mundo gostaria que ele pensasse.

---

12 Assim, *v.g.*, JAMES TUBENCHLAK, *Tribunal do júri – Contradições e soluções*, 2ª ed., Rio de Janeiro, 1990, p. 110 e s., com o apoio de RENÉ ARIEL DOTTI. *Publicidade dos julgamentos e a "sala secreta" do júri, in Livro de Estudos Jurídicos*, nº 4, Rio de Janeiro, 1992, p. 319 e s., espec. 325 e s. A jurisprudência, entretanto, não tem abonado a tese: *vide*, na primeira obra cit., p. 296 e s., a transcrição de acórdão do Tribunal de Justiça do Estado do Rio de Janeiro, de 22-5-1989, no *Habeas corpus* nº 280/89, o qual anulou julgamento levado a cabo com votação dos quesitos em sessão pública.

Mas o caráter público da deliberação pode também exercer outro tipo de influência, máxime quando, por imposição legal ou regimental, ou por pressão das circunstâncias, tenha de ser fundamentado o pronunciamento de cada votante. Bem se concebe que, exposto ao controle da assistência, o juiz dedique maior atenção ao exame das questões discutidas, a fim de melhor justificar a posição que tome, prevenir o risco de objeções desconcertantes - ou até desmoralizantes, voluntariamente ou não -, em apartes ou em votos subsequentes, e preservar assim sua "imagem" de julgador consciencioso e capaz. Não é impossível que seu voto acabe por ser diferente do que ele proferiria sem o aludido controle.

Caso que merece registro especial é o das partes. Já se aludiu à eventualidade de manifestações coletivas de interessados diretos ou indiretos; mas o problema nem sempre ganha essa dimensão: com maior frequência, diz respeito ao comparecimento individual de um ou outro litigante isolado. A parte - qualquer das partes - tem, normalmente, acesso ao recinto e pode assistir à deliberação, inclusive nos feitos que corram "em segredo de justiça". Não são unânimes as opiniões acerca da eventual repercussão de sua presença; objeto de valorações discordantes, ela com certeza varia muito de intensidade, em função da natureza da causa, da índole das questões discutidas e, desnecessário ajuntar, da sensibilidade dos julgadores. É possível que impressione e até comova algum juiz a figura viva e próxima da vítima do acidente, ou a da mulher que alega maus-tratos por parte do marido[13]. Em compensação, haverá quem ache de mau gosto, quando não francamente demagógica, semelhante exibição. Cabe notar *a latere* que a presença da parte sem dúvida influi quase sempre no arrazoado oral do advogado: ao menos *o tom* será provavelmente diverso do que ele usaria na ausência do cliente[14].

---

13 Da possível influência dos atributos físicos da parte sobre o comportamento dos julgadores fornece a tradição exemplo clássico no famoso julgamento da cortesã Frineia: determinou-lhe o desfecho, assim se narra, o gesto do advogado Hipéricles, que, para vencer as resistências dos juízes, simplesmente desnudou a ré em pleno tribunal...

14 Conforme anota STERN, ob. cit. na nota 8, *supra*, p. 441, não falta quem receie "*that counsel will tend to tailor his argument to what the client rather than the court wants to hear*". Não poucos advogados, vale a pena assinalar, opõem-se com energia a que os respectivos clientes assistam ao julgamento.

8. O modo do julgamento: b) o procedimento

Todo julgamento de órgão colegiado é um ato complexo, que se realiza mediante procedimento disciplinado por normas legais e regimentais. À lei processual cabe traçar as grandes linhas, ao passo que dos pormenores cuida o regimento interno. Sob variantes de alcance quase sempre reduzido, pode-se identificar um itinerário-padrão, que comporta basicamente as seguintes etapas: anúncio do julgamento pelo presidente da sessão; relatório, a cargo do juiz designado (relator); arrazoados orais dos advogados das partes; pronunciamento do Ministério Público, se funciona no feito; colheita e computação dos votos, pelo presidente; proclamação do resultado. Quanto à votação, começa-se em regra por tomar o voto do relator, em seguida (se houver) o do revisor, e depois o(s) do(s) outro(s) membro(s) do colegiado que participe(m) do julgamento; sendo vários, a ordem geralmente adotada no Brasil é a da antiguidade: votam primeiro os juízes que, desse ponto de vista, se seguirem ao relator (ou, se for o caso, ao revisor), voltando-se eventualmente ao(s) mais antigo(s) do órgão, após o voto do mais novo.

O esquema sujeita-se a alterações que ora o tomam mais simples, ora mais complexo. São hipóteses do primeiro tipo: a de não se abrir oportunidade para que falem os advogados (o que acontece em uns poucos recursos) [15], a de não oficiar no processo o Ministério Público, a de não haver revisão. Hipótese do segundo tipo ocorre, *v.g.*, quando, no início do julgamento (ou mesmo antes), ou no respectivo curso, se suscita preliminar e, para decidi-la, se protela ou se interrompe a votação sobre a matéria principal. Em determinados casos, pode tomar-se imperiosa a suspensão do julgamento, em consequência de pedido de vista dos autos, formulado por algum juiz, ou da superveniente necessidade de suprir-se deficiência de *quorum*[16] etc. Normalmente, aquele se completará

---

15 Os mais importantes são o agravo de instrumento e os embargos de declaração, no processo civil, consoante o disposto no art. 554 do respectivo Código.

16 Exemplo notório e ainda recente: o do julgamento, em dezembro de 1993, do mandado de segurança impetrado pelo ex-Presidente da República Fernando Collor, contra a decisão do Senado Federal, que lhe impusera a penalidade de inabilitação para o exercício de função pública pelo prazo de oito anos (Constituição Federal, art. 52, parágrafo único). Como amplamente divulgado, dos oito Ministros não impedidos do Supremo Tribunal Federal quatro votaram pela concessão e quatro pela denegação da ordem; diante disso, o Presidente da Corte convocou três Ministros do Superior Tribunal de Justiça, a fim de que, noutra sessão, se completasse o julgamento.

na sessão seguinte, ou noutra que logo depois se realize. Todas essas vicissitudes, por motivos óbvios, são capazes de influir no resultado. A uma ou duas voltaremos com mais vagar; antes, porém, cumpre sublinhar a importância que assume nesta perspectiva a própria ordem da tomada dos votos.

É fora de dúvida que os primeiros votos proferidos - independentemente, *em certa medida,* da solidez dos argumentos em que se apoiem - costumam exercer maior influência sobre o sentido da deliberação do que os proferidos mais para o fim. Isso se acentua notavelmente quando a marcha da votação desde logo revela tendência nítida ao prevalecimento de qualquer das teses em jogo; mais ainda, quando se atinge determinada altura sem divergência alguma. Não poucos juízes inclinam-se de hábito a aderir à corrente predominante, e são em número ainda maior os que hesitam em adotar posição totalmente isolada. Variadíssimas as razões: timidez; insegurança; comodismo; desejo de não retardar o desfecho do julgamento; convicção sincera de que, na dúvida, o melhor é ficar com a maioria, cujo entendimento se presume digno de confiança; sentimento da inutilidade prática da discordância; escassa disposição para redigir voto vencido, por estar o votante sobrecarregado de trabalho, ou por motivo menos sério... Alguém que, noutras circunstâncias, provavelmente votaria em certo sentido talvez prefira acompanhar os diversos pronunciamentos já emitidos em sentido contrário, se parece selada, em virtude deles, a sorte do processo. Caso especialíssimo - porém de jeito nenhum despiciendo - é o de magistrado que ainda não integre o órgão, mas aspire a integrá-lo e, nesse ínterim, seja convocado para nele temporariamente atuar: porventura jamais o influenciará o temor de ficar "mal visto" se divergir da maioria (ou de todo aresto) do colegiado, correndo por isso o risco de não entrar na próxima lista para promoção por merecimento? Em última análise, tudo pode depender do lugar que, na ordem da votação, toque a juiz ou juízes em situações como as indicadas.

9. O modo do julgamento: c) a presidência

À presidência do órgão cabe, antes de mais nada, a responsabilidade pela pauta da sessão. Se bem que na prática a tarefa de elaboração costume ficar a cargo da secretaria, é perfeitamente normal que o presidente, dentro dos critérios legais e regimentais, imprima sua marca pessoal na seriação dos processos. Aí já se configura uma primeira ocasião de influir: salientou-se acima a relevância da ordem dos julgamentos para os respectivos desfechos. É dado ao presidente, em certa medida, incluir tal ou qual feito na pauta de determinada sessão, ou, ao contrário, excluí-lo dela; ora, segundo também já se assinalou, muito depende de julgar-se a causa neste ou naquele dia.

Ninguém ignora, ademais, que o desenrolar dos trabalhos de qualquer colegiado varia muitíssimo em função da maneira pela qual são eles dirigidos. Um presidente mais atento, mais enérgico ou mais habilidoso logrará normalmente imprimir-lhes ritmo mais constante e curso mais desembaraçado. Bastaria essa consideração para evidenciar a importância que o modo de exercer a função é passível de assumir para o desfecho does) julgamento(s)[17].

Algumas facetas de tal influência revestem-se de colorido predominantemente técnico-jurídico. Por exemplo: compete ao presidente indicar ao colegiado a matéria que, em determinado momento, se encontra em discussão ou vai ser objeto de deliberação. Inclui-se nessa competência o mister de submeter *especificadamente* aos votantes cada uma das preliminares acaso suscitadas (ou suscitáveis pela própria presidência) e velar para que não se misturem umas com as outras, nem, *a fortiori,* qualquer delas com o mérito. Eventuais descuidos ou equívocos do presidente a tal respeito geram mal-entendidos e confusões suscetíveis de tumultuar o julgamento e comprometer de forma irremediável a exatidão do resultado. É o que sucede, *v.g.,* se acabam por somar-se quantidades heterogêneas, para dar por não conhecido recurso em relação ao qual se tinham arguido várias preliminares, ou para dizer vitorioso pleito de anulação de ato jurídico, formulado com invocação de diversos fundamentos, quando na verdade cada uma das preliminares, ou cada um dos fundamentos, obtivera votos insuficientes para conduzir ao respectivo acolhimento, embora suficientes, caso adicionados (indevidamente!), rara criar a falsa impressão da existência de maioria no sentido da inadmissibilidade do recurso, ou da invalidade do ato[18].

17 "The individual with potentially the greatest influence on the oral interchange is the presiding Law Lord', escreve, com referência à Seção Judiciária da Câmara dos Lords, PATERSON, ob. cit. na nota 9, *supra*, p. 66. Consoante se põe de manifesto em nosso texto, o alcance da observação pode ser estendido a outros aspectos.

18 Cf. BARBOSA MOREIRA, *Comentários ao Código de Processo Civil,* v. V, 6ª ed., Rio de Janeiro, 1993, p. 504, 602/3 (com outras indicações bibliográficas na nota 59); *O novo processo civil brasileiro*, 15ª ed., Rio de Janeiro, 1993, p. 193.

Prossigamos. Incumbe ao presidente colher, um por um, os pronunciamentos dos juízes que devam participar da deliberação. Para isso, é óbvio, precisa ele saber com certeza quais, dentre os presentes, têm voto em cada julgamento. Precisa também convidá-los, no momento próprio e em voz clara, a votar, e fazer a competente anotação. Precisa, enfim, computar os votos emitidos, num sentido ou noutro, a fim de proclamar, uma vez encerrada a votação, o resultado. Nesses vários momentos, pode o presidente, como é natural, valer-se do auxílio de funcionários; não há de esquecer, contudo, que é sua, pessoal, a responsabilidade pela correção do procedimento - da qual pode depender, à evidência, o desfecho. São coisas bem diferentes um julgamento presidido com atenção constante e um julgamento presidido por juiz que só de vez em quando (ou nunca...) se interessa realmente pelo que esteja acontecendo.

Outra atribuição muito relevante do presidente - inclusive na perspectiva que mais importa aqui - é a de resolver questões de ordem. Basta pensar que da solução de alguma delas decorrerá, por exemplo, a inclusão ou a exclusão de tal ou qual juiz do colégio judicante, ou a sequência em que se vai proceder aos diversos julgamentos, e assim por diante. Igualmente importante é o grau de tolerância do presidente na fiscalização do prazo concedido para alguma fala; se, por exemplo, o advogado se vê interrompido, sem contemplação, ao fim do 15º minuto, não é inconcebível que a interrupção o colha justamente em ponto capital de seu arrazoado e com isso o iniba de fazer valer, ao menos com a força necessária, argumento essencial[19].

Também compete ao presidente velar pela manutenção da ordem durante a sessão. No exercício dessa competência, pode ele advertir quem não esteja guardando o devido decoro no uso da palavra, eventualmente cassá-la, coibir manifestações a seu ver impróprias, expulsar do recinto o espectador que se porte de modo inconveniente... É intuitiva a possibilidade de que qualquer de tais medidas repercuta na marcha e no destino de um julgamento: por exemplo, a pessoa expulsa estava a ponto de influenciar, por gestos ou palavras, o voto de algum juiz, que agora, na ausência dela, talvez se pronuncie em sentido diverso.

---

19 Nota pitoresca: diz-se que, em certa sessão da Corte Suprema norte-americana, o *Chief Justice* Hughes, fiscal zeloso da observância do prazo, chegou ao requinte de interromper eminente advogado (líder do New York Bar) no meio da palavra *if* (STERN-GRESSMAN, Supreme Court Practice, 5ª ed., Washington, 1978, p. 745, nota 24).

Mas há maneiras menos formalizadas e mais sutis pelas quais se mostra possível à presidência influir na sorte de um processo. Se está a exercê-la, *v.g.*, juiz de autoridade intelectual incomum, que a respeito do assunto em foco tem posição doutrinária bem conhecida, não é acadêmica a hipótese de que um (ou mais de um) votante sinta constrangimento em pronunciar-se no sentido oposto. Esse tipo de influência naturalmente comporta variadíssimos graus de intensidade, dependente, entre outras coisas, da atitude do presidente mesmo durante a deliberação: concebe-se, com efeito, que ele tome a liberdade de manifestar, direta ou indiretamente, por expressões fisionômicas, quando não por palavras, aprovação ou desaprovação; ou, ao contrário, que mantenha total impassibilidade. Certo é, porém, que às vezes sua influência se torna sensível ainda que ele nenhum esforço, ao menos consciente e voluntário, faça para exercê-la.

Observe-se, *a latere,* que em alguns casos tão marcada é a ascendência do presidente sobre os outros membros do colegiado, que no funcionamento deste, e não menos que alhures no teor de suas deliberações, se torna fácil discernir traços típicos, por assim dizer, da personalidade daquele. Quando uma presidência desse calibre dura o bastante, o órgão tende a revestir-se, como um todo, de características diversas das que provavelmente apresentaria sob outra liderança: adotará, por exemplo, orientação mais progressista ou mais conservadora em questões de índole política ou social. Basta lembrar, *v.g.*, o que foi a Corte Suprema norte-americana sob a presidência de Earl Warren[20].

10. O modo do julgamento: d) o relator

Importantes como são as funções do relator[21], é compreensível que influam poderosamente no julgamento a personalidade do juiz nelas investido e o modo por que as exerça. Em determinadas hipóteses, a própria escolha do relator já ministra dados para um juízo de probabilidade acerca do futuro resultado. É realmente muito o que depende, antes de

20 É habitual, nos Estados Unidos, designar pelo nome do Chief Justice o colegiado tal como atua sob respectiva presidência. Vejam-se, por exemplo, as referências à *Warren Court* em WOODWARD-ARMSTRONG, *The Brethren – Inside the Supreme Court,* Nova Iorque, 1979, p. 10, 62, 179, 223, 443, 444).

21 Para uma enumeração pormenorizada, *vide* BARBOSA MOREIRA, *Coment.,* cit., v. V, p. 561 e s.

mais nada, da clareza e exatidão do relatório; em seguida, do voto; e – *last but not least* – do comportamento do relator no curso restante da deliberação. Daí a relevância do critério de escolha do relator e de possíveis vicissitudes como a respectiva substituição, por exemplo em virtude de licença, ou de impedimento superveniente.

Elaborar o relatório, sobretudo em feitos complexos, é tarefa de inexcedível delicadeza. O relatório pode ser completo ou lacunoso, longo ou breve, minucioso ou resumido, bem ou mal ordenado, cristalino ou obscuro, objetivo ou tendencioso: em qualquer caso marcará, de uma forma ou de outra, o julgamento. Além do texto escrito, que em geral se lança nos autos, há as características da exposição oral, feita na sessão; e mil aspectos podem aí assumir relevo, da dicção mais ou menos clara do relator à maior ou menor ênfase com que assinale algum tópico. Teoricamente, o relatório nunca deveria prenunciar o voto de quem dele se incumba; na prática, não raro algo transparece, e a influência pode começar a fazer sentir-se desde esse instante.

A importância do voto do relator varia em função de inúmeros fatores, além do mais óbvio, que é a solidez ou a fragilidade de sua fundamentação. Há relatores que gozam de maior confiança do que outros; isso sem dúvida se reflete na probabilidade de que o voto respectivo venha a ser acompanhado pelos demais julgadores, sobretudo – mas não exclusivamente! – se se trata de juízes desatentos, inseguros ou momentaneamente impossibilitados, por esta ou aquela circunstância. de formar convicção pessoal a respeito do problema em foco. Cabe acrescentar que certos relatores podem ser conhecidos por idiossincrasias muito salientes, como *v.g.*, o pendor para favorecer o cônjuge mulher em ações de separação ou relativas à guarda de filhos menores; ou a queda para votar, em matéria tributária, a favor do fisco, ou contra ele etc. Em casos assim, o voto do relator, no sentido costumeiro, suscitará eventual desconfiança em algum colega e poderá acarretar um pedido de vista (quiçá uma divergência), que a propósito de outro assunto provavelmente não se concretizaria.

Até as relações afetivas entre cada um dos outros votantes e o relator podem assumir aqui relevo considerável. Juiz ligado ao relator por laços de amizade muito fortes talvez hesite em discordar de voto em que ele tenha posto grande ênfase, mormente se se cuida de questão de particular relevância, acerca da qual o relator tem posição firme e escassa tolerância para com opiniões diferentes. A hesitação aumentará caso o votante já haja divergido do relator noutro julgamento da mesma sessão; *a fortiori*, no julgamento imediatamente anterior. Desnecessário advertir o leitor de que neste ponto reencontramos, em perspectiva especial, o tema da colocação dos feitos na pauta.

Duas palavras, enfim, sobre o comportamento do relator após a emissão de seu voto. Relatores há que demonstram pouco interesse pelo que venha a suceder daí em diante; outros, ao contrário, procuram sustentar, até com veemência, a correção do pronunciamento emitido, e fazê-lo prevalecer na deliberação, utilizando-se de apartes aos colegas ou pedindo de novo a palavra para contraditar votos discordantes – possibilidades que, ao menos em teoria, dependem, é claro, da disciplina consagrada no regimento. A insistência do relator é faca de dois gumes: pode produzir o efeito desejado (na medida em que logre vencer objeções) ou o oposto (se expõe os argumentos do relator a cotejo desfavorável, ou se, por excessiva ou inábil, provoca em algum outro juiz sentimento de irritação bastante para bloquear-lhe no espírito eventual tendência a aderir).

Com o clássico grão de sal, as considerações que acabamos de fazer a propósito do relator aplicam-se em parte, quando é o caso, ao revisor. Existem hipóteses, de resto, em que o voto deste assume preponderante importância, por exemplo se o do relator se afigura manifestamente inconsistente (ou o próprio relatório pouco esclarecedor).

11. O modo do julgamento: e) os advogados

Na maioria dos recursos *e* ações da competência originária de tribunais, os advogados das partes têm oportunidade de fazer-se ouvir. Podem ter até mais de uma oportunidade: assim, por exemplo, se se lhes faculta usar da palavra após o 'loto do relator[22], ou a qualquer tempo, no curso da deliberação, para determinados fins[23]. A sustentação oral

22 Como dispunha, entre nós, a Lei nº 2.970, de 24-11-1956 (apelidada de Lei Castilhos Cabral, nome do deputado autor do projeto), a qual modificava a redação do art. 875 do Código de Processo Civil de 1939, então vigente, mas foi declarada inconstitucional pelo Supremo Tribunal Federal e teve suspensa sua execução pela Resolução nº 23 do Senado Federal, de 26-10-1959.

23 Nos termos do art. 89, ns. X, XI e XII, respectivamente, da Lei nº 4.215, de 27-4-1963 (Estatuto da Ordem dos Advogados do Brasil), são direitos do advogado: "pedir a palavra, pela ordem, durante o julgamento, em qualquer juízo ou Tribunal,

das razões destina-se, obviamente, a influir nos votos, e sem dúvida é suscetível de fazê-lo: menos, em regra, quanto ao relator e, se houver, ao revisor, que se presume hajam examinado com atenção a causa e formado convencimento antes de virem para a sessão; mais, com referência aos juízes que não tiveram contato direto com os autos. É evidente que muito vai depender das qualidades pessoais do profissional: há sustentações orais que praticamente determinam a sorte do pleito – nem sempre, registre-se, no sentido visado por quem as faz...

Fácil compreender que a influência poderá ser maior, em princípio, se se permite ao advogado falar depois do voto do relator, cujos argumentos, sendo o caso, se lhe abrirá o ensejo de refutar. No entanto, aqui tampouco *é* desprezível o risco de que a insistência se mostre contraproducente: pode acontecer que o próprio relator reaja às críticas enrijecendo mais ainda em vez de modificá-la ou atenuá-la – a posição que adotara.

Ao advogado, vale a pena observar, tanto é dado influir *falando* quanto *calando*... Este não é o lugar adequado para dissertar sobre problemas de tática advocatícia; mas não há como deixar de consignar o fato, já que, bem ou mal, ele se inclui entre os suscetíveis de repercutir no julgamento. Não nos estamos referindo só às hipóteses de inabilidade (ou mesmo inépcia) no arrazoado oral – por vezes tão desastrosa que aliena nos juízes toda e qualquer simpatia pela causa. Há outros casos menos ostensivos: *v.g.*, usar da palavra nos últimos instantes da sessão, e com isso acarretar-lhe o prolongamento (sobretudo no dia "nefasto" da sexta-feira!), pode não constituir o melhor meio de predispor favoravelmente o colégio judicante. A menos que o advogado tenha algo novo e muito relevante a dizer, deve pensar duas vezes antes de submeter os juízes a uma inútil maçada, que em regra os levará a desinteressar-se da oração, quando não a retirar-se pura e simplesmente do recinto. A contenção – pelo menos em dose suficiente para limitar a fala ao essencial, se não for possível omiti-la – talvez se veja, nessa e noutras ocasiões,

para, mediante intervenção sumária e se esta lhe for permitida a critério do julgador, esclarecer equívoco ou dúvida surgida em relação a fatos, documentos ou afirmações que influam ou possam influir no julgamento"; "ter a palavra, pela ordem, perante a qualquer juízo ou Tribunal, para replicar a acusação ou censura que lhe sejam feitas, durante ou por motivo do julgamento"; e "reclamar, verbalmente ou por escrito, perante qualquer juízo ou Tribunal, contra a inobservância de preceito de lei, regulamento ou regimento".

mais bem recompensada...[24]. É claro que, *de iure,* o órgão julgador tem o dever de consentir que o advogado fale por todo o tempo que a lei ou o regimento lhe assegura; mas aqui não nos interessa tanto discutir o aspecto jurídico do problema, quanto descrever o que transparece da realidade dos tribunais.

Por outro lado, sob certas circunstâncias, assumirá grande importância a diferença entre um comportamento desenvolto e um excesso de timidez do advogado em pedir a palavra, por exemplo, para esclarecer equívoco acerca de questão de fato *(vide, supra,* a nota 22). O voto de algum juiz, principalmente dentre os que não tiveram contacto direto com os autos, talvez seja influenciado pelo esclarecimento, ou pela falta dele. Como todas, a medalha tem seu reverso: uma interrupção ociosa, ou sujeita a desmentido convincente por parte do relator, ou de quem quer que esteja a votar, produzirá seguramente o efeito de um tiro pela culatra.

12. O modo do julgamento: f) outros aspectos

Já aludimos, mais de uma vez, à eventualidade de que algum juiz (ou mais de um), no curso da deliberação, peça vista dos autos. É pouco frequente, porém não impossível, que o faça o próprio relator (ou o revisor), surpreendido por argumento que porventura suscite qualquer dos colegas, ou O(S) advogado(s), e que não lhe haja ocorrido ao estudar o processo.

O pedido de vista é incidente capaz de influir de várias maneiras no resultado do julgamento. Antes de mais nada, provoca a suspensão deste, com a possibilidade de que, na sessão de prosseguimento, esteja modificada a composição do colégio. A ausência de juiz que ainda não votara será talvez fatal para a parte a cujo favor ele se teria pronunciado; a de juiz que já tinha votado preexclui a eventual reconsideração do voto.

O mero fato de pedir-se vista já costuma imprimir nova feição ao itinerário do julgamento. Que este possa continuar, mediante a colheita does) voto(s) restante(s), depende do regimento. Em geral, a continua-

24 "(...) Que les procès viennent en abondance, / Et je passe avec vous le reste de mes jours. / Mais que les avocats soient désormais plus courts" (RACINE, Les Plaideurs, 3º ato, cena IV): nessas palavras do juiz Dandin – ou quando nada, para sermos realistas, na parte final delas... – ninguém que haja exercido a judicatura em tribunal deixará de reconhecer a expressão de um desejo muitas e muitas vezes ternamente acalentado.

ção é possível, mas raramente se evita nos juízes remanescentes certa tendência a declarar que preferem aguardar o pronunciamento de quem pediu vista, máxime se se trata de juiz de grande prestígio, cuja opinião goza de particular autoridade – ou então, mais simplesmente, se, faltando pouco tempo para a hora regular de encerramento, todos estão ansiosos por ver acabar a sessão...

Ao prosseguir o julgamento interrompido – sob condições, repita-se, sempre diferentes –, toma-se de início o voto de quem haja pedido vista. Semelhante pronunciamento pode, é claro, influir por força dos bons argumentos que contenha; mas há outras formas de influência, de índole menos técnico-jurídica. De ordinário, alguns juízes, sobretudo aqueles que tinham declarado aguardá-lo, ouvirão o voto com atenção; dentre os outros, haverá quem o ouça, embora em geral com atenção menor (ou sem nenhuma atenção), e até, provavelmente, quem nem sequer o ouça. Variará muito, por conseguinte, a repercussão das razões invocadas. Se o juiz que pedira vista vem a acompanhar o relator, é quase automática, em geral, a concordância dos que tinham permanecido na expectativa, principalmente se no mesmo sentido já se havia pronunciado a maior parte dos votantes na sessão originária. Se aquele, ao contrário, diverge do relator, a possível influência de seu voto dependerá bastante, na extensão, do número de juízes que o estejam aguardando: é entre esses, com efeito, que ele tem maior probabilidade de angariar adesões, relativamente raro como é que algum dos outros tome a iniciativa de reconsiderar o voto antes proferido.

Outro incidente suscetível de exercer influência no resultado do julgamento é a conversão deste em diligência, para correção de vício, suprimento de omissão ou melhor esclarecimento de fatos. Algumas das consequências geradas pela conversão equiparam-se às do pedido de vista. Também aqui se interrompe o julgamento, que apenas se completará noutra sessão. Daí as mesmas possibilidades de alteração das circunstâncias, até eventualmente aumentadas, visto que a realização da diligência exigirá talvez lapso de tempo maior que o intervalo entre duas sessões consecutivas, e portanto só em data já mais ou menos distante daquela em que se iniciara estará o julgamento em condições de prosseguir. Significa isso que dificilmente se poderá contar, no prosseguimento, com recordações muito vivas na memória dos participantes da sessão anterior; e com toda a probabilidade haverá quem esteja tomando conhecimento do assunto pela primeira vez.

Aspecto sem dúvida importantíssimo é o da contribuição que a diligência porventura traga ao material da causa. Não nos deteremos no ponto, que melhor se situa no plano técnico-jurídico. Aludiremos unicamente, de passagem, à possível existência de circunstâncias idôneas para condicionar o grau de influência a ser exercido pelos novos dados: assim, por exemplo, a intercorrente substituição do relator, em virtude de licença, aposentadoria ou falecimento.

Ainda mais vistosos que os supramencionados são os incidentes da uniformização da jurisprudência e da declaração da inconstitucionalidade de lei ou outro ato normativo sobre cuja aplicação se discuta, como premissa lógico-jurídica do julgamento. Eles têm, é óbvio, um aspecto eminentemente técnico, na medida em que a deliberação do órgão maior, recebida pelo que suscitara a questão, vai predeterminar, ao menos em parte, o teor da decisão final deste"[25]. Outros ângulos despertam interesse de espécie diversa. Por exemplo: deferido que seja o requerimento de uniformização, ou acolhida pela maioria do órgão fracionário a prejudicial de inconstitucionalidade, suspende-se, aqui também, o julgamento, e em geral por tempo superior ao resultante de pedido de vista ou de conversão em diligência. Não é preciso repetir o que já se disse acerca das consequências que tal demora pode gerar. Aliás, se se reconhecer ao órgão fracionário alguma discrição ao apreciar o requerimento de uniformização da jurisprudência[26], fica patente a influência do maior ou menor rigor empregado em tal apreciação: dependerá dele que se dê ou não seguimento ao incidente, e portanto que o órgão fracionário venha ou não a ficar vinculado a tal ou qual tese jurídica no momento de julgar a causa.

13. Observações finais

Está longe de exaurir-se com o que ficou dito até agora a enumeração dos fatores extrajurídicos suscetíveis de influir nas decisões dos órgãos colegiados. Por mais de um motivo abstemo-nos de prolongá-la.

O primeiro é o receio de, prosseguindo, alarmar algum leitor além de toda medida razoável. Não desejamos dar a ninguém a impressão de

25 Para um estudo pormenorizado da disciplina jurídica de ambas as matérias, e bem assim para outras indicações bibliográficas, *vide* BARBOSA MOREIRA, Coment., cit., v. V, p. 4 e 27 e s., respectivamente.

26 Como hoje nos parece razoável: *vide* BARBOSA MOREIRA, *Coment.*, cit., v. V, p. 17.

que os julgamentos desse tipo se resolvem, afinal de contas, numa espécie de loteria, onde o que menos importa é o direito da parte. Nossa experiência de magistrado não nos autoriza em absoluto a insinuar que em qualquer hipótese sobrepaire a tudo mais a temperatura reinante na sala de sessões, ou a hora em que se examina a causa, ou alguma vicissitude fisiológica de juiz ou de advogado... Tais fatores atuam, é certo; mas, à evidência, não atuam todos ao mesmo tempo, nem com igual intensidade. Em muitos casos, sua influência será tão pequena a ponto de tornar-se praticamente irrelevante. É bom tomarmos consciência de que o fenômeno existe; evitemos, porém, exagerar-lhe o alcance, convertê-lo em pretexto para uma sorte de mania persecutória.

Soma-se a isso a percepção clara de nossas próprias limitações. Não obstante as leituras que possamos ter em ambos os setores, falta-nos formação técnica especializada em sociologia da Justiça e em psicologia judiciária[27]. Semelhante carência, com certeza óbvia para quem quer que haja lido as páginas precedentes, aconselhava (e aconselha) muita cautela e nenhuma pretensão. Inspirou-nos mesmo, entre outras coisas, uma atitude mais *descritiva* que *valorativa* em relação aos fatos apresentados. É verdade que, aqui e ali, não conseguimos deixar de emitir juízos de valor; mas a perspectiva em que nos quisemos colocar decididamente não foi a de um estudo essencialmente *crítico* de aspecto algum do funcionamento dos tribunais.

Os dados com que lidamos provêm, em grandíssima parte, de observações pessoais feitas ao longo de treze anos e meio de exercício da judicatura no Tribunal de Justiça do Estado do Rio de Janeiro. Algo, contudo, deve ficar bem claro: se em algum ponto o leitor identificar referência a comportamento menos recomendável para um julgador, esteja certo de que ela não reflete necessariamente o resultado da contemplação de qualquer dos juízes com quem nos honramos de conviver naquela corte. Pode muito bem suceder – e sem dúvida mais de uma vez sucederá – que

27 São áreas científicas, aliás, em que a produção nacional não se tem distinguido nem pela quantidade, nem – com as exceções de praxe – pela qualidade. Veja-se em GILLES, Der Beitrag der Sozialwissenschaften zur Reform des Prozessrechts, no v. cit. na nota 3, *supra*, a impressionante enumeração das principais obras publicadas na República Federal da Alemanha, nos anos imediatamente anteriores a 1983 (hoje, a lista seria sem dúvida muito mais longa), no campo da investigação sociológica em temas relacionados, de forma direta ou indireta, com o processo. Oxalá os elementos que aqui singelamente alinhamos possam ser úteis a algum especialista pátrio, porventura disposto a dedicar ao assunto a atenção que ele merece.

observado haja sido... o próprio autor do trabalho. Só me permito aditar que essa auto-observação não se cingiu a comportamentos efetivamente manifestados, senão que também abrangeu estados de espírito, movimentos interiores, inclinações psíquicas – ou, se quiserem palavra mais forte e talvez mais exata, *tentações*. Sinceramente esperamos que, na maior parte dos casos, sobre essas haja prevalecido a voz da consciência que, implacável, nos chamava a cumprir com zelo os deveres do cargo. É o máximo que nos achamos em condições de dizer sem incorrer em presunção temerária...

Maio de 1994.

COMENTÁRIOS DOS ATUALIZADORES

NOTAS SOBRE ALGUNS FATORES EXTRAJURÍDICOS NO JULGAMENTO COLEGIADO

Ana Cristina Bacos Fernandes / Marco Antonio Rodrigues

Tempo do julgamento. Como Barbosa Moreira aponta, à medida que o tempo de julgamento de prolonga, a tendência é que a fadiga influencie no resultado do processo. Nesse sentido, estudo conduzido nos Estados Unidos no ano de 2011 identificou que magistrados ficam mais tendentes a recusar fiança quanto mais próximos estiverem da hora do almoço (DANZIGER; LEVAV; AVANAIM-PESSO, 2011).

Efeitos da deliberação pública. Hoje, ao lado da deliberação pública, há o televisionamento de julgamentos. Este teve início com a TV Justiça, criada pela Lei nº 10.461/02, e que começou a transmitir as sessões de julgamento do Supremo Tribunal Federal, o que vem sendo apontado como fonte de impacto nos julgamentos pelos ministros (FONTE, 2016) .

Mais recentemente, com a pandemia de COVID-19, diversos tribunais começaram a transmitir suas sessões de julgamento via internet, especialmente, pelo *YouTube*, expadindo o debate acerca do televisionamento a outros ramos do Poder Judiciário brasileiro.

Eliminação da figura do revisor. Em nome da celeridade, o CPC de 2015 eliminou a figura do revisor, prevista no CPC de 1973 para a apelação, a ação rescisória e os embargos infringentes (art. 551, § 1º do antigo Código). Assim, após a distribuição do processo a relator e a elaboração de voto, haverá a remessa do processo ao Presidente do órgão, para inclusão em pauta de julgamento, do qual participação os vogais, sem revisão (art. 934 do CPC).

O fim do incidente de uniformização de jurisprudência e as figuradas reguladas no CPC vigente. O CPC de 2015 eliminou o incidente de uniformização de jurisprudência, passando a prever duas figuras com função semelhante, embora com pressupostos distintos de instauração: o incidente de assunção de competência (art. 947) e o incidente de resolução de demandas repetitivas (art. 976 e seguintes).

O incidente de assunção de competência se presta à hipótese em que o julgamento de recurso, de remessa necessária ou de processo de competência originária envolver relevante questão de direito, com grande repercussão social, sem repetição em múltiplos processos. Por meio de tal mecanismo, há um deslocamento da competência para julgamento, sendo que a decisão configura precedente vinculante.

O incidente de resolução de demandas repetitivas possui seu cabimento como forma de resolver questão de direito repetitiva, cuja solução configurará precedente vinculante para outras ações que tratem de questão de direito idêntica. No caso do IRDR, o órgão competente em regra julgará apenas a questão de direito – caracterizando uma cisão de competência –, para posterior julgamento da causa ou do recurso por seu juízo natural, muito embora o artigo 947, § 2º, do CPC também permita o julgamento do processo, o que somente será possível, porém, se o processo tramitar no mesmo grau.

Referências da nota

DANZIGER, Shai; LEVAV, Jonathan; AVANAIM-PESSO, Liora. *Extraneous factors in judicial decisions*. In: PNAS April 26, 2011 108 (17) 6889-6892).

FONTE, Felipe de Melo. *Jurisdição Constitucional e participação popular – O Supremo Tribunal Federal na era da TV Justiça*. Rio de Janeiro: Lumen Iuris, 2016.

LE MISURE CAUTELARI NEL PROCESSO LATINO-AMERICANO[1]

1. Chiunque si proponga dissertare sulle misure cautelari nel processo civile latino-americano corre il rischio di dare a intendere che il diritto latino-americano costituisca, almeno sul piano processuale, un insieme omogeneo, tale da consentire senza difficoltà una descrizione sintetica e una valutazione critica complessive, riguardanti cioè, nelle linee fondamentali, ogni ordinamento nazionale di quella zona del nostro planeta. Ciò non è che parzialmente vero. Nel continente americano – besogna tenerlo presente – vivono popoli diversi che, pur avendo quasi tutti origine prevalentemente latina, si distinguono l'uno dall'altro in modo netto per tanti versi, senza esclusione delle istituzioni giuridiche.

L'impressione di uniformità che a volte colpisce l'osservatore risulta sicuramente dall'esistenza di un blocco di paesi accomunati non solo dal fatto che i loro territori sono appartenuti per secoli alla Spagna, ma anche dalla circostanza che in essi è rimasta profonda e viva l'impronta della civiltà spagnola. Nell'interno di questo blocco si può ravvisare una certa omogeneità dal punto di vista cultural e ed anche giuridico: asserzione questa che poi richiederebbe di essere precisata o mitigata con più di una riserva per non diventare fuorviante. Occorre comunque rammentare che l'America Latina, oltre i paesi ispano-americani, comprende alcune regioni di colonizzazione francese, quali ad esempio Haiti, la provincia canadese di Québec, e in certa misura, negli Stati Uniti, la Louisiana. Comprende pure – *last but not least* – il Brasile, rappresentante unico del mondo di lingua portoghese, eppure importante in questa sua posizione isolata, non foss'altro che per ovvie ragioni di estensione territoriale e di grandezza demografica.

Orbene, anche a lasciare da parte gli ordinamenti di stampo francese, che in questo complesso costituiscono quasi dei corpi estranei, chiusi in se stessi, ogni riferimento al processo civile latino-americano deve tener conto della suddetta frattura, che rende pericolosa qualunque generalizzazione. Le matrici da cui provengono, da un lato, gli ordinamenti

---

1 Texto de conferência proferida nas Faculdades de Direito das Universidades de Módena (6-5-1993), Turim 1º-5-1993) e Milão (13-5-1993). Publicado na *Rivista trimestrale di diritto* e procedura civile, nº XLIV, 1993.

ispano-americani, e dall'altro quello brasiliano, affondano certamente le loro radici nello stesso *humus* iberico; ma l'evoluzione storica ha portato ciascuna delle due correnti ad allontanarsi dal primitivo letto unico e, scavando il proprio solco, sfociare in acque non sempre comunicanti.

Peraltro nei tempi moderni, la separazione tende ad attenuarsi. Non solo in questo campo, e il caso di aggiungere: assistiamo oggigiorno ad un vistoso fenomeno di avvicinamento reciproco tra i più svariati ordinamenti giuridici, man mano che si vanno stringendo i rapporti tra i popoli del mondo, ormai consapevoli dell'impraticabilità di qualsiasi forma d'isolazionismo. Ricordo qui con emozione le parole di quel grandissimo giurista che, legato da nodi inestricabili al Brasile e al diritto processuale brasiliano, da noi non può essere considerato straniero, nonostante la sua nazionalità italiana: parlava infatti il LIEBMAN, in uno scritto dei suoi ultimi anni, di una "multinazionale del processo" – magari l'unica del genere cui ognuno si sentirebbe libero e lieto di aderire indipendentemente da convinzioni politiche o ideologiche...

Si soggiunga che proprio in tema di misure cautelari si nota nella recente evoluzione degli ordinamenti latino-americani – e non solo di essi – una interessante convergenza di tendenze che fa pensare ad una probabile comunanza di carenze e bisogni. Nell'avanzare tale giudizio, anticipo sin d'ora qualcosa dell'esposizione che seguirà. Conviene però procedere con metodo e rispettare le esigenze logiche del discorso.

2. Nei codici latino-americani meno recenti la materia di cui stiamo trattando non aveva una disciplina sistematica. Di solito la tutela cautelare come figura generica era addirittura estranea al pensiero del legislatore. Egli si accontentava di dettare alcune regole particolari, inserite a casaccio nei testi legali e concernenti tale e quale altra misura specifica. Mancava perfino nella terminologia scientifica una espressione atta a designare il fenomeno in modo globale: non è da molto che la locuzione "processo cautelare" è riuscita a penetrare essa stessa nel nostro linguaggio giuridico abituale.

Siffatto panorama si viene modificando radicalmente negli ultimi decenni. È facile percepire nelle moderne legislazioni processuali la tendenza alla adozione di una disciplina ispiratasi a criteri sistematici. Non si mira più esclusivamente come una volta a regolare il procedimento adatto al sequestro conservativo o a quello giudiziario. Spesso si cerca invece di costruire un ampio sistema di norme coerenti, dirette a comprendere le soluzioni delle questioni fondamentali comuni al vari casi dello stesso genere.

Sotto l'aspetto formale questo cambiamento suole riflettersi sulla localizzazione delle apposite disposizioni e sulla struttura del codici. Il più delle volte si riserva in essa una sezione adibita specialmente alla disciplina delle misure cautelari. Nel Brasile e nel Venezuela si e giunti a dedicare un libro intero del codice a tale materia.

3. L'esame comparato delle leggi processuali latino-americane consente di affermare che i legislatori del nostro tempo si ispirano in general e ad una concezione del processo cautelare molto vicina a quella che si è consolidata per tanti anni nella corrente dominante della dottrina italiana, sotto l'influsso della nota sistematizzazione proposta dal CALAMANDREI, anche se poi nel redigere qualche disposizione particolare gli stessi legislatori hanno creduto opportuno prendere a modello, direttamente o indirettamente, il progetto presentato nel 1926 da CARNELUTTI alla sottocomissione C della commissione reale per la riforma del codici.

In linea di massima, le norme riguardanti le misure cautelari presuppongono in esse quelle note che le contraddistinguono nella massa strutturalmente o funzionalmente eterogenea del provvedimenti giurisdizionali. Qualunque sia poi il grado di fedeltà mantenuto al principi lungo la serie a volte abbastanza estesa di disposizioni specifiche, fatto sta che si parte quasi sempre dall'idea di provvedimenti destinati ad assicurare a titolo provvisorio l'efficacia pratica di un processo di cognizione o di esecuzione. Si tratta quindi, almeno in teoria, di misure accessorie, schiettamente strumentali. Secondo l'insegnamento tradizionale che il legislatore latino-americano sembra accogliere, nessuna di esse rappresenta un fine a se stesso, né può avere la forza di regolare in modo definitivo la situazione giuridica delle parti, anche perché la rispettiva emanazione non si basa sull'accertamento esauriente del fatti, ma su un puro e semplice giudizio superficiale di probabilità dell'esistenza di un diritto che si ha ragione di temere che non resista alle vicende intercorrenti tra la proposizione della domanda e l'attuazione concreta del provvedimento definitivo. A tale proposito è scontato, nella letteratura giuridica latino-americana, il riferimento al due presupposti classici del *fumus boni iuris* e del *periculum in mora.*

A tempo debito converrà verificare se questo schema riesce ancora oggi a comprendere la totalità del fenomeno che si manifesta nella pratica del foro sotto la denominazione di "processo cautelare". Prima occorre tuttavia intraprendere la descrizione, seppure sommaria, delle principali caratteristiche della disciplina della materia nei più importanti codici latino-americani del nostro tempo. Le notevoli somiglianze che si osservano tra essi rende agevole qui il tentativo di riassunto.

4. Una nota costante nella disciplina delle misure cautelari e la possibilità che si concede al giudice di emetterle senza contradditorio previo, senza cioè che dell'istanza abbia notizia la persona destinata a subirne gli effetti. Le misure cautelari possono inoltre venire eseguite immediatamente, senza le formalità che di solito proteggono la controparte dalla sorpresa di vedersi colpita prima ancora di essere sentita (cfr. Argentina: *Código Procesal Civil y Comercial de la Nación,* art. 198, comma 1º; Colombia, *Código de Procedimiento Civil,* art: 327; Brasile, *Código de Processo Civil,* art. 804; Panama, *Código Judicial,* art. 521.2; Venezuela, *Código de Procedimiento Civil,* art. 601; Uruguay, *Código General del Proceso,* art. 315.1; Paraguay, *Código de Procedimiento Civil,* art. 694, Perù, *Código Procesal Civil,* art. 637; Codice-modello di procedura civile per l'America Latina, artt. 277.3, 278, comma 1º). Ciò si capisce bene solo che si badi alla necessità di assicurare l'efficacia concreta del provvedimento cautelare: si vuole prevenire il rischio di manovre volte a renderlo praticamente inutile, ad esempio mediante l'occultazione del bene che deve costituirne l'oggetto.

Il diritto brasiliano ha sviluppato a tale scopo la tecnica della "liminar", denominazione con la quale si designa l'ingiunzione emanata dal giudice *in limine litis,* sulla base di una cognizione essenzialmente sommaria e provvisoria, sufficiente comunque per convincerli della esistenza di un fondamento ragionevole alla pretesa dell'istante e del pericolo di inefficacia non solo del provvedimento definitivo di merito, ma anche della stessa decisione finale del processo cautelare, in caso di dilazione della tutela. Certo si tiene conto pure dell'interesse della controparte, che può essere ingiustamente leso se poi si palesa inesistente il diritto vantato dall'istante. Onde il potere (qua e là il dovere) che si conferisce al giudice di subordinare la concessione o la attuazione della misura ad una controcautela, alla prestazione cioè di una cauzione, con la quale si cerca di assicurare quanto possibile l'eventuale risarcimento del danni ingiusti subiti dalla controparte (cfr. Argentina, art. 199; Brasile, art. 804, *fine;* Bolivia, *Código de Procedimiento Civil,* art. 173; Panama, art. 521.6; Uruguay, art. 313, 5; Paraguay, artt. 693, c, 704/6; Perù, art. 276.5).

La concessione di una misura cautelare presuppone di regola una apposita domanda: solo in casi speciali si attribuisce al giudice il potere di emetterla d'ufficio (così, a titolo eccezionale, i codici del Brasile, art. 797, dell'Uruguay, art. 311.3, e il Codice-modello, art. 274, comma 3º; il codice peruviano, art. 608, sembra invece escludere in maniera assoluta siffatta eventualità). Un'altra questione è quella concernente la possibilità o meno che l'organo giudiziario emani una misura cautelare diversa da quella richiesta dall'istante, ma ritenuta più idonea, nelle circostanze del caso, a produrre l'effetto a cui si mira. Qualche codice (Bolivia, art. 170; Paraguay, art. 692) lo ammette in termini espressi; altrove il punto e controverso.

La misura cautelare concessa può essere ad ogni momento revocata o modificata (cfr. Argentina, artt. 202, 203; Brasile, art. 807; Bolivia, artt. 175, 176; Panama, art. 531, 5 e 7; Uruguay, art. 313, 4; Paraguay, artt. 697, 698; Perù, artt. 612, 617; Codice-modello, art. 276, 4). Alcuni codici conferiscono espressamente al giudice il potere di revocarla o modificarla anche d'ufficio.

Se la misura cautelare è stata concessa prima della pendenza della cosiddetta causa "di merito" l'istante ha l'onere di proporre la domanda entro un termine perentorio, altrimenti il provvedimento cautelare perde la sua efficacia. Questo termine è di un mese nella Costa Rica *(Código Procesal Civil,* artt. 243; 244, 1), di 30 giorni in Brasile (artt. 806; 808, I) e in Uruguay (art. 311.2), di 20 giorni nel Codice-modello (art. 274, comma 22), di 10 giorni in Argentina (art. 207, comma 1º), nel Paraguay (art. 700) e nel Perù (art. 636), di 6 giorni nel Panama (art. 521,11, *a),* di 5 giorni nella Bolivia (art. 177, I). La ragion d'essere di tale disposizione è ovvia: si vuole evitare che l'istante, soddisfatto dal vantaggio che ha ottenuto, ritardi l'accertamento definitivo del rapporto giuridico tra le parti, per timore di un risultato sfavorevole, e così rechi un pregiudizio ingiusto alla persona che subisce gli effetti della misura cautelare. Prendendo in considerazione tale *ratio,* la dottrina e la giurisprudenza brasiliana propendono per una interpretazione restrittiva della summenzionata norma, la cui applicabilità escludono ogniqualvolta la sussistenza della cautelare sia incapace di cagionare danno alla controparte.

La concessione di una misura cautelare è sempre impugnabile dall'interessato, ma i mezzi di impugnazione sono privi di effetto sospensivo (Argentina, art. 198, ult. comma; Brasile, art. 520, IV; Panama, art. 521, 10; Uruguay, art. 315, 3, comma 22; Costa Rica, art. 563, comma 22; Paraguay, art. 694, comma 22; Perù, art. 637, comma 32; Codice-modello, art. 278, comma 4º). La misura concessa può quindi essere attuata nonostante l'impugnazione.

In caso di soccombenza dell'istante nella cosiddetta causa "di merito", la controparte ha il diritto di essere risarcita del danni che l'attuazione della misura cautelare le abbia cagionati. Vari codici prevedono in termini espressi la responsabilità dell'istante per il risarcimento (Brasile, art. 811; Panama, art. 522; Uruguay, art. 311.2, comma 2º; Paraguay, art. 702; Perù, art. 613; Codice-modello, art. 274, comma *2º, fine)*.

Starei per dire, salvo errore – scusabile, credo, in un giurista staniero –, che la disciplina testé descritta, nelle sue linee fondamentali, non si discosta molto da quella dettata dalla L. 26 novembre 1990, nº 353, almeno quale si desume dalla lettura degli artt. *669-sexies* ss., introdotti da essa nel codice di procedura civile italiano.

5. Particolare rilievo merita la questione del cosiddetto potere generale di cautela. Per evidenti ragioni di politica legislativa, la stragrande maggioranza del codici moderni – nell'America Latina e altrove – si astiene dal limitare la possibilità della tutela cautelare a quelle sole misure che, a causa della consueta ricorrenza, nella vita quotidiana, delle situazioni cui esse si adeguano, vengono espressamente prevedute e regolate. Consapevole della propria incapacità di prevedere tutti gli eventuali bisogni, il legislatore preferisce sancire la possibilità di una scelta che tenga conto delle circostanze infinitamente variabili del caso concreto. Onde l'inclusione, in quasi tutte le legislazioni del nostro tempo, di una norma diretta a coprire le ipotesi residuali, per le quali, malgrado la presenza di quelle condizioni che il senso comune considererebbe sufficienti a giustificare la tutela, non vi è nel testo legale una disposizione specifica che l'interessato possa invocare.

Il c.p.c. brasiliano regola questa materia in due articoli. A tenore dell'art. 798, "Além dos procedimentos cautelares específicos, que este Código regula no Capítulo II deste Livro, poderá o juiz determinar as medidas provisórias que julgar adequadas, quando houver fundado receio de que uma parte, antes do julgamento da lide, cause ao direito da outra lesão grave e de difícil reparação". Aggiunge l'art. 799: "No caso do artigo anterior, poderá o juiz, para evitar o dano, autorizar ou vedar a prática de determinados atos, ordenar a guarda judicial de pessoas e depósito de bens e impor a prestação de caução" – una enumerazione che la dottrina e la giurisprudenza ritengono esemplificativa.

Siffatte disposizioni sono indubbiamente di stampo carneluttiano: la fonte storica di entrambe si trova nell'art. 324 del progetto del 1926, malgrado l'esistenza di buone ragioni per supporre che la derivazione sia stata, almeno in parte, indiretta. Infatti, la stesura dell'art. 798 si avvicina di più a quella dell'art. 405 del codice portoghese (nella versione del 1939; attualmente, art. 399), influenzato a sua volta, come e noto, dal suddetto progetto. Quanto all'art. 799, il modello probabile fu l'art. 324, comma 2º, del progetto stesso, benché non si debba scartare l'ipotesi che il legislatore brasiliano si sia piuttosto ispirato – come fece senza ombra di dubbio in tanti altri luoghi – al codice di procedura civile dello Stato della Città del Vaticano, il cui art. 894, § 2, riproduce pressappoco il testo carneluttiano.

È interessante notare quanto somigliano a queste formule quelle adottate in argomento da più di un codice latino-americano di data recente: cosi, ad esempio, l›art. 169 del codice boliviano, l'art. 558 del codice panamense, l'art. 588, comma 1º, del codice venezuelano, l'art. 242 del codice costaricano, l'art. 317.1 del codice uruguaiano, per non parlare dell'art. 280 del Codice-modello. Non sembra spropositato ravvisare in tutti questi testi l'influenza diretta del codice del Brasile, che sarebbe servito per così dire da "filtro" ad acque sorte da lontano.

6. In un mondo ove il ritmo degli avvenimenti si fa ogni giorno più veloce, e che perciò scorge nel tempo un valore inestimabile, il cattivo funzionamento del meccanismi processuali "normali" aumenta sempre più l'importanza delle misure cautelari, dirette – stando all'insegnamento classico – a garantire l'utile risultato pratico dell'attività cognitiva o esecutiva. Non sorprende il rilievo che alla loro disciplina sogliono dare gli ordinamenti contemporanei. In Brasile si è arrivati ad assicurare la tutela cautelare a livello costituzionale: infatti la vigente costituzione (art. 5, XXXV) vieta alla legge di escludere l'accesso alle Corti di giustizia non soltanto a chiunque si stimi leso in un suo diritto, ma ugualmente a chiunque si ritenga *minacciato* da qualsiasi lesione di tal genere.

Considerato in se stesso, tal e fenomeno non ha niente di inquietante; ma certi aspetti della nostra esperienza ci consentono di discernere in esso luci ed ombre, specie riguardo all'uso delle misure "atipiche", che da noi viene ad assumere per cosi dire le proporzioni di un toccasana. A questo miracoloso rimedio si fa ricorso ogniqualvolta si ritiene inefficace o ardua – e ciò accade molto spesso – l'utilizzazione delle vie processuali comuni. Sebbene la legge di solito si attenga ancora, come si è osservato, alla tradizionale nozione della tutela cautelare quale tutele accessoria e strumentale rispetto ad un secondo processo detto "principale», in cui le parti dovrebbero ottenere il regolamento definitivo del loro rapporti, la pratica del foro ci fa vedere una realtà che fuoriesce sovente da questo schema concettuale, in quanto il provvedimento emesso in sede "cautelare" non sempre si limita a porre in essere le condizioni della piena effettività di un processo distinto ed ulteriore, ma a volte accorda subito all'istante la protezione integrale di cui il suo diritto ha bisogno. Solo in apparenza si tratterà qui di una misura provvisoria: per la verità, l'attuazione del provvedimento crea una situazione irreversibile. Cosi, tra l'altro, si vanifica l'onere imposto alla parte di proporre l'azione "principale" entro un termine breve. Si configura dunque in sostanza una pura e semplice tutela d'urgenza – almeno in tal uni casi addirittura a cognizione piena –, sotto le forme della tutela cautelare vera e propria.

Permettetemi di addurre un esempio tratto da una vicenda assai conosciuta della storia brasiliana recente. Una delle primissime misure prese dal governo Collor, con l'intenzione dichiarata di combattere l'inflazione, consistette nel bloccare i cosiddetti attivi finanziari, che avrebbero poi dovuto essere liberati a rate mensili, in un termine fissato, con la conversione dei *cruzados novos* in *cruzeiros* – designazioni, rispettivamente, della precedente e della nuova unità monetaria. Molti si trovarono di conseguenza nell'impossibilità di disporre delle loro risorse per sostenere spese relative a beni o servizi di cui avevano bisogno. Alcuni si rivolsero alla giustizia e domandarono, a titolo di "misura cautelare atipica", la conversione e la liberazione immediata, totale o parziale, dell'importo bloccato. L'utilizzazione di siffatta via sarebbe giustificata dal *fumus boni iuris* – visto che si contestava la legittimità del blocco: dal *periculum in mora* – nella misura in cui si allegava la necessità urgente di un intervento chirurgico, di un viaggio all'estero e via di seguito. In non pochi casi gli interessati conseguirono il provvedimento chiesto, prima sotto le vesti di una "liminar" che ordinava l'immediata liberazione e conversione dell'importo, poi "confermata" dalla sentenza finale del processo cautelare.

Si osservi che il provvedimento, una volta eseguito, era assolutamente irreversibile, non solo per ovvie ragioni d'ordine pratico, ma anche perché la legge non contemplava la possibilità di una "riconversione" del *cruzeiros* in *cruzados novos.* L'istante che otteneva la liberazione era perciò sicuro di non poter essere di nuovo privato del suoi soldi. Né aveva senso, per la verità, la proposizione successiva di una domanda "principale", mediante la quale si regolassero in modo definitivo i rapporti tra le parti. In certi casi il secondo processo venne difatti instaurato, in omaggio alla norma che attribuiva tale onere all'istante; ma non poteva sfuggire a nessuno il carattere nettamente artificioso di siffatta domanda. Né sarebbe fondata la supposizione che nel processo detto "principale" cambiasse la qualità della cognizione. In realtà tutte le questioni rilevanti erano già state risolte nell'azione "cautelare". Si badi che di solito non trovava luogo una discussione vera e propria sui fatti, normalmente incontroversi: tutto si limitava quindi all'accertamento della legittimità o meno del blocco, ossia alla soluzione di una pura *quaestio iuris,* rispetto alla quale non vi era differenza alcuna tra l'attività cognitiva svolta nel primo e nel secondo processo, anche se a volte il giudice, volendo salvare le apparenze, si asteneva di dichiarare categoricamente il vero fondamento della sua decisione – la ferma convinzione cioè della illegittimità del blocco – e si esprimeva con la circospezione ritenuta più conveniente alla natura del processo "cautelare", parlando di *fumus boni iuris* ove ben altra cosa gli saltava agli occhi....

7. Non sempre si deve rimproverare l'impiego di questo genere di manovre: qua e là sarà forse impossibile scoprire un mezzo diverso per fare giustizia. Comungue sta di fatto che l'uso smodato delle forme cautelari rispecchia una situazione di carenza che si tenta di compensare in modo poco ortodosso. Non trovando sfogo soddisfacente nella via adeguata, il litigante ne cerca un'altra più sbrigativa; e il giudice, sensibile alle necessità pratiche, lascia da parte gli scrupoli tecnici e provvede come se in quel momento gli spettasse decidere definitivamente la lite. La proliferazione di simili misure perderebbe di sicuro una parte considerevole della sua ragion d'essere se l'attività giudiziale in sede de cognizione e di esecuzione si svolgesse in modo meno patologico. È de sperare che la portata della deformazione si riduca via via che vadano migliorando le condizioni del funzionamento della macchina.

Nel frattempo importa verificare come il legislatore reagisca al fenomeno testé descritto. In Brasile una legge recente del 30 giugno 1992, nº 8.437, stabilì più d'una restrizione alla possibilità di concedere misura cautelari nei confronti della pubblica amministrazione. Tra questa restrizioni è compreso il divieto di qualsiasi "liminar" che esaurisca in tutto o in parte l'oggetto dell'azione proposta (art. 1, § 3). Siffatto disposizione non può *non* suscitare qualche *perplessità,* anche dal punto di vista costituzionale: è da domandare anzitutto se essa, in quanto attribuisce il menzionato privilegio alla pubblica amministrazione quale parte, si armonizzi o meno con il principio di eguaglianza; e poi ancora se la rispettiva applicazione indiscriminata non priverà l'attore, in certi casi, di ogni prospettiva seria di tutela praticamente efficace. D'altro canto, un progetto di riforma del nostro *Código de Processo Civil* tende a riconoscere apertamente l'eventualità che la concessione della misura cautelare tolga rilevanza ad una successiva domanda che si potesse qualificare come "principale": esso infatti libera l'istante dall'onere de iniziare il nuovo processo entro un termine perentorio ogniqualvolta attuazione della misura cautelare ne faccia venir meno l'oggetto.

Come si vede, il diritto brasiliano oscilla in questa materia fra due tendenze diametralmente opposte, senza che si possa ancora vaticinare quale di esse finirà per prevalere. Tutto ciò che per ora sembra indubbio è l'importanza della vicenda per la definizione della vera fisionomia che il processo cautelare assumerà in futuro.

Fevereiro de 1993.

COMENTÁRIOS DOS ATUALIZADORES

LE MISURE CAUTELARI NEL PROCESSO LATINO-AMERICANO

Ana Cristina Bacos Fernandes / Marco Antonio Rodrigues

Neste artigo, datado de 1993, o Autor traz reflexões sobre as ideias efervescentes e transformadoras sobre as medidas cautelares na América Latina, uma vez que já identificara o início do processo de modificação do tratamento da questão no processo civil latino americano.

O Código de Processo Civil de 2015 trouxe grandes modificações referentes ao tema das medidas cautelares típicas, que deixaram de ocupar um livro próprio. Muitas foram eliminadas de regulamentação expressa, como é o caso do arreto e do sequestro, sendo que a produção antecipada de provas foi redistribuída para o livro de processo de conhecimento, considerando que pode ter natureza cautelar ou não.

Mais do que isso, o que se verifica com a modificação trazida pelo Código de 2015 é a busca pelo resultado útil e efetivo, com a tendência de eliminação de autonomia do processo cautelar.

O Código de Processo Civil de 2015 definiu o regime das tutelas provisórias em um livro próprio, que prevê as disposições Gerais a tutela de urgência e a tutela de evidência, neste aspecto, com inspiração no direito francês, nas *ordonnance de referè*.

O prazo de trinta dias para o ajuizamento do pedido principal foi mantido pelo CPC de 2015 e outros ordenamentos jurídicos da América Latina, ainda que eventualmente modificados, também têm mantido o prazo para propositura da demanda principal.

No caso brasileiro, cabe notar, ainda, que o Código de Processo Civil de 2015 procurou eliminar o caráter de ação própria para as cautelares, instituindo, em seu artigo 308, que o pedido principal será formulado na própria ação proposta originariamente como cautelar. Isso procura trazer maior simplicidade e economia para a tutela cautelar, assim como a aproxima de certa forma da tutela antecipada.

EL CONTROL JUDICIAL DE LA CONSTITUCIONALIDAD DE LAS LEYES EN EL BRASIL: UN BOSQUEJO[1]

1. Generalidades

El ordenamiento jurídico brasileño adopta con todo su rigor lógico el principio de la supremacía de las normas constitucionales y atribuye al Poder Judicial competencia para controlar la conformidad entre las leyes (u otros actos normativos) y la Constitución. Semejante control admite en el Brasil más de una modalidad. Básicamente se deben distinguir:

a) el control *incidental,* permitido a todos los órganos judiciales, en el campo de su competencia propia, en ocasión de resolver un pleito, un litigio concreto, a los efectos de fijar una premisa de la resolución;

b) el control *directo,* reservado en el plano federal, al *Supremo Tribunal Federal* y, en el plan de cada uno de los Estados-miembros de la Federación, al órgano más alto de la respectiva estructura judicial *(Tribunal de Justicia).*

Presenta el sistema brasileño, como se ve, características eclécticas: hay un control *incidental* y *difuso* y un control *directo* y *concentrado.* La segunda modalidad puede a su vez revestir dos aspectos: ora se destina sencillamente a establecer (con efectos que serán expuestos a su tiempo) la certeza sobre la constitucionalidad o la inconstitucionalidad de una ley, considerada en si misma (control *abstracto),* ora a averiguar si existe una infracción, por parte de la unidad política menor (Estado-miembro, frente a la Unión; Municipio, frente al Estado-miembro), a uno de los principios constitucionales fundamentales, y por consiguiente si tiene cabida la intervención. Esta última hipótesis sólo raramente ocurre en la práctica.

---

1 Publicado no volume coletivo *Desafíos del Control de Constitucionalidad*, coordenado por VICTOR BAZÁN, Buenos Aires, 1996.

2. Datos históricos[2]

Históricamente, el primer tipo de control de la constitucionalidad admitido en el Brasil fue el control *incidental* y *difuso.* Lo importamos de los Estados Unidos de Norteamérica, luego de la proclamación de la República, y lo consagramos en la primera Constitución republicana, de 1891. Esa sigue siendo la modalidad de uso más frecuente, aunque menos importante, desde varios puntos de vista, que el control *abstracto.*

La Constitución de 1934 introdujo el control *directo,* ejercitado *principaliter,* en términos restringidos: estaba reservado a la Corte Suprema, mediante provocación del *Procurador-Geral da República* (jefe del Ministerio Público de la Unión), con respecto a la ley de intervención federal en un Estado-miembro, decretada para asegurar la observancia de ciertos principios constitucionales. En un contexto análogo, pero con fisionomía distinta, la Constitución de 1946 facultó al *Procurador-Geral da República* la iniciativa de requerir al *Supremo Tribunal Federal* la declaración de la inconstitucionalidad de los actos de los Estados-miembros que a su juicio hubieran violado alguno de los principios fundamentales. Acogida la petición (a la cual se dio el *nomen iuris* de "representación"), la declaración de la Corte constituía el presupuesto de la intervención de la Unión en el Estado. El proceso de la representación fue reglado por la Ley nº 2.271, de 22-7-1954, y después por la Ley nº 4.337, de 1º-6-1964.

La Enmienda Constitucional nº 16, de 1965, amplió notablemente el ámbito del control *directo.* Modificando el texto de la Constitución de 1946, otorgó competencia al *Supremo Tribunal Federal* para conocer de la representación del *Procurador-Geral da República* contra la inconstitucionalidad de una ley o de otro acto de naturaleza normativa, emanado de la Unión o de un Estado-miembro. Contempló asimismo la posibilidad de la creación de un proceso, ante el *Tribunal de Justiça* de cada Estado-miembro, para la declaración de inconstitucionalidad de una ley o acto

2 Vide al respecto: PINTO FERREIRA, *Comentários à Constitui*ção brasileira, 42 v., S. Paulo, 1992, p. 315 y s.; GILMAR F ERREIRA MENDES, *Controle de constitucionalidade,* S. Paulo, 1990, p. 169 y ss.; CLÈMERSON MERLIN CLÈVE, *A fiscalização abstrata de constitucionalidade no direito brasileiro,* S. Paulo, 1995, p. 63 y s.; CELSO AGRÍCOLA BARBI, *Ação declaratória principal e incidente,* 7ª ed., Rio de Janeiro, 1995, p. 147 y s.; MOREIRA ALVES, *A evolução do controle de constitucionalidade no Brasil, in As garantias do cidadão na Justiça* (coord. por SÁLVIO DE FIGUEIREDO TEIXEIRA), S. Paulo, 1993, p. 1.

de un *Município* que infringiera la Constitución del Estado-miembro; empero tal innovación no llegó a concretarse.

Mantuvo la Constitución de 1967 el sistema de control *directo,* en los mismos términos de la Enmienda nº 16, al atribuir competencia al *Supremo Tribunal Federal* para fallar la representación del *Procurador-Geral da República* por inconstitucionalidad de una ley o acto normativo de la Unión o de un Estado-miembro. Esa regla subsistió en el texto de la Enmienda Constitucional nº 1, de 1969, la cual, por otra parte, restableció la supradicha innovación de la Enmienda nº 16 a la Constitución de 1946 posibilidad de declaración emitida *principaliter* por el *Tribunal de Justiça* del Estado-miembro - mediante representación del jefe del respectivo Ministerio Público - de la inconstitucionalidad de una ley *municipal,* violadora de los principios consagrados en la Constitución del Estado-miembro, como presupuesto de la intervención de éste en el *Município.*

Como en seguida se explicará mejor, la Constitución de 1988, en vigencia, a pesar de algunas modificaciones, no cambió las líneas esenciales del sistema. Continúan coexistiendo en el Brasil ambas modalidades de control, el *incidental* y el *directo* - el primero susceptible de ejercicio *difuso,* permitido a cualquier órgano judicial, independientemente de su jerarquía, el segundo *concentrado* en el *Supremo Tribunal Federal* y en el *Tribunal de Justiça* de cada Estado-miembro.

3. Derecho vigente: a) el control incidental y difuso

Todos los órganos del Poder Judicial pueden y deben controlar la constitucionalidad de las leyes (sea cual fuere su origen), en ocasión de decidir los pleitos que se incluyan en su competencia. La palabra *ley* se emplea aquí en sentido lato: abarca cualquier norma jurídica, contenida en una ley *stricto sensu* (ordinaria o complementaria), en una enmienda a la Constitución, en una *"medida provisoria",* en un decreto, en una disposición del reglamento interno de un tribunal y así en adelante. No importa que se trate de una *violación formal* o de una violación *substancial* a la Constitución.

El control tiene cabida sea cual fuere el proceso del que se esté ocupando el órgano judicial. Puede tratarse de un pleito pendiente en primer grado de jurisdicción, de un recurso, de un asunto comprendido en la competencia originaria de un órgano superior... Lo esencial es que la resolución sobre el pleito dependa lógicamente de la cuestión de constitucionalidad. Si el órgano judicial tiene la posibilidad de fallar sin enfrentar la cuestión, debe abstenerse de manifestar su convencimiento al respecto.

La cuestión puede ser planteada por cualquiera de las partes o por el Ministerio Público, si participa del proceso. Pero también puede examinarla *ex officio* el órgano judicial. Aquí es necesaria una advertencia: *ex vi* de lo dispuesto en el art. 97 de la Constitución, para que un tribunal declare la inconstitucionalidad de una ley, es menester que se pronuncie en tal sentido la mayoría absoluta de sus miembros – es decir, un número superior a la mitad del total. De ahí resulta que, cuando se plantea la cuestión ante un órgano fraccionario (por ejemplo, una Cámara), éste queda libre de proseguir en su actividad cognitiva y fallar, si rechaza la alegación de inconstitucionalidad, considerando que la ley es compatible con la Constitución; en cambio, si estima fundada la alegación, tiene que suspender su actividad cognitiva y someter la cuestión al tribunal, a fin de que éste, en su composición plena, resuelva la cuestión. Se declarará inconstitucional la ley, si así la considera la mayoría absoluta del tribunal; de lo contrario, no será declarada la inconstitucionalidad. Luego el asunto volverá al órgano fraccionario, que completará su resolución, observando lo que haya decidido el tribunal acerca de la cuestión de constitucionalidad[3].

Los efectos judiciales de la declaración *incidente* de la inconstitucionalidad de una ley no exceden las fronteras del pleito en el que aquella fue emitida[4]. No hay que suponer que, si la resolución queda en firme, la autoridad de la cosa juzgada, se extienda a la decisión sobre la cuestión de constitucionalidad. Cualquier órgano judicial podrá tranquilamente enfrentar de nuevo la cuestión, en otro proceso, y decidirla según su modo de ver. Así es inclusive cuando la declaración de inconstitucionalidad haya emanado de un tribunal superior, sin exclusión del *Supremo Tribunal Federal,* aunque *de facto* los órganos inferiores revelen normalmente una fuerte tendencia para seguir la orientación fijada en el fallo de la Corte Suprema.

---

3 Acerca del procedimiento del incidente, reglado en los artículos 480-482 do Código de Processo Civil, *vide* PONTES DE MIRANDA, *Comentários ao Código de Processo Civil*, t. VI, Rio de Janeiro, 1975, p. 79 y s.; BARBOSA MOREIRA, *Comentários ao Código de Processo Civil*, v. V, 6ª ed., Rio de Janeiro, p. 27 y s.

4 Cf. PINTO FERREIRA, ob. y v. cit. (nota 1), p. 446; CLÈMERSON MERLIN CLÈVE, (ob. cit. (nota 1), p. 88/9.

Es fácil entender lo que se acaba de decir, si se tiene en cuenta una noción fundamental en esta materia: al declarar inconstitucional una ley, en el ejercicio del control *incidente,* el órgano judicial ni la revoca, ni la invalida. Lo que ocurre es simplemente que se deja de aplicar a la hipótesis *sub iudice* la ley estimada incompatible con la Constitución, y ello porque, ante el conflicto de las dos normas (la legal y la constitucional), debe el juez hacer prevalecer la norma jerárquicamente superior. Empero la ley no aplicada subsiste en el ordenamiento.

Se advierta que semejante situación no perdura siempre forzosamente *ad infinitum.* El art. 52, nº X, de la Constitución otorga competencia al Senado Federal para suspender la ejecución de la ley declarada inconstitucional por una decisión final del *Supremo Tribunal Federal.* Si el Senado ejerce tal atribución, la ley es eliminada del ordenamiento, y ya ningún órgano judicial podrá aplicaria. Sin embargo, cabe observar que el Senado *no queda obligado* a suspender la ejecución de la ley: se trata de un acto político, confiado a la discreción del órgano legislativo[5].

4. Derecho vigente: b) el control directo – representación para intervención y acción directa de declaración de inconstitucionalidad

Como arriba se dijo, el control directo de constitucionalidad está concentrado en el *Supremo Tribunal Federal* y en los *Tribunales de Justicia* de los Estados-miembros. Se mira a averiguar la existencia de una infracción a algún principio constitucional, en la cual pueda fundarse la decretación de la intervención (por parte de la Unión, en un Estado-miembro, o por parte de un Estado-miembro, en *um Município),* el control *directo* se ejercita exclusivamente por iniciativa del jefe del Ministerio Público (en el plan de la Unión el *Procurador-Geral da República).* La materia está reglada en los artículos 35, nº IV, y 36, nº III, de la Constitución de la República, a los cuales se añaden disposiciones contenidas en las Constituciones de los distintos Estados-miembros, en lo que hace a la intervención en los *Municípios.*

---

5 GILMAR FERREIRA MENDES, ob. cit., (nota 1), p. 214-5; CLÈMERSON MERLIN CLÈVE, ob. cit. (nota 1), p. 95. En sentido contrário: PINTO FERREIRA, ob. y v. cit. (nota 1), p. 327; MANOEL GONÇALVES FERREIRA FILHO, *Curso de Direito Constitucional,* 17ª ed., S. Paulo, 1989, p. 35.

Mucho más importante es la otra modalidad del control *directo,* el llamado control *abstracto,* que tiende esencialmente a la verificación de la compatibilidad o incompatibilidad entre una ley y la Constitución, con los efectos que a su tiempo serán expuestos. También ese tipo de control corresponde exclusivamente al *Supremo Tribunal Federal* y a los *Tribunales de Justicia* de los Estados-miembros. El *Supremo Tribunal Federal* lo ejercita en cuanto a las leyes de la Unión o de los Estados-miembros, sospechosas de incompatibilidad con la Constitución de la República; cada uno de los *Tribunales de Justicia,* en lo que atañe a las leyes del mismo Estado-miembro o de un *Município,* sospechosas de incompatibilidad con la Constitución del Estado-miembro. No existe la posibilidad de un control *directo* de la compatibilidad de las leyes de los *Municípios* con la Constitución de la República[6]; desde luego, la cuestión puede ser planteada, pero solamente *in concreto,* a propósito de un pleito pendiente, y el órgano judicial la decidirá *incidenter tantum.*

En el plan federal, la vía para el control *directo* y *abstracto* venía siendo tradicionalmente contemplada en las modernas Constituciones brasileñas bajo la forma de una acción declaratoria *de inconstitucionalidad* (a veces también denominada "representación"). El texto originario de la Constitución vigente no se apartaba de semejante directiva: el art. 102, nº I, *a,* otorgó competencia al *Supremo Tribunal Federal* para fallar la "acción directa de inconstitucionalidad de ley o acto normativo federal o estadual". Lo que si cambió de modo notable fue la disciplina de la legitimación para intentar tal acción: mientras que las Constituciones anteriores la reservaban únicamente al *Procurador-Geral da República,* la actual contiene en el art. 103 una lista relativamente larga de legitimados, que incluye: el Presidente de la República, la Mesa del Senado Federal, de la Cámara de Diputados, de la Asamblea Legislativa de un Estado-miembro, el Gobernador de un Estado-miembro, el *Procurador-Geral da República,* el Consejo Federal de la *"Ordem dos Advogados do Brasil",* los partidos políticos representados en el Congreso Nacional, las confederaciones sindicales y entidades de clase de ámbito nacional.

El procedimiento de la acción declaratoria de inconstitucionalidad, bastante sencillo, está disciplinado en el Reglamento Interno del

6 Cf. CLÈMERSON MERLIN CLÈVE, ob. cit. (nota 1), p. 132.

Supremo Tribunal Federal, artículos 169 y siguientes. Distribuída la petición a un *relator,* éste solicita informaciones a la autoridad de la cual emanó el acto y, en su caso, al Congreso Nacional o a la Asamblea Legislativa del Estado-miembro. Las informaciones deben ser prestadas en treinta dias. Compete al *Advogado-Geral da União* la defensa de la norma o acto impugnado (Constitución de la República, art. 103, § 3º). Se oye el *Procurador-Geral da República,* que emite un parecer. En seguida, el *relator* redacta el *relatorio,* del cual se hacen copias para distribución a todos los jueces *(Ministros).* Competente para fallar es el plenario de la Corte. Se declara la inconstitucionalidad de la ley, si seis o más *Ministros* votan en ese sentido; de lo contrario, la ley es declarada constitucional. En el primer caso, se comunica el resultado a la autoridad o al órgano responsable por el acto normativo. No se hace una comunicación análoga al Senado Federal, porque aquí no hay lugar para la suspensión de la norma: como abajo se explicará, el fallo, de por sí, es suficiente.

Lo que sí está previsto es la posibilidad de que *el Supremo Tribunal Federal* suspenda, como medida cautelar, la eficacia de la ley. Cabe tal providencia cuando parezca verosímil la alegación de incompatibilidad entre la norma y la Constitución y, además, existan razones serias para temer que la respectiva aplicación tenga consecuencias graves e irreversibles o difícilmente reversibles[7]. La suspensión cautelar produce efectos *ex nunc,* no alcanza a lo acaecido durante la vigencia de la ley[8]. También puede ocurrir que, ante la urgencia de la materia, el *relator* dispense las informaciones y someta la petición, sin más formalidades, a la decisión del plenario.

A diferencia de lo que sucede en el control *incidente,* la resolución que declara inconstitucional una ley en la acción directa produce efectos *erga omnes* y vincula a todos los órganos judiciales, independientemente de cualquier acto de suspensión (que no tiene cabida) por parte del Senado Federal. En general se concibe tal eficacia como la *eliminación* de la norma declarada inconstitucional, es decir, su exclusión del ordenamiento jurídico, aunque la doctrina, por el modo de expresarse, a veces

7 El Supremo Tribunal Federal considera insuficiente el *fumus boni iuris* y exige además el *periculum in mora*: *vide* el fallo de 13-8-1987, Repr. nº 1.442, *in Revista Trimestral de Jurisprudência,* v. 125, p. 56.

8 Supremo Tribunal Federal, 1º-4-1987, Repr. nº 1.391, in *Revista Trimestral de Jurisprudência,* v. 124, p. 80.

sugiera más bien la idea de que la resolución se ciñe a tornar *ineficaz* (y, por consiguiente, inaplicable) la ley[9].

Según la concepción clásica, recibida del derecho norteamericano, la ley incompatible con la Constitución es *nula,* y lo es *ab initio,* desde el momento de su entrada (aparente) en vigencia. De ahí que los efectos de la declaración de inconstitucionalidad deben manifestarse *ex tunc.* La consecuencia lógica de semejante entendimiento es la invalidez de todos los actos basados en dicha ley, inclusive los realizados antes de la declaración de su inconstitucionalidad. En atención a necesidades de orden práctico, y especialmente a la exigencia de seguridad jurídica, se ha atenuado en varios supuestos el rigor de tal construcción, para admitirse la subsistencia de actos anteriores a la declaración; por ejemplo, el *Supremo Tribunal Federal* decidió reconocer validez a los actos de un funcionario público que había sido investido en su cargo *ex vi* de una ley posteriormente declarada inconstitucional[10]. Se admite pacíficamente que la declaración de inconstitucionalidad de una norma jurídica no destruye de por sí la cosa juzgada resultante de una sentencia que en aquélla se fundara[11].

5. Derecho vigente: c) el control directo – acción directa de declaración de constitucionalidad

En el modelo tradicional de la acción directa algún legitimado requiere que el órgano judicial declare *inconstitucional* una ley u otro acto normativo. Se considera que el rechazo de la petición (en el fondo) equivale a la declaración de que la norma es compatible con la Constitución: en ese sentido dispone el art. 173, *caput,* del Reglamento Interno del *Supremo Tribunal Federal.*

Con todo, a partir de la Enmienda Constitucional nº 3, de 1993, es posible requerir la declaración de que una ley es *constitucional.* La innovación se inspiró en circunstancias políticas. Con frecuencia acontece que una ley nueva, de incidencia en una extensa serie de casos y de gran

9 Así JOSÉ AFONSO DA SILVA, *Curso de Direito Constitucional positivo,* 9ª ed. S. Paulo, 1992, p. 55.

10 Fallo de 13-11-1981, Recurso extraordinário nº 78.533, *in Revista Trimestral de Jurisprudência,* v. 100, p. 1.086.

11 Cf. GILMAR FERREIRA MENDES, ob. cit. (nota 1), p. 280; CLÈMERSON MERLIN CLÈVE, ob. cit. (nota 1), p. 168/9.

importancia para la sociedad *(v.g.,* la institución de un impuesto), se vea impugnada en cuanto a su compatibilidad con la Constitución. Los interesados suelen recunir al Poder Judicial mediante pleitos distintos, que son fallados por órganos también distintos. Si en los tribunales se manifiestan convencimientos diferentes acerca de la cuestión, la consecuencia natural es la aparición de resoluciones que contrastan en la tesis jurídica. No siempre se logra que esa divergencia jurisprudencial sea rápidamente dirimida. Dada la trascendencia de la materia, puede resultar muy dañina a todos los intereses en juego la subsistencia, por largo tiempo, de la controversia sobre la legitimidad o ilegitimidad de la norma.

La acción declaratoria de constitucionalidad vino a suministrar a los poderes públicos un medio eficaz para asegurar la pronta solución del problema. De conformidad con el § 2º del art. 102, agregado a la Constitución de la República por la sobredicha Enmienda, si el Supremo Tribunal Federal acoge la petición y declara que la ley es compatible con la Constitución, su fallo tiene eficacia *erga omnes* y vincula a los demás órganos del Poder Judicial y a los del Poder Ejecutivo. Son legitimados a intentar la acción el Presidente de la República, la Mesa Directiva del Senado Federal y la de la Cámara de Diputados, y el *Procurador-Geral da República* (art. 103, § 4º, igualmente añadido por la Enmienda nº 3).

La introducción de semejante figura no dejó de encontrar cierta resistencia. Algunos se animaron inclusive a lanzar sobre la nueva acción la tacha de... inconstitucionalidad. Pero la Corte Suprema ya rechazó tal alegación, al decidir una cuestión de orden en el primer proceso de este tipo que ante ella se entabló[12].

Por ahora no se trató de reglar el procedimiento adecuado a esta acción. No lo establece la Constitución – lo que se comprende con facilidad –, y el Congreso Nacional tampoco se dio prisa – lo que es menos comprensible – en elaborar una ley al respecto. Básicamente deben estimarse aplicables, por analogía, las disposiciones concernientes al procedimiento de la acción declaratoria de inconstitucionalidad[13].

El fallo, repetimos, produce efectos *erga omnes* y vincula a los demás órganos del Poder Judicial y a los del Poder Ejecutivo. La Constitución

12 *Vide* CLÈMERSON MERLIN CLÈVE, ob. cit. (nota 1), p. 188. En las páginas siguientes, ese autor examina largamente el problema, opinando en favor de la constitucionalidad de la innovación.

13 CLÈMERSON MERLIN CLÈVE, ob. cit. (nota 1), p. 203.

se refiere a las "decisiones definitivas sobre el fondo", sin distinguir entre decisiones que acogen la petición y decisiones que la rechazan. En ambos casos la eficacia tiene la misma intensidad; si el tribunal rechaza la petición, se entiende que su resolución declara *erga omnes* la inconstitucionalidad de la norma y obliga a los otros órganos judiciales y a los del Poder Ejecutivo a abstenerse de aplicaria. El vínculo no se extiende a los órganos *legislativos,* lo cual significa que el Congreso Nacional no está prohibido de resucitar una ley declarada inconstitucional. Tampoco se somete al vínculo el *mismo Supremo Tribunal Federal:* la Enmienda º3 no empleó en vano la expresión "los *demás órganos*". Ello quiere decir que la Corte Suprema queda libre de cambiar su posición frente a la norma, en otro pleito[14].

6. Derecho vigente: d) la declaración de inconstitucionalidad por omisión

Una innovación interesante de la Constitución de 1988 – aunque su repercusión práctica haya sido escasa hasta este momento – fue la previsión de la posibilidad de declararse la inconstitucionalidad *por omisión* (art. 103, § 2º). La situación contemplada se caracteriza por el hecho de que – según el texto – el poder público se abstiene de una medida necesaria "para tornar efectiva una norma constitucional". En tal supuesto, la Constitución está siendo violada por la conducta negativa del órgano competente para decretar la medida. La hipótesis clásica es la omisión del Poder Legislativo en elaborar la ley reglamentaria de una disposición constitucional, sobre todo en los casos en que la Constitución misma fija un plazo para ello.

De conformidad con el art. 103, § 2º, el remedio consiste en cientificar el órgano competente para que tome la providencia adecuada. Si se trata de un órgano administrativo, el tribunal le ordena que actúe en el plazo de treinta días. La eventual subsistencia de la inercia, vencido el plazo, configurará desobediencia a la orden judicial y acarreará la responsabilidad del agente público omisso.

El art. 103, § 2º, no pretendió crear una nueva figura procesal (la acción declaratoria de inconstitucionalidad por omisión), sino única-

14 Cf. CLÈMERSON MERLIN CLÈVE, ob. cit. (nota 1), p. 209, nota 84: "O STF encontra-se excluído. Se não estivesse, como seria possível atualizar a jurisprudência do Supremo ?"

mente dejar en claro que el control *abstracto* de constitucionalidad por el *Supremo Tribunal Federal* abarca tanto los casos de *violación positiva* quanto los de violación *negativa* de la Constitución[15]. El procedimiento no se aparta del modelo aplicable en general a la acción directa.

Agosto de 1995.

COMENTÁRIOS DOS ATUALIZADORES

EL CONTROL JUDICIAL DE LA CONSTITUCIONALIDAD DE LAS LEYES EN EL BRASIL: UN BOSQUEJO

Ana Cristina Bacos Fernandes / Marco Antonio Rodrigues

Nesta análise sobre o controle da constitucionalidade das leis no Brasil, datada de 1995, Barbosa Moreira apresenta a questão didática e estruturalmente, sob todas as suas nuances, oferecendo ao leitor uma verdadeira e magistral aula sobre o tema, que se revela de todo atual.

O incidente de arguição de inconstitucionalidade encontra previsão no Capítulo IV do Livro IV (Dos processos nos tribunais e dos meios de impugnação das decisões judiciais) do Código de Processo Civil de 2015, mantendo-se o mesmo sistema apresentado pelo Autor.

Após a publicação do artigo, destacam-se a ampliação do rol de legitimados para a propositura da Ação Direta de Inconstitucionalidade, bem como a edição das Leis n. 9668/99 e 9882/99, que regulamentaram, respectivamente, o processamento e a tramitação da Ação Direta de Insconstitucionalidade e da Ação Declaratória de Constitucionalidade, e da Arguição de Descumprimento de Preceito Fundamental (ADPF).

A jurisprudência do Supremo Tribunal Federal classifica os legitimados para a propositura da Ação Direta de Inconstitucionalidade em legitimados universais e legitimados interessados ou especiais (STF -

15 En ese sentido, correctamente, CLÈMERSON MERLIN CLÈVE, ob. cit. (nota 1), p. 229.

ADI: 6242 ES 0031853-74.2019.1.00.0000, Relator: MARCO AURÉLIO, Data de Julgamento: 22/06/2020, Tribunal Pleno, Data de Publicação: 01/09/2020; STF - ADPF: 572 DF 0019578-93.2019.1.00.0000, Relator: EDSON FACHIN, Data de Julgamento: 18/06/2020, Tribunal Pleno, Data de Publicação: 13/11/2020).

MANDADO DE SEGURANÇA – UMA APRESENTAÇAO[1]

O honroso convite que me foi feito para dar início, com esta palestra ao ciclo destinado a homenagear essa figura de tão ilustre jurista, Professor CELSO AGRÍCOLA BARBI, despertou em mim sentimentos contraditórios. De um lado, naturalmente, o desvanecimento e a alegria *de* poder concorrer, ainda que modestamente, para tão justa homenagem. De outro lado, o receio, porque me vi convidado a falar sobre mandado de segurança na presença de um dos mais profundos estudiosos da matéria entre nós. Falar de mandado de segurança diante do Professor BARBI é de certo modo uma temeridade. Digo *diante* do Professor BARBI e não *para* o Professor BARBI, o que seria um atrevimento comparável ao de quem, segundo a *fórmula clássica,* pretenda *ensinar* o *Pai Nosso ao* Vigário.

Mesmo porém, para aqueles que estão aqui presentes, dando-me a honra ouvir-me, e não se hajam dedicado com tanta profundidade ao estudo deste instituto quanto o nosso homenageado, muito do que vou dizer certamente terá o sabor do óbvio. Todavia, numa exposição introdutória é impossível evitar esse inconveniente, dada a necessidade que o expositor tem de ordenar seus próprios pensamentos. Agradeço também as palavras tão generosas com que me fui saudado pelo ilustre Diretor da Escola de Advocacia, e passo a tentar desincumbir-me da tarefa que me foi confiada.

É notória a característica essencial do mandado de segurança, a nota pela qual ele se fez conhecido não só no Brasil, mas em muitos países estrangeiros, qual seja, a de uma garantia contra atos ilegais ou abusivos do Poder público, ou de entidades a este equiparadas. Essa característica fundamental ressalta logo à primeira leitura das normas constitucionais que vêm sendo consagradas, ao longo do tempo, à figura do mandado de segurança. Hoje, é o art. 5º, incisos LXIX e LXX, da Carta de 1988, respectivamente relativos ao mandado de segurança em termos gerais ou em termos tradicionais, à figura genérica do mandado de segurança, e ao mandado de segurança coletivo, inovação, como se sabe,

---

1 Palestra proferida no seminário *Mandado de Segurança – 60 anos,* em 7-6-1994. Publicada no volume coletivo *Mandado de segurança,* coord. AROLDO PLÍNIO GONÇALVES, Belo Horizonte, 1996. Conservou-se o estilo oral.

da Carta que hoje nos rege. Mas antes a mesma característica ressaltava no art. 113, nº 33, da Constituição de 1934, a primeira que consagrou o instituto; no art. 141, § 24, da Constituição de 1946; no art. 150, § 21, da Carta de 1967; no art. 153, § 21, da chamada Emenda nº 1, de 1969.

Não é difícil perceber nessa enumeração uma lacuna. A Constituição de 1937 não fez referência ao mandado de segurança. Qual a significação político-jurídica dessas mudanças? A primeira nota, que desde logo emerge, permite-nos afirmar que é difícil a compatibilização entre um instituto como o mandado de segurança e, de modo geral, as garantias dos cidadãos, com os regimes autoritários. Eis o que explica, sem necessidade de maiores indagações, a ausência da previsão do mandado de segurança na Carta Ditatorial de 1937. E talvez seja oportuno recordar que também por ocasião da elaboração da Constituição de 1967, o primeiro projeto era omisso em relação a essa matéria. Foi por obra do Congresso de então, e mais particularmente graças ao trabalho de um parlamentar e jurista mineiro, o então Senador AFONSO ARINOS, que a Carta de 1967 acabou por incorporar este tipo de garantia.

Outra observação que se pode desde logo fazer concerne a certo deslocamento do instituto do mandado de segurança de um para outro contexto. O instituto do mandado de segurança nasceu e vicejou durante muito tempo no contexto do quadro das chamadas garantias individuais. Isso ressaltava não apenas da denominação do capítulo das Constituições, que sucessivamente adotaram rubrica tradicionalmente concebida nesses termos: "Dos direitos e garantias individuais", senão também, no caso da Constituição de 1967, do próprio teor literal da disposição que cuidava do mandado de segurança, e que continha expresso o adjetivo "individual". Ao passo que agora, embora conservando a sua função de garantia aplicável à defesa de direitos individuais, o mandado de segurança vê ampliada, alargada, a sua fisionomia, para abranger também a figura nova do mandado de segurança coletivo, destinado à proteção já não mais de direitos pertencentes a esta ou aquela pessoa, a este ou aquele indivíduo, senão de direitos pertencentes à coletividade.

Acrescento que, na Constituição de 1988, também se observa a modificação da rubrica. Esta Constituição já não fala apenas dos direitos e garantias individuais, fala dos "direitos e garantias individuais *e coletivos* e é nesse contexto que se insere hoje a figura do mandado de segurança. Há, portanto, uma evolução nítida que reflete, segundo penso, uma mudança de enfoque, de modo algum limitada a esse ponto. A

Constituição de 1988, com todos os defeitos que temos de atribuir-lhe – e alguns muitos graves –, contudo, reflete nesse ponto, elogiavelmente a meu ver, certa mudança de enfoque, do individualismo ainda renitente, ainda subsistente no mundo jurídico brasileiro, até há pouco tempo atrás, para uma visão coletiva de determinados problemas institucionais. Essa evolução está muito nítida, a meu ver, em várias partes da Carta de 1988, e entre elas convém assinar a referente ao mandado de segurança que, além disso, se insere num contexto de florescimento das chamadas *ações coletivas.* O fenômeno é muito nítido no direito brasileiro dos últimos anos e também no próprio texto da Carta de 1988, que não se refere só ao mandado de segurança coletivo, senão também à ação civil pública e a outras figuras desse mesmo tipo.

Se quiséssemos aqui recordar alguns dados históricos e comparativos, poderíamos começar por lembrar que há quem descubra no velho direito português antecedentes remotos do mandado de segurança. Inclusive há textos, realmente, que usam até essa mesma palavra "segurança", embora em contexto normativo bastante diverso. Contudo, a aproximação mais profícua, mais proveitosa, é certamente aquela que se costuma fazer entre o mandado de segurança brasileiro e o chamado *Juicio de Amparo,* criação do direito mexicano, em meados do século passado, e que depois se propagou a bom número de países latino-americanos, como a Costa Rica, a Bolívia, a Venezuela e algumas províncias argentinas, que o absorveram e o consagraram em suas legislações. Ainda convém lembrar, nessa mesma perspectiva, os *writs* do direito anglo-saxônico, com origem na Inglaterra e depois com desenvolvimento no direito norte-americano.

Certamente nessas figuras, muito mais do que nos indigitados antecedentes remotos portugueses, é que provavelmente se buscou inspiração para inventar no Brasil o instituto do mandado de segurança, cuja evolução se prende a uma situação conhecida em nosso país ao longo do Império e nos primeiros tempos da República, época que se caracterizou, desse ponto de vista, por uma grande carência de meios de defesa, de meios de proteção dos cidadãos contra o Poder Público.

O primeiro sinal importante de mudança nessa situação foi dado pelo advento da Lei nº 221, de 20-11-1894, portanto, agora, centenária. Essa lei veio instituir um remédio processual destinado a ensejar a anulação de atos da Administração Pública, ofensivos dos direitos dos cidadãos. Contudo, ainda com o acréscimo desse remédio, a farmacopeia jurídica brasileira continuava de certo modo bastante pobre. Tanto assim que registraram diversas tentativas de suprir a lacuna existente na matéria mediante a utilização de remédios processuais que, na verdade, haviam sido forjados e disciplinados com outras finalidades. Assim é que se invocou no Brasil a proteção possessória em relação a problemas do tipo daqueles que aqui nos interessam. RUI BARBOSA, numa causa célebre, invocou remédio possessório para pleitear a reparação de direitos de professores da então Escola Politécnica, que haviam sido demitidos dos seus cargos ilegalmente, como se alegava, mediante recurso à doutrina da posse dos direitos pessoais.

Outro instituto que se procurou explorar, se assim me posso exprimir, no sentido de suprir a carência legislativa do direito brasileiro nessa matéria, foi o *habeas corpus,* aproveitando a redação menos específica, mais geral, que assumia, na primeira Constituição republicana de 1891, o dispositivo a ele referente. Criou-se, então, a chamada doutrina brasileira do *habeas corpus,* segundo a qual esse instrumento não serviria apenas para proteger a liberdade de locomoção, mas para também ocorrer a outras situações em que o cidadão se visse ameaçado ou lesado em direito seu, por ato de autoridade pública. Esta tentativa acabou por ser cerceada, coarctada pela reforma constitucional de 1926, que deu marcha à ré, por assim dizer, delimitando de maneira mais restritiva o âmbito de aplicação do *habeas corpus* e impedindo, portanto, que se continuasse a invocar esse remédio para situações que não se enquadrassem na tutela da pura liberdade de locomoção, da pura liberdade de ir e vir.

Subsistiu, portanto, a lacuna, subsistiu a carência, e logo em seguida, ainda com antecedentes anteriores, multiplicaram-se as iniciativas tendentes a supri-la. Digo com antecedentes ainda anteriores no Brasil, porque, já na segunda década deste século, ALBERTO TORRES havia proposto, mediante um projeto de reforma constitucional, a criação de instituto destinado à proteção dos direitos dos cidadãos, em face do Poder Público, ao qual ele sugeriu que se desse a denominação de mandado de garantia.

Depois de 1922, o Ministro MUNIZ BARRETO divulgou proposta semelhante; e em 1926, no mesmo ano em que a reforma da Constituição da República vinha pôr termo àquela tentativa de aproveitar o *habeas* corpus, o então Deputado GUDESTEU PIRES apresentou projeto tendente à criação de novo instituto, de novo remédio processual, para suprir a lacuna, tentativa que não vingou. Na verdade, a história do mandado de segurança assumiu feição mais concreta na Assembleia Constituinte, elaborou a Carta de 1934. Ali, por iniciativa de JOÃO MANGABEIRA, é que realmente se plasmou o novo instituto, que viria a ser consagrado no *art.* 113, nº 33, daquela Constituição brasileira.

Demorou um pouco a regulamentação por lei ordinária. Só quase dois anos depois é que tivemos a primeira lei disciplinadora do processo de mandado de segurança: a Lei nº 191, de 16 de janeiro de 1936, mais tarde substituída pela Lei nº 1.533, de 31 de dezembro de 1951, até hoje vigente nas suas linhas mestras, embora com algumas modificações introduzidas por diplomas posteriores, o mais importante dos quais terá sido a Lei nº 4.348, de 26 de junho de 1964.

Assim apresentada de maneira muito sintética a história do mandado de segurança, convém agora, segundo penso, que nos detenhamos *um* pouco no exame do seu perfil constitucional. Creio que nada mais adequado a uma apresentação do mandado de segurança do que o estudo, ainda que perfunctório, das características que o instituto apresenta, de acordo com os textos constitucionais que o consagraram, e que lhe traçam as linhas mestras.

Comecemos pelo objeto do mandado de segurança. A Carta de 1988 refere-se, no particular, a atos de autoridade pública ou agente de pessoa jurídica no exercício de atribuição do Poder Público. Se procedermos a um confronto entre este texto e os seus correspondentes nas cartas políticas anteriores, veremos que ele explicita melhor o objeto do mandado de segurança. Em geral, até então, costumava falar-se em ato de autoridade. É preciso, porém, notar que a doutrina e a jurisprudência sempre entenderam, e esse bom entendimento afinal prevaleceu, a dar uma interpretação bastante elástica à palavra "autoridade", para abranger não apenas as autoridades públicas em sentido estrito, isto é, os órgãos que fazem parte do aparelho estatal, senão também outras entidades, às quais se outorga o poder de exercitar funções normalmente atinentes ao Poder Público. Assim, por exemplo, as empresas concessionárias de serviços públicos, contra as quais sempre se admitiu a impetração de segurança, desde que visasse a impugnar algum ato de uma dessas entidades que se referisse ao serviço público por ela exercido sob o regime da concessão, e, portanto, algo que em princípio se incluiria entre as atribuições próprias do Estado, mas que, por motivo de conveniência, se havia deferido, no tocante ao exercício, a uma entidade privada. Até se admitiu a impetração de segurança contra entidades colocadas sob a supervisão direta do Poder Público, a exemplo de universidades, mesmo que não fossem geridas pelo Estado, mesmo que não se tratasse, por assim dizer, de universidades públicas, naquilo que entendesse com atividades colocadas sob a supervisão e a fiscalização direta do Poder Público.

Falando em autoridade, pretende-se com isso aludir a autoridade no campo propriamente estatal, em qualquer dos três poderes tradicionais: Executivo, Legislativo e Judiciário. Deixarei de lado o problema do cabimento do mandado de segurança contra ato de órgão do Poder Judiciário, pois o tema será objeto específico de um trabalho do ilustre Professor CALMON DE PASSOS. Limito-me, portanto, no momento, a uma referência ao problema da possibilidade de impetrar segurança contra ato de órgão integrante do Poder Legislativo. Como se sabe, tomou-se difundida, hoje verdadeiro lugar-comum da doutrina e da jurisprudência, com inclusão até na súmula da jurisprudência predominante do Supremo Tribunal Federal, a proposição segundo a qual não cabe mandado de segurança contra lei em tese. Na verdade, a explicação dessa doutrina é bastante simples, até diria intuitiva, já que a lei em tese contém uma norma jurídica com aquelas características clássicas da generalidade e da abstração, e por conseguinte, por si só, é incapaz, é impotente para lesar ou ameaçar de lesão o direito incorporado ao patrimônio de alguém, seja uma pessoa ou indivíduo, seja uma coletividade.

Mas aqui seria necessário recordarmos a distinção clássica entre o que é lei no sentido material, com essas características de norma geral e abstrata, e o que é lei em sentido apenas formal, ou seja, o ato que resultou da tramitação de um projeto em algum órgão legislativo, que é dado à luz sob a forma de lei, embora não contenha norma geral e abstrata, e sim, ao contrário, regra destinada a disciplinar uma situação concreta e perfeitamente individualizada, como tantas leis que nós conhecemos: por exemplo, leis que concedem pensões a serem pagas pelo Poder Público a determinadas pessoas. Na verdade, estamos diante de um ato administrativo revestido da roupagem externa de uma lei. Ora, se é verdade que a norma jurídica genérica e abstrata se mostra impotente para atingir o direito de alguém, o mesmo não se dirá de uma norma concreta *e* individual, ainda que se apresente sob o disfarce de uma lei. Então, quando a lei é lei apenas por sua forma, e na realidade encobre ato de outra natureza, não precisa de mais nada para produzir efeitos concretos, *é,* por assim dizer, segundo a fórmula tradicional, autoexecutável – nesses casos deixa de ser exato que ela não possa atingir a esfera jurídica individual e concreta de alguém, e, em semelhantes hipóteses, poderá caber o mandado de segurança para impugnar o ato disfarçado de lei.

Uma fórmula que se vem repetindo ao longo das nossas várias Constituições modernas é este binômio: ilegalidade e abuso de poder. Já que não se presume que os textos normativos contenham palavras inúteis, e essa presunção deve atingir a sua máxima força tratando-se da Constituição, cumpre explicar esta dualidade de referências. Nem sempre é muito fácil, nem sempre se depara com muita clareza na doutrina, a explicação do que representaria a diferença entre ilegalidade e abuso de poder. O conceito de ilegalidade obviamente se define por oposição, por contraste. É ilegal tudo aquilo que não é legal, ou seja, é ilegal tudo aquilo que não está de acordo com a lei. Já o conceito de abuso de poder é mais fluido, é menos facilmente delimitável. Superficialmente, sem nenhuma pretensão de exaurir o assunto, sugeriria que se pode falar de abuso de poder em vez de ilegalidade, quando o ato que se visa, não viola, abertamente, nenhum preceito legal. Contudo, corresponde ao exercício de um poder, de uma atribuição, de maneira irregular, no sentido de que a autoridade que pratica o ato o está praticando fora das finalidades próprias para as quais a lei lhe conferiu aquele poder, ou com excesso de rigor, adotando providência que não é proporcional ao resultado que se deseja atingir. Nessas hipóteses, nós poderíamos dizer que se trata de um ato, embora não ilegal, contudo, abusivo, isto é, praticado com abuso, com mau uso do poder de que desfruta aquela autoridade.

Outra expressão que se consagrou nos textos é a de "direito líquido e certo". Mandado de segurança sempre, ou quase sempre, se tem identificado como remédio que se destina à proteção de direitos líquidos e certos. Essa locução, na verdade tecnicamente discutível, deu inicialmente margem a controvérsias em sua interpretação. Houve quem pretendesse que só seria líquido e certo, para o fim de ensejar a impetração de segurança, o direito a cujo respeito não se pudesse levantar nenhuma controvérsia revestida de seriedade: o direito incontestável; aliás, essa expressão apareceu em textos normativos.

Ora, na verdade, nós que lidamos com a matéria jurídica sabemos perfeitamente que seria muito difícil imaginar uma situação que se pudesse dizer ao abrigo de toda e qualquer controvérsia, de toda e qualquer contestação. Na prática do foro, a utilidade do mandado de segurança ficaria reduzida a quase nada, porque bastaria que, ao prestar informações, a autoridade apontada como coatora discutisse a existência do alegado direito, com argumentos que não fossem totalmente vazios de sentido, para que já se não pudesse falar de direito líquido e certo, portanto o remédio se tomasse inadmissível.

Logo se percebeu que não era por esse caminho que se chegaria a nenhum resultado realmente proveitoso. Hoje parece consolidada, seja na doutrina, seja na jurisprudência, outra maneira de entender a expressão. O direito de alguém é elemento de uma relação jurídica, que pertence ao mundo dos efeitos jurídicos. Toda relação jurídica é efeito jurídico. Efeito de quê? Efeito da incidência de uma norma sobre determinado fato ou conjunto de fatos. O direito de alguém está sempre dependendo desse casamento, dessa conjugação entre uma norma e um fato ou um conjunto de fatos. Ora, a norma, o juiz presume-se que a conheça: não há dúvida. Quanto ao fato é que pode haver dúvida. Aí é que brota, aí é que nasce a necessidade da certeza. De que maneira? De maneira a permitir que se desenvolva o processo segundo rito rápido, expedito, célere, que permita uma proteção segura, uma proteção que não tarde a ser dispensada. Ora, para isso é necessário excluirmos do processo de mandado de segurança as diligências probatórias. Na medida em que tivéssemos de mandar realizar perícia, por exemplo, ou ouvir testemunhas, então evidentemente o procedimento se tomaria mais complexo e, por conseguinte, mais demorado. O que se quer é uma proteção imediata, fulminante, se possível; mas, para isso, temos de limitar o campo da admissibilidade das provas. Não há outra maneira de conciliar esses objetivos. Temos, portanto, de restringir, no processo de mandado de segurança, toda a atividade probatória ao exame de documentos, e de documentos pré-constituídos. Eis aí, afinal, a que se reduz, no consenso hoje da doutrina e da jurisprudência, esta expressão, à primeira vista um pouco enigmática: "direito líquido e certo".

Para fins de mandado de segurança, para a feição do cabimento desse remédio, trata-se de saber se os fatos, ou o fato de que se originou o alegado direito, comportam, ou não, a demonstração mediante apresentação apenas da prova documental pré-constituída. É esse o sentido último, é esse o resultado final a que se chega quando se analisa a exigência de que exista um direito líquido e certo. A exigência é, na verdade, que o fato de que se afirma ter nascido esse direito seja suscetível de comprovação mediante documento pré-constituído.

Outra característica geralmente presente nos dispositivos constitucionais que tratam do mandado de segurança concerne à sua delimitação, ou melhor dizendo, à delimitação de seu âmbito de aplicação com referência a outros institutos, também previstos como garantias constitucionais. Até a Carta de 1967, emendada, segundo a fórmula usual, em 1969, os dispositivos constitucionais atinentes ao mandado de segurança referiam-se a esse ponto dizendo: "Para proteger direitos líquidos e certos não amparados por *habeas corpus*". Então havia uma delimitação por exclusão: tudo aquilo que pudesse caber no território coberto pelo *habeas corpus ipso facto* estaria excluído do âmbito de cabimento do mandado de segurança. Assim, todas as situações em que se alegasse ofensa ou ameaça à pura liberdade de locomoção, ao direito de ir e vir, protegido este, como se sabe, pelo *habeas corpus.* Postas as coisas nesses termos, parece muito fácil o traçado da linha divisória, mas, na prática, surgiram casos interessantes que mereceram estudo mais detido. Exemplo clássico é o do advogado que se via impedido de penetrar em estabelecimento penitenciário para comunicar-se com o seu cliente, ali preso. Por certo aspecto, isso envolvia o direito do advogado de ir e vir, no sentido de direito de entrar e sair do estabelecimento penitenciário. Então indagou-se: Será caso de *habeas corpus,* ou não? Porque, se não for, então poderemos cogitar da utilização do mandado de segurança.

A jurisprudência fixou-se, a meu ver corretamente, no entendimento de que era preciso verificar se, na hipótese, o direito de ir e vir estava sendo invocado como objeto final da tutela. Isto é, se a tutela pretendida devia proteger o direito de ir e vir como fim em si mesmo, ou se, ao contrário, o direito de ir e vir, a liberdade de locomoção, entrava na equação do caso apenas como um meio de exercitar outro direito. Na hipótese a que eu há pouco aludi, é claro que o objetivo final do advogado não era simplesmente o movimento de entrada e saída da penitenciária, e sim o exercício desimpedido da sua função de patrono do preso, de modo que o caso seria então, de acordo com esse critério distintivo, e assim se decidiu mais de uma vez, de cabimento de mandado de segurança e não de *habeas corpus.*

Hoje, esse critério de delimitação, esta fórmula, esta expressão constante do texto constitucional se vê aumentada, porque o dispositivo da Carta de 1988 não alude apenas ao *habeas corpus,* alude também ao *habeas data,* inovação, como se sabe, da nossa Constituição atual. Foi necessário acrescentar esta expressão: hoje, o mandado de segurança é incabível não só em situações que comportem pedido de tutela judicial por meio do *habeas corpus,* senão também nas situações que porventura comportem pedido de tutela jurisdicional por meio de *habeas data.*

Assim, expostos, ainda que de maneira muito sumária, os caracteres fundamentais do mandado de segurança na sua feição constitucional naquilo que a própria Constituição nos diz a respeito do instituto, resta fazer algumas considerações sobre a natureza jurídica dessa figura.

Existe no Brasil certa tendência a ver no mandado de segurança uma entidade exótica, estranha, insuscetível de enquadramento nas categorias tradicionais do direito processual. Tomo a liberdade de atribuir um pouco dessa tendência ao fato de que, nos primeiros tempos da sua existência, o mandado de segurança foi estudado menos por processualistas que por estudiosos, por especialistas de outros campos do direito: constitucionalistas, administrativistas. Talvez por isso, a princípio, se tenha difundido a ideia de que o mandado de segurança é algo que não se enquadra, que não se consegue encaixar em moldura alguma do direito processual. Essa ideia, a meu ver, nefasta, com a devida vênia do que a ela possam aderir ou ter aderido, na verdade, essa tendência parece que vai diminuindo, embora, como acabei de assinalar, ainda nos atrapalhe de vez em quando em certos problemas.

O mandado de segurança, embora consagrado na Constituição, como se consagra na Constituição a ação popular, hoje a ação civil pública, e vários outros institutos, de cuja natureza jurídica ninguém até agora teve a ousadia de duvidar, embora seja um instituto de assento constitucional de base constitucional, é um remédio processual, um instituto evidentemente processual. Trata-se de um processo. Pode parecer que eu esteja aqui a enunciar verdades dignas do Conselheiro Acácio, mas às vezes o óbvio é que é difícil de perceber. Há situações em que, quanto mais próxima dos nossos olhos está uma realidade, mais difícil se toma, para nós, percebê-la. Não vemos bem a ponta do nosso próprio nariz. Pois bem, não se vê, não se tem visto bem, ou não se costumava ver bem, esta coisa absolutamente óbvia: que o mandado de segurança é um instituto de direito processual, embora consagrado na Constituição, como tantos outros.

De que é que se trata? Trata-se de um processo, no qual se exercita uma ação – desculpem a obviedade. Ora, a esse processo, que regras seriam de aplicar? É claro que em primeiro lugar aquelas que se contenham na legislação específica pertinente: hoje na Lei nº 1.533 e naquelas outras posteriores que vieram alterá-la ou complementá-la. Mas essa legislação especial está longe de cobrir toda a problemática do processo do mandado de segurança. Ela não cuida de uma série de questões que o juiz tem que enfrentar a cada momento, para processar o mandado de segurança. Nada se encontra na Lei nº 1.533, nem em qualquer das outras referentes ao assunto, por exemplo, sobre capacidade das partes, sobre forma dos atos processuais, sobre a eventual invalidade deles, sobre prazos processuais, e assim por diante.

É impossível, é absolutamente impossível processar um mandado de segurança utilizando exclusivamente as normas constantes da legislação especial. O que isso significa? Significa aquilo mesmo que, obviamente, significa em qualquer situação parecida com essa, em qualquer situação desse gênero. Significa que as questões não previstas, não reguladas expressamente na legislação específica, devem ser resolvidas à luz ja legislação comum. E qual é a legislação comum em matéria processual? Parece-me que é, fundamentalmente, constituída pelo Código de Processo Civil. É claro que poderá haver situações nas quais, embora não encontremos na lei específica uma previsão expressa, categórica, rodemos, contudo, inferir da sua sistemática que, num ponto ou noutro, o processamento do mandado de segurança não deve obedecer às regras contidas no Código de Processo Civil. Isto é, os casos em que o Código não se aplica não serão apenas aqueles em que haja disposição expressa e específica na legislação pertinente ao mandado de segurança, mas também aqueles outros que, do ponto de vista sistemático, ofereçam porventura características que nos autorizem a concluir a incompatibilidade entre a norma comum, isto é, a norma contida no Código de Processo Civil, e alguma nota essencial ao instituto do mandado de segurança.

Feita essa concessão, continua sendo verdade o essencial, com as ressalvas já formuladas: a disciplina do mandado de segurança, quando não se contenha na legislação especial, é necessariamente complementada pelas normas constantes do direito processual comum, isto é, em outras palavras, pelas normas constantes do Código de Processo Civil.

Em alguns setores ainda há resistência a admitir isso, e essa resistência é responsável por vários equívocos dos quais limito-me a mencionar dois: um, a tese encampada até na súmula da jurisprudência predominante no Supremo Tribunal Federal, segundo a qual, no processo do mandado de segurança, a parte vencida não deve ser condenada ao pagamento dos honorários do advogado da parte vencedora. O outro equívoco, que está fazendo moda em tempos mais recentes, diz respeito a recursos. Afirma-se (e encontramos essa afirmação, infelizmente, em vários julgados de tribunais superiores) que no processo de mandado de segurança não cabem, não são admissíveis os mesmos recursos previstos no Código de Processo Civil, e mais especificamente se diz que não cabe agravo de instrumento. Ora, no processo de mandado de segurança há, embora em pequeno número, decisões interlocutórias. Por exemplo, aquela que concede ou denega a liminar, aquela que admite ou não a intervenção de terceiro ou assistência, e assim por diante.

Pergunta-se: Em que situação ficam essas decisões? Serão elas então irrecorríveis? A tese, levada às suas últimas consequências, conduz a um manifesto absurdo. Da sentença, obviamente, cabe apelação. A apelação está mencionada na Lei nº 1.533, de modo que não desperta nenhum tipo de dúvida. Mas que acontece, por exemplo, se o juiz indefere a apelação, nega-lhe seguimento? Não terá a parte interessada nenhum remédio? Transforma-se o juiz num ditador do processo, capaz de proferir decisões incontroláveis, incensuráveis? O absurdo é tão grande que até aqueles que perfilham o entendimento da inadmissibilidade do agravo de instrumento abrem exceção para esse caso, destruindo evidentemente a unidade lógica do seu próprio pensamento.

Dizer que só cabem no processo de mandado de segurança os recursos a que faz referência a legislação específica é limitar arbitrariamente o número de recursos cabíveis no mandado de segurança; por exemplo, é excluir do seu âmbito os embargos de declaração, aos quais nenhuma alusão se encontra na Lei nº 1.533, e em nenhuma outra atinente ao mandado de segurança. Ora, pergunta-se: não haverá remédio, no processo de mandado de segurança, para uma decisão omissa, obscura ou contraditória? O absurdo ressalta. Na verdade, todos esses equívocos e outros que eu poderia mencionar – não quero alongar-me por demais – resultam de uma atitude fundamentalmente errônea, que é a de exilar o mandado de segurança numa espécie de ilha deserta, sem comunicação com o resto do universo processual, quando na verdade ele nada mais é do que uma ação cujo exercício – desculpem mais uma vez – dá lugar a um processo, regulado, naquilo em que não se contrariem as disposições da legislação especial, pelas normas do direito processual comum, que é o contido no Código de Processo Civil.

Falei em processo, falei em ação. Resta a indagação que surge agora: é a relativa à natureza jurídica dessa ação. Que é uma ação de conhecimento, é algo que não pode ser posto em dúvida. O processo do mandado de segurança tende à emissão de uma sentença, e como tal o processo é de natureza cognitiva. Mas, quando se passa às subdivisões, começam a surgir controvérsias e dúvidas. Segundo a maior parte da doutrina, e nela se inclui o eminente Professor BARBI, de acordo com o que se lê na sua clássica obra sobre o mandado de segurança, a ação poderia ser considerada ou qualificada como declaratória, como constitutiva ou como condenatória, de acordo com o teor do pedido. Se o impetrante visa apenas a pleitear ao juiz a declaração, digamos, da nulidade de um ato do Poder Público, a ação seria puramente declaratória. Se ele, ao contrário, pretende ver anulado um ato desse gênero, e portanto modificada a situação jurídica que se criou com a sua edição, então a ação seria constitutiva. Se quer que se imponha alguma prestação, algum comportamento comissivo ou omissivo, à autoridade, então estaríamos diante de uma ação condenatória.

No tocante a este último aspecto, convém recordar aqui a inovação trazida pela Lei nº 5.021, de 9 de junho de 1966, que previu a possibilidade de que o impetrante obtenha no processo do mandado de segurança a condenação do Poder Público ao pagamento de vantagens atrasadas desde o ajuizamento da inicial, desde o início do processo. Até então, esta tese era repelida; entendia-se que o mandado de segurança se prestava, sim, a desembocar numa ordem dada pelo juiz à Administração para que, dali em diante, passasse a pagar ao impetrante as vantagens a que porventura fizesse jus, mas não ensejava o pedido de cobrança de atrasados. Foi a Lei nº 5.021 que expressamente previu essa possibilidade.

Ora, aí temos, sem sombra de dúvida, uma providência de natureza condenatória. Com base nela, pode-se chegar a uma execução em sentido próprio, precedida porventura de uma liquidação, e obediente, é claro, às regras especiais que governam a execução pecuniária contra a Fazenda Pública.

Já nos outros casos em que se pretende impor à autoridade pública a prática de algum ato, o exercício de alguma atividade, ou, ao contrário, um comportamento omissivo, isto é, naqueles casos em que se pretende compelir a Administração Pública a fazer ou a não fazer alguma coisa, a fazer alguma coisa ou abster-se dela, o terreno começa a revelar-se eriçado de dificuldades, porque está longe de ser pacífica a conceituação dessa figura como uma ação condenatória, ação que procura obter, que visa a obter uma sentença condenatória. Dizem os partidários desse entendimento: é diferente a sentença que concede a segurança. E tanto é diferente, que nesta última se encontra algo que naquela não se encontra, a saber: uma ordem categórica do órgão judicial emitida contra a autoridade pública. A sentença condenatória, ao que se diz, e este é hoje um pensamento muito difundido na doutrina processual, não contém ordem do juiz ao vencido; e tanto não contém, que, se o vencido não cumprir a sentença, nem por isso comete crime de desobediência: fica apenas sujeito a que o vencedor instaure em face dele um processo de execução, processo esse que normalmente não se apresenta como necessário e nem mesmo como possível no mandado de segurança, com ressalva daquelas hipóteses de cobrança de vantagens pecuniárias em atraso, a que aludi há pouco.

Fora daí, quando o juiz concede a segurança para, por exemplo, proibir a cobrança de tributos, ou para ordenar à Administração Pública que desfaça, que desmanche uma medida por ela tomada, digamos a interdição de um estabelecimento comercial ou industrial, na verdade isso não dá lugar a uma execução no sentido clássico do termo. Não há necessidade de um processo de execução do tipo daquele processo que vem regulado, segundo suas várias modalidades, no Código de Processo Civil. O juiz, ao conceder a segurança, simplesmente oficia à autoridade dita coatora e lhe transmite a ordem de fazer, ou a ordem de não fazer. E ela certamente, a meu ver, cometerá crime de desobediência, eventualmente crime de responsabilidade, se descumprir esta ordem. Para designar este tipo de ações e de sentenças, uma corrente doutrinária utiliza a expressão "ações ou sentenças mandamentais".

Essa locução, que não prima pela elegância, foi introduzida entre nós por PONTES DE MIRANDA, na esteira de uma corrente de pensamento que vicejou no direito processual alemão. De modo que nós teremos aqui uma quarta categoria de ações, a ser adicionada àquela tríade clássica das ações meramente declaratórias, das ações constitutivas e das ações condenatórias. Evidentemente, não cabe dizer, neste momento, uma palavra definitiva. Trata-se de matéria sujeita a controvérsias. Eu apenas me permito, para finalizar, recordar aqui, uma disposição legal para a qual nem todos já tiveram despertada a sua atenção: é o art. 212, § 22, do Estatuto da Criança e do Adolescente. Nesse dispositivo, reza-se o seguinte: "Contra atos ilegais ou abusivos de autoridade pública ou agente de pessoa jurídica no exercício de atribuição do poder público, que lesem direitos líquidos e certos previstos nesta lei" (isto é, direito líquido e certo relacionado com a proteção da criança e do adolescente), "caberá ação mandamental, que se regerá pelas normas da Lei do Mandado de Segurança".

É uma disposição muito curiosa. Começa por utilizar expressões idênticas àquelas de que se utilizam os dispositivos atinentes ao mandado de segurança. Fala ainda em atos ilegais ou abusivos de autoridade pública ou agente de pessoa jurídica no exercício de atribuição do Poder

Público. Depois fala em direito líquido e certo. Então, reproduz, repete fórmulas próprias do mandado de segurança. Não sei porque o legislador achou que era necessário aparentar aqui uma inovação. Na verdade este dispositivo é absolutamente inútil, porque, se ele não existisse, continuaria sendo verdade que, contra ato ilegal ou abusivo praticado por autoridade pública ou por agente de pessoa jurídica no exercício de funções públicas, que lesasse direito líquido e certo, caberia o mandado de segurança, ainda que se tratasse de matéria relacionada com a proteção da criança e do adolescente. Não havia nenhuma necessidade de fazer de conta que se está criando aqui algo de novo. Mas é curiosa esta constatação; não sei se o legislador ficou tomado do receio de que o mandado de segurança não pudesse atuar nesse terreno, sabe Deus porquê; então fingiu que criava uma novidade, uma ação mandamental que se regesse pelas normas de lei do mandado de segurança. Isso aqui tem todas as características do mandado de segurança; e o que é, afinal de contas? O que é essa mirífica ação mandamental que se regerá pelas normas atinentes ao mandado de segurança? A meu ver, nada mais é do que um mandado de segurança.

Agora, é interessante notar – e com essa observação cumpro a promessa de terminar – é interessante notar o uso da expressão doutrinária. O legislador deve ter-se impressionado com a leitura de algum texto, não sei se de PONTES DE MIRANDA, porque não sei se os legisladores de hoje têm o hábito de ler obras tão profundas. As leituras hoje em voga são mais amenas, digamos assim. Mas, em algum lugar, o legislador viu essa expressão: "ação mandamental", e gostou. Pareceu-lhe interessante, e resolveu utilizá-la. Não sei se será exagero vermos nisso uma consagração *de lege lata* da existência dessa categoria de ações. Deixo o assunto entregue à meditação dos que me honram com sua atenção.

Junho de 1994.

COMENTÁRIOS DOS ATUALIZADORES

MANDADO DE SEGURANÇA – UMA APRESENTAÇAO

Ana Cristina Bacos Fernandes / Marco Antonio Rodrigues

Evolução legislativa do mandado de segurança. A regulamentação do mandado de segurança coletivo. Barbosa Moreira escreveu o presente texto na vigência da Lei nº 1.533/51, que foi revogada pela Lei nº 12.016/09. Esse último diploma legal acabou ampliando a regulamentação do mandado de segurança, atualizando-a aos tempos mais modernos, diante de a lei anterior ter sido editada na década de 50 do século passado. Ademais, incorporou diversos entendimentos consolidados em súmulas dos Tribunais Superiores, como é o caso da súmula 512 do STF, ou mesmo superou-os, valendo ressaltar, a título de exemplo, a súmula 622 do STF.

A Lei nº 12.016/09, em passo significativo em relação à Lei nº 1.533/51, disciplinou o mandado de segurança coletivo, o qual conta com previsão no artigo 5º, LXX, da Constituição da República, e que passou a integrar o microssistema de tutela coletiva de direitos, ao lado, dentre outros, da ação civil pública e da ação popular.

Mandado de segurança em face de atos legislativos. Barbosa Moreira já levantava em seu texto da década de 90 do século passado uma restrição interpretativa à súmula 266 do Supremo Tribunal Federal, no sentido de que leis sem generalidade e abstração poderia ser objeto de mandado de segurança.

Além de tal situação de mandado de segurança em face de ato legislativo, vale registrar seu cabimento de face da tramitação de proposta de emenda constitucional. O parlamentar possui direito líquido e certo ao devido processo legislativo, podendo se utilizar do *mandamus* para sustar a tramitação de proposta de emenda constitucional que não respeite as vedações e os limites impostos ao poder constituinte derivado pelo artigo 60, § 4º, da CF (RODRIGUES, 2017).

Mandado de segurança em face de atos praticados por pessoas jurídicas no exercício de função pública. A Constituição da República, em seu artigo 5º, LXIX, prevê o cabimento de mandado de segurança quando o responsável pela ilegalidade ou abuso de poder for autoridade pública ou agente de pessoa jurídica no exercício de atribuições do Poder Público.

Discutiu-se, neste sentido, se pessoas jurídicas de direito privado poderiam figurar no polo passivo de mandado de segurança, quando no exercício de função pública.

Tal entendimento, já defendido por Barbosa Moreira no artigo, foi encampado pelo STJ em sua súmula nº 333, admitindo mandado de segurança contra ato praticado em licitação promovida por sociedade de economia mista ou empresa pública, e, posteriormente, pela Lei nº 12.016 em seu artigo 1º, § 2º.

Honorários em mandado de segurança. Barbosa Moreira com razão sustenta que, nas omissões da lei especial, deve ser aplicada a legislação comum do processo civil, que é o Còdigo de Processo Civil.

Em que pese a crítica feita pelo autor à súmula 512 do Supremo Tribunal Federal, que afasta a incidência de honorários da sucumbência nesse remédio constitucional, com a edição da Lei nº 12.016/09 passou a haver expressa previsão da não incidência de tal verba honorária no mandado de segurança, em seu artigo 25.

Recursos no mandado de segurança. Atualmente, na linha do que Barbosa Moreira sustenta, na omissão da Lei nº 12.016, aplicam-se os recursos previstos no Código de Processo Civil, como é o caso, por exemplo, dos embargos de declaração. Ademais, vale destacar que o artigo 7º, parágrafo 1º, da referida lei consagra expressamente o cabimento de agravo de instrumento em face da decisão sobre a liminar..

Referências da nota

RODRIGUES, Marco Antonio dos Santos. *A Fazenda Pública no Processo Civil*. Rio de Janeiro: GEN, 2017.

RECORRIBILIDADE DAS DECISÕES INTERLOCUTÓRIAS NO PROCESSO DO MANDADO DE SEGURANÇA[1]

1. Não são numerosas, no processo do mandado de segurança, as decisões interlocutórias, isto é, aquelas por meio das quais, nos termos do art. 162, § 2º, do Código de Processo Civil, o órgão judicial resolve questões incidentes. Trata-se de procedimento simples, ordenado à prolação tão rápida quanto possível da sentença. Com menor frequência que alhures costumam aparecer aí problemas que demandem solução em instante anterior ao julgamento da pretensão mandamental.

A mais importante decisão interlocutória, nesse feito, é normalmente a que se pronuncia – em resposta a requerimento do impetrante ou de ofício[2] – sobre a liminar (Lei nº 1.533, de 31-12-1951, art. 7º, nº II). Outras, contudo, podem ter lugar: assim, *v.g.*, a propósito da incapacidade da parte ou da irregularidade de sua representação (Código de Processo Civil, art. 13), do ingresso de terceiro como litisconsorte (Lei nº 1.533, art. 19, combinado com os dispositivos correspondentes do estatuto processual civil), do recebimento ou não da apelação (Lei nº 1.533, art. 12, *caput)*, dos efeitos produzidos por esse recurso (art. 12, parágrafo único) etc.

---

1 Publicado na *Ajuris*, nº 60, no *Livro de Estudos Jurídicos*, nº 8, na *Revista da Fundação Escola Superior do Ministério Público do Distrito Federal e Territórios*, ano 2, nº 3, na *Revista da Procuradoria-Geral do Estado de São Paulo*, v. 41, na *Revista de Processo*, nº 72, e na *Revista Forense*, v. 324.

2 O texto legal não subordina a concessão da liminar ao requerimento do impetrante; ademais, a redação é imperativa ("o juiz *ordenará...* que se suspenda o ato que deu motivo ao pedido... "). A favor da decretabilidade *ex officio*, na moderna doutrina, *vide*, entre outros, GALENO LACERDA, *Comentários ao Código de Processo Civil*, v. VIII, t. I, 5ª ed., Rio de Janeiro, 1993, p. 38; OTHON SIDOU, *Habeas corpus, mandado de segurança, mandado de injunção, habeas data, ação popular*, 4ª ed., Rio de Janeiro, 1992, p. 261; SERGIO FERRAZ, *Mandado de segurança (individual e coletivo) – Aspectos polêmicos*, S. Paulo, 1992, p. 111; ADHEMAR FERREIRA MACIEL, *Observações sobre a liminar no mandado de segurança*, no volume coletivo *Mandados de segurança e de injunção*, S. Paulo, 1990, p. 233/4. Contra, ALFREDO BUZAID, *Do mandado de segurança*, v. I, S. Paulo, 1989, p. 213; CELSO AGRÍCOLA BARBI, *Do mandado de segurança*, 7ª ed., Rio de Janeiro, 1993, p. 187/8.

No sistema do Código, o recurso cabível contra decisões interlocutórias, ninguém o ignora, é o agravo de instrumento (art. 522, *caput,* combinado com o art. 162, § 22). Ponderável corrente jurisprudencial vem entendendo que tal disciplina não se aplica ao processo do mandado de segurança, onde seriam irrecorríveis os pronunciamentos do tipo dos acima indicados a título exemplificativo[3]. Semelhante modo de pensar – diga-se com a devida vênia – parece-nos totalmente equivocado. Passamos a expor as razões dessa nossa convicção.

2. Antes de mais nada, convém reiterar asserto que há muito vimos pondo como premissa de qualquer argumentação em torno de problemas do mandado de segurança: esse instituto não é um *monstrum* sem parentesco algum com o resto do universo, uma singular esquisitice legislativa, uma peça exótica, uma curiosidade a ser exibida em vitrine ou em jaula para assombro dos passantes; é uma ação, uma *espécie* de gênero bem conhecido e familiar, cujas peculiaridades, sem dúvida dignas de nota, não a desligam do convívio das outras espécies, não a retiram do contexto normal do ordenamento jurídico, não a condenam a degredo em ilha deserta. À semelhança do que acontece com as figuras congêneres, o mandado de segurança está contido no âmbito normativo do processo civil e submete-se aos respectivos princípios e normas, sem prejuízo da regulamentação especial constante das leis que a ele especificamente dizem respeito.

Em outras palavras: sempre que não colidam com disposição particular da legislação extravagante, nem se revelem incompatíveis com a sistemática nesta consagrada, incidem aqui as regras gerais inscritas no Código de Processo Civil, onde se contêm os mencionados princípios e normas. Funciona o Código, por assim dizer, como reservatório a que só

3 *Vide* os precedentes coligidos por THEOTONJO NEGRÃO, *Código de Processo Civil e legislação processual em vigor,* 24ª ed., S. Paulo, 1993, nota 9 ao art. 20 da Lei nº 1.533, p. 1.074; e, com referência específica ao pronunciamento sobre a liminar, nota 7c ao art. 7º da mesma lei, p. 1.061. Sempre exemplificativamente, podem acrescentar-se: ao primeiro rol, o Acórdão do Superior Tribunal de Justiça, de 16-12-1992, no REsp nº 9.206, *in DJ* de 8-3-1993, p. 3.093, atinente a decisão que indeferira requerimento de concessão de prazo, formulado pela Procuradoria-Geral da República; ao segundo, o do Tribunal de Justiça de Minas Gerais, de 12-5-1992, no A.I. nº *22.758, in Jurispr. Mineira,* v. 119, p. 95. Outras indicações em SERGIO FERRAZ, ob. cit., p. 141/2.

não se recorrerá quando motivo imperioso, tirado da legislação extravagante, imponha atitude diversa[4].

Nem se concebe que fosse de outra forma. A legislação específica, muito compreensivelmente, é omissa quanto a grande número de questões da maior relevância, como a da capacidade das partes, a da contagem de prazos, a da forma dos atos processuais, a da validade ou invalidade destes, a das circunstâncias que impedem ou tornam suspeito o juiz, a dos requisitos *(rectius:* elementos) essenciais da sentença, e assim por diante. Mas é evidente que tais questões não podem ficar *sem solução* no processo do mandado de segurança[5]. Aplica-se-lhes, então, a disciplina encontrada no diploma processual comum: de que outra se poderia cogitar?

Aliás, o art. 273 do Código é categórico em estatuir: "O procedimento especial e o procedimento sumaríssimo regem-se pelas disposições que lhes são próprias, aplicando-se-lhes, subsidiariamente, as disposições gerais do procedimento ordinário". Não se estabelece diferença, aí, entre procedimentos especiais regulados *no Código mesmo* e procedimentos especiais regulados *noutras leis.* Todos, sem distinção, sujeitam- se a igual regime.

3. Objeta-se às vezes que a Lei nº 1.533 faz remissão expressa a dispositivos do Código, em matérias específicas: requisitos da petição inicial (art. 62), litisconsórcio (art. 19). Daí se pretende inferir que em tudo mais ficaria preexcluída a incidência das regras codificadas. É um exemplo didático dos péssimos resultados hermenêuticos a que se corre o risco de chegar pela invocação mecânica e inconsiderada do princípio (de valor muito relativo) *inclusio unius, exclusio alterius.*

Com efeito: a ser exata a ilação, de que maneira verificará o juiz, no processo do mandado de segurança, se está ou não impedido de exercer função judicante, se a parte é ou não capaz, se um ato foi ou não prati-

4 Já o sustentávamos no artigo *Mandado de segurança e condenação em honorários de advogado, in Direito Processual Civil - Ensaios e pareceres,* Rio de Janeiro, 1971, p. 240/1. Cf. no mesmo sentido, com maior autoridade, CELSO AGRÍCOLA BARBI, ob. cit. p. 254.

5 Com todo o acerto adverte EDUARDO RIBEIRO DE OLIVEIRA, *Recursos em mandado de segurança,* no v. *Mand. de seg. e de inj.,* S. Paulo, 1990, p. 280, que, sem invocação do Código, "não será sequer possível processar um mandado de segurança". E lembra que se tem aceito, "sem maiores divergências", a admissibilidade, na matéria, do incidente de uniformização de jurisprudência, "pertinente ao processo de julgamento de recursos", e da ação rescisória, "meio de impugnação de sentença".

cado tempestivamente etc.? A existência de remissões expressas, cujo número é reduzidíssimo, apenas mostra a preocupação do legislador em *explicitar* certos pontos, que por uma ou por outra razão lhe terão parecido mais importantes, ou mais suscetíveis de causar dúvida. Não autoriza, em absoluto, as consequências extremas que dela se quer tirar.

Veja-se que, na própria matéria de que se está cuidando (cabimento de recursos), nenhuma alusão se descobre, na legislação extravagante, aos embargos de declaração[6]. Será razoável concluir que, no processo do mandado de segurança, inexiste remédio para o caso de vir a proferir-se decisão obscura, omissa ou contraditória? O absurdo brada aos céus. Incidem, à evidência, os arts. 464 e 535 do Código de Processo Civil.

Nem valeria redarguir que a restrição se limita aos recursos contra pronunciamentos do juízo de primeiro grau, admitida, fora dele, aplicação subsidiária de normas constantes do Código. Semelhante diferenciação, em si mesma arbitrária, não bastaria para dar consistência ao argumento. Os embargos de declaração podem referir-se a decisões de qualquer juízo; no entanto, se coubesse aqui distinguir, teria de chegar-se à esdrúxula conclusão de que no processo do mandado de segurança, diversamente do que ocorre nos outros, só julgamentos *de grau superior* os comportariam. Não é crível que alguém se abalance a sustentar tamanho disparate.

4. Ante a evidência de que a legislação especial é omissa com relação a um sem-número de questões, e portanto necessita de complementação, já se recorreu a especioso artifício para tentar conciliar essa realidade indisfarçável com a rejeição do Código de Processo Civil como fonte subsidiária da disciplina do mandado de segurança. Não seria *no Código,* senão nos "princípios gerais do processo civil", que o intérprete deveria ir buscar os subsídios necessários para preencher as lacunas normativas[7].

---

6 Seja qual for a opinião que se tenha *de lege ferenda,* é inegável que, no sistema do Código de Processo Civil, os embargos de declaração possuem a natureza de recurso: não só figuram no rol do art. 496 (nº IV), mas «suspendem o prazo para a interposição de *outro recurso"* (art. 465, parágrafo único), ou "de *outros* recursos" (art. *538, caput)* – textos em que é revelador o emprego da palavra "outro(s)". Cf., ao propósito, BARBOSA MOREIRA, *Comentários ao Código de Processo Civil,* v. V, 6ª ed., p. 220/1.

7 Assim o Acórdão do Superior Tribunal de Justiça, de 16-12-1992, no REsp 9.206, cit. na nota 2, *supra.* Lê-se na ementa: "O Código de Processo Civil não é subsidiário ao procedimento do mandado de segurança, a este se aplicando, como proposições basilares e diretoras, os princípios gerais do Processo Civil".

Avesso ao positivismo jurídico, o autor do presente artigo jamais se animaria a negar a existência de princípios supralegais. Tampouco se inclinaria a minimizar a importância de alguns deles para o direito processual - civil, penal ou qualquer outro. Cumpre, todavia, respeitar os lindes impostos, quando nada, pelo bom senso.

Não é por certo no direito natural que se vai encontrar solução para questões como, *v.g.*, a duração de prazos processuais e o modo de contá-los. Trata-se de matéria contingente, cuja disciplina depende de mil fatores eminentemente variáveis no tempo e no espaço, e para a qual, por isso mesmo, não há cogitar de normas constantes, fixas, aplicáveis sob quaisquer circunstâncias. Tópicos assim particulares são deixados ao critério do legislador, que no respectivo tratamento goza de ampla discrição.

Inexiste "princípio geral", anterior e superior ao Código de Processo Civil, que estabeleça o prazo de quinze dias para a interposição da Apelação. A fonte única, no direito vigente, é o art. 508 do texto codificado. Visto que a lei específica silencia ao propósito, uma de duas: ou se admite a aplicação desse dispositivo no processo do mandado de segurança, ou se deixa em aberto, nele, a questão - com resultados previsivelmente embaraçosos... Nos "princípios gerais do processo civil", supostamente alheios ao Código, é que não se achará tábua de salvação.

5. Com isso, a rigor, seria o caso de dar-se a discussão por encerrada. Se o Código constitui fonte subsidiária da disciplina do mandado de segurança, e se no sistema codificado as decisões interlocutórias comportam impugnação por agravo de instrumento, segue-se que o mesmo deve acontecer naquele processo[8]. A tal ilação ainda se pode, todavia, objetar desqualificando como decisões interlocutórias os pronunciamentos emitidos pelo órgão judicial no curso do feito; ou então sustentando, com argumentos de ordem sistemática, a incompatibilidade entre o cabimento do agravo e as características do processo de que se trata.

---

8 Efetivamente é o que conclui doutrina de grande autoridade: *vide*, entre outros, CALMON DE PASSOS, *Mandado de segurança coletivo, mandado de injunção, habeas data*, Rio de Janeiro, 1989, p. 63; HELY LOPES MEIRELLES, *Mandado de segurança, ação popular, ação civil pública, mandado de injunção, habeas data*, 12ª ed., S. Paulo, 1989, p. 69; SERGIO FERRAZ, ob. cit., p. 141; TERESA ARRUDA ALVIM PINTO, *Mandado de segurança contra ato judicial*, S. Paulo, 1989, p. 19; EDUARDO RIBEIRO DE OLIVEIRA, trab. cit., p. 279 e s.

A primeira objeção tem sido utilizada sobretudo com referência ao ato pelo qual o juízo concede ou denega a liminar. Reservamo-nos para examiná-la no item que vamos consagrar especificamente a esse particular pronunciamento *(infra,* nº 7).

Quanto à segunda, o aspecto essencial a que se alude é o da celeridade indispensável ao processamento da ação mandamental, que se veria comprometida pela interposição de agravos de instrumento. De maneira alguma nos atreveríamos a contestar a influência prejudicial que a multiplicação de agravos é capaz de exercer sobre a marcha do feito. Não obstante, cabe recordar, desde logo, o pequeno número de questões incidentes suscitáveis, em regra, no mandado de segurança: isso já torna o receio de procrastinação, aqui, menos fundado que alhures. Ademais, a experiência consolidada do foro torna certo que a proscrição do agravo de jeito nenhum inibe os litigantes insatisfeitos com quaisquer pronunciamentos do órgão judicial ao longo do processo: barrada uma via, cuidam eles de procurar outra, e ninguém ignora a frequência com que se recorre a sucedâneos – notadamente ao próprio mandado de segurança, que oferece a perspectiva da liminar.

A alternativa pode assim mostrar-se – com a proliferação de mandados de segurança sobre mandados de segurança – mais perturbadora que a admissão do agravo. Replicar-se-á que, mesmo com este, não fica excluída nova impetração de segurança, a fim de obter-se para o recurso o efeito suspensivo que às vezes, *contra legem,* se lhe concede[9]. É verdade; mas também o será que, na melhor hipótese, a recusa em admitir o agravo não torna as coisas, a este respeito, diferentes do que são no caso contrário: pouquíssimo ou nada contribui, na prática, para assegurar ao feito curso mais desimpedido.

6. Há pelo menos uma hipótese em que negar a possibilidade de interpor- se agravo conduz a resultado manifestamente absurdo. Contra a sentença que encerra em primeiro grau o processo do mandado de segurança cabe apelação (Lei nº 1.533, art. 12). Suponhamos que o juiz, por tal ou qual razão, considere inadmissível esse recurso e lhe negue seguimento. No sistema do Código, a decisão de não-recebimento é, sem

---

9 *Vide* THEOTONIO N EGRÃO, ob. cit., nota 16 ao art. 5º da Lei nº 1.533, p. 1.057/8.

dúvida, agravável[10]. Se não se adotar aqui igual solução, a parte vencida ficará privada do meio próprio de submeter à instância superior a questão da admissibilidade de sua apelação. Uma de duas: ou se converterá em ditador, no particular, o *iudex a quo*, ou se terá de abrir ao apelante outra via - anômala - para provocar o controle: por exemplo, segundo mandado de segurança. Infinitamente melhor permitir-lhe que agrave.

É certo que, nos termos do art. 12, parágrafo único, da lei especial, a sentença concessiva da ordem se sujeita obrigatoriamente ao duplo grau de jurisdição; por conseguinte, os autos subirão de qualquer modo *ao* tribunal, independentemente do recebimento da apelação. Todavia, é inquestionável o prejuízo do apelante, impedido que se vê de oferecer razões para influir no convencimento do órgão *ad quem*. Não fosse assim, e nem sequer se explicaria a possibilidade - contudo pacífica - de apelar da sentença a parte (aqui, o impetrante) em cujo benefício se faz obrigatório o reexame da causa em grau superior: a esse litigante faltaria obviamente interesse em recorrer. Além disso, a disposição do art. 12, parágrafo único, só diz respeito ao caso de *concessão* da segurança; não cogita da eventualidade de sucumbir o impetrante. Aí, sem a apelação, a sentença transitará em julgado e o processo não chegará ao tribunal.

Sensibilizados pelo problema, alguns defensores da tese da inadmissibilidade do agravo procuram contorná-lo excluindo do rol das decisões não agraváveis a de indeferimento da apelação[11]. No texto legal, porém, nada justifica essa diversidade de tratamento. É arbitrário encarar como hipótese excepcional a decisão que nega seguimento à apelação. Nem se afigura coerente proclamar inaplicável o sistema do Código de Processo Civil ao processo do mandado de segurança, para deste arredar o uso do agravo, e a determinada altura dar o dito por não dito. Ou bem se aplica subsidiariamente o Código, e nesse caso são agraváveis todas as decisões proferidas no curso do feito, ou bem não se aplica, e então nenhuma o será.

---

10 Cf. BARBOSA MOREIRA, ob. e v. cit., p. 409, com outras indicações de doutrina e remissão a repertório de jurisprudência em a nota 94.

11 Assim, na doutrina, ALFREDO BUZAID, ob. e v. cit., p. 262 (cf. p. 261, onde se nega, em princípio, a possibilidade de agravar); quanto à jurisprudência, *vide* THEOTONIO NEGRÃO, ob. cit., nota 2 ao art. 20 da Lei nº 1.533, p. 1.074; ajuntem-se, entre as decisões mais recentes, os Acórdãos do Tribunal Regional Federal da 5ª Região, de 26 e 27-5-1993, A.I. 2.414 e nº 2.438, respectivamente, *in* DJ de 20-8-1993, p. 32.963.

7. É chegada a hora de particularizar o discurso para tratar do pronunciamento pelo qual o juiz concede ou denega a liminar (Lei nº 1.533, art. 72, nº II). Vem ele normalmente anexado, por assim dizer, ao despacho sobre a petição inicial, conforme indicam os dizeres do *caput* ("Ao despachar a inicial, o juiz ordenará: [...]; II – que se suspenda o ato que deu motivo ao pedido, quando for relevante o fundamento e do ato impugnado puder resultar a ineficácia da medida, caso seja deferida"). Tem, no entanto, individualidade própria; e não é raro, na prática do foro, que o órgão judicial aguarde as informações da autoridade dita coatora, para depois, em ato autônomo (inclusive pelo prisma formal), manifestar-se sobre o ponto.

Pois bem. Acerca desse pronunciamento – o mais importante, repita- se, de quantos se emitem no curso do feito – é que se costuma pôr maior ênfase em sustentar a inadmissibilidade do agravo. Por mais de um caminho é possível tentar demonstrar a tese. Um deles consiste em descaracterizar o ato como decisão interlocutória, relegando-o ao nível dos simples despachos[12]. Salta aos olhos, porém, o desacerto de semelhante construção. Conceder ou denegar a liminar é ato manifestamente dotado de conteúdo decisório; de maneira alguma se limita aí o juiz a prover ao andamento do processo, como faz quando abre vista dos autos ao Ministério Público, ou ordena a remessa daqueles ao contador, ou manda anotar na distribuição a intervenção de terceiro. Esses são exemplos de autênticos despachos, que nada decidem, e dos quais, por isso mesmo, nenhum prejuízo se concebe que resulte para qualquer dos litigantes. Bem ao contrário, quer se conceda, quer se denegue a liminar, há gravame para uma das partes[13].

Outra via concebível para a tentativa é partir da atribuição de natureza discricionária ao ato, para daí deduzir a impossibilidade de submetê-*lo ao* controle do órgão superior. Aqui, no entanto, o equívoco é duplo. Nem há verdadeira discrição na decisão sobre a liminar, nem é exato que, se a houvesse, ficaria *ipso facto* afastada a respectiva controlabilidade. São pontos muito relevantes, para cujo exame é oportuno abrir novo item.

---

12 Foi o que fez, pela maioria do órgão julgador, o Acórdão do TJMG, cit. na nota 2, *supra.* A razão estava, à evidência, com o voto vencido.

13 Sobre o conceito de *despacho,* em confronto com o de *decisão interlocutória, vide* ainda – inclusive para outras indicações bibliográficas – BARBOSA MOREIRA, ob. e v. cit., p. 216 e s. e 313/4. No dizer de CALMON DE P ASSOS, ob. cit., p. 48, "alça pelo absurdo (..) denominar-se de despacho de mero expediente a concessão de medida liminar".

8. Fala-se com propriedade em poder discricionário quando a lei confere ao órgão, em certa situação, liberdade de escolha entre agir ou não agir e, em agindo, entre duas ou várias modalidades de ação. As mais das vezes, a norma jurídica aponta a consequência a ser obrigatoriamente extraída da configuração do esquema fático ("Diante de tal fato, deves comportar-se desta maneira"); aqui e ali, entretanto, deixa ao aplicador, no todo ou em parte, a determinação concreta dos efeitos, à luz de considerações de conveniência e oportunidade. Respeitados os limites que o ordenamento estabeleça, ele agirá *se* e *como* quiser. A atividade administrativa costuma ser olhada como o campo de eleição de tal poder; mas não faltam casos em que dele também o juiz se vê investido: assim, *v.g.*, quando se lhe faculta perdoar o autor de receptação culposa, desde que primário (Código Penal, art. 180, § 3º), ou determinar a maneira pela qual será cumprida a obrigação de prestar alimentos (Código Civil, art. 403, parágrafo único).

Noutras hipóteses, ao desenhar o esquema fático, emprega a lei traço impreciso, vale-se de expressões mais ou menos vagas, concedendo Assim ao aplicador da norma ponderável margem de elasticidade no ensejo da concretização, sem todavia autorizá-lo, uma vez consumada essa operação, a optar ele mesmo entre soluções diversas. A flexibilidade estará toda no momento *intelectivo* do processo hermenêutico; nenhuma sobra para o momento *volitivo.* No espaço em que lhe cabe verificar se o fato singular e concreto se enquadra na moldura legal, move-se o aplicador com certa folga; uma vez, porém afirmado ou negado o enquadramento, a solução já não poderá ser outra senão a que o texto legal indica. Se a subsunção chegou a resultado positivo, há de produzir-se necessariamente o efeito ali previsto; se chegou a resultado negativo, excluída fica, de modo categórico, a produção do efeito. Fala-se, a tal propósito, de "conceitos jurídicos indeterminados" *(unbestimmte Rechtsbegriffe,* na expressão alemã). É perfeitamente nítida a distinção entre esse fenômeno e o da discricionariedade[14], e tudo aconselha a não confundi-los.

Leia-se agora o art. 7º, nº II, da Lei nº 1.533. Nele se diz: "o juiz ordenará[...] que se suspenda o ato que deu motivo ao pedido, quando for relevante o fundamento e do ato impugnado puder resultar a ineficácia da medida, caso seja deferida". Compõe-se de dois elementos o esque-

14 *Vide* a respeito BARBOSA MOREIRA, *Regras de experiência e conceitos juridicamente indeterminados, in Estudos jurídicos em homenagem ao Professor Orlando Gomes,* Rio de Janeiro, 1979, p. 611 e s., ou em *Temas de Direito Processual (Segunda Série),* 2ª ed., S. Paulo, J 988, p. 64 e s., com outras indicações bibliográficas em notas.

ma fático: *a)* fundamento relevante; *b)* possibilidade de vir a mostrar-se ineficaz a ordem, se apenas concedida na sentença. Na descrição de ambos, usam-se conceitos jurídicos indeterminados; e é claro que sempre haverá maior ou menor dose de subjetivismo na consideração de tal ou qual fundamento como *relevante,* e na avaliação da eventual ineficácia da providência, se retardada. Nisso, contudo, esgota-se a liberdade – se assim é lícito falar – do juiz. Daí em diante, sua atitude está predeterminada. Uma de duas: ou ele entende configurados os dois pressupostos, e tem o *dever* de conceder a liminar (infringindo a lei se não a conceder), ou não os entende configurados ambos, e tem igualmente o *dever* de denegar a liminar (infringindo a lei, da mesma sorte, caso não a denegue). A decisão não é discricionária, mas *vinculada*[15].

Aliás, constitui erro gravíssimo supor que decisões discricionárias sejam *ipso facto* insuscetíveis de impugnação. Discrição que não se submete a controle converte-se em arbítrio. A opção do juiz por esta ou por aquela solução decerto se inspira em valorações filosóficas, políticas, sociais, culturais, que têm muito de subjetivo. Não é razão para que se tomem incontroláveis. Cabe ao julgador explicitá-las na fundamentação, a fim de permitir a aferição da respectiva racionalidade. Chega a parecer-nos mais importante nos atos discricionários que nos vinculados a exigência de motivação. Quando tudo se resume em averiguar, por exemplo, se o recurso foi interposto dentro do prazo, a decisão, em regra ampla pode ser justificada em poucas palavras, porque – quando nada nos casos de rotina – decorre automaticamente, por assim dizer, do confronto entre a data da interposição e o termo final fixado de acordo com a lei. À medida que aumenta o teor de discricionariedade, diminui a evidência dos motivos em que se baseou o pronunciamento, e correlatamente cresce a necessidade da explicitação, que entre outras coisas se destina a permitir um controle eficaz. Destarte, ainda que fosse realmente discricionária – e já se mostrou que não é –, a decisão sobre a liminar nem por isso haveria de considerar-se imune a recurso.

---

15 No mesmo sentido, entre outros: CALMON DE PASSOS, ob. cit., p. 49 e s.; SERGIO FERRAZ, ob. cit., p. 114/6; EDUARDO RIBEIRO DE OLIVEIRA, trab. cit., p. 285/6. *Aliter,* JOSÉ CRETELLA JÚNIOR, *Comentários às leis do mandado de segurança,* S. Paulo. 1979, p. 191. Para ALFREDO BUZAID, ob. e v. cit., p. 215, "o juiz aprecia livre e discricionariamente se concorrem esses dois requisitos da medida cautelar" (isto é, a relevância do fundamento e a possibilidade da ineficácia da concessão da ordem na sentença); o advérbio "discricionariamente" não parece haver sido usado, aí, em sentido técnico: não se fala de liberdade do órgão judicial *na escolha da consequência,* mas tão só *na apuração dos pressupostos* – coisa bem diferente.

9. Não tem relevância para o estudo da questão em foco a possibilidade *de vir* a suspender-se a eficácia da liminar (e, acrescente-se, da sentença); ou antes, se alguma se lhe houver de reconhecer, será no sentido de corroborar a tese da recorribilidade. Senão, vejamos.

O poder de suspender aquela eficácia é conferido pelo art. 4º da Lei nº 4.348, de 26-6-1964, ao presidente do tribunal competente para julgamento do recurso, mediante "requerimento de pessoa jurídica de direito público interessada e para evitar grave lesão à ordem, à saúde, à segurança e à economia públicas". Ao presidente do tribunal não incumbe reexaminar em todos os aspectos a matéria atinente à liminar. De modo nenhum está ele autorizado a proceder a nova valoração dos pressupostos legais da medida, para apurar se o juiz *a quo* acertou ou errou em reputá-los presentes. Sua cognição é estritamente limitada: o que lhe cabe verificar é, exclusivamente, se a concessão da liminar - ainda que justificada pela concorrência dos pressupostos legais - acarreta "grave lesão" a qualquer dos interesses públicos enumerados no dispositivo.

Lida-se aqui, sem sombra de dúvida, com conceitos jurídicos indeterminados, mas não se outorga ao presidente do tribunal parcela alguma de discrição [16]. Uma de duas: ou ao ver do presidente está configurada a "grave lesão", e nesse caso ele *deve* suspender a eficácia da liminar ou da sentença, ou a "grave lesão" não se configura, e ele *não pode* suspender tal eficácia. O presidente há de fundamentar sua decisão (não "despacho", como se lê na primeira referência do texto ao ato), conforme a hipótese, com a exposição dos motivos pelos quais lhe parece ocorrer, ou não ocorrer, a "grave lesão".

A suspensão por ato do presidente não tem a natureza de recurso, nem é sucedâneo de recurso[17]. A possibilidade de requerê-la não constitui, pois, em confronto com a de agravar, *bis in idem*. Cada um desses expedientes possui sua própria índole e finalidade[18]. Os dois são absolutamente inconfundíveis. O objetivo que se pode perseguir por meio do agravo (reforma da decisão concessiva da liminar, com base na verificação de que ela foi mal concedida, porque ausente uma dos pressupostos

---

16 Diversamente, HELY LOPES MEIRELLES, ob. cit., p. 58, para quem ficaria ao "alto critério" do presidente "a valoração da conveniência e da oportunidade da suspensão". O texto legal não abona semelhante entendimento.

17 Cf. CALMON DE PASSOS, ob. cit., p. 55.

18 Corretamente EDUARDO RIBEIRO DE OLIVEIRA, trab. cit., p. 286.

legais, ou ambos) de forma alguma é perseguível por meio do requerimento de suspensão. Se o presidente acolhe o requerimento – passe o truísmo –, cinge-se a suspender os efeitos da decisão concessiva; não a reforma, nem a cassa: ela subsiste, embora tolhida na eficácia. Provido que venha a ser o agravo interponível contra a decisão do presidente (Lei nº 4.348, art. 42, parte final), voltam os efeitos a produzir-se *ipso iure*. Tudo isso revela que da existência da medida sob exame nenhum argumento se tira contra a impugnabilidade da decisão sobre a liminar pela via recursal adequada. De resto, se argumento daí se tirasse, não alcançaria a situação do impetrante, que nada pode requerer ao presidente do tribunal quando se denega a liminar.

Dissemos que, a ter aqui alguma relevância, o disposto no art. 42 da Lei nº 4.348 só contribuiria para reforçar a afirmação de ser recorrível a decisão concernente à liminar. O reforço vem da expressão "ao qual couber o conhecimento do respectivo recurso". Indica ela que, aos olhos da lei, há *recurso*. Pelo modo como está situada no texto, note-se, a palavra dá muito maior impressão de referir-se a ambas as hipóteses (suspensão da liminar e suspensão da sentença) do que apenas a essa última. Pouco persuasivo, assim, seria o argumento de que o dispositivo, ao falar de "recurso", só haveria tido em vista a apelação. Bem mais plausível é a interpretação que nele enxerga também alusão ao recurso contra a decisão sobre a liminar, o qual não pode ser outro senão o agravo.

10. Até aqui vimos focalizando o caso de concessão ou denegação da liminar por ato jurídico de primeiro grau. *Quid iuris,* se o processo do mandado de segurança se encaixa na competência originária de algum tribunal? Aí, caberá primariamente ao relator, como órgão do tribunal, conceder ou denegar aquela medida. Sua decisão, porém, é igualmente suscetível de impugnação perante o colegiado.

No Supremo Tribunal Federal e no Superior Tribunal de Justiça, isso deflui de disposição legal expressa: o art. 39 da Lei nº 8.038, de 28-5-1990, onde se contempla agravo, interponível em cinco dias, "da decisão do Presidente do Tribunal, de Seção, de Turma *ou de Relator* que causar gravame à parte" – e já se frisou *(supra,* nº 7) que é capaz de causá-lo o pronunciamento concessivo ou denegatório da liminar. Interpõe-se o agravo, segundo o texto, "para o órgão especial, Seção ou Turma". A enumeração é incompleta: se originariamente competente para o mandado de segurança é *o Plenário* do Supremo Tribunal Federal, para esse órgão, à evidência, é que se há de agravar da decisão em foco. Apesar de vitorioso na jurisprudência da Corte[19], não merece aplauso o entendimento que nega, aí, o cabimento do agravo. O próprio Regimento Interno declara-o cabível, *in genere,* contra "decisão do Presidente do Tribunal, de Presidente de Turma *ou do relator,* que causar prejuízo ao direito da parte" (art. 317, *caput),* sem arrolar a hipótese entre as exceções ressalvadas; e o teor dos §§ 2º e 3º deixa fora de dúvida que o julgamento do recurso pode competir ao Plenário.

Quanto aos outros tribunais, os regimentos internos costumam ter disposições sobre a matéria, à luz das quais as decisões do relator comportam agravo para o colegiado. Onde inexista norma desse teor, deve entender-se aplicável, por analogia, o art. 39 da Lei nº 8.038. Em caso algum se afigura razoável excluir a possibilidade da interposição no tocante ao pronunciamento que conceda ou denegue a liminar[20].

11. A tese da irrecorribilidade das decisões interlocutórias no processo do mandado de segurança é errônea do ponto de vista técnico e inconveniente do ponto de vista político. Sua adoção em nada concorre para tomar mais eficiente a tutela dos direitos vindicáveis por meio do remédio hoje previsto no art. 5º, nº LXIX, da Constituição da República. *Last but not least:* dificilmente se harmoniza com a garantia estatuída no item *LV, fine,* do mesmo dispositivo constitucional, que no conceito de "ampla defesa" inclui "os meios *e recursos* a ela inerentes".

Cumpre abandonar de uma vez por todas o vezo de pôr o mandado de segurança ao relento, de expulsá-lo sem dó nem piedade do recinto do sistema processual vigente. Essa tendência – quase íamos escrevendo *mania* – já é responsável por grandes equívocos, como o do pretenso descabimento da condenação da parte vencida em honorários advocatícios, em má hora consagrado na *Súmula da Jurisprudência Predominante* do Supremo Tribunal Federal (nº 512)[21]. Dê-se-lhe um basta, antes que ela faça mais estragos.

Fevereiro de 1994.

19 *Vide,* por exemplo, o Acórdão de 1º-3-1991, no M.S. nº 21.276, *in DJ* de 21-6-1991, p. 8.427.

20 Procedente a crítica de CALMON DE PASSOS, ob. cit., p. 52/3, à jurisprudência no sentido oposto.

21 No particular, ao que parece, começa a esboçar-se uma salutar reação: *vide* o Acórdão do Superior Tribunal de Justiça, de 9-12-1992, REsp nº 17.124, *in DJ* de 15-2-1993, p. 1.667.

COMENTÁRIOS DOS ATUALIZADORES

RECORRIBILIDADE DAS DECISÕES INTERLOCUTÓRIAS NO PROCESSO DO MANDADO DE SEGURANÇA

Ana Cristina Bacos Fernandes / Marco Antonio Rodrigues

A recorribilidade das decisões interlocutórias do mandado de segurança. Como bem sustenta Barbosa Moreira, embora a lei do mandado de segurança – quando escrito o texto, a Lei nº 1.533, e atualmente a Lei nº 12.016 – seja norma especial, deve aplicar subsidiariamente a norma geral.

Em matéria de recorribilidade das decisões interlocutórias, um importante avanço foi a previsão do artigo 7º § 1º, no sentido de que decisão do juiz de primeiro grau que conceder ou denegar a liminar caberá agravo de instrumento. Com efeito, tal disposição afasta qualquer dúvida acerca da recorribilidade da interlocutória sobre o pedido de liminar, que outrora era questionada se recorrível, em razão da especialidade do procedimento.

Concomitância do pedido de suspensão e do agravo de instrumento. Em primeiro lugar, embora Barbosa Moreira entenda que há uma vinculação do presidente do Tribunal ao analisar o pedido de suspensão, há julgados do STF que mencionam que este teria um caráter político (nesta linha, SS 5305 Extn-AgR, Relator(a): LUIZ FUX (Vice-Presidente), Tribunal Pleno, julgado em 13/03/2020, PROCESSO ELETRÔNICO DJe-072 DIVULG 25-03-2020 PUBLIC 26-03-2020).

Ademais, o artigo 4º, § 6º, da Lei nº 8.437/1992 prevê que o pedido de suspensão não prejudica nem condiciona o julgamento de eventual agravo de instrumento interposto em face da mesma decisão, e vice-versa.

ASPECTOS DA "EXECUÇÃO" EM MATÉRIA DE OBRIGAÇÃO DE EMITIR DECLARAÇÃO DE VONTADE[1]

1. O problema

O descumprimento das obrigações de fazer gera para o ordenamento, empenhado em promover a satisfação do credor apesar ja omissão do devedor, problema obviamente mais complexo que o gerado pelo descumprimento das obrigações de dar. Nestas últimas, formado o título executivo, abre-se a possibilidade de fazer apreender em mãos do devedor, por um agente público, a coisa devida e não entregue, ou a quantidade de bens necessária para produzir, mediante alienação forçada, a importância com que se reembolsará o credor. Em qualquer caso, é evidente, podem surgir, e não raro surgem, dificuldades de ordem prática; mas não se depara, no plano dos princípios, óbice jurídico de alcance geral, que justifique perplexidade quanto à escolha do caminho.

Se, todavia, a prestação consiste num *facere*, o fim alvejado inevitavelmente se torna mais difícil de atingir. Uma coisa é retirar ao devedor algo que está em seu poder; outra, bem diversa, é constrangê-lo a praticar determinado ato. À nossa mentalidade jurídica repugnaria a ideia de compelir o devedor, *manu militari* - ainda que isso fosse sempre possível, e não o é –, a observar o comportamento a que se obrigou para com o credor: por exemplo, erguer ou demolir construção, consertar aparelho, transportar mercadoria, produzir obra de arte, e assim por diante. Aparentemente, esbarra-se aqui em obstáculo intransponível: se não se consegue dobrar a resistência do devedor, e sem a colaboração deste não há como proporcionar ao credor a prestação a que faz jus, teríamos de reconhecer a impotência da ordem jurídica para desatar o nó. Quando muito, buscaríamos compensar do prejuízo o credor por meios pecuniários, isto é, mediante a entrega de soma em dinheiro obtida à custa do patrimônio do devedor e correspondente ao valor da lesão - expediente que, bem se compreende, com alguma frequência se revelará melancolicamente insatisfatório.

---

1 Publicado no volume coletivo Estudos de Direito Processual em memória de Luiz Machado Guimarães, Rio de Janeiro, 1997.

Procurando outras vias, o direito moderno vale-se de uma distinção importante entre duas classes de hipóteses: *(a)* aquelas em que o credor realmente está interessado no cumprimento da obrigação *pelo devedor, e só por ele (v.g.*, se encomendou quadro a pintor de sua predileção, em razão das qualidades pessoais do artista, e portanto não se conformaria em aceitar obra de outrem); e *(b)* aquelas outras em que, ao contrário, o interesse do credor fica perfeitamente satisfeito desde que se lhe proporcione *o resultado* de certo comportamento, pouco importando, em última análise, *quem atue (v.g.*, se se cuida de capinar terreno, ou caiar muro, ou pôr a funcionar o motor de veículo). Fala-se, ao propósito, de prestações fungíveis (as da segunda classe) e infungíveis (as da primeira)[2]. E recorre-se, quanto às prestações fungíveis, à técnica da substituição de pessoa, confiando-se a terceiro a realização da obra ou serviço, a expensas do devedor[3]. O problema fica assim reduzido ao âmbito das prestações infungíveis: aí, por ser imprescindível que o devedor colabore, ou se renuncia à satisfação *in natura,* ou nada mais resta, em linha de princípio, senão tentar obter aquela colaboração exercendo pressão sobre a vontade do devedor, pela ameaça de um mal (imposição de multa ou de prisão) se ele permanecer omisso.

A obrigação de emitir declaração de vontade é espécie do gênero obrigações de fazer. Não se trata aqui de um fazer *material,* mas de um *fazer jurídico.* À primeira vista, o caso seria de manifesta infungibilidade. Com efeito, mal se concebe que uma vontade possa ser declarada senão Por aquela mesma e única pessoa que tenha a obrigação de declará-la. Veremos adiante de que modo a evolução das concepções jurídicas chegou a contornar semelhante barreira.

---

2 Comumente se alude a "obrigações fungíveis" e "obrigações infungíveis"; assim, v.g., na mais moderna doutrina brasileira, ERNANE FIDÉLIS DOS SANTOS, Manual de Direito Processual Civil, v. 2, 3ª ed., S. Paulo, 1993, p. III e s. Embora correntia, não se afigura própria essa maneira de dizer. A fungibilidade (ou infungibilidade) não é da obrigação: a rigor, não será sequer da prestação, senão apenas da pessoa que a realiza. Há substituição do ponto de vista subjetivo, não do objetivo.

3 Vide os arts. 634 e s. do nosso vigente Código de Processo Civil. Com o advento da Lei nº 8.952, de 13-12-1994, que deu nova redação ao art. 461 do estatuto processual, ficou clara a possibilidade de tornar-se desnecessário, pelo menos em alguns casos, o processo de execução regulado no Capítulo III do Título II do Livro II, na medida em que baste para a "efetivação da tutela específica" ou para a consecução de "resultado prático equivalente ao do adimplemento" o uso de providências do gênero das anotadas no § 5º daquele dispositivo.

2. Dados históricos e de direito comparado

O direito romano só conheceu uma forma de compensar o credor prejudicado pela recusa do devida de obrigação do tipo de que estamos cogitando: substituir a prestação 3.0 devida por seu equivalente pecuniário[4]. Cita-se ao propósito um texto de CELSO, D., 42,1,13, 1: *"Quia non fecit quod promisit, in pecuniam numeratam condemnatur, sicut evenit in omnibus faciendi obligationibus".*

Tal forma de pensar resistiu teimosamente à passagem do tempo. Já Na chamada Idade Moderna[5], caberia a FAVRE expressar em fórmula muito repetida a ideia da impossibilidade de compelir o devedor ao cumprimento *in natura* da obrigação de fazer: *"Nemo praecise potest cogi ad factum".* O princípio inspirou disposições legais como a do art. 1.142 do *Code Napoléon, verbis "Toute obligation de faire ou de ne pas faire se résout en dommages et intérêts, en cas d'inexécution de la part du débiteur".*

A posição clássica, à evidência, não satisfazia. Percebe-se com facilidade que talvez cause grave injustiça ao credor admitir que o devedor. obrigado a prestar declaração de vontade, se libere pura e simplesmente por meio da entrega de importância em dinheiro. De qualquer sorte, as obrigações destinam-se obviamente a ser cumpridas nos precisos termos pactuadas. O dogma da autonomia da vontade dava a impressão, no entanto, de exigir a renúncia da lei à procura de solução melhor.

Demorou-se a perceber que na verdade se estava diante de um pseudoproblema. É claro que, do ponto de vista material, nada é capaz je substituir a declaração de vontade que o devedor se recusa a emitir. Contudo, o que realmente interessa ao credor é ver-se posto na situação jurídica resultante da emissão da declaração de vontade; é fruir o resultado desta, os efeitos que ela é capaz de surtir no plano do direito. Ora, esse objetivo mostra-se suscetível de ser alcançado independentemente da colaboração do devedor recalcitrante, e sem violência à sua liberdade pessoal: basta que se atribua a outro ato, praticado por terceiro – designadamente pelo juiz –, eficácia igual à que teria a declaração de vontade

---

4 Convém notar que, segundo ensinamento de grande autoridade, ao menos no período formular inexistia condenação que não fosse pecuniária: WENGER, Istituzioni Procedura civile romana, trad. de ORESTANO, Milão, 1938, p. 137.

5 LIEBMAN, Processo de execução, 4ª ed., S. Paulo, 1980, p. 238, indicava obra publicada em 1626. RESTAINO, L'esecuzione coattiva informa specifica, Roma, 1948, p. 5/6, fazia remontar ao fim do século XVI a enunciação do princípio pelo citado jurista.

recusada. Isso, porém, nada impede que o faça a lei, onipotente que é em matéria de equiparação de efeitos jurídicos.

Os países germânicos parecem ter-se antecipado à maioria dos europeus na adoção dessa diretriz. No dispositivo que hoje constitui o § 894, 1, I, estabeleceu a *Zivilprozessordnung* alemã de 1877: *"Ist der Schuldner zur Abgabe einer Willenserklärung verurteilt, so gilt der Erklärung ais abgegeben, sobald das Urteil die Rechtskraft erlangt hat"* ("Se o devedor é condenado à emissão de uma declaração de vontade, esta vale por emitida, tão logo transita em julgado a sentença"). Seguiu-lhe o exemplo, na Áustria, o art. 367, 1, da *Exekutionsordnung* de 1896. Ambos os diplomas, como se vê, recorreram à técnica da ficção jurídica[6], não raro empregada pela lei, quando pretende equiparar nos efeitos dois fatos diversos: o trânsito em julgado da sentença faz que se "tenha por emitida" (conquanto na realidade não o haja sido) a declaração de vontade; isto é – e mais exatamente –, a sentença, ao transitar em julgado, produz efeitos iguais aos que produziria a própria declaração.

A evolução foi mais lenta na Itália. No início do século, a melhor doutrina já reputava possível que o credor conseguisse, mediante pronunciamento do juiz, situação equivalente à que resultaria do cumprimento da obrigação de contratar, assumida pelo devedor[7]. Mas a lição não repercutiu de imediato na jurisprudência prevalecente, e menos ainda na legislação. O malogrado projeto franco-italiano de Código das Obrigações, de 1928, preceituava, na hipótese, a fixação, pelo órgão judicial, de prazo para a conclusão do contrato definitivo, valendo por este a sentença, se o prazo corresse *in albis*[8]. Foi preciso esperar até 1942 para que o novo

6 Assim também, já em nosso tempo, a Lei da Execução Civil japonesa de 1979, art. 173, nº 1: vide TANIGUCH1, relatório regional para o Colóquio Internacional de Lund (1985), sobre o tema Trends in the Enforcement of Non-Money Judgments and Orders, no volume editado, com esse título, por Jacobson e Jacob, Deventer, 1988, p. 150/1.

7 É obrigatória, a esse respeito, a referência ao estudo de CHIOVENDA, Dell'azione nascente dal contratto preliminare, publicado em 1911 na Rivista di diritto commerciale e incorporado aos Saggi di diritto processuale civile, Roma, 1930, v. I, p. 101 e s.

8 Eis o texto italiano, na transcrição de RESTAINO, ob. cit. (nota 4), p. 97/8: "Se qualcuno, avendo promessa di concludere un contratto, rifiuti di adempiere la promessa, il giudice può, quando esistano le condizioni richieste per la validità del contratto, assegnarli, su domanda dell'altra parte, un termine per l'esecuzione delle obbligazioni, trascorso il quale la sentenza dei giudice terrà luogo della stipulazione del contratto".

Codice civile consagrasse a possibilidade pura e simples de suprimento da declaração por obra do juiz. Nele reza, com efeito, o art. 2.932, 1ª alínea: *"Se colui che è obbligato a concludere un contratto* non *adempie l'obbligazione, l'altra parte, qualora sia possibile e non* sia *escluso dal titolo, può ottenere una sentenza che produca gli effetti* del *contratto non concluso".* Esse texto, vê-se logo, viria a servir de modelo ao art. 639 do nosso atual Código de Processo Civil

3. Direito português e brasileiro

Na matéria, todavia, coube ao direito português a primazia histórica. A disposição do Livro IV, Título XIX, § 2º, das Ordenações Filipinas falava de ser a parte, que a tanto se obrigara, constrangida a fazer (...) escritura", quer dizer, a celebrar o negócio definitivo. Entretanto, na prática judicial, já se adotava o expediente De valer a sentença pelo contrato, se o devedor permanecia omisso[9].

Em nosso país, o Código de Processo Civil de 1939 veio a recolher tal solução, mas estabeleceu dois regimes distintos: um genérico, outro específico para as "promessas de contratar". No tocante a estas, dispunha o art. 1.006, § 2º, que o juiz assinaria prazo ao devedor para cumprir a obrigação, desde que o contrato preliminar preenchesse "as condições de validade do definitivo". O *caput,* optando pela fórmula alemã, rezava com maior simplicidade: "Condenado o devedor a emitir declaração de vontade, esta será havida por enunciada, tanto que passe em julgado a sentença".

O estatuto processual de 1973 abandonou a técnica da assinação de prazo pelo juiz[10], prescindindo da colaboração do devedor e preferin-

9 Com razão nega BUENO VIDIGAL, Da execução direta das obrigações de prestar declaração de vontade, in Direito Processual Civil, S. Paulo, 1965, p. 167, que a substituição da declaração de vontade pela sentença fosse "expressamente facultada pela Ordenação do Livro 4º, título 19, e § 2º". Autorização expressa, com efeito, não havia no texto, mas foi à margem dele que se criou, no foro, a prática referida. Vide a nota 2 ao dispositivo, constante da edição do Código Filipino organizada por Cândido Mendes de Almeida, Rio de Janeiro, 1870, p. 804. Cf. LEITE VELHO, Execuções de sentenças, Rio de Janeiro, 1885, p. 216, art. 334: "Se a sentença manda que o executado assine uma escritura ou outro título semelhante, e a não assinar no prazo que se lhe marcar, e lançado que se a sentença do juiz supre a falta da escritura e serve de título ao exequente".

10 Adotada ainda em leis processuais contemporâneas, como o Código General del Proceso uruguaio, de 1988, art. 398.4 (consoante o qual, "vencido el plazo, el tri-

do a disciplina mais singela, consistente em atribuir à sentença, com o trânsito em julgado, os efeitos da declaração de vontade não emitida[11]. Passamos a analisar o sistema vigente, em seus pontos capitais.

4. Análise do sistema em vigor

À semelhança do seu predecessor, o Código de 1973 tem duas disposições: uma genérica para a condenação a "emitir declaração de vontade" (art. 641), seja qual for a fonte da obrigação (negócio jurídico unilateral ou bilateral, ou qualquer outro ato ou fato a que alguma norma jurídica reconheça tal virtude); outra específica para a obrigação de "concluir um contrato" (art. 639), assumida em pré-contrato ou decorrente de outro ato ou fato previsto em lei. Ao contrário, porém, do que fazia – com melhor lógica – o diploma anterior, a regra especial foi colocada *antes* da geral; e nem sequer esta se segue de imediato àquela: há de permeio o art. 640, relativo à hipótese particular.

Os arts. 639 e 640 foram mutuados do *Codice civile* italiano, respectivamente de 1ª e da 2ª alíneas do art. 2.932[12]. Por sua vez, o art. 641 é de clara inspiração alemã, embora tecnicamente superior ao § 894, 1, I, da *ZPO* por abster-se de recorrer ao expediente da ficção. Nele não

bunal otorgará de oficio la escritura"), o Código Procesal Civil costa-riquenho de 1989, art. 698, e o peruano de 1992, art. 709. Os dois últimos referem-se à outorga da escritura, pelo juiz, "em nome" do devedor – fórmula onde ecoa a ideia, supérflua e artificial, da "representação" deste por aquele (vide, infra, o item 4 do presente trabalho).

11 Igual Orientação, depois da entrada em vigor do Código de Processo Civil, viria a consagrar em termos expressos a Lei nº 6.404, de 15-12-1976, acerca dos acordos de acionistas "sobre a compra e venda de suas ações, preferência para adquiri-las ou exercício do direito de voto". Lê-se no art. 118, § 3º: "Nas condições previstas no acordo, os acionistas podem promover a execução específica das obrigações assumidas" – texto onde "promover a execução específica" equivale a "obter sentença que produza o mesmo efeito da declaração de vontade contemplada no acordo". Vide, ao propósito, MODESTO CARVALHOSA, Acordo de acionistas, S. Paulo, 1984, p. 262/5, 268/9.

12 A 1 ª alínea está transcrita no item 2, supra. A 2ª tem este teor: "Se si tratta di contratti che hanno per oggetto il trasferimento della proprietà di una cosa determinata o la costituzione o il trasferimento di un altro diritto, la domanda non può essere accolta, se la parte che l'ha proposta non esegue la sua prestazione o non nella oferta nei modi di legge, ameno che la prestazione non sia ancora esigibile".

se diz que a declaração de vontade "valerá por emitida", ou – na versão do Código de 1939, art. 1.006, *caput* – "será havida por enunciada": diz-se em termos mais simples e menos fantasiosos, que a sentença, uma vez passada em julgado, terá eficácia igual à da declaração. Arredado o inoportuno biombo da ficção, põe-se a nu a verdadeira natureza do fenômeno pura equiparação de efeitos entre os dois atos, o que o devedor se recusa a praticar e o que pratica o juiz. Não há lugar, em absoluto, para supor-se que este "represente" aquele; não é "em nome do devedor" que o órgão judicial se pronuncia, posto que o seu pronunciamento «faça as vezes» (no sentido de ter as mesmas consequências jurídicas) da declaração que ao devedor incumbia emitir.

Proferida a sentença de procedência, dela tomarão ciência as partes pela forma normal. Não há necessidade de promover-se a citação do réu, com fixação de prazo para cumprimento[13]. Uma de duas: ou aquele se dispõe a cumprir voluntariamente a decisão, e o faz antes do trânsito em Julgado, ou mantém-se inerte. Na primeira hipótese, *tollitur quaestio:* os efeitos serão os da declaração, agora emitida. Na segunda, ao passar em julgado a sentença, iguais efeitos se produzem, exatamente do mesmo modo que se produziriam caso nesse momento se emitisse a declaração, com todos os requisitos de validade, inclusive formais[14]. Daí em diante, é inútil e despida de significação a eventual declaração que o devedor queira porventura emitir: seria autêntico *bis in idem.*

Poderia supor-se que, suprindo a sentença unicamente a falta da declaração *do devedor,* precisasse ainda o credor, se bilateral o ato, declarar a sua própria vontade – no caso de escritura pública, perante o oficial

13 De acordo: ARAKEN DE ASSIS, Manual do processo de execução, 2ª ed., S. Paulo, 1995, p. 398; SYDNEY SANCHES, Execução específica, S. Paulo, 1978, p. 33/4. Aliter: AMÍLCAR DE CASTRO, Comentários ao Código de Processo Civil, v. VIII, S. Paulo, 1974, p. 181; MENDONÇA LIMA, Comentários ao Código de Processo Civil, v. VI, 7ª ed., Rio de Janeiro, 1991, p. 679; SÉRGIO BERMUDES, Notas sobre a execução no CPC, in Direito Processual Civil, S. Paulo, 1983, p. 147.

14 Cf., na doutrina alemã: BAUR-STÜRNER, Zwangsvollstreckungs-, Konkurs- und Vergleichsrechtt, 11ª ed., Heidelberg, 1983, p. 281; JAUERNIG, Zwangsvollstreckungs- und Konkursrecht, 19ª ed., Munique, 1990, p. 123; BROX-W ALKER, Zwangsvollstreckungsrecht, 4ª ed., Colônia-Berlim-Bonn-Munique, 1993, p. 624.

competente[15]. Assim é, de fato, no direito alemão[16]; isso se explica, entretanto, pela circunstância de que na *ZPO* só existe regra correspondente à do nosso art. 641, não à do art. 639, que atribui à sentença "o mesmo efeito *do contrato* a ser firmado" - do contrato em sua inteireza, com *ambas* as declarações imprescindíveis para perfazê-lo. De resto, o credor já terá manifestado sua vontade quando, ao propor a ação, formulou o pedido; não se havendo retratado no curso do processo, entende-se que a manifestação subsiste.

Se é necessária alguma formalidade complementar (por exemplo, registro), serve-lhe de título a própria sentença. Na ausência de disposição legal específica, a providência pode ter por instrumento certidão do julgado ou mandado do juiz.

5. Questões particulares

a) Cominação de multa?

Os arts. 644 e 645 do Código de Processo Civil cuidam de medida coercitiva consistente em aplicar-se ao devedor multa diária pelo atraso no cumprimento da obrigação. O primeiro desses dispositivos respeita à execução de título judicial, o segundo à de título extrajudicial. Só o primeiro interessa aqui: por motivos que esperamos fiquem claros, não há espaço, na matéria, para a incidência do art. 585, nº II, mesmo na redação dada pela Lei nº 8.953, de 13-12-1994.

Nos termos da cláusula inicial do art. 644, cabe a medida de coerção sempre que se tratar do "cumprimento de obrigação de fazer ou não fazer, determinada em título judicial". Ora, sendo a obrigação de declarar vontade espécie do gênero obrigações de fazer, daí se extrairia a aplicabilidade da multa nas hipóteses regidas pelos arts. 639 a 641.

A despeito da dicção ampla do texto, contudo, parece-nos que em princípio se devem excluir essas hipóteses[17]. É que nelas se mostra ab-

---

15 Nesse sentido: MENDONÇA LIMA, ob. e v. cit. (nota 12), p. 679/80, 683. Ao nosso oposto entendimento adere SYDNEY SANCHES, ob. cit. (nota 12), p. 35/6; cf., na jurisprudência, o acórdão do TJSP, de 12-8-1987, Apel. nº 118.370, in Rev. de Jur. do Trib. de Just. do Estado de S. Paulo, v. 110, p. 66.

16 BAUR-STÜRNER, ob. cit. (no La 13), p. 282; JAUERNIG, ob. cit. (nota 13), p. 124.

17 De acordo: ARAKEN DE ASSIS, ob. cit. (nota 12), p. 398; FLÁVIO LUIZ YARSHELL, Tutela jurisdicional específica nas obrigações de declaração de vontade, S. Paulo, 1993, p. 77 e s. Dúbio, AMARAL SANTOS, Primeiras linhas de Direito Processual

solutamente desnecessário pressionar a vontade do devedor para que se resolva a cumprir a obrigação – função precípua da medida coercitiva[18]. Consoante exposto, o trânsito em julgado da sentença que houver acolhido o pedido, por si só, basta para a satisfação integral do credor; nada subsiste que se haja ainda de exigir do devedor, nem, pois, razão para que se lhe imponha multa pelo "atraso no cumprimento" do julgado. Que "atraso" é concebível, se nem sequer se assina prazo ao vencido. Só quando não for possível, de acordo com o art. 639, a obtenção de sentença que surta efeito idêntico ao da declaração de vontade não emitida, v., *infra*, letra *b*) é que nascerá para o credor o interesse em valer-se dos meios de coerção para induzir o devedor ao adimplemento; então, sim, serão eles utilizáveis.

b) Restrições à possibilidade de obter sentença que produza o efeito do contrato

Aparecem no texto do art. 639 duas cláusulas restritivas, que condicionam o acolhimento do pedido do credor nos seguintes termos: "sendo isso possível e não excluído pelo título".

A possibilidade de que fala a primeira cláusula tem de ser apreciada, caso a caso, pelo órgão judicial. Ainda não se encontrou fórmula genérica que englobe todas as hipóteses de impossibilidade: esta pode originar-se de variadas circunstâncias, como, por exemplo, a de não depender exclusivamente do devedor a conclusão do contrato: a sentença poderia suprir a falta da sua declaração de vontade, não a de terceiro(s) que precisasse(m) assentir ou intervir no ato. Tratando-se de obrigação fundada em contrato preliminar, é indispensável, para acolher-se a

---

Civil, 32 v., 14ª ed., 1994, p. 397, o qual, após negar que pareça razoável, aqui, a utilização do meio coercitivo, admite que a cominação da "pena pecuniária" seja capaz de "produzir bons resultados, apressando o cumprimento da prestação tal qual o devedor se obrigara". Na jurisprudência, veja-se por exemplo, no sentido do nosso texto, o acórdão do TJRS, de 18-11-1986, Apelação 586.033.375, da lavra do ilustre processualista Desembargador ADROALDO FURTADO FABRÍCIO, in Rev. de Jur. do Trib. de Just. do R. G. do Sul, v. 123, p. 280.

---

18 Conserva integral validade a observação feita, sob o Código de 1939, pelo Mestre a quem se dedicam estas páginas: "(...) se o credor pode obter, in natura, prescindindo da atividade do devedor, a mesma prestação a que este se obrigara, dificilmente se compreenderá qual o interesse, que ele poderá alegar, para obter pessoalmente do devedor, com a cominação de pena pecuniária compulsiva, essa mesma prestação" (MACHADO GUIMARÃES, comentário a acórdão, in Rev. de Dir. Proc. Civ., 2º., p. 174).

pretensão do credor, que aquele negócio jurídico contenha todos os elementos do definitivo: ao juiz não é dado estipular cláusulas e condições, mas apenas fazer desnecessária, por meio da sentença, a declaração de vontade que, incidindo sobre cláusulas e condições já estipuladas, daria corpo ao negócio definitivo. Em outras palavras: a sentença não tem a virtude de criar, sequer em parte, o objeto ou o conteúdo do contrato que se deveria concluir; o que pode faltar, e ela torna supérflua, é a mera declaração de vontade, não emitida pelo devedor[19].

Em segundo lugar, cumpre que o próprio título da obrigação de contratar não exclua a via conducente à satisfação específica do credor. A exclusão será *expressa,* quando assim se tenha pactuado em alguma cláusula do negócio. Será *tácita,* quando ele contenha outra estipulação incompatível com a exigibilidade compulsória do contrato a ser firmado: *v.g.,* se se reservou ao devedor o direito de arrependimento, a menos que por qualquer motivo já não seja este exercitável.

c) Necessidade de contraprestação

Cogita o art. 640 de hipótese particular em que, se não é impossível ao credor obter sentença que produza o efeito do contrato não celebrado, tal possibilidade fica todavia subordinada à satisfação de pressuposto específico, aliás dependente do credor mesmo. Contempla-se aí a eventualidade de estar uma das partes obrigada a concluir contrato "que tenha por objeto a transferência da propriedade de coisa determinada, ou de outro direito", sem que o credor de semelhante obrigação, por sua vez, haja realizado a contraprestação, *já exigível,* que lhe incumbe. Segundo reza o texto, "a ação não será acolhida se a parte, que a intentou, não cumprir a sua prestação, nem a oferecer, nos casos e formas legais".

A hipótese do art. 640 não se equipara à prevista no art. 615, nº IV, onde se pressupõe, na execução de título judicial, pedido condenatório *julgado procedente* (caso de execução *diferida).* Diversamente do que na segunda ocorre, alude-se na primeira hipótese ao processo *de conheci-*

---

19 Cf., na literatura italiana, MICHELI, in Commentario dei Codice Civile de Scialoja e Branca, L. VI, Tutela dei diritti, Bolonha-Roma, 1953, p. 534; MONTESANO, Le tutele giurisdizionali dei diritti, Bari, 1981, p. 102; entre nós, AMARAL SANTOS, ob. e v. cit. (nota 16), p. 393/4. Merece leitura o importante Acórdão do Supremo Tribunal Federal, de 11-9-1979, no R.E. 88.716, relatado pelo Ministro MOREIRA ALVES, in Rev. Trim. de Jur:, v. 92, p. 250 e s.

mento: neste é que se examina a questão da contraprestação a cargo do credor e se tira da respectiva falta a consequência indicada na lei.

O confronto entre as duas regras mostra que nem sempre é incompatível com o acolhimento do pedido o fato de ainda haver contraprestação devida pelo autor. Tal circunstância pode não impedir que se profira sentença a este favorável; a execução é que terá de aguardar o cumprimento da contraprestação. No caso do art. 640, porém, compreende-se que o Código adote solução mais radical, visto que a sentença de procedência, por si mesma, já surtiria efeito igual ao do adimplemento da obrigação de contratar), de modo que não haveria oportunidade posterior para o controle do ponto. Não se abre ensejo, destarte, para a aplicação do art. 6 15, nº IV, nem para a do art. 582.

d) Alcance da equiparação de efeitos

Trânsita em julgado a sentença que acolhe o pedido do credor, fica este na mesma situação jurídica em que o poria a emissão, pelo devedor, da declaração de vontade - na hipótese de obrigação de contratar, a celebração do contrato. Quer isso dizer que, agora, cada uma das partes tem de cumprir as obrigações I de qualquer natureza) acaso oriundas do negócio. *Não* quer dizer que o cumprimento de semelhantes obrigações possa ser, por força e desde logo, *executivamente* exigido. As prestações a elas correspondentes, se não realizadas, serão exigíveis pela via processual normal.

Por si só, a sentença do art. 639 não constitui necessariamente, em favor do credor, título executivo com relação às obrigações decorrentes do contrato que o devedor se recusara a concluir e cujos efeitos, agora, são por ela produzidos[20]. Se não era lícito ao credor, com base no próprio contrato, promover a execução do devedor, continua a não lhe ser lícito promovê-la com base na sentença, cuja eficácia é *tão intensa* quanto a do contrato, por ela substituído, mas de nenhum modo é *mais intensa* que a dele. Assim, por exemplo, se nasce do contrato, para o devedor, a obrigação de dar alguma coisa ao credor, em vão pretenderá este valerse da sentença como de título judicial em execução para a entrega dessa coisa. Caso queira munir-se de semelhante título, precisa ainda o credor obter a regular condenação do devedor à entrega.

---

20 De acordo, ARAKEN DE ASSIS, ob. cit. (nota 12), p. 397; diversamente, PONTES DE MIRANDA, Comentários ao Código de Processo Civil (de 1973), t. X, Rio de Janeiro, 1976, p. 117, seguido por HUMBERTO THEODORO JÚNIOR, Curso de Direito Processual Civil, v. II, 15ª ed., Rio de Janeiro, 1995, p. 167.

A fim de evitar uma incômoda duplicidade de feitos, pode no entanto o credor, desde que satisfeitos os pressupostos (art. 292 e seus parágrafos), formular em cumulação sucessiva, no processo de conhecimento, ambos os pedidos: *(a)* o de suprimento da declaração de vontade não emitida pelo réu e *(b)* o de condenação deste ao cumprimento da obrigação que o contrato não firmado porventura houvesse de fazer surgir[21]. Em tal caso, uma vez acolhidos os dois pedidos, a sentença, na parte em que tiver julgado procedente o segundo, servirá de título para a eventual execução.

6. Observações conclusivas

De tudo que se acaba de dizer emerge, com clareza ofuscante, uma conclusão: na verdade, apesar da localização no texto do Código, o assunto de que tratam os arts. 639 a 641 nada tem que ver com o processo de execução, que, por supérfluo, nem sequer chega a formar-se[22]. Aqueles dispositivos regulam questões pertinentes à atividade *cognitiva* do órgão judicial. O lugar apropriado seria o capítulo referente aos efeitos da sentença.

Acerca da natureza desta muito se tem discutido. A tradicional classificação das sentenças em três categorias (meramente declaratórias, constitutivas, condenatórias) não permite solução fácil para o problema. A peculiaridade de não comportar execução, no sentido técnico, e de criar, por sua própria força, nova situação jurídica para as partes militaria a favor da qualificação da sentença como constitutiva[23]. Não se cogita

---

21 PONTES DE MIRANDA, ob. e lug. cit. (nota 19), parecia admitir uma cumulação implícita ("A sentença na ação do art. 639 é em duas ações que se cumularam"). Todavia, se o autor, por hipótese, não formulou ambos os pedidos, não se pode tratar a espécie como se tivesse havido cumulação, sob pena de infringir-se a proibição do julgamento ultra petita. Por outro lado, dar interpretação ampliativa ao único pedido formulado, para fazê-lo abranger o outro, seria violar às escâncaras a norma do art. 293, principio.

22 Daí as aspas no título do presente escrito. É evidente que nem há cogitar de execução provisória (cf. JOSÉ FREDERICO MARQUES, Manual de Direito Processual Civil, v. IV, 4ª ed., S. Paulo, 1981, p. 132): excluído o gênero, excluída fica, ipso facto, a espécie! Ocioso, por outro lado, ressalvar a possibilidade de execução – provisória ou definitiva, conforme o caso – com fundamento em condenações acessórias (custas processuais, honorários advocatícios).

23 É a opinião, entre outros, de CHIOVENDA, ob. cit. (nota 6), p. 110; RESTAINO, ob. cit. (nota 4), p. 100; REDENTI, Diritto processuale civile, 3ª ed. (atualizada e reelaborada por CARNACINI e VELLANI), V. I, Milão, 1980, p. 25; MANDRIOU, L'esecuzione forzata in forma specifica, Milão, 1953, p. 70; SATTA, L'esecuzione forzata,

aqui, contudo, de direito potestativo - classe com que habitualmente se põe em correlação a das sentenças constitutivas -, mas de direito a uma prestação, cujo reconhecimento como exigível geraria condenação do devedor; aliás, os textos costumam usar a palavra "condenado" (art. 541: cf. *"verurteilt"* no art. 894, 1, I, *da ZPO* alemã). Não sofre dúvida. Ademais, a possibilidade - totalmente estranha às sentenças constitutivas - de que o réu vencido cumpra a decisão, emitindo a declaração de vontade antes do trânsito em julgado *(supra,* nº 4). Daí haver quem rotule de *condenatória* a sentença[24], precisando-se às vezes que o suprimento da declaração não emitida representa um "efeito secundário" daquela[25].

Para os que admitem como autônoma a classe das sentenças "executivas", aqui se deparará exemplo característico[26]. Na realidade, a sentença de que se está cuidando é, por assim dizer, *autoexecutável:* reconhece o direito do autor a determinada prestação e, passada em julgado, desde logo o satisfaz, proporcionando-lhe, independentemente de qualquer ato do réu vencido ou do órgão judicial *(rectius:* de qualquer formalidade subseqüente), situação jurídica idêntica àquela em que o credor se colocaria caso o devedor cumprisse a obrigação. Parece-nos, aliás, que a denominação de "executiva" quadra bem melhor a *tal* sentença do que a outras às vezes assim rotuladas, a despeito de ainda exigirem, para a

---

4ª ed., Turim, 1963, p. 285; MICHELI, ob. e lug. cit. (nota 18); MONTESANO, ob. cit. (nota 18), p. 102/3; CIAN-TRABUCCHI, Commentario breve ai codice civile, 2ª ed., Pádua, 1984, p. 1.931; MENDONÇA LIMA, ob. e v. cit. (nota 12), p. 682; AMARAL SANTOS, ob. e v. cit. (nota 16), p. 392; ERNANE FIDÉLIS DOS SANTOS, ob. e v. cit. (nota 1), p. 122 (embora use, na p. 121, a expressão "sentença condenatória"); FLÁVIO LUIZ YARSHELL, ob. cit. (nota 16), p. 52, 85.

---

24 Tal o entendimento dominante na Alemanha: vide, por todos, ROSENBERG-SCHWAB-GÜTTWALD, Zivilprozessrecht, 15ª ed., Munique, 1993, p. 527. Cf., entre nós, JOSÉ FREDERICO MARQUES, ob. e v. cit. (nota 21), p. 131/2. Oscilante HUMBERTO THEODORO JUNIOR., ob. e v. cit. (nota 19), p. 169, que escreve: "Trata-se, portanto, de sentença condenatória" (grifado no original), mas acrescenta, linhas abaixo, que "a sentença (...) deve ser classificada como executiva lato sensu".

25 LIEBMAN, ob. cit. (nota 4), p. 238.

26 Assim, PONTES DE MIRANDA, ob. e t. cit. (nota 19), p. 143; OVÍDIO A. BAPTISTA DA SILVA, Curso de processo civil, v. II, Porto Alegre, 1990, p. 96/7; ARAKEN DE ASSIS, ob. e v. cit. (nota 12), p. 309. É oportuno recordar que há mais de sessenta anos apontava CALAMANDREI na decisão em foco um "ato de execução forçada" (La sentenza comme atto di esecuzione forzata, ensaio publicado em 1931 e agora incluído no v. IX das Opere Giuridiche, Nápoles, s/d, p. 344 e s.); seguiu-o, na doutrina pátria, BUENO VIDIGAL, ob. cit. (nota 8), p. 176.

satisfação do vencedor, quando não cumpridas espontaneamente pelo vencido, esta ou aquela forma de atuação do mecanismo judicial, diversa embora da execução nos moldes do Livro II do estatuto processual civil: é o caso, por exemplo, da sentença que decreta o despejo[27].

Terminaremos por dizer que a disciplina exposta não pode deixar de ser considerada *excelente* em *substância*, no *plano* da *política* legislativa, e de maneira particular pelo ângulo da *efetividade do processo* – do qual, muito justamente, se costuma hoje em dia ressaltar a importância. Sem embargo de imperfeições de caráter formal, como a inadequada colocação dos arts. 639 a 641 no Livro II e a inversão da ordem lógica dos dispositivos (o art. 641, regra geral, deveria preceder o art. 639, regra especial), é de justiça reconhecer ao sistema jurídico brasileiro, na matéria, posição de singular relevo no panorama do direito comparado.

Novembro de 1995.

COMENTÁRIOS DOS ATUALIZADORES

ASPECTOS DA "EXECUÇÃO" EM MATÉRIA DE OBRIGAÇÃO DE EMITIR DECLARAÇÃO DE VONTADE

Ana Cristina Bacos Fernandes / Marco Antonio Rodrigues

Tutela específica das obrigações. O direito processual civil brasileiro passou por importantes modificações ao longo dos anos 1990 quanto à tutela das obrigações de fazer, não fazer e entrega de coisa, diante da exigência de efetividade da tutela jurisdicional, como decorrência do direito fundamental de acesso à justiça, constante do artigo 5º, XXXV, da Constituição da República.

27 Cf. o art. 65 da Lei nº 8.245, de 18-10-1991. Fere o ponto com acuidade, na literatura recente, FLÁVIO LUIZ YARSHELL, Reflexões em torno da execução para entrega de coisa no direito brasileiro, no volume coletivo Processo civil (coord. por JOSÉ ROGÉRIO CRUZ E TUCCI), S. Paulo, 1995, p. 129/30, sem prejuízo de alguma ressalva cabível (será exata a equiparação da sentença concessiva da segurança às que julgam procedentes pedidos de reintegração de posse, de despejo, de reivindicação?).

Com a Lei nº 8.952/1994, o artigo 461 do Código de Processo Civil de 1973, consagrando a primazia da tutela específica das obrigações, o que também foi trazido no Código de Processo Civil de 2015, nos artigos 497 e 499, superando o dogma da intangibilidade da vontade do devedor, tão em voga na vigência do CPC de 1973 (RODRIGUES, 2013; MARINONI, ARENHART, MITIDIERO, 2017).

Previsão importante, ainda, é a constante do artigo 501 do CPC atual, ao estabelecer que, na ação que tenha por objeto a emissão de declaração de vontade, a sentença que julgar procedente o pedido, uma vez transitada em julgado, produzirá todos os efeitos da declaração não emitida.

Cominação de multa ou de outras medidas executivas. Mesmo diante da regra do artigo 501 do CPC de 2015, vê-se que as lições de Barbosa Moreira permanecem atuais. Se a sentença já tiver aptidão no mundo material para produzir os efeitos da declaração de vontade, não há necessidade em se falar de multa ou outras medidas executivas.

No entanto, tal qual o autor defende, se por algum motivo for necessária ainda a prática de algum ato pelo devedor da obrigação, nada impede a cominação de multa, na forma do artigo 536 do CPC, ou mesmo a adoção de medidas executivas atípicas pelo magistrado, fundado em seu poder geral de efetivação de decisões, consagrado no artigo 139, IV, do CPC.

Referências da nota

RODRIGUES, Marco Antonio dos Santos. *A modificação do pedido e da causa de pedir no processo civil.* Rio de Janeiro: GZ, 2013.

MARINONI, Luiz Guilherme; ARENHART, Sérgio Cruz; MITIDIERO, Daniel. *Novo Código de Processo Civil Comentado.* 3ª ed. São Paulo: Revista dos Tribunais, 2017.

AÇÃO CIVIL PÚBLICA E PROGRAMAÇAO DA TV[1]

1. É inteiramente ocioso ressaltar a importância que vem assumindo a televisão, por tantos e tão variados aspectos, na sociedade contemporânea. Sobre a influência que ela exerce, como agente não só formador de opinião, mas também modelador de costumes, existe abundante literatura. A relevância dessa atuação sobe de ponto, de maneira particular, em países como o Brasil, cuja população se compõe, em parte considerável, de analfabetos e semianalfabetos, sem possibilidade, ou com possibilidade muito escassa, de acesso a outros meios de transmissão de conhecimentos e ideias. Segundo pesquisa recentemente divulgada pela imprensa, mais de 60% dos brasileiros encontram na televisão a *única* fonte habitual de informação.

Ninguém ignora os perigos inerentes a semelhante situação. Invento tão admirável do ponto de vista técnico pode servir de veículo, indiferentemente, a mensagens suscetíveis das mais diversas valorações. Os extraordinários benefícios que a respectiva utilização é apta a proporcionar têm o contrapeso inevitável na óbvia aptidão, pelo menos equivalente, para prestar à comunidade desserviços – e causar-lhe danos – igualmente extraordinários. Trata-se, para nossa desgraça, de fenômeno rotineiro, que decerto não escapa ao mais desatento observador; isso torna dispensável a exemplificação. É fácil, assim, compreender que o ordenamento jurídico se empenhe em limitar, quanto possível, o alcance desse poder negativo e em prever remédios idôneos a neutralizá-lo sempre que ele se manifeste.

2. O problema não passou despercebido – nem se conceberia que passasse – ao legislador constituinte de 1988. Como era de esperar, enunciou-se o princípio geral em termos ostensivamente liberais: "É livre a expressão da atividade intelectual, artística, científica e de comunicação, independentemente de censura ou licença" (art. 5º, nº IX, cuja parte fi-

---

1 Escrito publicado no volume comemorativo do 10º aniversário da Lei nº 7.347, de 24-7-1985 (*Ação civil pública*, coord. por ÉDIS MILARÉ, S. Paulo, 1995), na *Revista de Direito Administrativo*, v. 201, e na *Revista do Ministério Público* (do Estado do Rio de Janeiro), v. 1, nº 2.

nal ecoa no art. 220, § 2º: "É vedada toda e qualquer censura de natureza política, ideológica e artística"). Julgou-se oportuno exorcizar fantasmas de um passado autoritário ainda próximo, que suscitava lembranças amargas. Cuidou-se, pois, de reiterar em tom solene, no início do capítulo dedicado à comunicação social, que a manifestação do pensamento, a criação, a expressão e a informação, sob qualquer forma, processo ou veículo, não sofreriam restrição, sem deixar-se porém de ajuntar a tal declaração de princípio significativa ressalva: "observado o disposto nesta Constituição" (art. 220, *caput).* Prosseguiu-se dizendo que nenhuma lei conteria dispositivo capaz de constituir embaraço à plena liberdade de informação jornalística em qualquer veículo de comunicação social, mas ressalvando-se aqui também, *expressis verbis,* a observância do disposto no art. 5º, IV, V, X, XIII e XIV (art. 220, § lº), isto é: a vedação do anonimato, o direito de resposta, a indenização "por dano material, moral ou à imagem", "a intimidade, a vida privada, a honra e a imagem das pessoas", as exigências legais de qualificação profissional, o resguardo do sigilo da fonte, quando necessário ao exercício da profissão. Permitimo-nos averbar, de passagem, que a remissão não há de ser considerada exaustiva, evidente como é que o uso da "liberdade de informação jornalística" precisa respeitar de igual modo outros direitos constitucionalmente protegidos: para ficarmos num único exemplo, ela não autoriza o profissional da informação a publicar obra literária sem o consentimento do autor (art. 5º, nº XXVII).

O sistema, logo se vê, não é tão rígido quanto sugere ao intérprete mais afoito uma leitura apressada do art. 5º, nº IX, e do art. 220, § 2º. Para dimensionar corretamente o complexo normativo, é mister atentar em todos os dispositivos pertinentes, sem esquecer as cláusulas de ressalva, e além disso confrontá-los e conjugá-los com outros textos, que denotam, no legislador constituinte, o propósito de orientar para fins positivos o exercício da liberdade consagrada no art. 52, nº IX, bem como o empenho em prevenir e reprimir abusos. Assim é que o art. 221 trata de fixar os princípios a que devem atender "a produção e a programação das emissoras de rádio e televisão", nos termos seguintes: "preferência a finalidades educativas, artísticas, culturais e informativas" (nº I); "promoção da cultura nacional e regional e estímulo à produção independente que objetive sua divulgação" (nº II); "regionalização da produção cultural, artística e jornalística, conforme percentuais estabelecidos em lei" (nº III); "respeito aos valores éticos c sociais da pessoa e da família" (nº IV).

Tais preceitos vieram a receber concretização oportuna em mais de um texto da legislação infraconstitucional; por exemplo, no Estatuto da Criança e do Adolescente (Lei nº 8.069, de 13-7-1990). Reza o art. 71 desse diploma: "A criança e o adolescente têm direito a informação, cultura, lazer, esportes, diversões, espetáculos e produtos e serviços *que respeitem sua condição peculiar de pessoa em desenvolvimento*" (grifamos). Em termos mais específicos, no que interessa ao presente trabalho, preceitua o art 76, *caput:* "As emissoras de rádio e televisão somente exibirão, no horário recomendado para o público infanto-juvenil, programas com finalidades educativas, artísticas, culturais e informativas".

3. Consciente de que pouco valeria impor deveres e proibições sem, do mesmo passo, facultar aos interessados a iniciativa de promover a prevenção e a repressão de eventuais infrações, outorgou o legislador constituinte à lei federal competência para "estabelecer os meios legais que garantam à pessoa e à família a possibilidade de se defenderem de programas ou programações de rádio e televisão *que contrariem o disposto no art.* 221, bem como da propaganda de produtos, práticas e serviços que possam ser nocivos à saúde e ao meio ambiente" (art 220, § 3º, nº II; grifamos). A rigor, semelhante possibilidade teria de reputar-se existente mesmo na ausência de regra desse teor: é intuitivo que não se poderia, sem ofensa ao art. 5º, nº XXXV, fechar as vias próprias à tutela dos interesses protegidos, no plano material, pelas normas a que acima se aludiu. Mas o fato de haver-se querido formular dispositivo especialmente consagrado ao tema evidencia uma particular – e saudável – preocupação com a necessidade de tomar efetivas as prescrições pertinentes.

Inútil frisar que a "possibilidade de se defenderem" das infrações do art. 221, devidamente posta em realce no art. 220, § 3º, nº II, de modo algum pode resolver-se em inane recomendação de comportamento *meramente negativo* por parte dos interessados – *v.g.,* abster-se de assistir a programas refratários à disciplina constitucional. A Lei Maior com certeza se pouparia o trabalho de abrir espaço ao assunto, se o seu exclusivo intuito fosse o de conferir a cada telespectador o direito de não ligar (ou de desligar) o aparelho, todas as vezes que a programação fosse desrespeitar, ou estivesse desrespeitando, o art. 221. Para apertar (ou deixar de apertar) um botão com esse fim, é claro que ninguém precisa, nem jamais precisou, de autorização constitucional... Abstraindo-se, portanto, de outros aspectos do problema, já no plano estritamente jurídico esbarra em óbice irremovível o entendimento segundo o qual a defesa adequada, na matéria, se traduziria pura e simplesmente na abstenção individual de contemplar a telinha, ou mesmo no impedimento a que a contemple alguém sobre quem se exerça autoridade legítima *(v.g.,* pátrio poder), bastante para justificar a intervenção.

Sem sombra de dúvida, é de outra coisa que a Constituição cogita no art. 220, § 3º, nº II. Como a ninguém se permite, salvo casos excepcionais, fazer justiça pelas próprias mãos, essa outra coisa consistirá na provocação dos poderes públicos, a fim de que coíbam as transgressões, aplicando às entidades responsáveis as sanções cabíveis. Não fica excluído, é claro, que qualquer interessado se dirija aos órgãos competentes da Administração Pública. Pode mostrar-se preferível, contudo, o recurso imediato ao Judiciário, como pode suceder que se decida recorrer a ele ante a inércia da instância administrativa, ou a ineficácia de sua atuação. O exercício do direito de ação está certamente incluído entre os "meios legais" de que fala o art. 220, § 3º, nº II.

Refere-se o texto constitucional ao estabelecimento desses meios por uma "lei federal". A alguém talvez ocorra pensar que seria preciso aguardar a edição de diploma legal destinado à regulamentação do art. 220, § 3º, nº III. Enquanto isso não acontecesse, nada de concreto se poderia fazer para dar efetividade às respectivas disposições[2]. Passamos a demonstrar a erronia de semelhante suposição.

4. O interesse (que o art. 220, § 3º, nº II, da Constituição visa a preservar em defender-se "de programas ou programações de rádio e televisão que contrariem o disposto no art. 221" enquadra-se com justeza no conceito de *interesse difuso.* A tal locução, internacionalmente empregada na doutrina em sentido nem sempre unívoco, agora corresponde, no Brasil,

---

2 Parte dessa premissa o pronunciamento – compreensível à luz do cargo que exerce – do vice-presidente da Associação Brasileira de Emissoras de Rádio e Televisão, publicado na *Folha de* S. *Paulo* de 1º-7-1995, p. 1/3. Diz-se ali, entre outras coisas: "Como estabelecer a lei, e que eficácia ela teria, sem que se constituísse em censura, a grande questão". O vice-presidente da ABERT naturalmente não sugere solução alguma para a "grande questão", e a nítida impressão que se colhe é a de que a seus olhos ela seria insolúvel. No presente artigo, vamos justamente argumentar no sentido de que a lei *já existe,* e procuraremos esclarecer não a eficácia que ela "teria", senão a que *tem* – conquanto sem a menor esperança de convencer, no particular, o vice-presidente ou qualquer outro membro da direção da ABERT...

definição legal, à semelhança do que se dá com a expressão *interesse coletivo,* que não raro aparecia na literatura para designar - junto com aquela outra, e de maneira promíscua, ou pelo menos sem diferenciação precisa[3] - o tipo de interesses caracterizado, do ponto de vista objetivo, pela pertinência a uma série ao menos relativamente aberta de pessoas e, ao ângulo objetivo, pela unidade e indivisibilidade do respectivo objeto, com a consequência de que a satisfação de um titular não se concebe sem a concomitante satisfação de toda a série de interessados, e a lesão de um só é por força, ao mesmo tempo, lesão de todos, O conjunto desses interesses pode e costuma receber denominação genérica *transindividuais, supraindividuais, metaindividuais);* mas entre nós, *de lege lata,* as espécies do gênero têm cada qual seu próprio *nomen iuris,* em distinção terminológica que não é lícito desconsiderar.

Encontram-se as definições no art. 81, parágrafo único, do Código de Defesa do Consumidor (Lei nº 8.078, de 11-9-1990), onde o inciso I mude a "interesses ou direitos difusos", assim entendidos "os transindividuais, de natureza indivisível, de que sejam titulares pessoas indeterminadas e ligadas por circunstâncias de fato", enquanto o inciso II conceitua como "interesses ou direitos coletivos (...) os transindividuais de natureza indivisível de que seja titular grupo, categoria ou classe de pessoas ligadas entre si ou com a parte contrária por uma relação jurídica base". São coletivos, por exemplo, os interesses (de objeto indivisível) comuns aos partícipes de um consórcio, ou aos contribuintes de determinado tributo, ou aos estudantes matriculados em certa universidade; são difusos os interesses (também de objeto indivisível) comuns aos habitantes de região sujeita a vicissitudes naturais, ou aos aficionados de um esporte, ou aos frequentadores da mesma zona turística, Nesta segunda espécie, ao contrário do que ocorre na primeira, em vez da comunhão em vínculo jurídico, a unir os interessados entre si ou com terceiro, o que se configura é mera identidade de circunstâncias de fato, a envolver todos aqueles.

Ao interesse em que se observem os mandamentos do art. 221 da Lei Maior ajusta-se como luva a qualificação de difuso. Com efeito: em primeiro lugar, ele se caracteriza, à evidência, como "transindividual", já que não pertence, de modo singularizado, a qualquer dos membros

3 *Vide* BARBOSA MOREIRA, *A proteção jurídica dos interesses coletivos, in Temas de Direito Processual (Terceira Série),* S. Paulo, 1984, p. 174 (e nota 2); *Tutela Jurisdicional dos interesses coletivos ou difusos, ibid.,* p, 193 (e nota 1).

da comunidade, senão a um conjunto indeterminado – e, ao menos para fins práticos, indeterminável – de seres humanos. Tais seres ligam-se uns aos outros pela mera circunstância de fato de possuírem aparelhos de televisão ou, na respectiva falta, costumarem valer-se do aparelho do amigo, do vizinho, do namorado, do clube, do bar da esquina ou do salão de barbeiro. E ninguém hesitará em qualificar de indivisível o objeto de semelhante interesse, no sentido de que cada canal, num dado momento, transmite a todos a mesma e única imagem, nem se concebe modificação que se dirija só ao leitor destas linhas ou ao rabiscador delas.

No texto do art. 81, incisos II e III, da Lei nº 8.078, ambas as definições – a de interesses difusos e a de interesses coletivos – vêm assinaladas por uma cláusula aparentemente restritiva: "para efeitos deste Código". Isso não deve impressionar o intérprete. As expressões de que estamos tratando constituem hoje moeda corrente na linguagem jurídica brasileira: figuram até na própria Constituição (art. 129, nº III, *fine);* e tudo aconselha a que se leiam sempre nas mesmas acepções, para evitar inúteis e nocivos mal-entendidos. De resto, para os fins do presente estudo, nenhuma dúvida se poderia admitir: a Lei nº 8.078, no art. 117, mandou incluir no texto da Lei nº 7.347, de 24-7-1985, a que nos reportaremos, expressa remissão ao próprio Código de Defesa do Consumidor, *verbis:* "Aplicam-se à defesa dos direitos e interesses difusos, coletivos e individuais, no que for cabível, os dispositivos do Título III da lei que instituiu o Código de Defesa do Consumidor". Ora, o art. 81, onde têm sede as supramencionadas definições, situa-se exatamente nesse Título, logo no início do respectivo Capítulo I.

5. Vamos, então, à Lei nº 7.437, que criou a chamada *ação civil pública.* Anterior embora à Carta de 1988, ela permanece em vigor, recebida que foi pela nova ordem constitucional[4]. No caso, até caberia falar de

4 Sobre o fenômeno da recepção das normas jurídicas preexistentes à Constituição, *vide* por todos KELSEN, *Teoria pura do direito,* trad. de João Baptista Machado, 5ª ed., Coimbra, p. 290. Na literatura nacional, de particular interesse para a problemática versada neste artigo é a lição, em termos específicos, de JOSÉ CRETELLA JÚNIOR, *Comentários à Constituição Brasileira de* 1988, v. VIII. 2ª ed., Rio de Janeiro, 1993, p. 4.509: "Não tendo sido promulgada a respectiva lei federal, pelo princípio da recepção jurídica continuam em vigor os dispositivos federais anteriores, que garantam à pessoa e à família os meios legais de que se possam valer contra os programas e programações de rádio e televisão que contrariem o disposto no art. 221".

uma "recepção *qualificada*": a Constituição "encampou", por assim dizer, a ação civil pública, à qual alude expressamente no art. 129, nº IH, tornando-a imune à volubilidade do legislador ordinário, O art. 1º da Lei nº 7.347, ao delimitar o âmbito de cabimento do remédio, arrola várias hipóteses de "responsabilidade por danos morais e patrimoniais". Estão aí abrangidos os danos ao meio ambiente (nº I), ao consumidor (nº II), "a bens e direitos de valor artístico, estético, histórico, turístico e paisagístico" nº III) e "a qualquer outro interesse difuso ou coletivo" (nº IV). Este último inciso consagra autêntica "norma de encerramento", cuja função *é* a de cobrir os casos não compreendidos nos incisos antecedentes, mas havidos como merecedores de igual tratamento. Foi ele, por sinal, acrescentado pelo art. 110 do mesmo Código de Defesa do Consumidor – já, portanto, sob o vigente regime constitucional. Quadrava-lhe bem a posição derradeira na enumeração, da qual, entretanto, se veria deslocado por novo acréscimo, feito pela Lei nº 8.884, de 11-6-1994, art. 88, e atinente aos danos causados "por infração da ordem econômica".

Se é certo, como se mostrou acima, que encontra lugar entre os interesses difusos o dirigido à observância, pelas emissoras de televisão, dos preceitos constantes do art.. 221 da Lei Maior, segue-se, em lógica elementar, que a ação civil pública, disciplinada na Lei nº 7.347, é instrumento adequado à vindicação de semelhante interesse em juiz[5]. Ela constitui, sem discussão possível, um dos "meios legais" que, de acordo com o art. 220, § 32, nº III, devem garantir "à pessoa e à família a possibilidade de se defenderem de programas ou programações (...) que contrariem o disposto no art. 221"; isto é: que não dêem a indispensável preeminência a "finalidades educativas, artísticas, culturais e informativas", ou que não respeitem os "valores éticos e sociais da pessoa e da família" – para só nos referirmos aos princípios (que aqui mais nos interessam) dos incisos I e IV.

Consoante o art. 5º, *caput,* da Lei nº 7.347, legitima-se à propositura da ação civil pública qualquer das seguintes entidades: Ministério Público, União, Estados e Municípios, autarquias, empresas públicas, fundações, sociedades de economia mista, e associações civis constituídas há mais de um ano, que incluam entre suas finalidades institucionais

---

5 Já o sustentáramos no segundo de dois artigos publicados, sob o título *A Constituição e a TV, no Jornal do Brasil* de 18 e 20-4-1992. Nossa posição obteve o apoio de LUIZ GUSTAVO GRANDINETTI CASTANHO DE CARVALHO, *Liberdade de informação e o direito à informação verdadeira,* Rio de Janeiro, 1994, p. 64/5.

a proteção ao interesse de que se cogita. No tocante a tais associações, "o requisito da pré-constituição poderá ser dispensado pelo juiz, quando haja manifesto interesse social evidenciado pela dimensão ou característica do dano, ou pela relevância do bem jurídico a ser protegido" (art. 5º, § 4º).

É oportuno registrar que, para o seu âmbito específico, traça o Estatuto da Criança e do Adolescente (editado já sob a Carta de 1988) disposições muito semelhantes às da Lei nº 7.347. O art. 201, nº V, por exemplo, habilita o Ministério Público a "promover o inquérito civil e a ação civil pública para a proteção dos interesses individuais, difusos ou coletivos relativos à infância e à adolescência, inclusive os definidos no art. 220, § 3º, inciso II, da Constituição Federal" (note-se a ênfase dada ao assunto de que trata este trabalho). Concorre com a do Ministério Público, em matéria de interesses coletivos e difusos, a legitimação da União, dos Estados, dos Municípios, do Distrito Federal e dos Territórios (art. 210, nº II), e também a das "associações legalmente constituídas há pelo menos um ano e que incluam entre seus fins institucionais a defesa dos interesses e direitos protegidos por esta lei" (art. 210, nº III).

Falando o art. 1º da Lei nº 7.347 em "responsabilidade por danos", poderia supor-se que a ação civil pública só se prestasse a reclamar do infrator o ressarcimento de perdas e danos, expresso em condenação pecuniária. Nada mais falso. Basta ler o art. 3º: "A ação civil poderá ter por objeto a condenação em dinheiro ou o cumprimento de obrigação de fazer ou não fazer". Significa isso que, procedente o pedido, tem o órgão judicial a possibilidade de proibir a exibição do programa incompatível com a Constituição, e bem assim, em termos gerais, a de impor à emissora que adapte sua programação às diretrizes do art. 221. Atente-se, ao propósito, no art. 11 da Lei nº 7.347: "Na ação que tenha por objeto o cumprimento de obrigação de fazer ou não fazer, o juiz determinará o cumprimento da prestação da atividade devida ou a cessação da atividade nociva, sob pena de execução específica, ou de cominação de multa diária, se esta for suficiente ou compatível, independentemente de requerimento do autor" (cf. o art. 213 e seu § 2º do Estatuto da Criança e do Adolescente). Por outro lado, não há necessidade de aguardar a consumação do dano para ingressar em juízo: a ação é exercitável a título cautelar, com o fito de evitar que aquele se consume (arts. 4º e 5º, *caput,* Lei nº 7.347). Ademais, por força da remissão do art. 21 ao Título III do Código de Defesa do Consumidor, incidem as disposições do respectivo art. 84, de resto incorporadas recentemente ao Código de Processo Civil[6] pode o juiz, por exemplo, aplicar multa à emissora, ou determinar medidas como busca e apreensão ou impedimento da atividade nociva, inclusive mediante requisição de força policial (Lei nº 8.078, art. 84, §§ 4º e 5º).

6. Convém prevenir aqui duas objeções. A primeira buscaria fundamento na ideia de que para muita gente é preferível, de fato, que *não sejam cumpridas* as normas jurídicas reguladoras da programação da TV. Não nos referimos, neste ponto, a pessoas que extraiam da violação algum benefício financeiro – além das próprias emissoras, por exemplo, os anunciantes de produtos ou serviços. Referimo-nos, sim, a pessoas que, por, uma ou por outra razão, sintam atração particular por programas aberrantes dos princípios insculpidos no art. 221 da Constituição – dentre os quais, como é notório, mais de um costuma atingir índices altíssimos nas pesquisas de instituições especializadas. Não falta quem deteste programas educativos – e força é convir que alguns deles parecem ordenados de propósito ou não, a inculcar que *educativo* é sinônimo de *enfadonho*. Mais: todos ou quase todos temos com certeza um lado sádico, que se compraz na visão do sangue a jorrar em abundância de buracos abertos em corpos humanos por armas brancas ou de fogo; e um lado *voyeur*, que procura saciar, na contemplação das sequências mais ousadas de filmes "pornô" (ou de novelas "apimentadas"), a curiosidade insatisfeita – resíduo de uma infância mal resolvida – sobre as relações íntimas de nossos pais... Talvez seja maior do que se supõe o contingente daqueles cujo gosto se deixa modelar, com prazerosa submissão, por tendências do gênero. A semelhante coletividade poderia, então, atribuir-se um "interesse difuso" na exibição, reiterada *ad nauseam*, de cenas "violentas ou "cruas", ou pelo menos na predominância de programas a que seja alheia qualquer cogitação de ordem educativa, quando não na proscrição de todos os que porventura manifestem preocupações éticas ou pretensões culturais.

Em termos genéricos, o problema é real e exige atenção. Caracteriza o campo dos interesses difusos, com efeito, uma como "bipolaridade", assinalada pelo fato de que, em dado momento e sob dadas circunstâncias, bem pode acontecer que entrem em conflito aberto dois interesses sustentados por extensas coletividades, e com referência a ambos

6 *Vide* a nova redação dada ao art. 461 pela Lei nº 8.952, de 13-12-1994.

haja boas razões para entender que fazem jus a proteção[7]. Basta pensar, *v.g.*, em estrada que se projeta abrir a fim de permitir o escoamento dos produtos de região ainda isolada, com justa expectativa de proveito econômico para a população local, mas com prejuízo para a mata cuja travessia, imposta pelo projeto, ameaça causar danos ecológicos de monta[8]. Casos assim suscitam dificuldades nada desprezíveis, na medida em que reclamam, para decisão do conflito, a meticulosa ponderação de custos e benefícios, mercê da qual se logre assegurar, tanto quanto possível, o equilíbrio entre os sacrifícios acaso infligidos a cada um dos interesses.

No assunto de que se trata, porém, a questão está resolvida *a priori* pela Constituição mesma, que, bem ou mal, optou, e cuja opção é vinculativa para a comunidade nacional. À vista do art. 221, há um tipo de interesse difuso julgado merecedor de tutela jurídica, à qual *não* pode aspirar, de seu lado, o interesse que se lhe contrapõe. Quem quiser dar pasto ao sadismo, ao *voyeurismo* ou à pura e simples "grossura" dispõe naturalmente da possibilidade de recorrer, dentro de certos limites, a outros meios, que não é este o lugar próprio para relacionar; não tem como exigir, todavia, que o satisfaçam por intermédio da telinha. Seria absurdo que o ordenamento jurídico viesse a proteger, de alguma forma, pretensão avessa aos seus próprios ditames.

7. A outra objeção previsível usará como ponto de apoio a disposição constitucional que veda "toda e qualquer censura de natureza política, ideológica e artística" (art. 220, § 2º). Daí certamente quererá alguém tirar que não é lícito a autoridade alguma interferir na programação da TV, seja para proibir tal ou qual exibição, seja – de maneira mais geral- para forçá-la a obedecer a tais ou quais parâmetros, como os fixados no art. 221. Demonstra-se com facilidade a incorreção desse entendimento.

---

7 Consoante advertia, já há mais de vinte anos, o mais notável estudioso da matéria, *"come sempre anche qui possiamo trovarei di fronte a più valori contrapposti, ciascuno, nei suoi giusti limiti, degno di rispetto e considerazione"* (CAPPELLETTI, *Appunti sulla tutela giurisdizionale di interessi collettivi o diffusi*, intervenção no simpósio de Pavia, de 1974, publicada no volume Le *azioni a tutela di interessi collettivi*, Pádua, 1976, p. 206).

8 Os exemplos poderiam multiplicar-se indefinidamente. Entre nós, lembra vários outros ADA PELLEGRINI GRINOVER, *A problemática dos interesses difusos*, no volume coletivo *A tutela dos interesses difusos*, S. Paulo, 1984, p. 31/2.

Conforme oportunamente ressaltado *(supra,* nº 2), o § 2º do art. 220 integra amplo conjunto de disposições atinentes, de modo direto ou indireto, à atividade dos meios de comunicação social. Para bem avaliar-lhe o significado e o alcance, é mister levar em conta todos os outros textos correlatos. Há séculos se sabe que *"incivile est, nisi tota lege perspecta, una particula eius posita, iudicare vel respondere"*[9]. Não é por acaso que o art. 220, *caput,* contém a expressa ressalva "observado o disposto nesta Constituição". Já se indicaram acima ilações óbvias dessa cláusula final. A liberdade de criação artística e de difusão de ideias e conhecimentos não é absoluta; obrigatoriamente há de respeitar outras liberdades e direitos também consagrados na Lei Maior. Aliás, *nenhuma* liberdade é, nem pode ser, absoluta: o ordenamento jurídico constitui, tem de constituir sempre, a expressão de um compromisso entre solicitações divergentes de proteção a valores suscetíveis de contrapor-se uns aos outros. A interpretação de qualquer lei, e com relevo particular a da Constituição, há de atender a essa contingência básica.

Ora, uma vez que outras liberdades e direitos devem ser preservados, é forçoso admitir alguma sorte de controle sobre as transmissões eventualmente capazes de lesá-los. Se os órgãos administrativos têm limitado seu âmbito de ação, no particular, pela proibição da censura, cumpre assegurar aos titulares daquelas liberdades e direitos (e a outros legitimados por força de norma constitucional ou legal) a utilização de meios aptos à respectiva (e eficaz) defesa, toda vez que alguma liberdade ou direito protegido seja objeto de violação, atual ou iminente, imputável a qualquer transmissão pela TV. Semelhante possibilidade tem de conviver – e na verdade convive –, no sistema constitucional brasileiro, com a vedação da censura, sem que a ninguém aproveite invocar esta vedação para contestar aquela possibilidade. Acrescente-se que isso se aplica indiferentemente aos direitos *individuais* e aos direitos *coletivos.* a que a Carta de 1988 deu, em boa hora, tão grande realce.

À vista do art. 5º, nº XXXV, da Carta da República, não comporta dúvida a juridicidade do recurso ao Poder Judiciário com o fito de impedir ou fazer cessar violações da classe em foco. Se fosse necessária (e não o é) confirmação para o que se acaba de dizer, no particular domínio de que estamos cogitando, facilmente a encontraríamos no já citado art. 220, § 3º, nº II, da própria Constituição: conforme se observou *(supra,* nº

9 CELSO, no *Digesto,* 1, 3, 24.

3), o exercício do direito de ação, sem dúvida, inclui-se entre os "meios legais" de defesa contra as infrações ao art. 221. Repita-se, ademais, que a ação civil pública é remédio processual apropriado para servir a essa defesa. Apurada a ocorrência, atual ou iminente, de infração, pode e deve o órgão judicial conceder ao demandante a tutela postulada, de preferência sob forma específica, em obséquio, até, à norma hoje constante do art. 461 do Código de Processo Civil, com a redação dada pela Lei nº 8.952, de 13-12-1994, e já antes aplicável à ação civil pública, *ex* vi da conjugação do art. 21 da Lei nº 7.347 com o art. 84 do Código de Defesa do Consumidor. Vale outro tanto para a imposição de multa, independentemente de pedido do autor (art. 11, *fine)*, e para a concessão de medida liminar (art. 12).

8. Perguntar-se-á: qual é, nisso tudo, a função do juiz? Confiar-lhe o poder de decidir se a atividade da emissora contraria ou não os preceitos constitucionais do art. 221 e, no caso afirmativo, condenar aquela a abster- se da violação, ou a cessá-la, não será, afinal de contas, reintroduzir por via oblíqua algo que a Lei Maior pôs ênfase em vedar? Não se configuraria, em última análise, a mera substituição da censura administrativa pela censura judiciária?

A essa indagação é fácil responder que a função do juiz, na matéria, não difere em substância da que ele é chamado a desempenhar sempre que se afirma estar ocorrendo (ou estar na iminência de ocorrer) ofensa a alguma posição subjetiva juridicamente protegida. O direito de ação é consagrado na Constituição (art. 5º, nº XXV); também o é, lógica e necessariamente, o dever de prestar jurisdição, correlato a tal direito. Não pode tolhê-lo, portanto, a proibição da censura. Sob pena de imputar-se à Carta da República palmar contradição, faz-se imperioso concluir que o exercício da função jurisdicional, no terreno de que se cuida, *não constitui censura* – conceito este que se tem de fixar levando em conta os dados do *ius positum,* e não ideias vagas, toscas, mal lapidadas, porventura circulantes no universo extrajurídico. Insista-se: para efeitos constitucionais, "censura" é, nada mais, nada menos, o que a Constituição, direta ou indiretamente, diz que é censura; e, se a Constituição, com absoluta clareza, legitima o recurso ao Judiciário em tema de programação da TV, ao mesmo tempo que veda a censura, então fica fora de dúvida que a interferência do Judiciário, nos termos expostos, não se acha compreendida na área conceptual correspondente, segundo a Lei Maior, à malsinada palavra. Inexiste outro modo de conciliar os dispositivos em foco.

O art. 221 não define, nem seria de esperar que definisse, as expressões que lhe constam do texto. Não especifica, no inciso I, o que é necessário (e suficiente) exigir da programação para reputar satisfeito o requisito da "preferência a finalidades educativas, artísticas, culturais e informativas"; menos ainda estabelece o critério a ser aplicado para qualificar de "educativa" ou de "cultural", por exemplo, a finalidade deste ou daquele programa. Tampouco discrimina, no inciso IV, os "valores éticos e sociais da pessoa e da família" que hão de ser respeitados. Isso de jeito algum impede ou perturba o conhecimento da matéria pelo órgão judicial. Trata-se de conceitos jurídicos indeterminados[10], a reclamar concretização caso a caso. Ora, essa é tarefa que entra no quotidiano do juiz, com a qual ele está bem familiarizado, e sem cujo exercício muito dificilmente lhe seria possível, até, processar e julgar a mais singela das causas. A cada instante, com efeito, deparam-se-lhe, nos textos que lhe compete aplicar, palavras e locuções de sentido tão pouco preciso quanto o das contidas no art. 221 da Lei Maior; e acontece com frequência que para "encher" tais recipientes flexíveis tenha o órgão judicial de recorrer a noções valorativas. Fiquemos em três exemplos sugestivos: que quer dizer "mulher honesta" no art. 215 do Código Penal? E "atos contrários à moral e aos bons costumes" no art. 395, nº III, do Código Civil? E "lealdade e boa-fé" no art. 14, nº II, do Código de Processo Civil? Se o juiz pode *(rectius:* deve) determinar o significado dessas expressões, toda vez que haja de dar ou negar aplicação aos dispositivos em que elas figuram, não há por que estranhar o fato de que lhe caiba proceder de igual maneira em relação aos dizeres do art. 221 da Constituição. Estranhável seria, isso sim, que se houvesse de deixar a determinação ao arbítrio das emissoras, isto é, dos próprios infratores potenciais ou atuais...[11] - sem que, por outro lado, aqui como alhures, se recomende ao magistrado a atitude, também arbitrária, de impor a todos a sua individual e peculiar tabela de valores, desprezando por completo a possibilidade de serem igualmente res-

10 Sobre o assunto, *vide* BARBOSA MOREIRA, *Regras de experiência e conceitos juridicamente indeterminados, in Temas de Direito Processual (Segunda Série)*, 2ª ed. S. Paulo, 1988, p. 61 e s. (espec. 64/6).

11 Consoante preconizava o vice-presidente da ABERT, no pronunciamento citado na nota 1, *supra.*

peitáveis, ao menos em certa medida, distintas visões do mundo em geral e do nosso problema em particular.

9. Convém ilustrar o que ficou dito com um exemplo concreto, colhido na prática do foro do Rio de Janeiro, e ao qual decerto seria possível acrescentar outros. Em junho de 1992, o Ministério Público do Estado ajuizou ação civil pública em face da Rede OM, concessionária do canal de televisão nº 9, que estava a anunciar, inclusive por meio de "chamadas" em diversos horários, a próxima exibição do filme *Calígula,* no qual se conteriam cenas de sexo explícito e de grande violência. Na inicial, pediu a condenação da ré a abster-se de exibi-lo e requereu liminar para que desde logo se determinasse à emissora "a não exibição do referido filme e a cessação de sua chamada comercial ou *de qualquer filme da mesma natureza"* (grifado no original). A liminar foi concedida, sob cominação de multa diária de Cr$ 1.000.000,00, por um magistrado, e, em juízo de retratação no agravo interposto pela ré, veio a ser revogada por outro magistrado (com invocação da norma proibitiva da censura), seguindo-se a anulação, pelo primeiro juiz, do pronunciamento revogatório, com base em irregularidade processual.

Impetrou a emissora, então, segurança contra a liminar restaurada, com requerimento de liminar, que veio a ser indeferido pelo relator do feito no Conselho da Magistratura, competente para conhecer da espécie. No julgamento do *writ,* o Conselho, em votação unânime, denegou a ordem, por Acórdão de 10-9-1992, entendendo não haver, no ato judicial impugnado, "abusividade ou ilegalidade procedimental a serem coarctadas na via rígida e estreita do *mandamus".*

Contra essa decisão interpôs a impetrante recurso ordinário para o Superior Tribunal de Justiça. Na fundamentação do recurso, alegou que o órgão *a quo* se havia colocado "no perigoso campo do subjetivismo", para impedir a exibição da película por causa do "forte conteúdo de cenas de sexo explícito, violência excessiva e brutal", características que, embora reconhecidas pela recorrente, a seu ver apenas justificariam a recomendação de que ela fosse exibida "em horário tardio, destinado, presuntivamente, ao público adulto"; tanto assim, que o órgão administrativo competente autorizara a respectiva exibição após as 23 horas. Em acórdão de 14-12-1994, o Superior Tribunal de Justiça, por sua 1ª Turma, decidiu, unanimemente, não conhecer do recurso ordinário, fundando-se em que a impetração da segurança, nos termos em que se havia *feito,* se mostrava inadmissível: o que cabia à emissora pleitear por esse caminho era unicamente a concessão de efeito suspensivo ao agravo. Confessamos que a tese nos parece extremamente discutível, para dizer o menos[12]; mas não vem a pelo discuti-la neste ensejo. Seja como for, o Superior Tribunal de Justiça não chegou a apreciar questão alguma referente ao mérito da causa.

O processo da ação civil pública, entretanto, havia prosseguido, e recebera do Juiz de Menores, em 19-4-1993, sentença que julgou procedente o pedido, para condenar a ré a não exibir no Estado "o filme *Calígula* como qualquer outro assemelhado que possa refletir negativamente na formação das crianças e adolescentes e, em consequência, em suas famílias. Ajuntou o julgador que o descumprimento da obrigação de abster-se acarretaria para o responsável "o procedimento criminal pela desobediência, assim como a multa diária de três UFERJs [Unidades Fiscais do Estado do Rio de Janeiro] ou unidade fiscal equivalente".

Na motivação, examinou a sentença, em primeiro lugar, a questão da existência de certificado administrativo, que só se referia a horário de exibição, para concluir que ela não obstava à apreciação judicial da matéria. Para tanto, buscou amparo no art. 221 da Constituição, afirmando que a Lei nº 7.347 constituía justamente o meio adequado para servir de "instrumento garantidor de prevenção e resguardo para o exercício dos direitos constitucionais" tutelados pela norma da Lei Maior. Invocou, a seguir, o art. 1º do Estatuto da Criança e do Adolescente, que fala de "proteção integral" a uma e a outro, bem como o art. 227 da Carta da República, que garante uma série de direitos à criança e ao adolescente, a serem assegurados "com absoluta prioridade" pela família, pela sociedade e pelo Estado, observando que, "nas capitais dos Estados, a maioria dos adolescentes está acordada assistindo à televisão, principalmente

12 Permanecemos fiéis à orientação fixada, em *leading case,* pelo Supremo Tribunal Federal, em Acórdão de 5-12-1973, no julgamento do Rec. Extr. 76.909, relatado pelo Ministro XAVIER DE ALBUQUERQUE, *in Rev. Trim. de Jurispr.,* v. 70, p. 504, segundo a qual é cabível mandado de segurança contra ato judicial, desde que este não importe recurso dotado de efeito suspensivo e haja perigo de dano irreparável ou de difícil reparação, se cumprida incontinenti a decisão. A impetração, ao nosso ver, deve alvejar o próprio pronunciamento acoimado de ilegal ou abusivo, e nunca o recebimento do agravo sem efeito suspensivo, que não se concebe seja uma coisa nem outra: fora dos casos excepcionais, expressos em lei (Código de Processo Civil, art. 558), o juiz incorreria em ilegalidade, isso sim, se atribuísse ao agravo efeito que o ordenamento lhe nega.

quando recebem as chamadas antecipadas ou tomam conhecimento de tais filmes". Enfrentou, por fim, o argumento relativo à vedação da censura: não é disso que se trata, senão "do resguardo de um direito inalienável do indivíduo e da família, pois do contrário o enunciado constitucional seria letra morta".

Descumpriríamos elementar dever de prudência se nos atrevêssemos a opinar sobre o acerto ou desacerto da decisão, *na espécie:* não assistimos ao filme *Calígula,* nem pela televisão, nem em cinema, e por conseguinte falta-nos conhecimento direto da matéria de fato. A argumentação jurídica do Juiz de Menores, no entanto, é, ao nosso ver, correta. Um único reparo: quer-nos parecer que melhor teria sido restringir à hipótese *sub iudice* a condenação a não exibir, deixando outras porventura análogas para exame em separado, à luz das características de cada uma das diversas obras, insuscetíveis de avaliação exata *a priori.* Registre-se, à guisa de fecho, que a emissora não apelou da sentença, a qual, destarte, transitou em julgado.

Julho de 1995.

COMENTÁRIOS DOS ATUALIZADORES

AÇÃO CIVIL PÚBLICA E PROGRAMAÇAO DA TV

Ana Cristina Bacos Fernandes / Marco Antonio Rodrigues

O microsistema de tutela coletiva. No texto "As ações coletivas na Constituição Federal de 1988", Barbosa Moreira trata de diversas leis que permitem a tutela coletiva em favor dos direitos de natureza transindividual. Hoje em dia, há razoável consenso doutrinário no sentido da existência de um microssistema de tutela coletiva de direitos, composto, dentre outros diplomas legais, pela Lei da Ação Civil Pública (Lei nº 7.347/1985), Código de Defesa do Consumidor (Lei nº 8.078/1990), Lei da Ação Popular (Lei nº 4.717/1965) e Lei do Mandado de Segurança (Lei nº 12.016/2009), quanto ao mandado de segurança coletivo.

Ampliação da legitimidade ativa para a ação civil pública. Em 2007, a Lei da Ação Civil Pública foi alterada, acrescentando a Defensoria Pública como legitimada ativa a propositura de tal espécie de ação, por meio da modificação do artigo 5º, inciso II, da Lei nº 7.347/85.

Frise-se que a Defensoria Pública não é legitimada universal a propor ação civil pública, eis que a Lei Orgânica Nacional da Defensoria Pública (Lei Complementar nº 80/1994) exige que o resultado da demanda na ação civil pública seja capaz de beneficar grupo de pessoas hipossuficientes.

Os desafios entre a liberdade de radiodifusão e os princípios do artigo 221 da Constituição da República. A liberdade de radiodifusão, estabelecida no artigo 220, e os principios previstos no artigo 221 da CF, constantemente, entram em tensão, tensão esta já notada em 1995 e que se exacerbou ao longo das últimas décadas.

A jurisprudência pátria conferiu significativa preponderância à liberdade de expressão quando em sopesamento com outros direitos fundamentais. É o caso, por exemplo, do julgamento da ADI 2566, em que o STF declarou a inconstitucionalidade de previsão da Lei nº 9.612/1998, que vedava a prática de proselitismo em radiodifusão comunitária, por ofensa à liberdade de expressão, confirmando medida cautelar concedida em 2004.

Em outro caso paradigmático, julgado no ano de 2021, a Suprema Corte entendeu pela inexistência de um direito ao esquecimento, "assim entendido como o poder de obstar, em razão da passagem do tempo, a divulgação de fatos ou dados verídicos e licitamente obtidos e publicados em meios de comunicação social analógicos ou digitais" (RE 1010606, Rel. Min. Dias Toffoli).

LE NOUVEAU CODE DE PROCÉDURE CIVILE VU PAR UN JURISTE BRÉSILIEN[1]

1. Un code de procédure – et l'on en dira autant de n'importe quelle loi – peut être examiné et évalué à plusieurs points de vue. On envisagera d'un côté la technique législative, d'autre côté les principes fondamentaux desquels le code s'inspire, on tâchera ensuite de vérifier s'il répond d'une manière adéquate aux besoins de la société dont il se destine à régler le fonctionnement de la machine judiciaire.

La dernière perspective présente à um juriste étranger des difficultés sans doute plus graves que les autres. Pour juger de l'efficacité concrète d'une méthode de travail il faut en général en avoir l'expérience personelle et directe, faute de quoi on risque de se laisser pousser trop loin par des impressions superficielles fondées sur de simples apparences extérieures, souvent trompeuses.

Par contre, en ce qui concerne la technique et les principes inspirateurs, le regard d'um juriste peut suffire à lui permettre de se figurer, en contemplant la loi d'un autre pays, une image qui ne sera pas forcément très lointaine de la réalité. Toujours est-il incontestable qu'une telle possibilité présuppose dans l'observateur non seulement la possession de certaines connaissances scientifiques, mais aussi et surtout l'aptitude pour conformer les expectatives de sa pensée aux caracteres si changeables des divers systemes juridiques et pour découvrir, au delà des particularités d'expression et des similitudes parfois illusoires, les clés de la correspondance entre les différents langages dont ils se servent.

Dans cet article nous nous bornerons aux aspects les plus accessibles de la problématique qui nous a été proposée, avec la prudence indispensable pour pouvoir au moins entretenir l'espoir de ne pas nous laisser prendre à des pièges tres élémentaires...

2. Commençons donc par la technique. La rédaction du code de procédure civile de 1975 a déjà été maintes fois louée, et selon nous à juste titre. On y voit un exemple remarquable "de la précision technique

---

1 Publicado em *Justices (Revue générale de droit processuel)*, n. 3.

jointe à la clarté"[2]. Nous souscrirons volontiers, en termes généraux, à cet avis.

Ce fut probablement le double souci de précision et de clarté qui entraîna les rédacteurs du code à formuler nombre de dispositions définitoires. On trouve en effet dans le texte les définitions d'action (art. 30), de demande initiale (art. 53), d'assignement (art. 55), de requête conjointe (art. 57), de demande reconventionnelle (art. 64), d'exception de procédure (art. 73), de fin de non recevoir (art. 122) – exemples qui pourraient se multiplier. Il ne s'agit pas d'un cas isolé: le législateur brésilien de 1973 se laissa emporter lui aussi par une forte propension à définir: témoin l'art. 103 pour la connexité, l'art. 162 pour chacune des classes d'actes réalisés par le juge, l'art. 348 pour l'aveu etc. L'abondance de définitions légales constitue par conséquent un trait commun au droit processuel des deux pays.

Il est douteux qu'un tel procédé fût vraiment à ce point nécessaire et surtout que les rédacteurs, d'un côté et de l'autre de l'Atlantique, aient toujours réussi à concevoir des formulations parfaitement convenables. En France, par exemple, on a critiqué à bien des égards la définition de l'action contenue dans l'art. 30, qui l'envisage séparément, tour à tour, du point de vue du demandeur et du défendeur, sans en offrir une notion unitaire et homogène; la conception globale serait done "boiteuse"[3].

La structure du code de procédure civile français semble bien équilibrée. On doit féliciter les rédacteurs d'avoir consacré un livre aux "dispositions communes à toutes juridictions", en réservant le premier titre à des "dispositions liminaires" qui exposent les notions et les principes fondamentaux, dont tout le système fait application. On a évité l'erreur commise par le législateur brésilien: dans le *Código de Processo Civil* de 1973 les dispositions d'une portée générale se trouvent bien entendu

---

2 VINCENT et GUINCHARD, *Procédure civile,* 23e éd., 1994, Paris, p. 34. Cf. HÉRON, *Droit judiciaire privé,* p. 21; NORMAND, *Diritto giudiziario privato francese,* trad. ital., *in La giustizia civile nei paesi comunitari* (éd. Fazzalari), Padova, 1994, p. 91.

3 Ainsi, ROUHETTE, *L'influence en France de la science allemande du procès civil et du code de procédure civile allemand, in Das deutsche Zivilprozess und seine Ausstrahlung auf andere Rechtsordnungen,* éd. Habscheid, Bielefeld, 1991, p. 196. Aux yeux de cet auteur, l'art. 30 constitue, par son manque de rigueur, "une exception malheureuse". V. aussi VINCENT et GUINCHARD, *op. cit.,* p. 70-1; WIEDERKEHR, *La notion d'action en justice selon l'article* 30 *du nouveau Code de procédure civile, in Mélanges offerts à Pierre Hébraud,* Toulouse, 1981, p. 950, 955.

dans le Livre I, pourtant littéralement consacré à *une seule* des trois espèces de procès que règle le code[4].

Une observation vient ici à propos. La plupart des lois de procédure civile, au moins dans le monde latin, incluent dans leurs textes les dispositions relatives aux voies d'exécution; c'est, d'ailleurs, ce que faisait l'ancien code napoléonien et aussi ce que prétendait faire initialement le nouveau code, ou était prévu à cette destination un Livre V dont seule la rubrique a cependant vu le jour. Comme chacun le sait, on a d'abord simplement maintenu en vigueur une partie du code ancien et puis on a réalisé une refonte des procédures civiles d'exécution, en ce qui concerne les saisies mobilières, par la loi du 9 juillet 1991 et par le décret du 31 juillet 1992. La dispersion des sources légales subsiste, et la perspective d'une unification, moyennant l'insertion de telles regles dans le code, semble jusqu'à présent três nébuleuse. Or, s'il est vrai que les voies d'exécution sont normalement "soumises aux principes généraux de la procédure civile"[5], pourquoi ne pas ramener au code les dispositions sur cette matière? Voilà une question qui n'est pas si facile à trancher, au moins pour un juriste étranger.

3. Beaucoup plus intéressant est la caractérisation des príncipes desquels s'inspire le code. Plusieurs en sont énoncés en termes exprès. Déjà l'art. 1er consacre le príncipe selon lequel l'initiative du procès est une faculté des parties, le juge ne pouvant, à quelques rares exceptions près,

4 Le code brésilien adopte la distinction, courante dans la technique de plusieurs pays européens et latino-américains, entre la procédure destinée à l'émission d'um jugement sur les prétentions des parties *("processo de conhecimento",* auquel a trait le Livre I), les voies d'exécution *("processo de execução",* régi par le Livre II) et les mesures préventives *("processo cautelar",* qui est l'objet du Livre III). L'absence d'une "partie générale" est probablement due à l'influence du *codice di procedura civile* de l'Etat du Vatican, de 1946, que notre législateur a souvent pris pour modèle, ou du projet rédigé pour l'Italie par FRANCESCO CARNELUTTI (1924-6), par lequel celuilá fut à son tour influencé: v. BARBOSA MOREIRA, *Quelques aspects de la procédure civile brésilienne et de ses rapports avec d 'autres systèmes juridiques, Revue Internationale de droit comparé,* 1982, n. 4, p. 1.223-4; *Il progetto Carnelutti e il Codice di procedure civile brasiliano, in Studi in onore di Elio Fazzalari,* Milano, 1993, v. 2, p. 555-7; *Il codice di procedura civile dello Stato delta Città dei Vaticano come fonte storica del diritto brasiliano, in Studi in onore di Vittorio Denti,* Padova, 1994, v. 1, p. 2-3.

5 VINCENT et PRÉVAULT, *Voies d'éxécution et procédures de distribution,* 17e éd., Paris, 1993, p. 3.

se saisir d'office. Encore que l'on ait coutume d'y discerner un aspect du principe dit "dispositif', il vaut peut-être mieux d'esquiver cette expression, rendue assez équivoque à cause de l'usage que l'on en fait à propos de questions fort hétérogènes, qu'il serait parfois malaisé de réduire à un dénominateur commun.

Vient ensuite le principe que l'on pourrait appeler – quoique cette terminologie ne soit pas habituelle dans les ouvrages doctrinaux que nous avons consultés – de la *congruence* entre le jugement et la demande. On lit dans l'art. 5 que "le juge doit se prononcer sur tout ce qui est demandé et seulement sur ce qui est demandé". Cette formule est, à notre avis, plus expressive que celle employée par le législateur brésilien dans l'art. 459, *caput, initio ("O juiz proferirá a sentença, acolhendo ou rejeitando, no todo ou em parte, o pedido formulado pelo autor").* La portée du texte français est précisée, personne ne l'ignore, par la confrontation avec l'art. 12, qui ordonne au juge de trancher le litige conformément aux regles de droit applicables à celui-ci et l'autorise à donner ou restituer leur exacte qualification aux faits et actes litigieux sans s'arrêter à la dénomination que les parties en auraient proposées. Malgré l'inexistence d'une disposition équivalente dans notre code, ces régles valent aussi, sans aucun doute, pour le droit brésilien[6].

Les articles 14 et suivants ont trait au príncipe de la contradiction (ou du contradictoire), haussé au Brésil à la condition d'une garantie constitutionnelle (Constitution de la République, art. 5, LV). Abstraction faite des vicissitudes qu'a dû subir l'art. 16, on peut se réjouir du fait qu'il indique clairement la double signification de ce príncipe, en ordonnant au juge de *le faire observer* et de *l'observer lui-même.* D'autre part, il nous semble opportun que l'art. 17 ait soin de prévoir l'éventualité, pour ainsi dire, d›une «compression» de la garantie de la contradiction à l'égard des parties, en permettant que, dans certaines circonstances, des mesures soient prises à leur insu, naturellement sans préjudice du «recours approprié» dont chacune d›elles dispose contre n›importe quelle décision défavorable[7].

6 Cf., parmi d'autres: PONTES DE MIRANDA, *Comentários ao Código de Processo Civil,* t. IV, Rio de Janeiro, 1974, p. 15; CALMON DF. P ASSOS, *Comentários ao Código de Processo Civil,* v. III, 7ª éd., Rio de Janeiro, 1994, p. 207.

7 Voilà ce que nous avons écrit là-dessus, à propos bien entendu du droit brésilien: "Du reste, aucun principe ne doit être considéré comme absolu, et celui du contradictoire ne fait pas d'exception à cette regle. Ils ont tous un caractere instrumental,

Passons maintenant au principe de la publicité, auquel se rattachent les articles 22 et 433. Si l'on veut comparer le système établi par ces deux dispositions à celui qui s'applique chez nous, deux remarques sont ici indispensables. Premièrement il faut noter qu'en droit brésilien la publicité des actes de procédure est elle aussi une garantie inscrite dans la Constitution de la République (art. 5, LX, et art. 93, IX)[8]. On y trouve néanmoins des réserves touchant les cas où «l›intimité ou l›intérêt social (art. 5, LV) ou bien «l›intérêt public» (art. 93, IX) imposent le secret. L'art. 155 du code de procédure civile explicite plusieurs hypotheses *(v.g.*, les procès relatifs à la filiation, au mariage et à d'autres affaires de famille)[9]. En deuxième lieu on doit souligner une différence très importante dans la compréhension même du concept de publicité. Au Brésil, d'ordinaire, ce ne sont pas seulement les débats qui ont lieu

---

ils ne sont que des moyens au service d'un but essentiel, la réalisation d'une bonne justice. A les révérer comme des fétiches, on risque d'aboutir à des résultats opposés à ceux que l'on avait en vue. Aussi est il nécessaire de consentir à certaines atténuations et compressions, pour autant qu'elles seron justifiées par les circonstances. Dans quelques cas d'urgence, *v.g.*, la loi autorize le juge à prende des mesures, voire coercitives, sans entendre au préalable celui qui en subira les effets. L'intéressé aura évidemment la possibilité de s'exprimer apres coup et de réagir par des moyens efficaces contre la mesure qui lui fait grief'(B ARBOSA MOREIRA, *Les principes fondamentaux de la procédure civile dans la nouvelle Constitution brésilienne, in Festschrift für Karl Heinz Schwab,* München, 1990, p, 37), Par là on peut mesurer la ressemblance des deux systemes juridiques quant à la portée du principe dont il s'agit.

---

8 On parle en France, depuis quelques années, du phénomène de la "constitutionnalisation de la procédure civile": ainsi VINCENT et GUINCHARD, *op. cit.,* p. 24 et s., Le lecteur se rendra compte qu'un tel phénomène est bien plus poussé au Brésil, ou l'on trouve traditionnellement, dans les Constitutions successives, des textes intéressant le droit judiciare. Cette inclination se manifeste aujourd'hui avec une intensité particulière; la Constitution de 1988 dépasse de beaucoup ses prédécesseurs sous cet aspect. Les dispositions citées dans notre texte n'en sont que des exemples, qui pourraient se multiplier.

9 "Il Y a des procès civils" - note avec raison K AYSER, *Le principe de la publicité de la justice dans la procédure civile, in Mélanges offerts à Pierre Hébraud, op. cit.,* p. 504 - *"où,* loin d'être une garantie d'une bonne justice, la publicité des débats et des jugements serait de nature à envenimer le litige qui s'est élevé entre deux époux ou entre les membres d'une même famille, en rendrait la solution plus difficile et risquerait de compromettre la paix familiale déjà ébranlée par le litige". Le droit brésilien, comme d'ailleurs tant d'autres, tient compte de cette réalité.

coram populo: à l'exception des cas susmentionnés, le délibéré est également public[10].

4. Il convient d'examiner à part, encore que sommairement, la question des pouvoirs octroyés au juge. On connaît bien la tendance, qui prévaut depuis des décades, à plusieurs points de vue, à l'accroissement de ces pouvoirs. Cette tendance, liée à une philosophie moins individualiste que celle régnante au XIXe siecle, semble assez vigoureuse pour résister aux vents contemporains qui soufflent, un peu partout, dans le sens d'une réduction de la présence de l'Etat dans la vie de la société. Cela conduirait logiquement à remettre en honneur l'idée d'une maîtrise accentuée des parties sur la procédure, le juge ayant à se contenter du rôle d'un "arbitre" chargé de veiller tout simplement à l'observance des "regles du jeu".

A peu d'exceptions près, l'expérience des réformes législatives récentes dans le champ de la procédure dément une telle supposition. En est témoin le cas brésilien: dans la révision (en cours) de notre code de procédure civil e – pour ne pas parler d'interventions législatives qui dans les dernières années ont enrichi de nouvelles pièces le répertoire procédural, surtout en ce qui concerne les "actions collectives" –, on ne fait qu'augmenter le poids de l'activité du juge civil, investi dorénavant de pouvoirs (dont la plupart sont exercés d'office) qu'une conception plus solidement ancré à la tradition hésiterait sans doute à lui confier.

De toute façon il faut préciser que l'expression "procédure civile" a au Brésil un sens bien plus large qu'en France: nous n'adhérons pas au système du "contentieux administratif', si bien que la compétence de la Justice civile embrasse les affaires relevant du droit administratif, du droit fiscal, du droit constitutionnel... Cela justifierait le phénomène aux yeux de quelques-uns; mais, à y regarder de plus près, cette différence ne suffit peut-être pas à l'expliquer.

En effet. Devant les juridictions civiles, en France, la matière du litige porte exclusivement sur des intérêtes privés; pourtant la doctrine française reconnaît d'une commune voix que le code de 1975 est caractérisé lui aussi par l'accroissement des pouvoirs du juge dans l'instruction

10 V. à ce sujet BARBOSA MOREIRA, *Publicité et secret du délibéré, in Temas de Direito Processual,* 4ª Série, S. Paulo, 1989, p. 199 et s. Précisons que la question dont il s'agit ne se pose en príncipe que pour les cours d'appel et pour les cours supérieures *(Supremo Tribunal Federal, Superior Tribunal de Justiça),* le système du juge unique dominant dans les juridictions civiles brésiliennes de première instance.

du procès et dans la conduite de l'instance[11]. Une autre question serait de savoir si l'on a en fait l'habitude d'exercer ces pouvoirs où si les textes qui les prévoient restent le plus souvent lettre morte, comme l'on croit avoir de bonnes raisons de penser[12].

5. Au temps de l'ancien code de procédure civile du 1806, on avait parfois l'impression, au Brésil et ailleurs, que la procédure civile courait en France le risque de se scléroser. Elle ne semblait pas très soucieuse de s'ouvrir aux mouvements de pensée que se déclenchaient au dehors des fronteires nationales. Elle avait renoncé à la position d'avant-garde qui était la sienne au début du XIXe siecle pour se contenter de piétiner mollement.

Une vigoureuse réaction se manifesta cependant depuis quelques decennies – et il faut souligner le rôle joué dans cette évolution par l'oeuvre scientifique de MOTULSKY, bien connue même à l'étranger. Le code de 1975, malgré ses défauts (la perfection n'est pas de ce monde!) en est le fruit savoureux.

Agosto de 1995.

11 V. par exemple – avec des nuances compréhensibles – les avis de VINCENT et GUINCHARD, *op. cit.*, p. 392 et s.; PERROT, *Institutions judiciaires*, 5e éd., Paris, 1993, p. 498; NORMAND, *op. cit.*, p. 91; R. MARTIN et J. MARTIN, *International Encyclopaedia of Laws*, v. I, Civil Procedure, France, p. 17-8. PERROT, *op. et loco cit.*, va jusqu'à dire que "la part de liberté laissée aux parties tend à se restreindre en faveur d'une orientation plus inquisitoriale".

12 Au sujet du pouvoir d'ordonner d'office des mesures d'instruction, HÉRON, *op. cit.*, p. 164, signale qu'"en pratique (...) les juges n'usent que très peu de ce pouvoir" et ajoute que "la grande majorité des mesures d'instruction sont ordonnées à la demande des parties". Cette remarque s'applique au juste à la réalité judiciaire brésilienne et vraisemblablement à celle de beaucoup d'autres pays. Cf., pour l'Italie, les résultats d'une recherche dirigée par DENTI, *in Le prove nel processo civile*, Milano, 1973, p. 13 et s.; quant au Portugal, ARTUR ANSELMO DE CASTRO, *Direito Processual Civil declaratório*, v. III, Coimbra, 1982, p. 163; en ce qui concerne l'Autriche, FASCHING, *Lehrbuch des österreichischen Zivilprozessrechts*, 2e éd., Wien, 1990, p. 350. A s'en remettre à l'avis de VESCOVI, *Los poderes probatorios del juez en los nuevos sistemas procesales. Una reciente experiencia en Ibero-américa: el Código General del Proceso Uruguayo, in Studi in onore di Denti* cit., v. II, p. 549 et s., il faudrait ouvrir une exception pour l'Uruguay, depuis la réforme de 1988.

COMENTÁRIOS DOS ATUALIZADORES

LE NOUVEAU CODE DE PROCÉDURE CIVILE VU PAR UN JURISTE BRÉSILIEN

Ana Cristina Bacos Fernandes / Marco Antonio Rodrigues

O artigo "O Novo Código de Processo Civil Visto por um Jurista Brasileiro", escrito pelo Professor José Carlos Barbosa Moreira, não comporta qualquer tipo de nota, sendo única e referencialmente a visão do jurista autor sobre o Código de Processo Civil francês de 1975.

COINCIDENCIAS Y DIFERENCIAS DEL NUEVO CÓDIGO PROCESAL CIVIL PERUANO FRENTE A LA LEGISLACIÓN PROCESAL BRASILEÑA[1]

Encantado de volver a esta ciudad tan hospitalaria, quiero ante todo expresar a la Comisión Organizadora mi gratitud por el honor de la invitación para participar de este importante Congreso. El hecho de que se hayan acordado de mí lo explicará probablemente el interés que manifesté desde el primer momento por el estudio comparativo del nuevo Código Procesal Civil peruano y del *Código de Processo Civil* que rige en mi propio país. En efecto, tan pronto la fineza de mi querido e ilustre amigo CARLOS PARODI REMÓN me hizo llegar a las manos un ejemplar del Código Procesal Civil, me llamó la atención la semejanza no sólo de varias disposiciones de ambas leyes, sino también, y sobre todo, de las soluciones estructurales adoptadas en ellas para algunos problemas importantes del proceso civil.

Tal similitud me pareció constituir un indicio elocuente de la influencia del Código brasileño sobre el peruano. No sería un fenómeno inédito: en no pocas leyes procesales latino-americanas de las últimas décadas, desde el Código boliviano de 1975 hasta el costarricense de 1989, es fácil percibir que, en más de una ocasión, el legislador recurrió al modelo brasileño como fuente de inspiración. Acerca del tema escribí un breve artículo que fue publicado inclusive en la *Revista Uruguaya de Derecho Procesal*[2]. He ahí seguramente la razón de mi presencia en un conclave destinado a celebrar el primer aniversario de vigencia del nuevo Código de Perú. Claro está que, con respecto a éste, nada tengo que enseñar a los amigos peruanos, sino solamente que aprender. Pero quizá puedan interesarles algunas observaciones sobre los puntos de contacto entre las dos leyes.

---

1 Texto de conferência proferida na Universidade de Lima, Peru, em 15-6-1994, durante o Congresso Internacional de Direito Processual Civil. Acrescentaram-se as notas. Publicado em *Derecho procesal civil y comercial*, nº 2, na *Revista de Derecho Procesal* (espanhola), nº 3/94, e na *Revista de Processo*, nº 76.

2 *A influência do Código de Processo Civil brasileiro no novo Código peruano*, *in Rev.* cit., nº 3-4/92, p. 307 e s. Agora também *in Temas de Direito Processual (Quinta Série)*, S. Paulo, 1994, p. 217 e s.

No me detendré en la enumeración de disposiciones redactadas en modo tan semejante como para excluir la hipótesis de mera coincidencia. Las encontramos por aquí y por allá, a lo largo de los textos; por ejemplo, en la consagración de los principios de *la perpetuatio iurisdictionis* (art. 8 del Código peruano, art. 87 del brasileño) y de la identidad física del juez (art. *50, fine,* del Código peruano, art. 132 del brasileño). Mucho más interesantes, a mi juicio, son las convergencias de estructura, que reflejan una identidad de visión en cuanto a ciertos problemas y a las respectivas soluciones.

De entre tales convergencias me permitiré destacar tres que presentan, en buena medida, una comunidad de características en lo que hace a las razones de política legislativa que determinan la opción del ordenamiento. Me refiero a la actitud del juez frente a la demanda, en su primer contacto con la postulación; a la disciplina de la rebeldía; y a las posibilidades de conclusión del proceso de conocimiento.

La primera cuestión se relaciona con el hecho de que, en el derecho latino-americano, prevalece la técnica del control judicial de la demanda, previo a la convocatoria del demandado para el proceso[3]. Es una técnica que le permite al juez repeler *in limine* demandas inadmisibles y hasta, en algunos supuestos, demandas manifiestamente infundadas. El Código peruano trata de esta materia en los artículos 426 y 427, los cuales contemplan, respectivamente, las hipótesis de "inadmisibilidad de la demanda" y de "improcedencia de la demanda". Aquí cabe una advertencia de orden terminológico: en el lenguaje jurídico brasileño, la expresión *"improcedência"* designa siempre un fenómeno relativo al fondo del litígio, de modo que declarar *"improcedente"* la demanda significa, entre nosotros, decir que no es fundada la pretensión del actor; mientras el art. 427 del Código peruano toca en general cuestiones ajenas a la relación jurídica substancial, a la llamada *res in iudicium deducta,* si se exceptúa el inciso 3, concerniente a la caducidad del derecho. Sin embargo, el cotejo de los dos artículos con el texto correspondiente del Código brasileño (art. 295) pone de relieve la existencia de varios supuestos comunes de rechazo *in limine:* así la falta de legitimidad o de interés para obrar (respectivamente: art. 427, incisos 1 y 2, peruano; art.

3 Entre los códigos procesales más modernos v.: Colombia, arts. 85/6; Panamá, arts. 654, 662, 675; Venezuela, arts. 339, 341; Uruguay, arts. 24.1, 117, 119; Paraguay, arts. 216, 222; Costa Rica, arts. 291,295; Y el Código-modelo de Procedimiento Civil para Iberoamérica, arts. 33.1., 110, 112.

295, números II y III, brasileño); la inexistencia de conexión lógica entre los hechos y el *petitum* (art. 427, inciso 7, peruano; art. 295, párrafo único, nº II, brasileño); la imposibilidad jurídica del petitorio (art. 427, inciso 8, peruano; art. 295, párrafo único, nº III, brasileño, donde no se habla de la imposibilidad *física);* la incompatibilidad entre pretensiones acumuladas (art. 427, inciso 10, peruano; art. 295, párrafo único, nº IV, brasileño).

Una cuestión muy importante en la práctica es la eventualidad de demandas mal formuladas, de manera incompleta o sin la claridad y precisión indispensables. Tanto el legislador brasileño como el peruano se dieron cuenta de la conveniencia de reglar tal hipótesis. El Código de 1973 le consagra el art. 284, *verbis: "Verificando o juiz que a petição inicial não preenche os requisitos exigidos nos arts.* 282 *e* 283, *ou que apresenta defeitos e irregularidades capazes de dificultar o julgamento do mérito, determinará que o autor a emende, ou a complete, no prazo de* 10 *(dez) dias"*[4]*; y* el párrafo único añade: *"Se o autor não cumprir a diligência, o juiz indeferirá a petição inicial". El* Código peruano se refiere asimismo al punto en términos expresos: de conformidad con el art. 426, inciso 4, "el juez declarará inadmisible la demanda cuando presente defectos que impiden un pronunciamiento sobre el fondo"; en tal caso, "el juez ordenará al demandante subsane la omisión o defecto en un plazo no mayor de diez dias. Si el demandante no cumpliera con lo ordenado, el juez rechazará la demanda y ordenará el archivo del expediente". Es interesante notar que, en la redacción primitiva del Código, el inciso 7 del art. 427 contemplaba por separado la posibilidad de un petitorio "incompleto o impreciso"; esa disposición fue suprimida por el Decreto-ley nº 25.940, de 7-12-1992. En realidad, era razonable pensar que existía en cierta medida una superposición, ya que, si un petitorio es "incompleto o impreciso", ello sin duda constituye un defecto capaz de impedir, o por lo menos de dificultar, el pronunciamiento sobre el fondo.

Merece atención especial la disposición que impone al órgano judicial la concesión de un plazo ai demandante para subsanar la omisión o aclarar la demanda. Hay aquí, en efecto, dos consideraciones de política legislativa eventualmente contrapuestas: una de ellas exige que no

4 El legislador brasileño debe haberse inspirado, a su turno, en el derecho portugués. V. el art. 477, nº 1, del *Código de Processo Civil* de Portugal: cuando la *petição inicial* (escrito de demanda) *"apresente irregularidades e deficiências que sejam suscetíveis de comprometer o êxito da ação, pode ser convidado o autor a completá-la ou a corrigi-la, marcando-se prazo para a apresentação de nova petição".*

se tolere la subsistencia de un proceso sin perspectiva de resultado útil; la otra, en cambio, refleja la conveniencia de no someter el demandante a una consecuencia tan grave como el rechazo *in limine* de la demanda exclusivamente en razón de la inhabilidad técnica de su apoderado judicial, sin darle la oportunidad de rectificar los errores que lo comporten. Además, el rechazo de la demanda no impide que el actor vuelva a presentarla, lo que significará la iniciación de un segundo proceso sobre el mismo litígio; desde el punto de vista de la economía procesal, mejor será, si es posible, aprovechar el proceso ya entablado.

Es menester que los jueces observen con exactitud la sistemática legal. La experiencia brasileña pone de manifiesto que, en no pocos casos, se ordena el emplazamiento del demandado sin llevar a cabo un control efectivo de la demanda. Si ella contiene algún defecto suficiente para obstar el pronunciamiento sobre el fondo, la continuación del proceso sin la debida corrección causa perjuicio a todos los interesados: al demandante, en tanto y en cuanto lo engaña con la falsa esperanza, destinada a frustrarse, de una decisión sobre el fondo; al demandado, que permanece sometido, tal vez con demora y sin utilidad, a los inconvenientes de la litispendencia; a la Justicia, por el desperdicio de tiempo y de energías que mejor se emplearían en otra actividad. Se entiende que jueces sobrecargados de trabajo no siempre pueden detenerse largamente en el examen de los escritos de demanda; ello no justifica que se convierta en rutina la práctica de dar curso automático a cualquier demanda, por más ostensiva que sea su improponibilidad.

Por otra parte, tampoco es deseable un rigor excesivo en el control *in limine.* Importa evitar exageraciones que pudieran implicar un desmedro inaceptable para el ejercicio del derecho de acción[5]. En particular, debe el juez abstenerse escrupulosamente de repeler *in limine* la demanda, cuando sea remediable el defecto, sin proporcionar al demandante la oportunidad de subsanarlo.

El segundo tema de que voy a ocuparme es la rebeldía. Son sensibles en esta materia las afinidades entre el nuevo Código peruano y el brasileño. Conforme al art. 458 de aquél, se declara rebelde al demandado que, si bien válidamente notificado, no contesta la demanda en el

5 V., en fecha reciente, la advertencia de PEYRANO, *Rechazo in limine de la demanda, in XIV Jornadas Ibero-americanas de Derecho Procesal,* La Plata, 1994, p. 232/3 (cf., anteriormente, el escrito homónimo del mismo autor, *in El proceso atípico,* Buenos Aires, 1983, p. 43).

plazo. La declaración de rebeldía engendra presunción relativa sobre la verdad de los hechos expuestos por el actor, salvo que: *a)* habiendo varios emplazados, alguno presente contestación; *b)* el litigio tenga por objeto un derecho indisponible; c) a la demanda no haya acompañado un documento legalmente necesario como prueba del fundamento de la pretensión; *d)* el juez declare, en resolución motivada, que los hechos alegados no le producen convicción (art. 461, números 1 a 4). Esta última disposición no tiene equivalente en el texto de mi país, pera quizá se puedan incluir en su ámbito de incidencia algunas hipótesis que la doctrina brasileña suele mencionar para subrayar la naturaleza *relativa* (no consagrada *expressis verbis* en nuestra ley) de la presunción legal: así, por ejemplo, el carácter manifiestamente inverosímil o absurdo de la alegación contenida en la demanda, o la notoria falsedad del hecho alegado[6]. Si se hace abstracción de tal punto, las disposiciones del Código peruano reflejan con fidelidad la conjugación de los artículos 319 y 320 del texto brasileño.

De acuerdo con el art. 460 del Código Procesal Civil, declarada la rebeldía, incumbe al órgano judicial pronunciarse sobre el sanearniento del proceso; y, si lo considera saneado, normalmente procederá a expedir sentencia, a menos que quede excluída la presunción de veracidad, es decir, que ocurra alguno de los supuestos del art. 461. Cabe recordar que también en este punto se modificó por el Decreto-ley nº 25.940 la disciplina primitivamente establecida: en efecto, el art. 460, en su antigua redacción, rezaba: "La declaración de rebeldía no altera el curso del proceso y la sentencia acogerá el mérito del actuado con sujeción a lo dispuesto en el art. 461".

El proceso civil peruano se adhiere pues, a partir de 1992, a la corriente germánica en cuanto a los efectos de la rebeldía, a semejanza de lo que hiciera el Brasil - contrariando la tradición nacional - en 1973, ocasión en que se tomó por modelo, probablemente, la legislación portuguesa[7]. Ese cambio de orientación fué severamente criticado entre

6 V., por ejemplo, BARBOSA MOREIRA, O *novo processo civil brasileiro,* 15ª ed., Rio de Janeiro, 1993, p. 118.

7 Cf. BARBOSA MOREIRA, *A revelia do direito alemão e a reforma do processo civil brasileiro, in Estudos sobre o novo Código de Processo Civil,* Rio de Janeiro, 1974, p. 146, nota 13; *Quelques aspects de la procédure civile brésilienne et de ses rapports avec d'autres systemes juridiques, in Revue Internationale de Droit Comparé,* 1982, nº 4, p. 1.219, o *in Temas de Direito Processual (Quinta Série),* S. Paulo, 1984, p. 19.

nosotros por un sector de la doctrina[8]. Se afirmó que el tratamento riguroso del rebelde sería tal vez justificado en países europeos, en los cuales la omisión en contestar traduce por regla general, el reconocimiento, por parte del demandado, de la inexistencia de razones serias para impugnar la pretensión del actor, mientras lo sería mucho menos en sociedades poco desarrolladas, donde semejante omisión se puede explicar con mayor frecuencia por motivos completamente distintos – de orden cultural, como la deficiente comprensión de lo que ocurre, o de índole económica, como la carencia de medios, y así en adelante. No se debería sacrificar en semejante medida el interés del demandado inculto o pobre ai empeño en hacer terminar más rápidamente el pleito.

La rigidez de la sistemática legal fué notablemente atenuada en mi país por la labor de la doctrina y de la jurisprudencia. Desde los primeros tiempos de vigencia del Código, y aún – como dicho anteriormente – sin apoyo en la letra de la ley, ambas adoptaron, en la interpretación y aplicación del art. 319, una posición moderada, que redujo el alcance de la cláusula textual *("reputar-se-ão verdadeiros os fatos afirmados pelo autor") al* de una mera presunción *iuris tantum*[9]. El legislador peruano, con mayor lucidez, ya incorporó tal noción al texto mismo del nuevo Código, con miras a evitar inútiles problemas hermenéuticos; y añadió, en el art. 461, nº 4, una disposición inexistente en la ley brasileña y capaz de cubrir eventuales hipótesis remanentes en las cuales parezca poco razonable extraer de la rebeldía la consecuencia normal, en desmedro del demandado.

El propósito de abreviar el procedimiento ordinario no se limitó, en el Código de mi país, al caso de que hasta ahora nos veníamos ocupando. Por vía de principio, el itinerario del proceso – cuya fase inicial, reservada a las postulaciones de las partes, se desarrolla por escrito – desemboca en la llamada *audiência de instrução e julgamento,* en la qual se actúan las pruebas orales, se debate la causa y, si es posible, se dicta la sentencia. Empero muchas veces esa última etapa del trámite resulta inútil o innecesaria: inútil, cuando se verifica con anterioridad que, en razón de defectos insanables o no subsanados oportunamente, *jamás* será posible llegar a una decisión sobre el fondo; innecesaria, quando para pronunciar tal decisión el juez ya cuenta, independientemente de la audiencia,

8 V. principalmente CALMON DE PASSOS, *Comentários ao Código de Processo Civil,* v. III, 6ª ed., Rio de Janeiro, 1989, p. 395/6.

9 Algunas citas en nuestro artículo *A influência do Código de Processo Civil brasileiro no novo Código peruano,* nota 3.

con todos los elementos indispensables a la formación de su convencimiento. En semejantes supuestos, pareció al legislador brasileño que hacer proseguir el proceso en dirección a la audiencia no significaría más que aumentar injustificadamente su duración. De ahí las disposiciones agrupadas, bajo la sumilla genérica *"Do julgamento conforme o estado do processo"*, en el Capítulo V del Título VIII del Libro I artículos 329 y siguientes): el pleito puede terminar antes de la ocasión "normal", sea sin declaración sobre el fondo, sea con tal declaración, como ocurre, por ceñirnos a lo esencial, en las hipótesis del art. 330, es decir, si la cuestión de fondo prescinde de la recepción de pruebas orales en la audiencia (inciso I), o si la rebeldía ha producido sus efectos habituales (inciso II, con salvedad de lo dispuesto en el art. 320).

A pesar de ciertas diferencias, la sistemática del nuevo Código peruano tiene más de un punto de contacto con la que acabo de describir. Trascurrido el plazo de la contestación, debe el juez averiguar si el proceso contiene defectos y, en su caso, ordenar que sean subsanados (art. 465). Si todo le parece regular, o cesadas las irregularidades, le incumbe fijar día y hora para la realización de una audiencia, que tiene por finalidad principal propiciar la conciliación entre las partes (art. 468), pero puede conducir a otro resultado – la preparación de la audiencia de pruebas – si el intento conciliatorio se frustra (art. 471). A semejanza de lo que acaece en el derecho brasileño, ese esquema comporta una modificación substancial en ciertas hipótesis. Cuando "la cuestión debatida es sólo de derecho o, siendo también de hecho, no hay necesidad de actuar medio probatorio alguno en la audiencia respectiva" (art. 473, nº 1); yasimismo cuando "queda consentida o ejecutoriada la resolución que declara saneado el proceso, en los casos en que la declaración de rebeldía produce presunción legal relativa de verdad" (art. 473, nº 2), el juez debe comunicar a los litigantes "su decisión de expedir sentencia sin admitir otro trámite" (art. 473, *caput).* Por otra parte, si se presenta cualquiera de los supuestos del art. 321 o del art. 322, incisos 2, 4 y 5, el órgano judicial declara concluído el proceso, sea sin declaración sobre el fondo (en los casos del art. 321), sea con tal declaración (en los casos del art. 322, incisos 2, 4 y 5). La inspiración básica de semejante conjunto de disposiciones es evidentemente la misma que la lectura de los artículos 329 y 330 del Código brasileño permite descubrir: la ley quiere que la marcha del proceso hacia la audiencia prosiga solamente cuando la prosecución se muestre, en principio, útil y necesaria, en tanto y en cuanto no exista obstáculo a la apreciación del fondo del litigio, mas tampoco existan elementos suficientes para formar el convencimiento del juez.

Aquí también importa mucho que el órgano judicial se esfuerce para preservar el justo equilibrio entre dos intereses eventualmente contrapuestos. Por una parte, no cabe duda sobre la conveniencia de evitar la prolongación ociosa de una actividad procesal destinada a frustrarse. Por otra parte, hay que tener en cuenta el riesgo de que una extinción apresurada del proceso implique, para el litigante, el cercenamiento de la posibilidad de producir prueba de sus alegaciones. Si el juez se precipita y falla sin asegurarse de que todo el necesario material probatorio ya se encuentra a su disposición, viola el derecho a la prueba, que constituye un aspecto fundamental del derecho de acción, para el demandante, y del derecho de defensa, para el demandado.

De la disciplina consagrada en esta materia por ambos Códigos se podría indagar si sacrifica la oralidad en medida superior a lo razonable. La respuesta naturalmente variará según la concepción que se adopte de la oralidad misma. Es posible concebir para el procedimiento una estructura a la cual sea esencialla realización de la audiencia; y el derecho comparado enseña que semejante modelo está lejos de constituir una simple abstracción teórica. Aún en el Código de mi país se encuentra un ejemplo típico de la aplicación de tal idea de la oralidad: el procedimiento denominado sumarísimo, en el cual se emplaza el demandado, desde el inicio, para comparecer a la audiencia y en ésta presentar su contestación – oralmente, si lo prefiere (art. 278). La experiencia brasileña, por motivos diversos, no viene correspondiendo a las esperanzas que suscitara la creación del procedimiento sumarísimo. Con ello no queda excluída, óbviamente, la posibilidad de que, bajo condiciones favorables, funcione de modo muy eficaz un modelo de procedimiento substancialmente concentrado en la audiencia: lo demuestran los resultados de la reforma procesal uruguaya de 1988[10]. Sea como fuere, no es ese el modelo adoptado en la Sección Cuarta del Libro Primero del Código peruano, ni en la disciplina del procedimiento ordinario en mi país. De todo modo, cabe sabrayar, queda preservada la significación nuclear de la oralidad: cuando haya a necesidad de actuar medios probatorios en audiencia, el órgano judicial recibirá directamente tales pruebas,

10 V. al respecto VESCOVI-RUECO, *Los primeros resultados de la reforma de la Justicia en Uruguay. Un balance a los dieciochos meses de la entrada en vigencia del Código General del Proceso, in Rev. Urug. de Der. Proc.*, nº 1/1991, p. 27 y 88.

descartada por completo la posibilidad de mediación; y - salvo casos excepcionales - la sentencia no podrá ser dictada por otro juez. Tanto basta para aplacar los escrúpulos de quienes - como se lee en un libro clásico sobre la problemática de la prueba - se consideran "inmediacionistas antes o más que oralistas"[11].

Las técnicas de que nos venimos ocupando intentan, no diré resolver, sino mitigar, dentro de cierto ámbito, un problema común a muchos países, y no sólo en Latinoamérica: el de la duración excesiva de los procesos. La comparación entre los dos Códigos pone de relieve que el legislador peruano, cuando quiso utilizarlas, seguramente volvió su mirada, en más de un momento, para el modelo brasileño. No es temerario inferir de los textos una influencia, a veces muy intensa, del Código de 1973 sobre el de 1992. De ahí el interés que puede revestir, para los juristas y sobre todo para los jueces de Perú, el testimonio de un procesalista de Brasil, que por lo demás pudo beneficiarse de una experiencia de casi catorce años de ejercicio de la judicatura. Los resultados obtenidos en mi país autorizan la convicción de que las mencionadas técnicas, aplicadas con habilidad, son útiles en medida no despreciable.

Sin embargo, hay que abandonar aquí también la creencia ilusoria de que una reforma legislativa sea capaz de alterar substancialmente, de *por* sí, el paisaje de los juicios por lo que respecta a la demora de los pleitos. La disciplina legal más perfecta en teoría tendrá en la práctica una repercusión débil si faltan los presupuestos de su buen funcionamiento. Ello no quiere decir, obviamente, que sea fútil toda iniciativa de perfeccionar el ordenamiento positivo. El jurista debe resistir con tenacidad dos tentaciones simétricas e igualmente funestas: una consiste en atribuir omnipotencia a la norma, la otra en desecharla como impotente. La modificación de un texto legal puede influir, y normalmente influye, por lo menos en cierta medida, sobre la realidad de los hechos. De no ser así, nadie tendria motivo para temer o para criticar una reforma injusta o inconveniente de la ley: cualquier cambio seria siempre innocuo, y no valdría la pena preocupamos con el asunto. Es razonable esperar que una buena reforma produzca buenos frutos. Lo que no será razonable es pretender que la reforma, para producirlos, logre vencer, sin la cooperación de otros factores, el soplo de vientos adversos, por más fuertes que sean.

11 SENTÍS MELENDO, *La prueba - Los grandes temas del derecho probatorio*. Buenos Aires, 1958, p. 476.

Es menester, con miras a evitar frustraciones, rodear la iniciativa de circunstancias favorables, que no siempre tienen relación directa con la ley procesal, sino más bien con providencias de orden administrativo, atinentes a la estructura y a la organización del aparato judicial. Nadie ignora cuan importante fué para el éxito de la reforma uruguaya de 1988 el hecho de que ese país pudiera contar con un cuerpo numeroso de jueces[12]. No menos importante, por supuesto, es la calidad: mucho depende de la aptitud y de la dísposición de quienes van a encargarse de hacer efectivos *in concreto* los desígnios infundidos en los textos. Ojalá consiga la Justicia peruana convertir en realidad la aspiración, que palpita en el nuevo Código, a un proceso más rápido y, en términos generales, más eficiente.

Junho de 1994.

COMENTÁRIOS DOS ATUALIZADORES

COINCIDENCIAS Y DIFERENCIAS DEL NUEVO CÓDIGO PROCESAL CIVIL PERUANO FRENTE A LA LEGISLACIÓN PROCESAL BRASILEÑA

Ana Cristina Bacos Fernandes / Marco Antonio Rodrigues

O Código de Processo Civil peruano de 1992 continua vigente, tendo sido efetuadas algumas alterações em seu texto original.

Distintamente, o Código de Processo Civil brasileiro foi profundamente modificado com a reforma de 2015 tendo sido inspirado em fontes diversas do diploma legal que o antecedeu.

Controle de admissibilidade da demanda. No que se refere, porém, ao controle judicial da demanda prévio ao chamamento do demandado ao processo, nada mudou e as semelhanças entre o Código

12 En 1991, proporcionalmente a la población, se colocaba el Uruguay, desde ese punto de vista, en tercer lugar en el mundo, después de Alemania y Bélgica: v. los datos numéricos mencionados por VESCOVI-RUECO en el art. cit., p. 39, nota 11.

peruano e o brasileiro persistem. Nesse sentido, vale salientar que o Còdigo de Processo Civil de 2015, além de manter a previsão de controle da inépcia da inicial, também prevê um direito subjetivo do autor em emendar sua petição inicial, na forma do artigo 321, tendo ampliado o prazo para tanto para 15 dias.

Assim, igualmente persiste a semelhança entre os dois sistemas processuais relativa à possibilidade que é concedida ao autor da demanda de retificar sua inicial diante de eventuais erros, o que se justifica diante da economia processual para, como bem observa o autor, aproveitar um processo já iniciado.

Revelia. O autor também cuida das semelhanças e diferenças entre tais sistemas processuais em matéria de revelia. Nesse ponto, importante destacar que o Código de Processo Civil brasileiro de 2015 abraçou a tendência doutrinária de não aplicação do efeito material da revelia em caso de as alegações autorais serem inverossímeis, conforme se extrai do artigo 345, inciso II, do CPC.

LA NUOVA LEGGE BRASILIANA SULL'ARBITRATO[1]

Introduzione

1. La storia dell'arbitrato nel diritto brasiliano ha qualcosa di paradossale[2]. Non si può dire che esso non abbia goduto in altri tempi di qualche prestigio. Sotto il regime imperiale, il codice del commercio (1850) rendeva addirittura *obbligatorio* l'arbitrato per certe liti tra soci. Il Regolamento nº 737, dedicato specificamente al processo commerciale, si riferi sia all'arbitrato necessario, sia a quello volontario. Si ricordi d'altronde che il Brasile deve all'esito di arbitrati internazionali vertenti su questioni di frontiera il dominio di alcune parti del suo territorio.

Nel periodo repubblicano l'istituto entro tuttavia in una spiccata decadenza. Non è esagerato affermare che sul piano del rapporti giuridici interni il ricorso all'arbitrato si rese praticamente eccezionale.

Come di solito, tale fenomeno si spiega per un concorso di cause diverse. Ma gli studiosi del tema sono d'accordo nell'attribuire una parte non trascurabile della responsabilità ai difetti della legislazione.

2. Occorre chiarire che nei primi anni della Repubblica il nostro paese adottava un sistema misto in tema di competenza legislativa. Infatti il potere di dettare norme di diritto civile apparteneva esclusivamente all'Unione; per il diritto processuale spettava invece a ciascuno degli Stati-membri la disciplina del processo davanti ai loro giudici, mentre il legislatore dell'Unione regolava soltanto il funzionamento della giustizia federale.

Ora le norme sul compromesso, contenute nel codice civile del 1916 (artt. 1.037 e segg.), si applicavano in modo almeno tendenzialmente uniforme in tutto il territorio nazionale, laddove per l'arbitrato la disciplina era piuttosto frammentaria (lo stesso codice civile, contrariamente a quanto fosse da aspettarsi, faceva incursioni in simile terreno: v.

---

1 Escrito destinado ao volume de estudos em homenagem a László Gáspárdy e publicado na *Rivista dell'arbitrato*, nº 1/97.

2 Para uma ampla informação histórica v. CARLOS ALBERTO CARMONA, *A arbitragem no processo civil brasileiro*, S. Paulo, 1993, p. 46 e s.

artt. 1.041 e segg.) – il che del resto non favoriva affatto il progresso degli studi scientifici in argomento.

La situazione non cambiò sostanzialmente con l'avvento del primo codice nazionale di procedura civile (1939), il cui Libro IX *(Do juízo arbitral)* non introdusse novità di rilievo in questa materia. Il compromesso rimase regolato dal codice civile, mentre nessuna delle due leggi si occupava della clausola compromissoria. Siffatta omissione, sia detto sin d'ora, fu senza dubbio uno dei fattori del declino dell'arbitrato: nel silenzio della legge prevalse la tendenza a ritenere che, nonostante l'inclusione della clausola compromissoria nel contratto, il contraente riluttante non potes se essere costretto dall'altro a stipulare il compromesso: non sarebbe stato esigibile *in natura* l'adempimento dell'obbligo di dichiarare la propria volontà, ne avrebbe potuto il giudice supplire alla dichiarazione rifiutata. La mancanza del compromesso sbarrava la via del processo arbitrale.

Il codice di procedura civile vigente (1973) disciplino il compromesso (artt. 1.072-1.077), derogando tacitamente alle disposizioni del codice civile sulla materia; ma per la verità non si scostò molto da quanto vi si stabiliva. Tacque anch'esso della clausola compromissoria. Dedico gli artt. 1.078-1.084 agli arbitri, gli artt. 1.085-1.097 al procedimento arbitrale e gli artt. 1.098-1.102 all'omologazione giudiziale, indispensabile per conferire al lodo gli effetti tipici di una sentenza vera e propria. Il suo sistema pesante, burocratico, privo di agilità, non era il più adatto a vivificare l'istituto, e non sorprende che non sia riuscito a scuoterlo dalla letargia in cui giaceva.

3. L'insoddisfazione diffusa degli operatori del diritto suscito lungo i tre ultimi lustri una serie di tentativi di modificare la situazione. Diversi avamprogetti furono elaborati, senza che pera alcuno di essi arrivasse a fruttificare.

La Legge nº 7.244, del 7-11-1984, sul procedimento davanti ai giudici speciali per le "piccole cause", previde una forma semplificata di arbitrato nel caso di mancata conciliazione, accordando finanche all'arbitro il potere di decidere secondo equità anche senza l'autorizzazione delle parti, che il codice invece richiedeva. Tale disciplina sopravvisse nel sistema della Legge nº 9.099, del 26-9-1995, che regolò *ex novo* la materia concernente gli organi giudiziali di cui all'art. 98, I, della Costituzione del 1988, competenti – nell'ambito civile – per la conciliazione, la decisione e l'esecuzione delle "cause civili di minore complessità". Peraltro, come e ovvio, dato il ristretto campo di applicazione, queste disposizioni non erano in grado di trasformare il panorama generale.

Finalmente ebbe fortuna un progetto redatto da una commissione di studiosi, ampiamente discusso dai settori interessati, arricchito da vari contributi e presentato dal Senatore Marco Maciel (attuale vice--presidente della Repubblica)[3]. Dopo circa quattro anni esso riuscì ad essere approvato, con poche modifiche, e ne risultò la Legge nº 9.307, del 23-9-1996.

Tratti essenziali della nuova legge

4. Come si è detto, la disciplina della materia *sub examine* si divise per molti anni tra il codice civile (che si occupava del compromesso e conteneva pure alcune norme sull'arbitrato) e le leggi processuali (che regolavano dettagliatamente l'arbitrato). Il vigente codice di procedura civile sancì una nuova disciplina del compromesso e pertanto – si ripete – derogò alle disposizioni del codice civile. Per dissipare qualsiasi dubbio, l'art. 44 della Legge nº 9.307 dichiara espressamente derogati gli artt. 1.037 a 1.048 di quel codice: precauzione a rigor di logica superflua, anzi tecnicamente criticabile, ma forse praticamente utile per richiamare l'attenzione di qualche giudice (o professore...) distratto. Ugualmente espressa, si capisce, e la deroga agli artt. 1.072 e segg. del codice di procedura civile. La *sedes materiae* e adesso una sola.

La nuova legge si fa notare anzittutto per l'impegno fondamentale di assicurare all arbitrato uno svolgimento il più possibile celere ed un risultato il più possibile efficace. Si ispirano a tal cura le principali scelte del legislatore, quali la riduzione ad un minimo del controllo del giudice sull'attività degli arbitri nel corso del processo arbitrale e la soppressione della necessità di sottoporre il lodo all'omologazione giudiziale. Sotto entrambi gli aspetti il sistema del diritto brasiliano si discosta adesso dal modello italiano, che ammette in misura più ampia l'interferenza dell'autorità giudiziaria. Si tratta di una reazione evidente contro l'orientamento della nostra precedente legislazione, ritenuto responsabile appunto della deludente *performance* dell'arbitrato fino a questo momento.

3 V. CARLOS ALBERTO CARMONA, *op. cit.*, p. 136.

Accanto alla soppressione dell'omologazione giudiziale del lodo, l'innovazione più importante della Legge nº 9.307 consiste certamente nella soluzione trovata per superare l'ostacolo creato dal rifiuto di uno dei contraenti – malgrado l'esistenza della clausola compromissoria – alla conclusione del compromesso. L'art. 7º della legge apre infatti alla controparte, in questa ipotesi, la possibilità di postulare in giudizio una sentenza che produca gli stessi effeti del compromesso. Tocca al giudice adito tentare di conciliare le parti sulla lite principale o quantomeno indurle alla stipulazione consensuale dei compromesso (§ 2º). Fallito il tentativo, il giudice stesso detta i termini del compromesso, rispettando naturalmente le disposizioni della clausola compromissoria (§ 3º).

La convenzione d'arbitrato

5. La Legge nº 9.307 introduce nella terminologia legale brasiliana un'espressione estranea alla nostra tradizione: quella di *"convenção de arbitragem"* (convenzione d'arbitrato). Nel diritto anteriore si parlava di clausola compromissoria e di compromesso; queste locuzioni non vengono abbandonate, anzi conservano il loro significato specifico, che coincide con quello familiare ai giuristi di altri paesi latini. Il legislatore comunque si è dato pensiero di fornirne le definizioni – molto simili, si os servi, a quelle contenute rispettivamente negli artt. 1.442 e 1.447 del codice di procedura civile francese: la clausola compromissoria e "la convenzione con la quale le parti di un contratto si obbligano a sottoporre all'arbitrato le liti che possano scaturire dal contratto" (art. 4, *caput);* il compromesso e "la convenzione con la quale le parti sottopongono una lite all'arbitrato di una o più persone" (art. 9, *caput,* il quale aggiunge che il compromesso può essere giudiziale o stragiudiziale).

La novità risiede nella riunione di queste due figure – a somiglianza di quanto accade nel diritto portoghese (Legge nº 31, del 29-8-1986, art. 1) – sotto la summenzionata denominazione generica (art. 3). Peraltro non sembra molto rilevante la portata pratica di questa innovazione, tant'è vero che il testo, mentre disciplina con cura la clausola compromissoria ed il compromesso, si riferisce invece di rado alla "convenzione d'arbitrato". Una delle scarse applicazioni di simile termine si trova nella modifica apportata dall'art. 41 della Legge nº 9.307 all'art. 267, VII, del codice di procedura civile, dove si attribuiva al compromesso (non alla sola clausola compromissoria) l'effetto di estinguere il processo giudiziale sulla stessa lite senza decisione di merito; tale effetto viene adesso attribuito *in genere* alla suddetta convenzione.

6. Ad ogni modo conviene sottolineare che l'arbitrato ha il compromesso come presupposto necessario. È possibile difatti prescindere dalla clausola compromissoria: nulla impedisce che i contraenti, una volta insorto il conflitto di interessi, celebrino validamente un compromesso anche in assenza della clausola nello strumento contrattuale.

Al contrario, la clausola compromissoria di per se non basta. Se le parti sono concordi sulla conclusione del compromesso, tanto meglio. Se invece una di esse oppone rifiuto, resta all'altra la possibilità di otteneme la conclusione *ope iudicis* tramite l'azione di cui all'art. 7 (v. sopra nº 4).

7. Ogetto della convenzione d'arbitrato – e quindi dell'arbitrato stesso – può essere qualsiasi lite concernente diritti patrimoniali disponibili, tra persone capaci di contrattare (art. 1º). Sono dunque escluse le liti riguardanti rapporti giuridici non patrimoniali (per esempio, i cosiddetti diritti della personalità, ameno che non si tratti esclusivamente delle conseguenze pecuniariamente misurabili di una allegata lesione) o rapporti giuridici indisponibili anche se patrimoniali (ad esempio di diritto tributario).

L'art 51, VII, del codice di difesa dei consumatori (Legge nº 8.078, del 11-9-1990) dichiara nulle *pleno iure* le clausole contrattuali relative alla prestazione di prodotti e servizi che impongano l'obbligatorietà del ricorso all'arbitrato. Il progetto dal quale origino la Legge nº 9.307 voleva derogare a siffatta disposizione, ma fu emendato in questo particolare dal Congresso Nazionale. Nel campo dei rapporti di consumo nessuno dei contraenti potrà quindi invocare efficacemente la clausola compromissoria per costringere la controparte a celebrare il compromesso, né valersi dell'azione tendente a farne supplire *ope iudicis* la celebrazione (art. 7º).

Si badi, però: ciò non osta ache le parti, dopo l'avvento della lite, concordino nel sottoporla all'arbitrato e, con tale intenzione, concludano un compromesso, esista o meno una clausola compromissoria nello strumento contrattuale. La nullità di simile clausola non contamina il compromesso volontariamente celebrato. Sembra pertanto ingiustificata l'opinione di chi ritiene sottratte *simpliciter* all'arbitrato le questioni concernenti i rapporti di consumo[4].

---

4 Così ALEXANDRE FREITAS CAMARA, *Arbitragem*, Rio de Janeiro, 1997, p. 14.

La rilevanza della volontà delle parti

8. La Legge nº 9.307 riserva alla volontà privata uno spazio assai più ampio di quello previsto nella precedente legislazione. Siffatto cambio è palese sia nella fissazione dei poteri dell'arbitro nel decidere la lite, sia riguardo al procedimento da osservare. Esso si manifesta cioè sul terreno sostanziale e su quello processuale.

Spetta anzittutto alle parti un'opzione fondamentale tra l'arbitrato *di diritto* e l'arbitrato *di equità* (art. 2º, *caput).* Nel secondo caso esse devono autorizzare l'arbitro (o gli arbitri) nel compromesso a pronunciare secondo equità (art. 11, II). Tal possibilità si reputa esclusa nel silenzio del compromesso. Cio significa che il diritto brasiliano si schiera tra gli ordinamenti – quali I 'italiano (art. 822 cpc), il francese (art. 1.474) ed il portoghese (Legge nº 31/86, art. 22) – in cui l'arbitrato *secundum ius* costituisce la regola e l'arbitrato *secundum aequitatem* l'eccezione; diverso è l'orientamento del diritto spagnolo (Legge nº 36, del 5-12-1988, art. 4.2).

Nell'arbitrato di diritto e lecito alle parti determinare liberamente le norme giuridiche da applicare, purché non violino il buon costume né l'ordine pubblico (art. 2º, § 1º). Esse possono pure stabilire che l'arbitrato si compia in base ai principi generali di diritto, agli usi e costumi ed alle regole commerciali internazionali (art. 2º, § 2º). Possono ugualmente rimettersi alle norme di un organo arbitral e istituzionale o ente specializzato (art. 5º), oppure conferire all'arbitro stesso il potere di regolare il procedimento (art. 21, *caput, fine).*

L'arbitro (o gli arbitri)

9. Può essere nominata arbitro qualunque persona capace che goda della fiducia delle parti (art. 13, *caput).* Diversamente da quanto dispone la legge spagnola (art. 12.2.), la nostra non richiede nemmeno per l'arbitrato di diritto che si tratti di un avvocato o di un laureato in giurisprudenza. Non è esigibile neppure la nazionalità brasiliana, come invece avveniva sotto l'impero del vecchio codice di procedura civile del 1939 (art. 1.031, III). Tuttavia, siccome la sentenza arbitral e consta necessariamente di un documento scritto (art. 24, *caput),* l'arbitro non può essere analfabeta né uno straniero incapace di esprimersi in portoghese[5].

5 ALEXANDRE FREITAS CAMARA, *op. cit.,* pp. 37-8.

Qualsiasi persona nominata ha il do vere di astenersi e può essere recusata dalle parti negli stessi casi previsti nel codice di procedura civil e per i giudici (art. 14).

10. Le parti sono libere di nominare un arbitro unico o più arbitri, ma sempre in numero dispari (art. 13, § 1º). Se gli arbitri nominati sono in numero pari, essi si ritengono autorizzati a nominare una persona in più. In mancanza d'accordo resta alle parti dom andare la nomina al giudice competente per la causa (art. 13, § 2º).

In caso di pluralità di arbitri uno di questi viene eletto presidente del tribunale arbitrale a maggioranza di voti. Mancando il consenso assume la presidenza l'arbitro più anziano (art. 13, § 4º).

Per gli atti compiuti nell'esercizio delle loro funzioni o in decorrenza di queste gli arbitri sono equiparati ai pubblici impiegati agli effetti penali art. 17). Possono eventualmente rispondere, ad esempio, del reato di concussione (art. 316 cp brasiliano; art. 317 cp italiano).

11. Ai sensi dell'art. 18 "l'arbitro e giudice di fatto e di diritto", può cioè risolvere qualsiasi questione rilevante per la risoluzione della lite. Nondimeno, se nel corso del processo arbitrale si manifesta qualche controversia circa diritti indisponibili, tale da costituire una questione pregiudiziale della decisione, l'arbitro deve sospendere il procedimento e rimandare le parti all'autorità giudiziaria competente; la sospensione lura fino a che la pregiudiziale sia decisa con sentenza passata in giudicato (art. 25).

Simile disposizione, ispiratasi ovviamente all'art. 819 del codice di procedura civile italiano, non discende con necessità logica dal sistema del diritto brasiliano. L'esame della pregiudiziale quale mero presupposto della formazione del convincimento dell'arbitro sulla lite non sarebbe infatti incompatibile con la limitazione dell'ambito dell'arbitrato alla sfera dei rapporti patrimoniali disponibili (art. 1), né implicherebbe usurpazione della competenza esclusiva della giustizia statale, perché l'arbitro non emanerebbe una *decisione* vera e propria su materia indisponibile. La soluzione della questione *incidenter tantum* non sarebbe comunque, secondo i principi, coperta dall'autorità dei giudicato (art. 469, III, cpc). Ciò che invece contrasterebbe fortemente con il sistema è soltanto la domanda di accertamento incidentale davanti all'arbitro (artt. 52 e 570 cpc brasiliano), la cui ammissibilità pero non verrebbe qui in mente nemmeno al più fantasioso interprete. Da questo punto di vista si può forse mettere in dubbio la fondatezza della precauzione presa dal legislatore.

12. Stabilisce l'art. 13, § 6º, della Legge nº 9.307 che nell'esercizio della sua funzione deve l'arbitro agire "con imparzialità, indipendenza, competenza, diligenza e discrezione". L'imparzialità è condizione generale e fondamentale dell'esercizio legittimo della funzione giudicante, chiunque ne sia incaricato. Vi si riferisce pure l'art. 21, § 2º, che impone il rispetto nell'arbitrato di certi principi, tra cui appunto quello dell'imparzialità dell'arbitro. Ad assicurarne l'osservanza stanno le disposizioni relative al dovere di astensione e al diritto di ricusazione dell'arbitro, le quali seguono da vicino le norme concernenti il giudice (art. 14). Si noti che competente a decidere sulla ricusazione e l'arbitro stesso (o il tribunale arbitrale, se ve n'e più d'uno), escluso il controllo immediato della giustizia statale (art. 15), a differenza di quanto succede nel diritto italiano (art. 815, 22 comma, cpc). L'allegazione di parzialità potrà tuttavia fondare la domanda di annullamento della sentenza arbitrale (artt. 32, VIII, e 21, § 2º); esiste dunque un controllo, anche se solo *a posteriori.*

Il riferimento all'indipendenza vuole sottolineare che l'arbitro deve decidere esclusivamente in base alla propria convinzione, senza sottomettersi ad alcuna pressione altrui. Per quanto riguarda il giudice gli ordinamenti sogliono stabilire, spesso a livelo costituzionale, certe garanzie (ad esempio l'irriducibilità dello stipendio) ritenute necessarie per rendere praticamente efficace il precetto. Nulla di simile pare concepibile rispetto all'arbitro, per cui il legislatore e costretto ad accontentarsi in proposito di dettare una norma di rilevanza etica anziché giuridica.

Quanto alla competenza, si capisce bene che in questo contesto la parola viene adoperata in senso non tecnico, per indicare una qualità personale dell'arbitro: l'attitudine all'esercizio efficiente della funzione. La diligenza si manifesta nella cura, nella sollecitudine, nel costante interesse di far giungere l'arbitrato alla conclusione nel modo dovuto. Il dovere di discretezza è in ovvio rapporto con una delle caratteristiche dell'arbitrato, che tende di solito ad evitare la pubblicità.

13. La persona nominata non ha naturalmente l'obbligo di accettare l'incarico di arbitro. Ma se l'accetta è tenuta ad adempiere coscienziosamente tutti i doveri inerenti alla funzione.

Alcuni ordinamenti stranieri regolano *expressis verbis* la responsabilità dell'arbitro inadempiente nei confronti delle parti. Ne sono esempi quello italiano (art. 813, 2º comma, cpc), quello portoghese (Legge nº 31/86, artt. 9º.3 e 19.5) e quello spagnolo (Legge nº 36/88, art. 14.1).

Curiosamente la nuova legge brasiliana tace in proposito, ma non se ne può inferire che essa esenti l'arbitro da qualsiasi responsabilità per danni. Sarebbe una conclusione addirittura inconciliabile con i principi del nostro diritto. In mancanza di disposizioni speciali, si applica la norma dell'art. 159 codice civile, secondo il quale "chiunque per azione od omissione volontaria, negligenza o imprudenza violi un diritto o rechi un pregiudizio ad altri e tenuto a riparare il danno"[6].

Ipotesi facilmente prospettabili sono quelle dell'arbitro che, dopo l'accettazione, rinunci senza giusta ragione all'incarico, oppure venga meno all'osservanza del termine fissato per la decisione.

Il procedimento

14. Si ritiene instaurato l'arbitrato non appena la nomina sia accettata dall'arbitro o da tutti gli arbitri (art. 19, *caput).*

Il procedimento è in principio liberamente stabilito dalle parti stesse nella convenzione d'arbitrato. Come si e già detto *(supra,* nº 8), esse possono rimettersi alle norme di un organo arbitral e istituzionale o di un ente specializzato. Possono pure Iasciare all'arbitro (o agli arbitri) il compito di regolare il *modus procedendi* (art. 21, *caput);* tale compito spetta ugualmente all'arbitro (o agli arbitri) in mancanza di statuizione convenzionale (art. 21, § 12).

A tenore dell'art. 21, § 2º, devono comunque essere rispettati nel procedimento i principi del contraddittorio, dell'uguaglianza delle parti, dell'imparzialità dell'arbitro e del suo libero convincimento. L'enumerazione non va considerata tassativa: obbligatoria e pure l'osservanza di altri principi, tra cui alcuni di rango costituzionale, quale il divieto dell'utilizzazione di prove illecitamente ottenute (Costituzione della Repubblica, art. 52, LVI).

6 Correttamente ALEXANDRE FREITAS CÂMARA, *op. cit.,* p. 53.

15. I poteri dell'arbitro (o degli arbitri), seppure ampi, subiscono naturalmente la limitazione derivata dalla mancanza di pubblica autorità e pertanto di qualsiasi potere di coercizione, sia verso le parti, sia nei confronti di terzi. L'arbitro può ad esempio assumere, anche d'ufficio, ogni mezzo di prova ammissibile (art. 22, *caput),* ma non gli è consentito determinare *ex proprio marte* l'accompagnamento del testimone che non si presenti volontariamente: dovrà in questo caso richiedere tale misura all'autorità giudiziaria (art. 22, § *2º, fine).*

L'art. 22, § 4º, subordina alla stessa disciplina le misure cautelari *in genere.* Qui pero sarebbe opportuno distinguere. Non tutte le misure cautelari contemplate dal codice di procedura civile brasiliano hanno carattere coercitivo. Il giudice può ad esempio provvedere all'assunzione di una prova *(v.g.* interrogare un testimone) in una tappa anteriore a quella normalmente prevista, se vi è motivo di temere che altrimenti la prova venga frustrata (il testimone, in cattive condizioni di salute, probabilmente non vivrà a lungo). Ora non si vede perché in circostanze analoghe siffatta possibilità andrebbe esclusa nel processo arbitrale.

Spetta all'arbitro tentare di conciliare le parti all'inizio del procedimento (art. 22, § 4º). Se il tentativo di conciliazione sortisce effetto, dispone la legge che si applichi la norma dell'art. 28, concernente l'ipotesi in cui i litiganti stessi si accordano sulla lite nel corso dell'arbitrato. Stabilisce per questa ipotesi l'art. 28 che "l'arbitro o il tribunale arbitrale può, su richiesta delle parti, dichiarare tal fatto con sentenza arbitrale". La redazione non sembra felice. Dal momento che l'accordo si perfeziona, per iniziativa delle parti o in virtù di un tentativo di conciliazione, non sussiste ragione alcuna per il proseguimento dell'arbitrato. Non resta all'arbitro, consapevole dell'accordo, che prenderne atto, anche d'ufficio, e porre fine ai processo arbitrale.

La sentenza arbitrale

16. Scostandosi della tradizione dei diritto brasiliano, la Legge nº 9.307 sostituisce la denominazione di "sentenza arbitrale" a quella di *"laudo",* più vicina alla terminologia di altri paesi latini (Italia, Spagna) e generalmente adoperata nella nostra precedente legislazione (ad esempio artt. 1.093 e segg. cpc 1973). Eppure l'antico *nomen iuris* non è stato totalmente abbandonato: lo ritroviamo ancora all'art. 33, § 2º, II.

Si critica l'opzione del legislatore con l'argomento secondo il quale, non avendo l'arbitrato natura giurisdizionale, sarebbe inadeguata per indicare la decisione dell'arbitro la stessa parola che designa l'atto di giurisdizione per eccelenza[7]. Non è questa l'occasione propizia per discutere la *vexata quaestio* della natura dell'arbitrato. Checché se ne possa pensare, sembra comunque esagerata l'obiezione, di cui si riconosce del resto l'esigua importanza pratica. La scelta terminologica ha inteso certamente mettere in risalto l'equiparazione tra gli effetti dei due atti, prendendo in considerazione soprattutto l'attribuzione immediata alla decisione arbitrale di un'efficacia paragonabile a quella della pronuncia dei giudice, indipendentemente dall'omologazione.

17. La sentenza arbitrale deve essere emanata nel termine fissato dalle parti o, in mancanza di stipulazione, nel termine di sei mesi dall'instaurazione dell'arbitrato *(supra,* nº 14) o dall'eventuale sostituzione dell'arbitro (art. 23, *caput).* La durata è uguale a quella prevista dalla legge portoghese (art. 19.2) e dalla spagnola art. 30.1), ed il doppio di quanto stabilisce l'art. 820, 1º comma, dei cpc italiano.

Se vi sono più arbitri, la decisione è presa a maggioranza di voti. Qualora non si formi una maggioranza - il che e concepibile nel caso di arbitri in numero superiore a tre -, prevale il voto del presidente del tribunale (art. 24, § 1º). Non si esclude pero che le parti dispongano altrimenti nella convenzione d'arbitrato, tanto meno che sia applicabile una disciplina diversa, contenuta nelle norme dell'organo arbitral e istituzionale o dell'ente specializzato a cui si siano rimessi i litiganti.

18. A tenore dell'art. 24, *caput,* la sentenza deve constare di un documento scritto. L'art. 26 ne enumera gli elementi obbligatori: il *"relatório",* con l'indicazione dei nomi delle parti ed un riassunto della lite; i motivi della decisione, cioè l'esame delle questioni di fatto e di diritto, menzionando espressamente, se ne e il caso, il fatto che si sia deciso *secundum aequitatem;* il dispositivo, in cui si esprime la soluzione raggiuntasi e si fissa il termine per l'adempimento volontario (se si tratta di condanna, giacché la sentenza può anche avere natura costitutiva o di mero accertamento); la data ed il luogo della deliberazione. Essa deve disporre pure

7 ALEXANDRE FREITAS CÂMARA, *op. cit.,* p. 88.

della responsabilità delle parti per le spese (art. 27) e viene sottoscritta dall'arbitro o da tutti gli arbitri (art. 26, paragrafo unico).

Tocca all'arbitro o al presidente del tribunale arbitrale consegnare o inviare una copia della sentenza alle parti (art. 29). Nei cinque giorni sucessivi qualsiasi di esse può richiedere la correzione di errori materiali, il chiarimento di oscurità, dubbi o contraddizioni, o il supplimento di omissioni; l'arbitro o il tribunale decide entro dieci giorni (art. 30).

19. La sentenza arbitrale, che non è soggetta ad alcun mezzo d'impugnazione, ameno che il compromesso non abbia previsto un "secondo grado" all'interno dell'arbitrato, produce nei confronti delle parti e dei loro eredi e aventi causa gli stessi effetti di una decisione giudiziale (art. 31, il quale aggiunge, magari oziosamente, che la sentenza arbitrale di condanna costituisce titolo esecutivo). Non distingue la legge tra gli effetti principali ed i cosiddetti effeti secondari; almeno per alcuni di questi ultimi *(v.g.* l'ipoteca giudiziale (art. 466 cpc) ogni dubbio pare ingiustificato[8].

Se si tratta – come normalmente accadrà – di una sentenza di merito, la situazione conseguente è analoga, se non altro dal punto di vista pratico, a quella che deriverebbe dal passaggio in giudicato (in senso materiale) di una pronuncia dell'autorità giudiziaria. Ciò vuol dire che nessuna delle persone menzionate nel testo può ormai tornare efficacemente a domandare, in giudizio oppure in un altro arbitrato, la risoluzione della stessa lite. Nulla impedisce invece che le parti adottino *ad futurum* per mutuo consenso una nuova e diversa disciplina dei loro rapporti: neanche il giudicato vero e proprio escluderebbe infatti la possibilità di una transazione sopravveniente.

20. L'attribuzione di efficacia immediata alla sentenza arbitrale, senza bisogno di omologazione, rappresenta, como si è messo in rilievo *(supra,* nº 4), una delle più vistose innovazioni della Legge nº 9.307. Essa avvicina il diritto brasiliano al modello dominante nella penisola iberica: si confrontino l'art. 26 de la legge portoghese e l'art. 37, 1º comma, di quella spagnola.

Non si scorge nella novità legislativa alcuna violazione alla norma costituzionale che vieta alla legge di sottrarre all'esame del Potere

8 Cf. ALEXANDRE FREITAS CÂMARA, *op.* cit., p. 107.

Giudiziario qualsiasi lesione o minaccia di lesione ad un diritto Costituzione della Repubblica, art. 5º, XXXV). Il problema si porrebbe se il ricorso all'arbitrato fosse imposto in modo obbligatorio, precluso l'esercizio normale dell'azione davanti al giudice anche contro la volontà dell'interessato. Ma qui sono le parti stesse che si accordano per sottomettere il loro conflitto d'interessi ad un organo situato al di fuori dell'apparato statale.

Del resto non sarebbe nemmeno esatto negare in termini assoluti la possibilità di un controllo giudiziale. Si è già detto *(supra,* nº 4) che simile possibilità esiste, seppure *a posteriori;* vediamo ora in quale misura.

21. L'art. 32 della Legge nº 9.307 elenca una serie di casi in cui è "nulla" la sentenza arbitrale. Le virgolette esprimono un giudizio negativo sulla proprietà della qualifica. In verità nella maggioranza delle ipotesi si tratta di annullabilità piuttosto che di nullità. Lo mette in evidenza il fatto che invano si allegherebbe *sic et simpliciter* l'invalidità della decisione in un processo (o arbitrato) successivo, nel quale si domandasse la risoluzione della stessa lite o di un'altra lite logicamente dipendente, oppure nel processo di esecuzione conseguente alla condanna pronunziata dall'arbitro. La questione non ammette esame *incidenter tantum:* per eliminare la sentenza arbitrale occorre invece proporre un apposita domanda, sia in via di azione autonoma d'impugnazione (art. 33, *caput),* sia in forma di opposizione all'esecuzione (art. 33, § 3º; di ciò più oltre, nº 22)[9].

D'altronde al meno in un caso si deve ritenere che la sentenza arbitrale - a somiglianza di quella giudiziale - non è soltanto nulla od annullabile, ma addirittura *inesistente:* e cioè quando le manchi il dispositivo. In tale caso sarebbe superfluo proporre una domanda: ogni giudice può, anche d'ufficio, pronunciare l'inesistenza.

Ai sensi dell'art. 32 è "nulla" la sentenza arbitrale: I - se e nullo il compromesso; II - se emessa da chi non poteva essere arbitro; III - se non contiene i requisiti (o per meglio dire: gli elementi) di cui all'art. 26; IV - se eccede i limiti della convenzione d'arbitrato; V - se non risolve l'intera lite sottoposta all'arbitrato; VI - se emanata con commissione di certi delitti contro la pubblica amministrazione; VII - se pronunciata

9 L'azione non è quindi di mero accertamento, ma *costitutiva,* diversamente da quanto sostiene ALEXANDRE FREITAS CÂMARA, *op. cit.,* p. 116, il quale a torto ravvisa qui un'ipotesi di "nullità assoluta".

dopo la scadenza dei termine fissato; VIII – se trasgredisce qualcuno dei principi di cui all'art. 21, § 2º (contraddittorio, uguaglianza delle parti, imparzialità dell'arbitro, libero convincimento). L'interessato può chiedere al giudice competente la pronuncia della "nullità" – *rectius:* l'annullamento, come dice con tecnica più pregevole la legge portoghese *("anulação":* artt. 27 e 28). L'azione è esperibile nel termine di novanta giomi dalla notifica della sentenza arbitrale ed osserva il procedimento comune previsto nel codice di procedura civile (art. 33, § 1º).

Se accoglie la domanda, il giudice si limita ad annullare la sentenza arbitrale nei casi dell'art. 32, I, II, VI, VII e VIII. Negli altri casi ordina invece che l'arbitro (o il tribunale arbitrale) emetta una nuova sentenza.

22. Come già si è esposto *(supra,* nº 19), se contiene una condanna la sentenza arbitrale costituisce titolo esecutivo (art. 31, *fine).* La Legge nº 9.307 si è presa cura di modificare l'art. 584, III, del codice di procedura civile per includere la suddetta sentenza nell'elenco dei titoli esecutivi giudiziali.

Il testo originario si riferiva alla sentenza di omologazione dei lodo, la cui qualifica come titolo *giudiziale* non poteva destare sorpresa. Meno intuitiva sembra l'adeguatezza di siffatta denominazione alla decisione arbitrale: giurisdizionale o meno che sia la natura dell'arbitrato – questione che qui si lascerà intenzionalmente aperta –, fatto sta che non si tratta di un processo (né di una pronuncia) *giudiziale.*

L'uso di questa terminologia si spiega senz'altro con il proposito di subordinare la disciplina della sentenza arbitrale, sul piano dell'esecuzione, a quella di una sentenza pronunciata dall'autorità giudiziaria. Qui come altrove siamo davanti ad un espediente volto all'equiparazione di effetti. Vuol dire che, proposta l'esecuzione della condanna arbitrale, non è lecito al debitore opporvisi che in base a qualcuno dei motivi invocabili contro l'esecuzione di una sentenza di condanna emanata dal giudice. Le possibilità dei debitore sono dunque meno ampie di quelle che il codice brasiliano gli apre di fronte ad un'esecuzione fondata su un titolo stragiudiziale (art. 745).

Si avverta però che il debitore può opporsi ugualmente all'esecuzione allegando appunto che la sentenza arbitrale è "nulla" nel senso dell'art. 32 della Legge nº 9.307. L'opposizione all'esecuzione funge allora da azione di annullamento (art. 33, § 3º).

Rapporti tra l'arbitrato e il processo giudiziale

23. Per quanto riguarda i rapporti tra l'arbitrato e il processo giudiziale concernente la stessa lite, bisogna distinguere a seconda che la convenzione d'arbitrato sia anteriore o posteriore all'inizio del processo. Se essa è anteriore, rende in principio incompetente l'autorità giudiziaria, ma questa non può dichiarare d 'ufficio la propria incompetenza. La parte ha qui l'onere dell'allegazione (art. 301, IX e § 4º; nella prima disposizione il legislatore ha sostituito l'espressione "compromesso arbitrale" con "convenzione d'arbitrato", mentre nella seconda si è dimenticato di farlo), e il suo silenzio vale rinuncia all'arbitrato[10]. Il sistema è simile in sostanza a quello francese (art. 1.458, 3º comma, cpc).

Celebrata la convenzione d'arbitrato nel corso del processo giudiziale, questo si estingue senza pronuncia sul merito (art. 267, VII). Anche qui, tuttavia, la legge vieta al giudice di provvedere d'ufficio (art. 267, § 3º, *a contrario sensu).* Tale divieto riguarda beninteso i casi di compromesso estragiudiziale (art. 9º, § 2º). Qualora l'atto sia compiuto innanzi allo stesso giudice adito (art. 9º, § 3º), spetta a questo porre fine senza indugio al processo, il cui proseguimento non avrebbe senso.

Se la lite già è stata risolta in sede arbitrale, non è possibile sottometterla ancora efficacemente alla giustizia statale. Siffatta domanda si palesa inammissibile. La situazione è analoga a quella che risulterebbe dal riproporre una domanda precedentemente decisa da sentenza giudiziale passata in giudicato. In tale ipotesi il giudice deve rilevare la questione anche d'ufficio ed estinguere il processo Cargo *ex* art. 267, V e § 32, cpc).

Riconoscimento delle sentenze arbitrali straniere

24. Il riconoscimento e l'esecuzione delle sentenze arbitrali straniere - come tali considerate quelle emesse fuori dal territorio nazionale - si subordinano alle disposizioni dei trattati internazionali, qualora esistano (Legge nº 9.307, art. 34). Altrimenti si applicano le norme della legge medesima, che prevede un meccanismo simile a quello tradizionalmente messo in moto per le sentenze emanate dall'autorità giudiziaria di un altro paese. Il Brasile adotta in questa materia il sistema della delibazione: il *Supremo Tribunal Federal,* che è l'unico organo competente

10 Così ALEXANDRE FREITAS CÂMARA, *op. cit.,* p. 32.

(Costituzione della Repubblica, art. 102, I, *h)*, senza entrare nell'esame del contenuto della sentenza straniera, verifica soltanto se essa soddisfa certi requisiti ritenuti indispensabili per giustificare la collaborazione della giustizia nazionale; e nel caso affermativo "omologa" la sentenza straniera, la rende cioè atta a produrre i suoi effetti nel territorio brasiliano.

L'art. 38 enumera sei casi in cui il *Supremo Tribunal Federal* deve rigettare l'omologazione: I – se le parti della convenzione d'arbitrato erano incapaci; II – se tale convenzione non era valida; III – se la parte non e stata notificata della nomina dell 'arbitro o del procedimento adottato, oppure se vi fu violazione al principio del contradditorio; IV – se la sentenza arbitrale ha oltrepassato i limiti della convenzione d'arbitrato e non e possibile separare la parte eccedente da quella sottomessa all'arbitro C o agli arbitri); V – se l'arbitrato non ha osservato quanto disposto nel compromesso o nella clausola compromissoria; VI – se la sentenza arbitral e non e ancora obbligatoria per le parti, e stata annullata o ne fu sospesa l'efficacia da un organo giudiziale del paese di origine. Giusta l'art. 39 il *Supremo Tribunal Federal* rigetta pure l'omologazione qualora l'oggetto della lite non sia suscettibile di arbitrato secondo la legge brasiliana (I) o la decisione offenda l'ordine pubblico nazionale (II).

25. Il riconoscimento delle sentenze arbitrali straniere sollevava finora una questione delicata. Secondo la giurisprudenza ferma del *Supremo Tribunal Federal* brasiliano (che e l'unico organo competente), non può essere oggetto della delibazione un lodo arbitrale straniero che non sia stato omologato da una sentenza giudiziale nel paese di origine; a rigor di termini cio che la Corte deliba e questa sentenza anziché il lodo.

Peraltro l'arbitrato poteva avere avuto luogo in un paese (ad esempio Portogallo, Spagna) dove il lodo non dipende da omologazione giudiziale per divenire efficace, o per meglio dire dove addirittura non vi e alcun organo dei Potere Giudiziario competente per simile omologazione. In rale caso chiunque volesse far valere il lodo straniero nel territorio brasiliano si sarebbe imbattuto in un ostacolo insuperabile, data l'impossibilità di soddisfare il requisito.

La Legge nº 9.307 cerca di rimuovere questo impedimento. Dispone infatti l'art. 35 che la sentenza arbitral e straniera e soggetta unicamente alla delibazione del *Supremo Tribunal Federal.* Con cio si intende escludere l'esigenza dell'omologazione giudiziale del lodo nel paese di origine. Qui pero vi e spazio per una distinzione[11]. Se in un determinato paese l'efficacia del lodo prescinde dall'omologazione giudiziale, e chiara che non si deve avanzare símile esigenza; ma in caso contrario essa sembra ineccepibile, perché il Brasile non potrebbe attribuire nel suo territorio al lodo non omologato un'efficacia che gli manca nel paese di origine: riconoscere il lodo straniero equivale ad "importante" l'efficacia, e non si può "importare" il nulla.

Osservazioni finali

26. La rivalutazione dell'arbitrato in questi ultimi tempi, in Brasile ed altrove, si inserisce nell'ampio fenomeno di fioritura dei cosiddetti "mezzi alternativi" di risoluzione delle liti. Per quanto tali mezzi siano utili e meritino incoraggiamento, non è assennato affidarsi ad essi come ad una panacea. Non esistono (non possono esistere) ricette miracolose per risolvere tutti i problemi dell'accesso alla giustizia. Esistono vari espedienti che conviene utilizzare senza farsi troppe illusioni. Tutti presentano i loro pro e i loro contro, e l'esito di qualsiasi di essi dipende sostanzialmente da fattori molteplici e variabili, sicché i migliori risultati certamente si otterranno mediante una combinazione adatta alle circostanze.

Quantunque una disciplina legale più adeguata possa aumentare la frequenza del ricorso all'arbitrato, non è prudente aspettarsi che esso basti da solo per alleggerire il sovraccarico di lavoro che grava da noi sull'apparato giudiziale e costituisce una delle svariate cause della lentezza dei processi. L'arbitrato non è un›istituzione popolare in Brasile, e nulla indica che riesca in breve termine a sedurre una "clientela" numerosa all'infuori di taluni cerchi ristretti. Le liti di cui dovranno occuparsi gli arbitri probabilmente non saranno sottratte per la maggior parte alla cura dei giudici; anzi si annovereranno fra quelle che spesso non arrivano al foro.

27. Ciò non priva d'importanza la recente riforma. Ogni progresso legislativo - e la Legge nº 9.307 ne rappresenta certamente uno - è da accogliere con applausi. Tanto meglio se essa offre uno sbocco a conflitti di interessi che prima rimanevano irrisolti o non trovavano altra via d'uscita che la rinuncia forzata della parte più debole alle sue pretese.

---

11 Propugnata anche prima dell'avvento della Legge n. 9.307: V. BARBOSA MOREIRA, *Comentários ao Código de Processo Civil,* v. V, 6ª ed., Rio de Janeiro, 1993, p. 63.

La portata pratica della riforma non la svelerà comunque che il *test* dell'esperienza. Può anche darsi che essa ripercuota sulla realtà concreta più fortemente di quanto sia lecito pronosticare in base ai dati disponibili. Perciò non si metterà mai in sufficiente rilievo la necessità di registrarne sin dal primo momento le vicende. Non possiamo accontentarci di impressioni sovente ingannevoli. Sarà indispensabile disporre tra non molto di elementi oggettivi, tali da permetterci una valutazione sicura dei fatti. È il mínimo omaggio che possiamo rendere all'impegno del legislatore.

Novembro de 1996.

COMENTÁRIOS DOS ATUALIZADORES

LA NUOVA LEGGE BRASILIANA SULL'ARBITRATO

Ana Cristina Bacos Fernandes / Marco Antonio Rodrigues

A Lei nº 9.307 de 1996 sofreu sensíveis modificações desde a publicação do artigo pelo autor.

Arbitragem e Administração Pública. O texto legal sofreu profundas alterações pela Lei 13.129 de 2015 que foram essencialmente incorporadas ao Código de Processo Civil de 2015. Dentre as mudanças de destaque, vale salientar que a Lei nº 9.307 incorporou a arbitragem inclusive para a Administração Pública, direta e indireta, para a resolução de controvérisas relativas a direitos patrimoniais disponíveis (artigo 1º, § 1º).

Note-se que a arbitragem envolvendo a Administração deverá ser necessariamente de direito e estará sujeita à publicidade, na forma do artigo 1º, § 3º, da Lei nº 9.307/1996.

Carta arbitral. A relação entre o juízo arbitral e o juízo estatal, tratada pelo Autor, foi positivada pelo Código de Processo Civil de 2015 que prevê a carta arbitral no seu artigo 237, estabelecendo assim uma inovação em relação ao Código anterior. Trata-se de mecanismo de colaboração entre o Poder Judiciário e o juízo arbitral, para que órgão do Poder Judiciário pratique ou determine o cumprimento, na área de sua competência territorial, de ato objeto de pedido de cooperação judiciária formulado por juízo arbitral, inclusive os que importem efetivação de tutela provisória.

Com efeito, o juízo arbitral não é dotado de *enforcement*, sendo imprescindível a atuação do Poder Judiciário para a efetivação forçada de suas decisões. A carta arbitral surge, justamente, para instrumentalizar esta colaboração.

Autonomia da vontade. Seguindo a tendência da liberalidade das partes, foi estabelecida a possibilidade de sentenciamento parcial pelo árbitro (art. 23, § 1º) e de prorrogação do prazo final para sentença em comum acordo entre as partes e o árbitro (art. 23, § 2º).

APÊNDICE

A DESINFORMAÇÃO JURÍDICA[1]

1. Permitam-me começar por um exemplo concreto. Na edição de 11 deste mês, noticiava o *Jornal do Brasil* que o Presidente do Supremo Tribunal Federal já havia marcado a sessão "do Superior Tribunal de Justiça" para julgamento do mandado de segurança impetrado por Fernando Collor contra a aplicação, pelo Senado Federal, de medida a que se aludia como a "cassação dos direitos políticos" do ex-Presidente. Queria o jornal, naturalmente, referir-se, de um lado, à continuação da sessão do próprio Supremo Tribunal Federal, da qual participariam, convocados, três Ministros do Superior Tribunal de Justiça, e de outro à inabilitação, por oito anos, para o exercício de função pública – providência inconfundível com cassação dos direitos políticos. Ao ler a matéria, fui tomado de dupla perplexidade. Antes de mais nada, pus-me a conjecturar se ao redator porventura haveriam faltado meios para verificar de que se tratava realmente, ou se pouco lhe importava que fossem corretas ou incorretas as noções divulgadas. Mas logo me assaltou segunda dúvida: dentre os leitores do *Jornal do Brasil,* que os tem sobretudo nas camadas da população economicamente mais favorecidas, e portanto, presumivelmente, de mais elevado nível cultural, quantos estariam em condições de perceber os equívocos e assim imunizar-se contra a absorção simultânea de duas informações erradas?

Tornou-se clássica, entre nós, a contraposição entre o "país legal" e o "país real". O fenômeno, diga-se de passagem, é em certa medida universal: não me consta a existência de país algum, mesmo no dito primeiro mundo, em que o modelo do comportamento social se harmonize em tudo, à perfeição, com o previsto no ordenamento jurídico. Basta ver que em toda parte se cometem crimes, e em toda parte há criminosos que escapam à polícia ou à Justiça penal. Admita-se, porém, que em sociedades do tipo da nossa o problema assuma proporções de maior vulto. Sem querer reduzi-lo a urna única dimensão, falseando a realidade corno fazem os monismos de todos os coloridos, não é despropositado pensar que para agravá-lo concorre, e em dose maciça, o generalizado desconhecimento que do "país legal", com as exceções de praxe, tem o

---

1 Texto de palestra proferida em sessão do Conselho Técnico da Confederação Nacional do Comércio, no Rio de Janeiro, em 23-12-1993. Publicado em *Carta Mensal,* nº 39 (467), e na *Revista Forense,* v. 324.

"país real". É com certeza vão desejar que um e outro venham a coincidir, ou quando nada se aproximem, se à imensa maioria dos cidadãos permanece estranha, ou chega deformada, a imagem daquilo que, segundo o direito, deveria ser o Brasil. Enquanto parte tão vasta dos brasileiros ignorar o que lhes promete, e deles exige, o ordenamento, nenhuma esperança pode haver de que a vida nacional deixe de padecer das aberrações de que padece. Enquanto o povo não compreender, ao menos nas linhas básicas, a estrutura e o funcionamento das instituições, haverá cidadãos que enderecem mal sua justa insatisfação com o estado de coisas, culpando por exemplo o Presidente da República, ou algum ministro, pela deficiente prestação do serviço de limpeza urbana; e haverá candidatos que ganhem votos – ou, eventualmente, os percam – acenando com a legalização das drogas ou com a total descriminação do aborto em campanhas para cargos de prefeito ou vereador. Corno supor que eleitores mal informados possam votar bem? A correção ou a atenuação de tal carência pode não ser condição suficiente, mas é decerto condição necessária da regeneração do processo eleitoral.

2. O mal da desinformação jurídica atinge todas as classes e segmentos da sociedade brasileira. Certa vez, ligando o aparelho de televisão, quando se transmitia novela de grande público, assisti, estarrecido, a episódio que pretendia retratar cena judiciária: uma audiência em que se interrogavam as partes do processo e várias testemunhas. Todas eram inquiridas pelos advogados, diante do juiz mudo e impassível, embora armado de martelinho... Custou-me crer que a história se passasse, corno de fato se passava, no Brasil: copiara-se de algum filme, servilmente, o modelo norte-americano. Pois bem: ao comentar o caso dias depois, em roda de amigos, todos de confortável situação socioeconômica e boa instrução, verifiquei, com estarrecimento maior, que quase ninguém desconfiava de que pudesse ser diferente o procedimento utilizado em nossos juízos. Imagino o espanto que qualquer deles sentiria se viesse a ser intimado para depor e fosse instado a responder não aos advogados, mas ao juiz – para cúmulo da esquisitice, desprovido de martelinho!

Óbvio, por outro lado, que o déficit de informação afeta principalmente a população de baixa – ou nenhuma – renda. A número incalculável de brasileiros falta a noção de que o ordenamento lhes permite reclamar determinadas prestações, das autoridades públicas ou de outros particulares. Não se contam os operários que, pelo Brasil afora, se conformam em trabalhar sob condições inteiramente diversas das previstas na legislação pertinente; muitos, sem dúvida, pura e simplesmente ignoram que fazem jus a férias, ou a repouso semanal remunerado. A situação não será outra no que respeita a tantas empregadas domésticas, sobretudo, mas não exclusivamente, nos núcleos urbanos menores e menos adiantados. Em compensação - se assim é próprio falar - os membros das classes menos favorecidas ignoram também, com maior frequência, que deles se espera a prática de determinados atos - por exemplo, o registro dos filhos, ou a redução a documento escrito, com tais ou quais formalidades, dos ajustes que fazem acerca de lotes de terra onde tencionem morar e plantar o que lhes assegure o sustento pessoal e familiar. À luz de minha experiência como juiz durante quatorze anos, quantidade significativa de processos seria evitável se os interessados houvessem tomado oportunamente precauções elementares desse teor. A omissão contribui, além do mais, para obstruir as vias judiciais, já tão congestionadas por mil outras razões.

3. Importa identificar as causas principais da enfermidade. Há sem dúvida causas de ordem geral, que respondem pela incultura da maioria da população, em quase todos os setores. Há também, contudo, causas específicas a que é razoável atribuir o grau assustador da carência no ponto de que agora se cuida.

Antes de mais nada, cumpre reconhecer que ninguém, nem mesmo os profissionais do direito, que por dever de ofício lidam quotidianamente com a matéria, é capaz de dominar as miríades de normas espalhadas num sem-número de leis, de decretos, de resoluções, de portarias, de instruções, as mais das vezes redigidas com técnica primária, obscuras, fragmentárias, lacunosas, contraditórias - fios de um novelo que faz incorrer em cruel derrisão quem ouse invocar a tradicional presunção do conhecimento da lei por toda a comunidade a ela sujeita. Em mais de um terreno, o emaranhado é tal que falar de sadismo normativo seria usar expressão ainda muito tímida. Tome-se o exemplo da legislação tributária, antro de mistérios perto dos quais se reduzem a brincadeiras de criança os mais tortuosos enigmas gerados pela imaginação das antigas pitonisas. Isso acarreta, ainda por cima, a consequência desastrosa de proporcionar a contribuintes recalcitrantes um pretexto a mais para a prática desse esporte tão popular em certos meios, a sonegação fiscal.

Os operadores do direito não estão aqui, em absoluto, isentos de culpa. A linguagem jurídica, como qualquer linguagem científica, tem sem dúvida uma componente técnica insuscetível de eliminação. É utopia pretender que ela fique sempre ao alcance da compreensão de quem quer que seja. O ideal seria, sim, que se pudessem redigir leis, sentenças, pareceres, contratos, só com as palavras do uso comum de todos. Mas o ideal, bem sabemos, é por definição inatingível. Daí a justificar os exercícios de hermetismo em que se comprazem tantos legisladores juízes, advogados, vai distância imensurável. O jargão forense terá de renunciar cedo ou tarde à mania dos circunlóquios pedantes, à paixão da arqueologia semântica, ao furor de inventar fórmulas abstrusas que só se mostram úteis, convenhamos, para pôr em falsa pista os não iniciados. Apelidar de "remédio heroico" o mandado de segurança, ou de "irresignação derradeira" o recurso extraordinário, por exemplo, é mais do que violar preceitos elementares da propriedade e do bom gosto: é vexar sem necessidade os simples mortais que não dispõem do código indispensável para decifrar charadas do gênero. Ainda há pouco, deparei em acórdão a locução "esteio motivacional", que o redator, provavelmente convencido de ostentar um achado, se animou a usar em vez de "motivação", palavra que lhe deve ter parecido demasiadamente prosaica. Num momento em que se clama por transparência, urge remover de cena esses grotescos biombos verbais.

No que tange ao grosso da população, notadamente aos estratos inferiores do ponto de vista socioeconômico, avulta um fator de poderosíssima influência: o comportamento dos meios de comunicação social- daquilo que, com detestável barbarismo, se vai tornando usual denominar "mídia". Jornais e revistas quase nunca parecem muito preocupados com a precisão no modo de versar assuntos relativos ao direito. Quem participa da vida jurídica sabe quão distorcidas são, as mais das vezes, as imagens que dela projeta a imprensa. A distorção ameaça cobrir- se de requintes quando se trata de episódios criminais que despertam interesse mais intenso, por envolverem pessoas muito conhecidas. E não há subestimar os perigos que da difusão de noções inexatas ou francamente absurdas decorrem para a condução adequada dos processos e para a seriedade dos julgamentos.

Manifesta-se o fenômeno até em tópicos de pouquíssima complexidade, como a distinção entre as funções do Ministério Público e do Judiciário. É curioso, para dizer o menos, que quase nenhum órgão de imprensa revele tê-la captado: praticamente todos costumam publicar que o promotor "decidiu" e que o juiz "dará o parecer" no dia seguinte. Se assim é em coisas tão triviais, não admira que se leia o que se lê a respeito de questões menos singelas, como os pormenores do funcionamento interno de instituições especializadas, ou a apuração de responsabilidades por fraudes de alta sofisticação técnica.

A gravidade do problema alcança o ponto máximo em se tratando da televisão. Segundo se afirma, cerca de 60% do povo brasileiro tem nela sua principal fonte de conhecimentos, o que não é de admirar à vista da taxa elevada de analfabetismo que ainda prevalece entre nós e do escasso amor pela leitura que reina mesmo entre tantos alfabetizados. Ademais, o impacto da imagem supera em muito, como é notório, o poder de impressionar que possa ter a mera palavra, escrita ou falada. Pois bem: conquanto se indique, no art. 221, nº 1, da Constituição de 1988, como primeiro princípio a ser observado na programação, a "preferência a finalidades educativas, artísticas, culturais e informativas", duvido que algum telespectador haja conseguido jamais perceber, no que lhe costuma oferecer a telinha, qualquer sinal de que o cumprimento desse preceito constitua a regra. Seria necessária boa dose de alheamento à realidade para ignorar que os próprios noticiários, supostamente informativos, em geral desempenham papel muito diverso daquele para o qual se poderia supor que existissem. Nada escapa ao processo de deformação: a vida jurídica não menos que todo o resto.

4. A Justiça, vale observar, é vítima frequente de representações distorcidas. Já a tendo criticado como eventual responsável por incompreensões, posso agora pedir a atenção dos presentes para o reverso da medalha, sem receio de dar qualquer impressão de parcialidade. Na hora atual, por exemplo, não é incomum ouvir exclamar em tom indignado que a corrupção floresce no País porque a Justiça não pune os corruptos. As ideias de muitos, talvez hauridas em certas matérias jornalísticas ou em programas de televisão, ficam a léguas do modelo, adotado entre nós, de funcionamento do Poder Judiciário: haverá talvez quem creia que os juízes devem sair pelas esquinas e pelas estradas, descobrindo atos ilícitos para punir os respectivos agentes. Alguns até pensarão, com certa ingenuidade, que esse seria o sistema ideal; o fato, no entanto, é que não é esse o sistema em vigor. Os órgãos judiciais só podem exercer jurisdição quando provocados por quem de direito e pela forma adequada. E, apresso-me a acrescentar, só podem aplicar penas quando haja provas suficientes para a condenação do réu. Sublinho que se trata aí de conquistas às quais a nossa civilização não se disporá facilmente a renunciar; nem qualquer de nós se atreveria a sugeri-lo de coração leve, desde de que tenha em mente a possibilidade – afinal, sempre existente – de vir a sofrer acusação injusta.

Bem se concebe, e terá acontecido aqui e ali, que o respeito das garantias da defesa haja dificultado ou mesmo impedido a punição de tal ou qual meliante. É o preço que pagamos pela preservação de determinados valores dos quais não pretendemos abrir mão. Se os críticos, porém, tivessem memória menos seletiva, com certeza se lembrariam de episódios como o da condenação, no ano passado, pelo Tribunal de Justiça do Estado do Rio de Janeiro, de um grupo de implicados nas fraudes contra a Previdência Social, entre os quais vários advogados e um juiz, que cumprem pena nos estabelecimentos próprios. Em data recente, decretou- se nesta cidade a prisão preventiva de alta autoridade policial, por envolvimento financeiro com contraventores, e quatro importantes figurões da polícia tiveram seus bens sequestrados. Longe de mim o propósito de insinuar que o Judiciário brasileiro, nesse ou noutros aspectos, funciona inteiramente a contento. Mas já bastam, como fundamento de libelo, as suas muitas deficiências reais; não é preciso, e sobretudo não é justo, fazê-lo arcar com culpas hiperdimensionadas.

Quando não configure, como às vezes ocorre, má vontade ou má-fé na argumentação, estaremos diante de grave sintoma de desinformação jurídica, mazela de que não padecem apenas, repita-se, os economicamente débeis. É claro que, para estes, os efeitos são mais dramáticos. Não há exagero em dizer que, sem remédio eficaz contra o mal, barrada estará para muitos a via de acesso à plena cidadania.

5. Advertiu-se do problema o constituinte de 1988, que, em inovação bem inspirada, deu amplo alcance ao benefício agora contemplado no inciso LXXV do art. 52. As Cartas anteriores referiam-se, em termos restritos, à assistência judiciária aos carentes de meios; a atual assegura "assistência jurídica integral e gratuita aos que comprovem insuficiência de recursos". A diferença é notável: a garantia passou a abranger a possibilidade de obter aconselhamento, orientação – numa palavra, informação em tudo que se relacione com o direito. Conjuga-se com essa disposição do art. 134, *caput,* onde se comete à Defensoria Pública, dita "instituição jurisdicional do Estado", a dupla missão de orientar os necessitados e de defendê-los em juízo, "na forma do art. 5º, LXXV".

Resta lutar para que a bela promessa constitucional transborde do papel e se converta em realidade. A Defensoria Pública - onde militam inúmeros servidores zelosos e competentes - não está aparelhada, é óbvio, para desincumbir-se de modo satisfatório das relevantíssimas atribuições que recebeu; e não em último lugar, ironicamente, por causa da escassa disposição de proporcionar-lhe condições razoáveis de trabalho, exibida por governos que entretanto apregoam fazer do social sua máxima prioridade... Por outro lado, não se deve esperar tudo da atuação de órgãos públicos. Neste campo, como em tantos outros, a sociedade civil tem papel importante a cumprir. A manutenção do povo em estado de ignorância - de ignorância jurídica e de ignorância *tout court* -, e por conseguinte em estado de submissão, consulta interesses poderosos, que a sociologia e a ciência política dispõem de instrumentos para identificar. Mas nem por ser difícil a empresa estamos autorizados a cruzar os braços.

Em país como o nosso, a informação jurídica - e não só a jurídica - deveria ser colocada à disposição dos carentes no próprio meio em que vivem ou exercem suas normais atividades. Inibições de toda sorte dificultam ou impedem o acesso dos interessados às fontes dignas de crédito. Um programa de ação efetiva, nesse campo, teria de incluir, como item essencial, a instalação de postos nas sedes das associações de moradores, em estabelecimentos de ensino, em quartéis, em fábricas, em cooperativas, nas paróquias, junto às delegacias de polícia e aos órgãos judiciais, onde quer que, na cidade ou no campo, um cidadão simples possa precisar saber - sem complicações burocráticas, sem necessidade de deixar seus quefazeres para dirigir-se a um imenso edifício, longe de casa ou do local de trabalho, cheio de corredores misteriosos, nos quais se sentirá tão perdido quanto o celebérrimo personagem de KAFKA - o que deve fazer e aonde deve ir para regularizar sua situação ante a Previdência, ou para habilitar-se ao casamento, ou para certificar-se de que está correto o aumento do aluguel cobrado pelo senhorio.

É obra para muitos anos, quiçá para muitas décadas. E bem se vê que não há como deixá-la exclusivamente a cargo dos poderes públicos. Faz-se mister aqui um esforço conjunto de associações civis, de órgãos de representação profissional ou de classe, de corporações religiosas -

um autêntico mutirão, de que participem todas as entidades capazes de contribuir validamente.

Cada um de nós, sozinho, pode pouco. Mas, se é verdade que toda viagem, por mais longa que seja, começa por um pequeno passo, talvez possamos começar por um gesto singelo de humildade: abstermo-nos de difundir noções que não tenhamos motivos sérios para reputar exatas. É notória a tendência nacional para o "achismo": todo brasileiro acha mil coisas nos mais diversificados setores do conhecimento humano, das táticas futebolísticas aos objetos voadores não identificados, da estratégia bélica aos fenômenos psíquicos paranormais; e – o que sem dúvida é mais cômodo, embora menos tranquilizador como garantia de acerto – acha-as em geral sem dar-se o trabalho de procurá-las: por uma espécie de revelação divina particular, diria eu se não temesse incidir em falta de respeito.

É possível que, neste ou naquele assunto, semelhante facilidade em chegar com desenvoltura a conclusões independentes de premissas deva ser saudada como interessante exercício de criatividade. Em matéria de direito, ela decididamente nada produz de positivo. Saibamos reconhecer nossas limitações: renunciemos a achar o que quer que seja sem procurar, ou consultar quem já tenha procurado. É o mínimo que podemos fazer para evitar que por culpa nossa venha a girar cada vez mais depressa o funesto círculo da desinformação jurídica.

COMENTÁRIOS DOS ATUALIZADORES

A DESINFORMAÇÃO JURÍDICA

Ana Cristina Bacos Fernandes / Marco Antonio Rodrigues

Assistência jurídica integral e o papel da Defensoria Pública. O direito à informação é essencial ao exercício de outros direitos, tais como o direito à saúde, a proteção de direitos transindividuais, direito à educação, à assistência social, dentre outros, tal como aponta José Carlos Barbosa Moreira em seu texto.

A Defensoria Pública, neste contexto, possui importante papel no sentido da assistência jurídica integral, consubstanciada na orientação e postulação judicial. Ao longo das últimas décadas, viu-se significativa evolução na estruturação das Defensorias Públicas, com diversos Estados que antes não possuíam este órgão passando a instituí-lo. Em 2021, todos os Estados, o Distrito Federal e a União possuem Defensorias Públicas instaladas.

O Código de Processo Civil de 2015 prevê a Defensoria Pública nos artigos 185 a 187, atribuindo a esta o exercício da orientação jurídica, a promoção dos direitos humanos e a defesa dos direitos individuais e coletivos dos necessitados, em todos os graus, de forma integral e gratuita.

Frise-se, ainda, que há funções outras atribuídas à Defensoria que não apenas estas, tais como a curadoria especial do réu revel citado por edital, prevista no artigo 72, parágrafo único, do Còdigo de Processo Civil. É de se notar que tal função não se limita à defesa de hipossuficientes, considerando que o réu revel citado por edital pode ser pessoa com condições financeiras de arcar com as despesas do processo.

DIREITO E ÉTICA NO BRASIL DE HOJE[1]

É sempre uma honra insigne e uma intensa emoção voltar a esta Universidade, onde lecionei no princípio de minha carreira acadêmica, já lá se vão trinta anos, e de cuja congregação faz parte hoje um filho meu. Sou particularmente grato à Professora Maria Celina Tepedino pelo convite com que me distinguiu, para, no começo do novo ano letivo, dar as boas-vindas e formular os votos tradicionais quer aos que vão ainda iniciar-se no aprendizado do direito, quer aos que, retomando a caminhada, enfrentam mais uma etapa do itinerário acadêmico.

Uns e outros, sem dúvida alguma, estarão suficientemente advertidos da riqueza imensa do fenômeno jurídico. Percebem, com maior ou menor clareza, que o universo do direito pode ser encarado de numerosos pontos de vista e se desdobra numa impressionante multiplicidade de dimensões. Em grande parte das disciplinas do curso, a perspectiva que habitualmente predomina é a da técnica. Nada há nisso que surpreenda. Seja enquanto ciência, na construção de suas estruturas dogmáticas, seja enquanto arte, na solução de problemas práticos do convívio social, de que pretende ser um dos principais mecanismos de controle, o direito, como toda ciência e como toda arte, exige a utilização de uma técnica. É natural e desejável que os professores se esforcem por adestrar os estudantes no uso das regras técnicas de que terão de valer-se para bem manejar os instrumentos de seu ofício. Ninguém pode aventurar-se com esperança de êxito a qualquer profissão jurídica se não se familiarizou com as peculiaridades da linguagem do direito – descartadas obviamente as esquisitices de um pedante e grotesco jargão forense. Ninguém será bom advogado, bom promotor, bom defensor público, bom juiz, se não apreendeu os métodos básicos de interpretação das normas, se não adquiriu a aptidão para orientar-se na rede complexa e sutil em que se articulam os institutos jurídicos.

No particular, diga-se de passagem, o direito não constitui exceção alguma. O rigor terminológico, por exemplo, é indispensável em todos os terrenos do conhecimento humano. Experimente alguém substituir por qualquer outra, no enunciado do famoso teorema, a palavra "hipotenusa", ou a palavra "catetos": terá instalado na geometria, com essa simples

---

1 Aula inaugural proferida na Pontifícia Universidade Católica do Rio de Janeiro, em 9-3-1994.

troca, confusão suficiente para fazer dar muitas voltas na tumba o que porventura reste dos despojos mortais de Pitágoras... Não se estranhará, portanto, que, no discurso jurídico, qualificar de "nulo" um ato anulável, ou chamar "roubo" ao furto, ou "arresto" ao sequestro, ou "imposto" a uma taxa, possa gerar trapalhada de idênticas proporções.

É erro de extrema gravidade e de consequências funestas menosprezar a dimensão técnica do direito. Mas não será menos grave o erro, nem menos funestas as consequências, se se quiser limitar o direito a essa dimensão. Cumpre ter em vista que toda norma jurídica traduz uma solução de compromisso entre interesses contrapostos, e que todo compromisso necessariamente implica uma ponderação de valores, positivos ou negativos que nos pareçam. O legislador sopesa os valores em jogo e atribui prioridade a um sobre outro. Seus critérios, essencialmente políticos, nada mais fazem, por certo prisma, que refletir o placar momentâneo do jogo do poder. Daí não devemos concluir que se mostrem refratários a outras ordens de aferição. No universo humano, fenômeno algum é suscetível de explicação cabal por um único fator; os monismos de todas as cores não passam de caricaturas da realidade. Diversamente do que sonha um romantismo ingênuo, o ordenamento jurídico não se reduz à manifestação de princípios éticos fundamentais, havidos como imprescindíveis para possibilitar a convivência harmoniosa dos membros da coletividade. Mas tampouco seria reconhecível uma imagem do direito que o figurasse totalmente estranho a inspirações da moral.

Friso que, ao menos em parte, a dimensão ética do direito independe das motivações e das intenções do legislador, e com frequência as ultrapassa. Nisso o direito assemelha-se à obra de arte: assim como o observador tantas vezes capta numa estátua ou num poema sugestões em que não pensara o artista, ao intérprete, ao aplicador da norma jurídica é dado extrair dela ressonâncias alheias à chamada *mens legislatoris* – entre outras coisas, para revelar um significado moral de cuja presença talvez não se suspeitasse à simples vista dos trabalhos preparatórios, ou mesmo do teor literal do dispositivo.

Nesse sentido, há, e não pode deixar de haver, uma seiva ética a circular nos canais do ordenamento jurídico; se não é ela que o explica todo, é ela, sem sombra de dúvida, que em grande parte o legitima, e o vivifica, e o converte em algo diferente de um insípido regulamento burocrático. Pouco importa que princípios morais sejam a cada passo hipocritamente invocados para justificar manobras do egoísmo, da ânsia de dominação, do medo de perder privilégios ou de sofrer abalo em posição de mando. Que se abuse de uma ideia não é argumento bastante para contestar-lhe a validade. O fato de existir moeda falsa não demonstra que inexista moeda verdadeira, e a contrafação de uma tela de Rembrandt nada subtrai à inefável beleza da "Ronda da Noite". Quando Madame Roland proferiu a célebre exclamação sobre os crimes que se estavam cometendo em nome da liberdade, seguramente não era a liberdade, em si, o alvo de sua denúncia. Também em nome da ética muitos crimes se cometeram e se cometem; mas seria absurdo condenar por eles a própria ética. O que se impõe é resgatá-la.

Ao longo da história do Brasil, os costumes políticos – e com eles o funcionamento das instituições, vale dizer setor relevante da vida do direito -jamais primaram por uma excepcional delicadeza de escrúpulos morais. Parece que o vezo de pleitear sinecuras para os membros da família remonta à carta de Pero Vaz de Caminha ao rei D. Manuel I. Controvertem os eruditos sobre as causas de tal modo de ser: há quem coloque a ênfase em fatores culturais, quem proponha explicações psicológicas, quem recorra à genética; a própria geografia já foi responsabilizada, conforme atesta a proposição, divulgada até em música, de que "não há pecado abaixo do Equador"... Seja como for, um ponto afigura-se indiscutível: se os praticantes do credo do "vale-tudo" precisassem de respaldo teórico, facilmente o encontrariam em tantas doutrinas que não se cansaram de pregar, século após século, o mais radical relativismo ético-jurídico. Quantas gerações de filósofos não andaram ensinando, com efeito, que os valores pertencem todos ao campo da pura subjetividade, e a cada ser humano compete, em liberdade plena, e sem qualquer referência a padrões objetivos, estabelecer a sua tabela individual?

É difícil compreender com que base poderíamos, em semelhante perspectiva, censurar, por exemplo, os manipuladores do orçamento pela sem-cerimônia com que desviaram fundos públicos em seu proveito pessoal. Não parece provável que algum deles tenha o hábito de ler pensadores extremadamente relativistas – nem, acrescento, pensadores de qualquer tendência; mas não há dúvida de que demonstraram de modo eloquente até onde podem ir as consequências práticas de determinadas teorias. Cada "anão" terá estabelecido a sua tabelinha própria de valores: e, se nenhum critério suprapessoal pode aspirar à objetividade, nem portanto à aplicabilidade geral, com que direito os condenaremos por não haverem tomado opção mais do nosso agrado?

A essa luz – se é próprio usar neste contexto a palavra "luz" –, não passaria de um equívoco filosófico o estrépito produzido pelo descobrimento das falcatruas... No fundo, estaríamos diante de condutas tão legítimas como outras quaisquer, e todo o clamor público por elas suscitado seria mera tempestade em copo-d'água. A única maneira de evitar a conclusão melancólica é admitir que, feitas todas as contas, levadas em consideração todas as circunstâncias, debitado tudo quanto se possa debitar ao ambiente histórico (e, se quiserem, geográfico), resta a noção irredutível de que há coisas que se devem e coisas que não se devem fazer. Em outras palavras: que na ética e no direito existe, sim, largo espaço para a relatividade; isso, porém, não exclui que algumas verdades – poucas, talvez, mas importantes – sejam absolutas.

Episódios da nossa recente história política fizeram brotar em muitos corações a esperança de que o País estivesse disposto a promover o resgate da ética. Com todas as forças do nosso espírito, queremos enxergar na iniciativa de apurar responsabilidades pelas fraudes orçamentárias uma atitude inspirada em sincero propósito de emenda por parte do Congresso Nacional. Seria profundamente triste que tudo se resumisse num espetáculo encenado para acalmar as indignações mais simplórias: assentada a poeira, o panorama em substância permaneceria como dantes. Com certeza nos sentiríamos menos tentados por essa amarga interpretação, se não víssemos deputados e senadores, impenitentes, a continuar realizando só duas ou três sessões por semana, com as faltas nos outros dias sistematicamente abonadas pela mesa diretora. Também acreditaríamos com maior facilidade na pureza de intenções dos congressistas se, depois de aprovarem a elevação – a meu ver, correta – de alíquotas do imposto de renda exigível das pessoas físicas, se houvessem abstido da incoerência de negar *quorum* para a votação do aumento relativo às pessoas jurídicas.

Está confiada ao Congresso Nacional, neste instante, missão de inexcedível magnitude: a de rever a Constituição da República. Pouco importa, já agora, saber se a revisão se justificava realmente em face dos textos, ou se o período que atravessamos é o mais propício ao empreendimento. Ouso supor que a ambas as indagações seria possível dar, com razões ponderáveis, resposta negativa; mas a ocasião adequada passou. Os trabalhos, mal ou bem, começaram, e a situação nacional não consente que se arrastem por tempo excessivo. Será demais esperar que todos os membros do Congresso Nacional, sem exceção, se compenetrem da necessidade de participar de uma tarefa de cujos resultados vão depender, em tantos aspectos, os futuros rumos de nossa história? Será também demais esperar que os números das votações espelhem a honesta convicção de cada votante sobre a conveniência de tal ou qual solução para os problemas em pauta, avaliada à luz do bem comum? Ou teremos ainda de ver certas questões fundamentais resolvidas de acordo com interesses de indivíduos ou de grupos, arranjados e costurados com os laços e pespontos da matreirice rasteira? Vai-se decidir como convém estruturar o sistema tributário, ou que regime jurídico melhor quadra às telecomunicações, em função dos reflexos favoráveis ou desfavoráveis da decisão sobre as perspectivas eleitorais deste ou daquele candidato à presidência da República? Que predominará: o debate franco e sincero dos argumentos ou o cochicho do "toma-lá-dá-cá", do "vota comigo hoje, que eu voto contigo amanhã"?

É bom que fiquemos atentos ao resultado desses testes, para nele fundarmos um critério quando chegar, dentro de alguns meses, a nossa própria vez de votar. Se é genuína a nossa preocupação com a ética, teremos então a oportunidade de promover o grande e imprescindível expurgo, a fim de que todos possamos, daí em diante, acompanhar a rotina da vida política brasileira sem tanto receio de nos defrontarmos, involuntariamente, com cenas de pornografia explícita. E note-se que não me refiro em termos específicos a episódios carnavalescos, nos quais pouca gente, a esta altura, deveria encontrar motivo de espanto: é notório que a ética nunca figurou entre os "vips" convidados para os camarotes do sambódromo, bem mais acessíveis a coelhinhas e a outras espécies zoológicas...

"Se é genuína a nossa preocupação com a ética", disse eu: estranhará alguém a condicional? Chego aqui à parte mais delicada desta fala; e assumo o risco de ser mal compreendido, na serena convicção de que, sem o que vou dizer agora, quase nada valeria o que já ficou dito. Nenhuma crítica merece respeito, ao que penso, se não se faz acompanhar de uma autocrítica. Não temos o direito de submeter os outros a testes que para nós mesmos recusamos. Atrevo-me a convidá-los, por isso não só os estudantes, mas todos os que me honram com sua atenção –, a uma sorte de exame de consciência, do qual em absoluto não me excluo, antes o aplico a mim mesmo em primeiro lugar.

Saímos às ruas – alguns, de caras pintadas – para protestar contra casos escandalosos de malversação de fundos públicos. Que princípio justifica a nossa indignação? Obviamente, o de que a ninguém é lícito destinar ao proveito individual aquilo que pertence a todos, locupletar-

-se à custa da coletividade. Pois bem: há muitas outras formas, decerto menos grosseiras, mais sutis - se quiserem, mais elegantes - de violar esse mesmo princípio. Estaremos todos inocentes de qualquer violação? Permitam-me que especifique: teremos sido sempre verazes e completos em nossas declarações de renda? Jamais aceitamos a proposta de dispensar recibo, em troca da redução do preço do serviço? Não nos passa talvez pela cabeça a ideia, contudo irrefutável, de que lesar o fisco, ou ajudar alguém a lesá-lo, é também um modo de nos apropriarmos de dinheiro público, ou de nos acumpliciarmos com quem dele se apropria. O furto de um automóvel, ou das notas de dólar cuidadosamente guardadas num cofre, causa dano à propriedade privada; a sonegação fiscal prejudica a inteira comunidade. Qual dos dois será mais grave? Quem torna pior o mundo: o punguista que bate minha carteira no ônibus ou o empresário que deixa de repassar ao erário as importâncias descontadas, a título de imposto ou de contribuição previdenciária, da folha de pagamento dos empregados?

Entre os temas prediletos dos círculos jurídicos firmou-se, de alguns anos para cá, o da proteção dos chamados interesses e direitos coletivos: ao equilíbrio ecológico, à preservação da paisagem e dos monumentos históricos, à honestidade da propaganda comercial, à proscrição de produtos nocivos à saúde, e assim por diante. Cada vez mais me convenço de que se ganharia em profundidade, na discussão dessa problemática, se maior atenção se dedicasse ao aspecto complementar, não raro deixado na sombra: o dos nossos deveres para com a coletividade. O dever de pagar tributos é apenas um exemplo; há tantos outros, que tentar enumerá-los de maneira exaustiva seria retribuir a distinção do convite para lhes falar com um abuso inominável contra a paciência do auditório.

Vou limitar-me, pois, a duas ou três observações, que aliás roçam o óbvio. Reclamamos todos da falta de limpeza das vias públicas. Quem nos ouça imaginará que jamais contribuímos para a lamentável situação. Será exato, porém, que nenhum de nós costume tratar o logradouro como se fosse a sua lata de lixo particular? Queixamo-nos de que as praias estão imundas. Porventura nos damos sempre o trabalho de procurar os recipientes próprios para neles colocar o copo de plástico e o palito do picolé? Muito mais cômodo e agradável é continuarmos deitados, a bronzear- nos ao sol, deixando que objetos tão prosaicos e insignificantes se acumulem sobre a areia, ao nosso redor. A poluição das águas arranca de nós imprecações violentas. Acaso não são mãos humanas, todavia, que nelas atiram, entre outras mil coisas, determinados apetrechos de que outrora só se costumava falar aos sussurros, "entre homens", e hoje se anunciam aos quatro ventos, em todas as cores e tonalidades (o feitio, compreensivelmente, não varia muito), glamourizados na imagem cintilante da telinha? Não discutirei aqui a possível utilidade profilática desses apetrechos em certos embates deleitosos; mas, se não me engano, eles se destinam a visitar apenas corpos voluntariamente receptivos, e não a resvalar sobre terceiros, que nada mais desejam que refrescar-se com um rápido mergulho...

É facílimo entoar hinos à ética, e vituperar quem lhe infrinja os preceitos, quando estes coincidem com os nossos próprios interesses. Percebem como é forte a nossa propensão a identificar uma e outra coisa? Para quase todos nós, imoral é simplesmente aquilo que nos acarreta algum prejuízo. Já o que nos beneficia, ah, o que nos beneficia é sempre, por definição, eticamente inatacável: inspira-se – quem ousará duvidar? –, nos mais puros e elevados princípios. A esse tipo de ética bem se ajustaria a designação de "fio dental": ela cobre o mínimo que interessa e deixa de fora todo o resto.

Pois bem: contra semelhante cultura, de raízes tão profundas na alma brasileira, é que, pondo de lado o receio de andar na contramão, eu gostaria de conclamar a juventude acadêmica – muito particularmente, a juventude que se destina a operar com o direito. Dela depende, em grande parte, que a ética possa na verdade ser resgatada. Há muito, em nossa atual sociedade, de gritantemente imoral, a começar pelos absurdos da distribuição de renda: de acordo com relatório do Banco Mundial, de 1991, os 20% mais ricos açambarcam 62,6% da renda nacional, enquanto os 20% mais pobres têm de contentar-se com 2,4% dela. Como qualificar a maneira pela qual se explora a concessão dos canais de televisão, com desprezo acintoso dos imperativos constitucionais acerca da matéria? E a desfaçatez com que os oligopólios sabotam quaisquer planos de estabilização econômica, explicavelmente confiantes numa impunidade até agora nunca desmentida? E a omissão – quase ia dizendo a cumplicidade – de certos órgãos públicos para com a audácia do narcotráfico, hoje, bem se sabe, confortavelmente inserido nas malhas da finança internacional e alçado à condição de poder muito mais atuante e efetivo, em várias zonas, que qualquer dos tradicionalmente denominados poderes públicos? Os operadores do direito têm nisso tudo uma palavra a dizer: não será a única, mas é insubstituível.

Para que essa palavra seja eficaz, no entanto, é preciso que ela se purifique de todo laivo de farisaísmo. Devemos tomar consciência de que cada um de nós tem seu "anão" interno, ao qual não se justifica dar tratamento menos severo do que aquele que preconizamos para os outros anões. Dos valores que proclamamos há de estar impregnada não só a nossa inteligência, senão também, e sobretudo, a nossa vivência. Viver a ética; viver o direito; viver eticamente o direito - eis o desafio que nos lança o momento, que nos lançam, afinal, todos os momentos. As gerações anteriores não souberam responder de maneira adequada a semelhante desafio. Praza a Deus que da nova se possa colher uma resposta à altura das necessidades e das esperanças do povo brasileiro nesta virada de século.

COMENTÁRIOS DOS ATUALIZADORES

DIREITO E ÉTICA NO BRASIL DE HOJE

Ana Cristina Bacos Fernandes / Marco Antonio Rodrigues

O texto em tela, escrito pelo Professor José Carlos Barbosa Moreira em razão de aula que ministrou, não comporta qualquer tipo de nota, sendo única e referencialmente a visão do jurista autor sobre a ética e o direito.

OS DEVERES PARA COM A COMUNIDADE[1]

1. Tem o sabor do lugar-comum a afirmação de que a vida em sociedade constitui um tecido de relações intersubjetivas, as quais, quando reguladas pelo direito, se convertem em relações jurídicas. Uma longa tradição individualista fixou a atenção dos estudiosos, durante muito tempo e quase com exclusividade, nas relações jurídicas entre sujeitos bem determinados e, as mais das vezes, isolados. O padrão clássico de referência, na matéria, sempre foi, e em não poucas áreas continua a ser, o do vínculo entre um credor e um devedor.

Claro que se conhecem de há muito fenômenos como o da comunhão entre duas ou mais pessoas na propriedade da mesma coisa, ou na titularidade ativa ou passiva da mesma relação obrigacional. Anote-se que não foi sem dificuldade que a ciência jurídica "domesticou" essas espécies, segundo atestam a grande frequência e a alta temperatura das controvérsias que a propósito delas sacudiram os arraiais doutrinários. Em todo caso, mesmo à visão mais rotineira, elas apresentavam feição até certo ponto familiar, que lhes permitia ocupar sem muito alvoroço um lugar não totalmente desconfortável nas estantes dogmáticas.

Só em tempos recentes começou a ganhar maior espaço nas cogitações dos juristas uma categoria diversa de relações, caracterizada em substância pela presença de uma pluralidade menos limitada, ou até menos definida de sujeitos, e configurável não como feixe de linhas paralelas, mas como leque de linhas convergentes para um objeto comum. Consideremos, por exemplo, o interesse em prevenir calamidades decorrentes do rompimento injustificado do equilíbrio ecológico, ou em proteger da deterioração os bens de valor histórico e artístico, ou em impedir que uma propaganda mentirosa envenene as mentes dos consumidores potenciais. São interesses que não se deixam aprisionar em singelos esquemas dualísticos: é impossível reduzi-los ao modelo tradicional do vínculo entre A e B, ou conceptualizá-los de maneira adequada simplesmente multiplicando os AA ou os BB. Até porque, em casos extremos, seríamos forçados a chamar à cena a humanidade inteira: basta pensar no interesse em conter o processo de destruição da camada de ozônio.

---

1 Texto da aula inaugural do ano acadêmico de 1996 da Faculdade de Direito da Universidade do Paraná (Curitiba, 4-3-1996). Publicado na Revista da Faculdade de Direito da Universidade do Estado do Rio de Janeiro, nº 3, e na Revista Forense, v. 336.

Há uma nota que merece realce na caracterização dessa categoria de interesses: a indivisibilidade do respectivo objeto, da qual resulta completa solidariedade na sorte dos interessados. Se o lago é essencial à beleza da paisagem, ou se preserva o lago, e fica satisfeito o inteiro leque de interesses que a ela se dirigia, ou não se preserva, e todo o leque de interesses sofre a mesma lesão. De modo algum se concebe que o interesse na proteção da paisagem seja aí atendido quanto a uns e desatendido quanto a outros. Não há cogitar, nem sequer em abstrato, de "frações ideais" passíveis de atribuição separada a cada um dos cotitulares.

2. O estudo das figuras mencionadas vem movimentando notavelmente, nas duas últimas décadas, a ciência jurídica. Em quase todo o mundo floresceu abundante literatura dedicada à problemática dos chamados "interesses difusos e coletivos", e a imaginação dos juristas pôs-se a explorar as possibilidades de aviar, para tutelá-los, remédios processuais mais eficientes que os encontradiços nos receituários clássicos.

Nosso país não ficou à margem desse movimento: muito ao contrário. Também aqui se publicaram numerosos trabalhos sobre o assunto, e o legislador, com frequência sob o estímulo da doutrina, esforçou-se por desempenhar o papel que lhe cabia. Até se lhe deve reconhecer certa dose de pioneirismo em semelhante campo: um dos instrumentos utilizáveis na vindicação judicial dos interesses em foco, a ação popular, já em 1965 passara do nível da pura previsão constitucional para o da disciplina em lei ordinária, a de nº 4.717, num momento em que, a bem dizer, o tema ainda não alcançara, no plano científico, o relevo que depois viria a obter.

Hoje dispomos, no particular, de instrumental provavelmente mais rico do que o da maioria dos ordenamentos jurídicos. O escopo de proteção dos interesses transindividuais está presente, de maneira precípua, na chamada ação civil pública, instituída pela Lei nº 7.347, de 24-7- 1985, e elevada ao nível constitucional pela Carta de 1988 (art. 129, nº III), mas inspira igualmente numerosos dispositivos do Código de Defesa do Consumidor, do Estatuto da Criança e do Adolescente e de vários outros diplomas importantes, para não falarmos de novo na ação popular, cujo âmbito de cabimento, por sinal, se viu alargado pela Constituição em vigor (art. 5º, nº LXXIII). Ao Código de Defesa do Consumidor deve-se, aliás, a adoção de definições legais que puseram fim, entre nós, a certa confusão terminológica ainda reinante alhures: o art. 81, parágrafo único, estabeleceu distinção suficientemente nítida entre a classe dos interesses "difusos", pertinentes a séries de pessoas indeterminadas e unidas por meras circunstâncias de fato, como a de frequentarem a mesma praia ou usarem o mesmo produto medicinal, e a dos interesses "coletivos", peculiares a grupos menos fluidos, formados por pessoas que se vinculam entre si ou com outrem "por uma relação jurídica base". Assim, por exemplo, qualifica-se como difuso o interesse em evitar a poluição das águas oceânicas, ou em fazer proibir a comercialização da droga que se revelou prejudicial à saúde; qualifica-se, em vez disso, como coletivo o interesse dos contribuintes de determinado tributo na modificação do procedimento de cobrança observado pelo fisco e havido como desnecessária e ilegalmente gravoso, ou o dos estudantes de uma universidade em que as aulas lhes sejam ministradas com regularidade e em ambiente sadio e apropriado.

A existência de remédios processuais não significa por si só, é óbvio, que a realidade nacional já tenha atingido situação satisfatória nesta matéria, ou se ache na iminência de atingi-la. Força é admitir que ainda há muito caminho à nossa frente. Não se pode sequer considerar, lamento dizê-lo, que a sociedade esteja demonstrando entusiasmo em fazer sua parte. Não se percebe reação adequada à atitude do legislador, que cuidou de atribuir legitimidade às associações civis para proporem ações tendentes à proteção de interesses difusos e coletivos. Tal iniciativa tem sido deixada quase por inteiro a órgãos públicos, notadamente ao Ministério Público; e se este, em geral- sem embargo de alguns excessos –, se faz credor de respeito e admiração pela energia que vem imprimindo à sua atuação, deve em todo caso reconhecer-se que, do ponto de vista sociológico, não parece alvissareiro o fato de que ela haja praticamente assumido feição de monopólio.

3. Mas é outro o aspecto para o qual me proponho solicitar, neste ensejo, a atenção dos ouvintes. No tratamento da problemática de que me estou ocupando, a ênfase vem sendo em regra colocada, de preferência, no lado ativo do fenômeno: fala-se, com efeito, de *interesses e direitos* difusos e coletivos, ou seja, de posições jurídicas de vantagem, em que se defere aos sujeitos o poder de exigir a observância de certos comportamentos. A propósito, caberia indagar se a esta altura se justifica o dualismo na terminologia (interesses – direitos): a interesses dotados pelo ordenamento de proteção da natureza e extensão previstas em leis como as que há pouco referi; a interesses suscetíveis de postulação judicial do tipo hoje adotado em nosso país, que é que lhes falta, na verdade, para serem reconhecidos como direitos subjetivos no genuíno sentido do termo? Qualquer resistência terá de ser vista aqui como pura e simples expressão de um preconceito alimentado pelo hábito: ainda não estamos de todo familiarizados com a fisionomia de relações jurídicas que não tenham por titulares entes perfeitamente individualizáveis.

O que agora mais importa assinalar, porém, é que cada um de nós, nesse complexo de relações, pode e costuma figurar simultaneamente em posições contrapostas. Fazemos parte da coletividade interessada; mas também nos inserimos noutra coletividade: naquela da qual se exige, para a preservação do interesse, determinado comportamento comissivo ou omissivo. Todo membro da comunidade é titular do interesse na salvaguarda da higidez ambiental; reciprocamente, de todo membro da comunidade pode esta exigir que não concorra, por ação ou omissão, para que o meio ambiente se degrade. Os sujeitos ativos são igualmente sujeitos passivos; e é necessário que o relevo dado à primeira posição não nos leve a esquecer ou minimizar a importância da segunda. Noutras palavras: cumpre que a uma doutrina dos direitos difusos e coletivos se ajunte, em harmonioso contraponto, uma doutrina dos deveres para com a comunidade. É claro que não me move a pretensão de tentar construí-la neste ensejo; vou limitar-me a deixar consignadas algumas sugestões para quem se dispuser ao empreendimento.

4. Não se afigura despropositado lançar neste passo um olhar à vigente Constituição da República. Uma das críticas que se lhe têm endereçado consiste em dizer que ela esticou demais o catálogo dos direitos e não o fez acompanhar de uma equivalente relação de deveres. Trata-se, a meu ver, de uma autêntica ilusão de óptica.

Sem dúvida, a palavra "direito" aparece no texto constitucional com frequência bem maior que a palavra "dever"; não podemos, contudo, deixar-nos impressionar além da medida razoável pelo elemento literal. Para dizer que alguém deve agir ou abster-se, não é indispensável empregar a palavra "dever". Há muitas e variadas fórmulas capazes de expressar a mesma realidade. As proposições que conferem ou asseguram um direito a alguém criam para outrem, elas próprias, ainda que não o digam expressamente, o correlato dever. Trata-se, aliás, de autêntico truísmo: quem duvidará, por exemplo, de que, ao garantir o direito de propriedade (art. 5º, nº XXII), consagra a Constituição, *ipso facto,* o dever que temos todos de respeitar a propriedade alheia?

5. Seria grave erro supor que as normas constitucionais atributivas de direitos só geram deveres para os poderes públicos. Basta fitar os olhos, digamos, no art. 5º, nº X, para verificar, logo à primeira leitura, que a intimidade, a vida privada, a honra e a imagem das pessoas não são protegidas unicamente em face do Estado, mas contra interferências indébitas de quem quer que seja, no plano privado não menos que no público.

Às vezes, o propósito de ênfase induziu o legislador constituinte a advertir que o dever não pesa sobre um só, mas sobre muitos, ou até sobre o inteiro corpo social. Para citarmos caso que interessa de modo específico ao nosso tema, vejamos o art. 225, *caput,* assim redigido: "Todos têm direito ao meio ambiente ecologicamente equilibrado, bem de uso comum do povo e essencial à sadia qualidade de vida, impondo-se ao Poder Público e à *coletividade* o dever de defendê-lo e preservá-lo para as presentes e futuras gerações". Deve reputar-se meramente explicitante – conquanto oportuna – a cláusula referente à coletividade. Indubitável como é que não só o Poder Público, mas cada um de nós, tem a assustadora possibilidade de atentar contra o meio ambiente, o simples fato de reconhecer-se a todos o direito ao respectivo equilíbrio necessariamente envolve a atribuição, também a todos, do dever de respeitá-lo.

Merece reflexão a norma, porque não raro nos deixamos embalar pela ideia ingênua ou hipócrita de que o problema da preservação do ambiente é da responsabilidade exclusiva das autoridades públicas; e, mais ainda, de que nosso comportamento pessoal está imune a qualquer juízo de censura nesse terreno. Permitam-me aludir a episódio concreto e recente: como ninguém ignora, o Rio de Janeiro foi vítima, no mês passado, de formidáveis aguaceiros que revolveram a cidade, deixando um rastro de destruição que incluiu a perda de vidas humanas. A reação mais comum foi a de indignação contra a prefeitura e o governo estadual, aos quais se imputaram a omissão em prevenir as consequências das intempéries e a desídia em combatê-las. Os aparelhos administrativos terão tido certamente sua parcela de culpa; entretanto, poucos se lembraram de que os efeitos dos temporais provavelmente não atingiriam a gravidade que atingiram se a maioria da população não houvesse colaborado, dia após dia, ano após ano, para dificultar o escoamento das águas pluviais, lançando nos bueiros detritos que iam obstruir a rede. Clamamos contra as enchentes, esquecidos de que concorremos para provoca-las, ou quando nada para agravá-las, toda vez que usamos o logradouro público como se fosse a nossa lata de lixo particular. Uma simples ponta de cigarro displicentemente atirada à rua pode haver fornecido o último e decisivo elo à cadeia causal que desembocou na inundação.

6. Retomando o fio da meada, reitero que não é apenas de disposições explícitas como a do art. 225, *caput,* que se infere a existência, para todos nós, de deveres constitucionais perante a comunidade. A letra é aqui, como alhures, frequentemente enganosa. Leia-se, *v. g.,* o art. 196, *princípio:* "A saúde é direito de todos e dever do Estado... ". Porventura se concluirá que os particulares, ao contrário do Estado, se acham dispensados de pautar sua maneira de agir por critérios idôneos à preservação e ao favorecimento da saúde pública? É evidente que não, e parece ocioso frisar que comportamentos desse jaez podem mesmo configurar ilícitos penais. Mas talvez valesse a pena recordá-lo, por exemplo, aos portadores de gripe que fazem questão de partilhar os produtos de sua tosse, sem discriminação, entre os que têm a desventura de assistir à mesma sessão cinematográfica – movidos, quem sabe, por uma concepção descabelada da igualdade democrática, de acordo com a qual todos são iguais perante o vírus...

Acrescento que a existência de deveres constitucionais do gênero de que se trata é passível de inferir-se até de disposições aparentemente anódinas, onde não se fala, em termos expressos, de deveres, e nem sequer de direitos. Sirva de exemplo o art. 13, *caput:* "A língua portuguesa é o idioma oficial da República Federativa do Brasil". Essa proposição integra conjunto de alta significação espiritual, seguida como é pela enumeração, no § 1º, dos símbolos nacionais. Bem se compreende: o idioma é elemento essencial da nacionalidade. A Constituição espanhola, um dos mais formosos monumentos do gênero no tempo presente, chega ao ponto de dizer expressamente que todos têm o dever de conhecer o castelhano e o direito de usá-lo (art. 3º, nº 1). Sem ser tão explícita, a nossa permite – quase diria reclama – interpretação que conduza a resultado análogo. Existe, não há duvidar, um interesse difuso em que o instrumento oficial de comunicação verbal possa ser utilizado no País inteiro e compreendido pela totalidade da população. Correlatamente existe, para cada um de nós, o dever de utilizá-lo bem, em toda a extensão de nossas possibilidades. O desleixo no uso do idioma, para quem não esteja impedido de aprendê-lo como cumpre por circunstâncias econômicas ou sociais, resolve-se em violação de um dever constitucional para com a comunidade.

Quantos corolários, talvez insuspeitados, é possível extrair dessa noção! Costumo advertir meus alunos da Universidade do Estado do Rio de Janeiro, logo no primeiro dia de aula, que na avaliação das provas dou aos erros de português o mesmo peso que dou aos erros jurídicos, pois não julgo admissível que estudantes de direito descumpram impunemente um dever constitucional... Mas pensem como teríamos, a rigor, de reagir diante de coisas que a todo instante lemos nos jornais e ouvimos nos programas de televisão. Seria até o caso, talvez, de afrontar os aficionados dos microcomputadores, pelo mau vezo, tão generalizado, de empregar sem necessidade, com tranquila subserviência a um insidioso colonialismo cultural, palavras inventadas a partir de modelos estrangeiros, para designar atos que têm nome tradicional e perfeitamente adequado em nossa língua: não lhes sei descrever o sentimento de horror que me domina sempre que ouço dizer "deletar" em vez de apagar, ou "printar" em vez de imprimir.

No fundo, essa questão entrosa-se com a relativa ao meio ambiente – conceito a que imporíamos absurda mutilação caso lhe desprezássemos a componente espiritual. Implicando a preservação do meio ambiente, como é intuitivo, o combate a todas as formas de poluição, não andaremos bem se negligenciarmos, por exemplo, a poluição cultural, entre cujas diversificadas manifestações se incluem desde coisas a rigor inofensivas, como pinguins de geladeira e anões de jardim, até produtos muito mais sofisticados e de mercado muito mais amplo, como certos livros cujos autores se atribuem a qualificação de magos...

7. Pensam alguns que problemas dessa espécie não devem ser tratados com instrumentos jurídicos: são questões ligadas à falta de educação para a vida em sociedade, que para serem resolvidas precisariam de outro tipo de remédios. Não discuto que a farmacopeia do direito esteja longe de possuir a virtude milagrosa de curar todos os males sociais; por outro lado, no entanto, o ordenamento jurídico – e dentro dele, em nível eminentíssimo, a Constituição – desempenha também uma função pedagógica. As normas de direito não pretendem refletir pura e simplesmente a paisagem externa, ao contrário do que sucede com as leis físicas e do que sucederia, a crer-se em fantasias otimísticas, com as denominadas leis econômicas. O que pretendem as normas jurídicas, isso sim, é atuar sobre a realidade.

Bem sabemos, apresso-me a acrescentar, quão limitado é o alcance dessa atuação. Ninguém hoje alimentará a ilusão pueril de que a alteração do teor de um artigo de lei, ou a introdução de um parágrafo, seja suficiente, por si, para modificar o mundo concreto. Daí a sustentar que o direito jamais consiga morder a realidade, vai uma distância astronômica. Se assim fosse, que razão teríamos para preocupar-nos com o advento de leis ruins? Elas seriam tão inócuas como as boas! Nem teria valido a pena abolir a escravidão, ou instituir um salário mínimo, ou proibir que se insiram em contratos cláusulas excludentes da responsabilidade do fornecedor pelos vícios do produto. Nenhuma dessas providências legislativas haveria tido a mais mínima repercussão na vida social.

Ora, ninguém de juízo são acreditará que isso seja verdade. A mera observação do que se passa ao nosso redor deveria vacinar-nos tão eficazmente contra essa filosofia da catástrofe como contra o romantismo idealístico que sonha em dar conserto definitivo ao universo com o simples registro de belas intenções em papel timbrado. Se não é onipotente, o direito tampouco é impotente. Pode, inclusive, ajudar a acelerar um processo educativo que, sem tal ajuda, provavelmente demoraria muito mais.

Seria decerto pouco razoável descurar esse processo, em si mesmo, e confiar exclusivamente nos instrumentos jurídicos. Até porque, para que eles funcionem de modo eficiente, é indispensável que se difunda e se enraíze nos membros da comunidade a consciência de seus deveres para com ela. E é nisso que cada um de nós, na esfera de sua vida pessoal, se vê convocado a cooperar. É mister, sim, reformar o mundo; essa, porém, não é tarefa que se possa levar a cabo de um momento para outro, como por passe de mágica. Comecemos, então, pelas coisas pequenas; e comecemos, sobretudo, por nós mesmos. Esforcemo-nos por manter viva no espírito, ao longo das horas, enquanto praticamos os atos corriqueiros do nosso quotidiano – enquanto fazemos uma refeição, caminhamos pela rua, tomamos sol na praia, estudamos, trabalhamos, namoramos –, esforcemo-nos por manter viva no espírito a nossa parcela própria de responsabilidade pelo curso regular dos acontecimentos.

Não precisamos, para tanto, dividir-nos interiormente: seria terrível se, por exemplo, em cálido instante de enlevo afetivo, tivéssemos de repartir a mente entre o arrebatamento amoroso e o prosaico texto de um dispositivo legal... Não. "Sê todo em cada coisa"; "Põe quanto és no mínimo que fazes": as sábias e poéticas advertências de FERNANDO PESSOA não apontam aqui em sentido oposto ao que lhes acabo de dizer. Pois, se quiser na verdade ser *todo,* se quiser pôr *quanto é* no mínimo que faz, cada um de nós há de ter, entranhada no fundo da alma, a certeza de que o homem não é "uma ilha", mas ao contrário, por essência, um "ser-com" – um *"co-être",* para reproduzir a expressão do filósofo GABRIEL MARCEL. Incorporemos essa ideia, e não nos será muito difícil cumprir, conforme de nós se espera, os deveres para com a comunidade.

COMENTÁRIOS DOS ATUALIZADORES

OS DEVERES PARA COM A COMUNIDADE

Ana Cristina Bacos Fernandes / Marco Antonio Rodrigues

A defesa de interesses coletivos. Hoje em dia, há razoável acordo doutrinário no sentido da existencia de um microssistema de tutela coletiva de direitos, composto, dentre outros diplomas legais, pela Lei da Ação Civil Pública (Lei nº 7.347/1985), Código de Defesa do Consumidor (Lei nº 8.078/1990), Lei da Ação Popular (Lei nº 4.717/1965) e Lei do Mandado de Segurança (Lei nº 12.016/2009), quanto ao mandado de segurança coletivo.

Multipolaridade na tutela coletiva. Barbosa Moreira já mencionava no texto em tela a possibilidade de que os interessados na defesa do direito pudessem ter interesses contrapostos, ou contribuído para a ofensa a este, ainda que indiretamente.

Há, neste sentido, a ideia da despolarização da demanda, em que as figuras do autor e do réu não seriam tratadas de maneira puramente estanque. Haveria, em relação a determinados atos processuais, o reconhecimento de que as pretensões poderiam ser idênticas, ou migratórias (nesta linha, CABRAL, 2009).

Tal noção se aplicaria, em especial, às ações coletivas e aos processos estruturais, diante da diversidade de agentes atuantes no processo e a coletividade dos direitos em jogo.

Referência da nota

CABRAL, Antonio do Passo. Despolarização do processo e zonas de interesse. In: *Revista Forense,* vol. 105, nº 404, p. 3-42, jul./ago., 2009.

A ADA PELLEGRINI GRINOVER[1]

Saudar Ada Pellegrini Grinover constitui encargo a um só tempo fácil e difícil. A dificuldade resulta de fatores subjetivos. Não garanto ser capaz de fazer abstração, neste ensejo, de um acervo de vivências afetivas, construído ao longo de tantos episódios de intercâmbio de ideias, de participação conjunta em eventos culturais (e... turísticos), de colaboração em trabalhos variados, sob o signo da adesão comum a princípios e valores básicos. Semelhante vinculação, que me desvanece, não exclui ocasionais divergências, pois não anula as diversidades de enfoque inerentes à diferença de personalidades, cada qual com seu temperamento e suas idiossincrasias, mas descobre nesses mesmos desacordos ocasião de progresso espiritual, na medida em que o confronto de opiniões propicia uma visão menos imperfeita da verdade, acessível unicamente, como acentuava Calamandrei, a quem se disponha a girar em tomo dela para captar-lhe as três dimensões. Adotar aqui tal perspectiva, porém, seria arriscar-me a perder a noção das proporções adequadas a uma peça do gênero que se espera. Afinal, a função que me cabe, na presente solenidade, não é a de expressar sentimentos individuais, senão a de servir de intérprete a um colegiado de cultores do Direito, na oportunidade em que seus quadros se enriquecem com o ingresso de alguém cuja importância, no panorama contemporâneo de nossa ciência, independe, para ser reconhecida e proclamada – como efetivamente o tem sido, no Brasil e no exterior –, de circunstâncias peculiares ao universo pessoal de quem quer que seja.

Sopitando, portanto, impulsos interiores, ponho entre parênteses a Ada amiga, para tentar cingir-me à Ada jurista. E eis que, com isso, vejo imensamente facilitada a tarefa da saudação. Acompanhei desde os primeiros passos, por assim dizer, a carreira acadêmica e científica de nossa nova colega. Li-a e ouvi-a com atenção e proveito, aquém e além-mar. Posso afirmar, sem presunção, que lhe conheço bem a obra. Tive até o privilégio de integrar a comissão examinadora do concurso em que se sagrou com brilho livre-docente da Faculdade de Direito da Universidade de S. Paulo. O título da tese então apresentada – *As garantias constitucionais do direito de ação* – valeu pelo enunciado de um programa a que o empenho científico de Ada manteria constante fidelidade: pôs em evidência, desde o início, uma das facetas mais salientes de sua

1 Por ocasião de sua posse na Academia Brasileira de Letras Jurídicas, em 26-11-1996. Publicada na *Revista Forense,* v. 337.

vocação de jurista, a sensibilidade aos valores da Constituição. A marca iria conservar- se, intacta e reluzente, em muitos escritos posteriores, notadamente na monografia sobre *Liberdades públicas e processo penal,* com que estendeu seu labor a terreno diverso daquele onde se iniciara.

Foi esse – diga-se de passagem – momento de alguma preocupação para os que receavam ver surgir nas hostes do direito processual civil lacuna dificílima de preencher. Vão temor, que não tomara na justa conta a versatilidade e a capacidade produtiva da autora. Ganhamos uma processualista penal sem perder a processualista civil que já tínhamos. E, como se não bastasse o carinho que Ada, pelos anos afora, continuou a dedicar a ambos os setores, a tanto viria acrescentar-se uma atenção igualmente zelosa ao processo do trabalho, manifesta em passos frequentes de uma bibliografia vasta, onde se multiplicam monografias, ensaios, conferências, pareceres, relatórios para congressos nacionais e internacionais...

Poderia imaginar-se que tamanha obra de escritora implicasse concentração exclusiva, ou quase, no chamado trabalho de gabinete. Pura ilusão! A atividade de Ada não conhece limites, desdobra-se em panejamentos de vária textura e colorido. Foi procuradora do Estado de São Paulo, mestra de sucessivas gerações de estudantes, conselheira federal da Ordem dos Advogados do Brasil, colaboradora infatigável da produção normativa dos últimos tempos, no plano constitucional e no da legislação ordinária, conforme atestam diplomas da significação da Lei nº 7.347, que regulou a ação civil pública, do Código de Defesa do Consumidor, das leis relativas aos Juizados Especiais, para não aludir às reformas do Código de Processo Civil, às quais deu valiosa contribuição como membro da comissão revisora dos diversos anteprojetos, do mesmo modo que vem contribuindo para a esperada reforma do Código de Processo Penal. Preside o Instituto Brasileiro de Direito Processual, órgão que lhe deve a restauração de sua vitalidade, e faz parte da comissão diretora da Associação Internacional de Direito Processual. Prepara-se para coordenar as próximas Jornadas Ibero-americanas de Direito Processual, que se realizarão em Brasília, em 1998. Trata-se, numa palavra, de autêntico dínamo em forma de mulher.

Seduz-me a tentativa de situar Ada Pellegrini Grinover no quadro dinâmico das gerações de processualistas que se vêm sucedendo no País. Aqui, todavia, devo prevenir que falo em "gerações" num sentido antes ligado a ideias, a inspirações, a diretrizes, que a critérios de ordem cronológica. Se alguém inferir de minhas palavras que nos estou incluindo a ambos na mesma geração, de maneira alguma há de atribuir-me a ostensiva inexatidão e a grosseira indelicadeza de pôr em paralelismo temporal as nossas trajetórias nesta vida...

O fato é que recebemos de nossos antecessores um legado precioso em termos de afinação conceptual e elaboração dogmática. O nível técnico do direito processual brasileiro já havia atingido, sobretudo a partir dos anos quarenta, altitude comparável à de outros setores que se beneficiavam de cuidados bem mais antigos e de base textual de muito melhor qualidade, como era o caso do direito civil. Um trabalho que tanto tinha de arquitetura quanto de ourivesaria equipou-nos com os instrumentos indispensáveis à tarefa de complementação que novas necessidades passavam a reclamar. Graças a esse firme ponto de apoio pudemos lançar-nos com entusiasmo a outros empreendimentos, conquistar outros espaços, colocar a nossa ciência em consonância com as aspirações de efetividade que demandavam a consideração atenta das amarras políticas, sociais, econômicas, culturais, de que o mundo processual – ou, mais precisamente, o mundo jurídico – não tem como desprender-se sem cair no vazio das abstrações cerebrinas e estéreis.

Em semelhante evolução foi de relevo singular o papel desempenhado por Ada Pellegrini Grinover. Basta lembrar quanto se lhe deve no aprofundamento de temas como o da proteção judicial dos interesses supraindividuais, o da jurisdição constitucional das liberdades, o dos chamados meios alternativos de solução de litígios e, em termos mais gerais, o do acesso à Justiça, de que aqueles outros, bem vistas as coisas, não representam senão tópicos específicos. Quando a autora deu a ensaio ainda recente o título *"Modernidade do direito processual brasileiro"*, podia estar rotulando especificamente sua própria obra. E decerto a ela mesma, com justeza de luva, se aplica a observação, sempre oportuna, de que a ampliação de perspectivas, nos estudiosos contemporâneos, não importa, minimamente que seja, desprezo da dogmática nem renúncia ao apuro técnico sem o qual nenhuma construção tem solidez e nenhuma experiência se transmite de maneira inteligível.

Bem sabemos, Ada e todos nós, quanto falta para que o progresso científico repercuta com a intensidade desejável na prática judicial. Os *processos* ainda estão longe de refletir com fidelidade a imagem doutrinária *do processo*. Sobre o dia a dia dos pretórios faz sentir-se o peso negativo de muitas hipotecas. O número dos nossos juízes é sabidamente insuficiente em relação à população. Nem todos os que temos dispõem de preparação adequada e de disposição para enfrentar o desafio do trabalho árduo e sujeito, em não poucos aspectos, a condições desfavoráveis. Não é fácil atrair os mais capazes para preencher as vagas numerosas. Sem embargo de reformas sucessivas e louváveis, a legislação processual continua enfeada por defeitos notórios. A organização judiciária obedece a critérios refratários a toda e qualquer racionalidade. A administração da máquina, que despreza o saber especializado, move-se às tontas, submissa ao toque desajeitado de amadores. Utilizam-se pouco e maios recursos da moderna tecnologia. E nem sequer é possível traçar estratégia séria para a reação inadiável contra tal estado de coisas, porque uma impenitente ojeriza pela objetividade nos impede o conhecimento ao menos aproximado da proporção em que atuam os diferentes fatores adversos: ao registro criterioso do que realmente se passa no foro, ao levantamento de dados concretos, à elaboração e análise de estatísticas, preferimos quase sempre uma espécie de impressionismo bem menos admirável do que aquele que floresceu em tantas belas obras de arte, e mercê do qual nos julgamos autorizados a "achar" – sem ter procurado... – o que quer que momentaneamente nos sugira uma imaginação criadora desviada à força do seu campo próprio, o da literatura de ficção.

Em todo caso, algum avanço houve. E a ciência, se não funcionou como o principal motor, pode certamente reivindicar sua parcela de mérito no avio dessa mudança. Ada Pellegrini Grinover inclui-se, e na linha da frente, entre os que têm o direito de parafrasear, a esse respeito, as palavras que, em contexto mais transcendente, proferiu o Apóstolo: também ela, naquilo que lhe compete por vocação, tem combatido o bom combate e guardado a fé.

A Academia Brasileira de Letras Jurídicas honra-se, Ada, de recebê-la. Seria muito triste que, no futuro, tivéssemos de penitenciar-nos como a *Académie Française* a propósito de Molière, que ela jamais acolhera em seu seio: *"Rien ne manque à sa gloire; il manque à la nôtre".* O lugar que você agora ocupa é seu por direito de conquista. Ninguém estaria em condições de disputá-lo com vantagem; e efetivamente ninguém se animou a disputá-lo. Seja bem-vinda.

COMENTÁRIOS DOS ATUALIZADORES

A ADA PELLEGRINI GRINOVER

Ana Cristina Bacos Fernandes / Marco Antonio Rodrigues

O texto em tela foi escrito pelo Professor José Carlos Barbosa Moreira como forma de homenagem à professora Ada Pellegrini Grinover, não comportando, portanto, qualquer tipo de nota, sendo única e referencialmente a visão do autor.

ÍNDICE ONOMÁSTICO

ÍNDICE ALFABÉTICO-REMISSIVO